Musikwirtschafts- und Musikkulturforschung

Reihe herausgegeben von
C. Winter, Hannover, Deutschland
M. Lücke, Berlin, Deutschland
M. Rauch, Ludwigshafen, Deutschland
P. Tschmuck, Wien, Österreich

Die neue Reihe *Musikwirtschafts- und Musikkulturforschung* [MMF] ist programmatisch explizit überdisziplinär angelegt. Die Bände diskutieren Musikkultur und Musikwirtschaft als „Laboratorien" unserer Kultur und Wirtschaft, in deren komplexen Zusammenhängen Leute neue Lebensweisen und UnternehmerInnen u.a. neue Geschäftsmodelle und Formen der Schöpfung von kulturellen, sozialem und ökonomischem Kapital innovieren. Die Reihe publiziert aktuelle Forschung sowie historische und systematische Studien und ist dabei fachlich, theoretisch und methodisch offen für Beiträge, die auch jenseits der Kultur- und Wirtschaftswissenschaften empirisch und konzeptuell zu einem Verständnis von Musikkultur und Musikwirtschaft beitragen z.B. mit Blick auf ihre rechtlichen, ästhetischen, politischen, medialen oder ethischen Bedingungen und Voraussetzungen.

Weitere Bände in der Reihe http://www.springer.com/series/15572

Holger Schwetter · Hendrik Neubauer
Dennis Mathei
(Hrsg.)

Die Produktivität von Musikkulturen

Herausgeber
Holger Schwetter Dennis Mathei
Dresden, Deutschland Bochum, Deutschland

Hendrik Neubauer
Kassel, Deutschland

Die Publikation wurde von der Hans-Böckler-Stiftung gefördert.

Musikwirtschafts- und Musikkulturforschung
ISBN 978-3-658-19017-0   ISBN 978-3-658-19018-7 (eBook)
https://doi.org/10.1007/978-3-658-19018-7

Die Deutsche Nationalbibliothek verzeichnet diese Publikation in der Deutschen Nationalbibliografie; detaillierte bibliografische Daten sind im Internet über http://dnb.d-nb.de abrufbar.

Springer VS
© Springer Fachmedien Wiesbaden GmbH 2018
Das Werk einschließlich aller seiner Teile ist urheberrechtlich geschützt. Jede Verwertung, die nicht ausdrücklich vom Urheberrechtsgesetz zugelassen ist, bedarf der vorherigen Zustimmung des Verlags. Das gilt insbesondere für Vervielfältigungen, Bearbeitungen, Übersetzungen, Mikroverfilmungen und die Einspeicherung und Verarbeitung in elektronischen Systemen.
Die Wiedergabe von Gebrauchsnamen, Handelsnamen, Warenbezeichnungen usw. in diesem Werk berechtigt auch ohne besondere Kennzeichnung nicht zu der Annahme, dass solche Namen im Sinne der Warenzeichen- und Markenschutz-Gesetzgebung als frei zu betrachten wären und daher von jedermann benutzt werden dürften.
Der Verlag, die Autoren und die Herausgeber gehen davon aus, dass die Angaben und Informationen in diesem Werk zum Zeitpunkt der Veröffentlichung vollständig und korrekt sind. Weder der Verlag noch die Autoren oder die Herausgeber übernehmen, ausdrücklich oder implizit, Gewähr für den Inhalt des Werkes, etwaige Fehler oder Äußerungen. Der Verlag bleibt im Hinblick auf geografische Zuordnungen und Gebietsbezeichnungen in veröffentlichten Karten und Institutionsadressen neutral.

Gedruckt auf säurefreiem und chlorfrei gebleichtem Papier

Springer VS ist Teil von Springer Nature
Die eingetragene Gesellschaft ist Springer Fachmedien Wiesbaden GmbH
Die Anschrift der Gesellschaft ist: Abraham-Lincoln-Str. 46, 65189 Wiesbaden, Germany

Inhaltsverzeichnis

Vorwort und Danksagung VII

Autorenverzeichnis IX

Die Produktivität von Musikkulturen 1
Soziologische, kulturökonomische und musikwissenschaftliche
Sichtweisen auf künstlerische Praktiken unserer Zeit.
Hendrik Neubauer, Dennis Mathei, Holger Schwetter

Teil I Produktivität und Kreation

Produktivität der Musikkulturen? 13
Soziologische Kritik eines Begriffs
Glaucia Peres da Silva

Digitalisierung und Experimente (*trial and error*)
in der elektronischen Clubmusikproduktion 37
Diversifizierung der Aktivitäten und veränderte Produktivität
Hans-Joachim Bürkner

YouTubes Musikkultur zwischen *Co-Creation* und Kommerzialisierung 75
Produktivität als *Werte-Schöpfung*
Lorenz Grünewald-Schukalla

Ein Song, den du gut gebrauchen kannst 99
Popmusikalische Produktivität und ihre Verbindung
zu Vermarktung und Rezeption
Holger Schwetter

Szeneproduktivität 125
Die Bedeutung kollektiver Produktion und Kreativität in *Micro-Indie*-Szenen
Dennis Mathei

Teil II Die Produktivität der Bewertung

Musikalische Produktion 2.0 167
Über die widerstreitende Rolle von digitalen Empfehlungssystemen,
Journalisten und dezentralen Bewertungsalternativen
Bastian Lange

Bewertungsformen und ihre Strukturdynamiken in sozialen Feldern ... 185
Eine Neubetrachtung der Feldtheorie im Hinblick
auf die Rolle von Konsekrationsinstanzen
Jonathan Kropf

Teil III Rahmenbedingungen: Musikförderung und Urheberrecht

**Die Verwicklung von Urheberrecht
und Kreativität in der digitalen Musikproduktion** 209
Georg Fischer

Fesseln Produktionsverhältnisse Produktivkräfte? 245
Eine strukturierende Inhaltsanalyse des Verhältnisses von Postulaten und
Umsetzungen zur Praxis der Bundesförderung von Zeitgenössischer Musik
Hendrik Neubauer

Ästhetische Selbstständigkeit als urheberrechtliche Selbstständigkeit ... 273
Zur verlorenen Freiheit der *freien Benutzung* nach § 24 Abs. 1 UrhG
Frédéric Döhl

Vorwort und Danksagung

Der vorliegende Band bildet den Kulminationspunkt einer langjährigen Zusammenarbeit der Herausgeber. Den Startpunkt bildete 2012 die Einrichtung einer interdisziplinären Arbeitsgruppe zur Popularmusikforschung durch die Promotionsstipendiaten der Hans-Böckler-Stiftung Jan-Michael Kühn, Hendrik Neubauer und Holger Schwetter, mit Dennis Mathei als externem Mitglied. Im regelmäßigen Austausch wurde deutlich, dass es wissenschaftlich produktiv sein könnte, das Thema Produktivität in den Mittelpunkt der gemeinsamen Arbeit zu stellen. Daher hat die Arbeitsgruppe im November 2014 am Institut für Musik der Universität Kassel mit Unterstützung der Hans-Böckler-Stiftung die Tagung *Die Produktivität von Musikkulturen* durchgeführt. Ausgewählte Vorträge der Tagung bilden den Ausgangspunkt vieler Beiträge dieses Bandes, hinzu kommt der durch Jan-Michael Kühn angeregte Beitrag von Bastian Lange.

Unser Dank gilt allen Personen und Institutionen, die uns auf dem langen Weg zu diesem Themenband unterstützt haben. Als erstes danken wir der Autorin und den Autoren, die mit ihren Beiträgen dazu beigetragen haben, den Band so vielfältig und interdisziplinär zu gestalten. Ebenso danken wir Jan-Michael Kühn für die langjährige, konstruktive Mitarbeit und die vielen anregenden Diskussionen.

Materiell wurde der Themenband von der Hans-Böckler-Stiftung und dem Fachbereich Humanwissenschaften der Universität Kassel gefördert. Vielen Dank dafür!

Das Korrektorat übernahmen dankenswerterweise Frau Anna Lina Dux und Frau Uta Marini. Unser Dank gilt ferner der Cheflektorin Medien des Springer-Verlags, Frau Barbara Emig-Roller, mit der wir gut kooperierten. Dem Herausgeber der Buchreihe *Musikwirtschafts- und Musikkulturforschung*, Herrn Professor Dr. Carsten Winter, danken wir für seine Unterstützung.

Westerkappeln/Kassel/Bochum, Juli 2017
Holger Schwetter/Hendrik Neubauer/Dennis Mathei

Autorenverzeichnis

Hans-Joachim Bürkner, Prof. Dr. phil., geb. 1954, ist seit 2002 als Professor für Wirtschafts- und Sozialgeographie an der Universität Potsdam sowie am Leibniz-Institut für Raumbezogene Sozialforschung (Erkner) tätig. Seine derzeitigen Arbeits- und Interessenschwerpunkte liegen in den Themenbereichen Creative Industries, szenebasierte Musikproduktion, flexible Wertschöpfung und neue Arbeitsformen.

Frédéric Döhl, Prof. Dr. phil., geb. 1978, ist Musikwissenschaftler und Jurist. Er ist derzeit Professor für Popularmusik, -medien und -musikproduktion an der H:G Hochschule für Gesundheit & Sport, Technik & Kunst Berlin und wissenschaftlicher Koordinator am Lehrstuhl für Musikjournalismus des Instituts für Musik und Musikwissenschaft der TU Dortmund. Zuvor war er von 2007 bis 2014 als wissenschaftlicher Mitarbeiter am SFB 626 *Ästhetische Erfahrung im Zeichen der Entgrenzung der Künste* an der FU Berlin tätig. Seine Forschungsschwerpunkte sind Adaptionsforschung, Musikvermittlung und Urheberrecht. 2008 promovierte er mit der Schrift *...that old barbershop sound. Die Entstehung einer Tradition amerikanischer A-Cappella-Musik* (Stuttgart 2009). 2015 folgte seine Habilitation mit *Mashup in der Musik. Fremdreferenzielles Komponieren, Sound Sampling und Urheberrecht* (Bielefeld 2016).

Georg Fischer, Dipl.-Soz. tech., arbeitet als wissenschaftlicher Mitarbeiter am Graduiertenkolleg *Innovationsgesellschaft heute* am Institut für Soziologie der TU Berlin. In seiner Dissertation befasst er sich mit dem Verhältnis von Urheberrecht und Kreativität in der Musikproduktion. Er ist Gründungsmitglied des Fachausschusses Urheberrecht der Gesellschaft für Musikkultur- und Musikwirtschaftsforschung (GMM). Daneben ist er journalistisch aktiv, unter anderem für das Webmagazin iRights.info, und betreibt seit 2010 das Blog *Jäger und Sampler*.

Lorenz Grünewald-Schukalla, M.A., geb. 1987, ist wissenschaftlicher Mitarbeiter an der Hochschule für Medien, Kommunikation und Wirtschaft Berlin. Nach einem Musikstudium (Gitarre) an der ArtEZ Hogeschool Enschede (NL) arbeitete er als freiberuflicher Musiker und Musikmanager, während er am Institut für Journalistik und Kommunikationsforschung (IJK) an der Hochschule für Musik, Theater und Medien Hannover den Schwerpunkt *Strategisches Management* im Masterprogramm *Medien und Musik* studierte. Derzeit forscht er an der Schnittstelle von Medien, Musik und Marken, u.a. zu Praktiken von YouTuberinnen und YouTubern und ihrer Beziehung zu Unternehmen, und promoviert zur wachsenden Bedeutung von Marken in Musikwirtschaft und Musikkultur. Er ist Koherausgeber des Jahrbuchs für Musikwirtschaft und Musikkultur.

Jonathan Kropf, Dipl.-Soz., geb. 1984, studierte Soziologie an der TU Darmstadt und ist aktuell wissenschaftlicher Mitarbeiter am Fachgebiet Soziologische Theorie der Universität Kassel sowie Promovend am Promotionskolleg *Soziotechnische Gestaltungskompetenz in der digitalen Gesellschaft.* In seiner Promotion (Arbeitstitel: *Die Transformation des musikalischen Feldes durch das Internet*) beschäftigt er sich mit den Auswirkungen der Digitalisierung auf das Feld der Popmusik. Ein besonderer Forschungsschwerpunkt liegt dabei auf digitalen Bewertungspraktiken. Aktuelle Veröffentlichung: Kropf, Jonathan (2016): Konsekrationsinstanzen im digitalen Wandel. Beiträge zur Erweiterung des feldanalytischen Forschungsprogramms am Beispiel populärer Musik. *Berliner Journal für Soziologie 25* (4), S. 429–458.

Bastian Lange, Dr. phil., geb. 1970, ist Stadt- und Wirtschaftsgeograph. Er forscht im BMBF-geförderten Verbundprojekt *Cowerk* und habilitiert sich an der Universität Leipzig. Seit mehreren Jahren forscht und publiziert er zu Fragen der Entstehung neuer Orte und der Transformation von Märkten und Akteurstypen. Er unterstützt und berät Kommunen, Länder, Ministerien und die Europäische Kommission mit partizipativen Methoden bei der Umsetzung nachhaltiger Entwicklungsperspektiven für Stadt und Region sowie neue Märkte und Internationalisierungsprozesse.

Dennis Mathei, M.A., geb. 1979, studierte Musikwissenschaft an der Folkwang Universität der Künste und Medienwissenschaft an der Ruhr-Universität Bochum. Er war Koleiter des 14. und 15. Internationalen Videofestivals Bochum 2004 und 2005. In seiner Promotion beschäftigt er sich mit der Produktivität von Micro-Indie-Szenen. Er arbeitet als freiberuflicher Dozent für Musiktheorie, Musiksoziologie, Medienkultur und Medienpädagogik. Er hat Lehraufträge an der Ruhr-

Universität Bochum, am SAE Institut und bei privaten Bildungsträgern. Er legt seit 2003 als DJ *Der Diskotier* House und Techno auf, hatte mehrere Residencies und veröffentlicht seit 2011 als Produzent *Pechuga de Pollodiablo* Musik an der Schnittstelle von Bassmusik, Electronica und Indie.

Hendrik Neubauer, Dr. phil., geb. 1980, ist Lehrbeauftragter für Systematische Musikwissenschaft an der Musikakademie der Stadt Kassel *Louis Spohr*. Von 2004 bis 2009 studierte er Musikwissenschaft und Medienwissenschaft in Paderborn und Bonn. Anschließend war er im Bereich der öffentlichen Musikförderung in Bonn tätig. Zwischen 2013 und 2016 arbeitete er als wissenschaftlicher Mitarbeiter am Institut für Musik der Universität Kassel. Er promovierte 2015 am Fachbereich Humanwissenschaften der Universität Kassel mit einem Stipendium der Hans-Böckler-Stiftung zum Thema *Erlebnissysteme. Umgebung, Funktion und Struktur der Aufführung von Liedern zeitgenössischer Humoristen*. Seine Arbeitsschwerpunkte sind: Musik-Kontext-Analyse, Musikalische Interaktion, Musikalische Urteilsbildung, Systemtheorie.

Glaucia Peres da Silva, Dr. phil., geb. 1979, ist Soziologin und arbeitet seit 2013 als wissenschaftliche Mitarbeiterin am Institut für Soziologie der Universität Duisburg-Essen. Ihre Forschungsinteressen sind Musikwirtschaft und transnationale Prozesse in Kultur und Ökonomie. Aktuell forscht sie zum Wert der Arbeit von Musikerinnen und Musikern aus international vergleichender Perspektive. Ihre Promotionsschrift trägt den Titel *Wie klingt die globale Ordnung. Die Entstehung eines Marktes für World Music* (Wiesbaden 2016). Ihr Artikel *Weltmusik: Ein politisch umstrittener Begriff* ist 2017 im Band *Global Pop. Das Buch zur Weltmusik*. Leggewie/Meyer (Hrsg.) erschienen.

Holger Schwetter, Dr. phil., geb. 1969, hat Musik- und Medienwissenschaft an der Universität Osnabrück studiert und lange freiberuflich in der Medien- und subkulturellen Kulturproduktion gearbeitet. Zurzeit ist er am Institut für Soziologie an der TU Dresden beschäftigt. Dort arbeitet er als wissenschaftlicher Mitarbeiter (Postdoc) in dem von der DFG geförderten Projekt *Time has come today. Die Eigenzeiten popmusikalischer Chronotope und ihr Beitrag zur temporalen Differenzierung von Lebenswelten seit den 1960er Jahren*. Im Jahr 2015 promovierte er an der Universität Kassel im Promotionskolleg *Die Produktivität von Kultur* der Hans-Böckler-Stiftung mit einer empirischen Studie zu dem Thema *Teilen – und dann? Kostenlose Musikdistribution, Selbstmanagement und Urheberrecht* (Kassel University Press 2015).

Die Produktivität von Musikkulturen

Soziologische, kulturökonomische und musikwissenschaftliche Sichtweisen auf künstlerische Praktiken unserer Zeit.

Hendrik Neubauer, Dennis Mathei, Holger Schwetter

Zusammenfassung

Der Themenband stellt den Begriff der Produktivität in den Mittelpunkt. Kultur wird in den letzten Jahren verstärkt aus kulturwirtschaftlicher Perspektive betrachtet. Begriffe aus der Wirtschaftswissenschaft gelangen verstärkt in kulturwissenschaftliche Diskurse und erfahren dabei Anpassungen und Umdeutungen. Im Unterschied zum Kapitalbegriff scheint sich Produktivität besonders für die Analyse von Kulturproduktion zu eignen, weil mit ihm das handlungstypische Potenzial einer prozess- und zielorientierten Entfaltung verbunden wird. Dieses Buch widmet sich den (Entwicklungs-)Dynamiken von Musikkulturen unter dem speziellen Blickwinkel der Produktivität. Dabei werden das Verhältnis von Produktivität und Kreation, die Produktivität der Bewertung sowie die Rahmenbedingungen in Form von Musikförderung und Urheberrecht in Augenschein genommen. Die Spannweite der Beiträge dieses Buchs reicht von der Bevorzugung eines kulturellen Verständnisses bis zu integrierten Ansätzen. Deren Relevanz liegt im Herausarbeiten von Produktivitätsdefinitionen sowie in der Erweiterung des Produktivitätsbegriffs am Beispiel von emergenten und etablierten Musikkulturen begründet.

Schlüsselbegriffe

Produktivität, Produktion, Musikkultur, Musikwirtschaftsforschung, Kulturproduktion, Kulturwissenschaft, Bewertung, Kreation, Musikförderung, Urheberrecht

Kultur wird in den letzten Jahren verstärkt aus kulturwirtschaftlicher Perspektive betrachtet (vgl. Hesmondhalgh 2013; Manske und Berger 2016), wobei Begriffe aus der Wirtschaftswissenschaft in kulturwissenschaftliche Diskurse gelangen und dabei Anpassungen sowie Umdeutungen erfahren. Eine weite Verbreitung erlangte in diesem Zusammenhang der erweiterte Kapitalbegriff von Pierre Bourdieu (1983), der in vielen Studien im Bereich der Forschung zur Kulturproduktion verwendet wird.[1] Gleichzeitig liegt ein wachsendes Forschungsinteresse der Soziologie, Kultur- und Medienwissenschaft an ursprünglich wirtschaftswissenschaftlichen Gegenständen vor.

In diesen Annäherungsprozessen wissenschaftlicher Disziplinen ist insbesondere der Begriff der Produktivität von Relevanz, da er zur Beschreibung von Entwicklungsdynamiken genutzt werden kann. Demgegenüber suggeriert der Begriff des Kapitals auch in erweiterten Definitionen (als soziales, kulturelles, akustisches etc.) etwas, was gesammelt und zu einem bestimmten Zeitpunkt für einen wohlüberlegten Zweck eingesetzt werden kann. Er fokussiert den Zeitpunkt einer Aktion, für den etwas angehäuft wird. Der Begriff der Produktivität ist prozessorientierter und auf die Ergebnisse eines Handelns ausgerichtet; er sollte sich daher gut zur Analyse von Kulturproduktion eignen, bei der in der Regel derartige Ergebnisse (Veranstaltungen, Veröffentlichungen, Artefakte etc.) im Mittelpunkt stehen. Er wird allerdings bislang im Unterschied zum Begriff des Kapitals nur selten und wenn, dann auf sehr unterschiedliche Weise verwandt.

Begriffsgeschichtlich trägt Produktivität eine Doppeldeutigkeit in sich, die ihn ebenso analytisch attraktiv wie problematisch erscheinen lässt. Das griechische *Poiesis*, aus dem sich Produktion und Produktivität herausbildeten, vereint Merkmale des zweckgebundenen Herstellens, Machens und Tuns sowie der Dichtkunst. In dieser Bestimmung werden zugleich quantitative und qualitative Aspekte angesprochen. Diese Polysemie hat zu unterschiedlichen Bedeutungen von Produktivität – sowohl im Sinne von ‚viel (konkrete Ergebnisse) hervorbringend' resp. ‚ergiebig' als auch von ‚schöpferisch' (Duden) – sowie zu unterschiedlichen Definitionen von ökonomischer und kultureller Produktivität geführt. Letztere sind

---

1 Vgl. hierzu beispielhaft Lange et al. 2013; Scott 2012; Thornton 1995; Winter 2010.

besonders in den Geistes- und Sozialwissenschaften mannigfaltig. Glaucia Peres da Silva stellt diese Begriffsvielfalt in ihrem Beitrag differenziert dar.

Aus wirtschaftlicher Perspektive ist ein Verständnis als Input/Output-Verhältnis vorherrschend, das auch auf Prozesse der Herstellung sowie des Vertriebs kultureller Güter ausgedehnt wird (Deutscher Bundestag 2008). In den Kulturwissenschaften wird der Begriff der Produktivität eher vermieden. Zwar wird von Wachstum und Ausdehnung der Kulturproduktion gesprochen (vgl. Söndermann 2010) und es liegen Beschreibungen von Neuheitsentwicklungen wie stilistischem Wandel oder der Entstehung neuer Kulturformen (vgl. Tschmuck 2012) vor, zudem werden Dynamiken ästhetischer Qualität, des Zuwachses von Sinn (vgl. Groys 1992) oder von Sinnzuschreibungen der Fans (vgl. Fiske 1992; Winter 2010) vorgenommen, jedoch wird der Begriff der Produktivität nur von Fiske und in Anlehnung daran von Winter genutzt.

Die überwiegende Vermeidung dieses Begriffs könnte in dem doppelten Gehalt als qualitative und quantitative Zuwachsbeschreibung begründet sein, der im Falle einer Verwendung zuerst aufgeschlüsselt werden muss. Zudem muss berücksichtigt werden, dass seine Anwendung im Kultursektor zunächst mit dem Versuch einer Ausdehnung ökonomischer Denkweisen auf die Kulturproduktion verbunden war, die umstritten und konflikthaft ist. Vor diesem Hintergrund legt der Musiksoziologe Kurt Blaukopf 1989 dar, dass die Kulturproduktionen in Institutionen wie Theatern und Museen nicht zu den Produktivitätssteigerungen fähig sind, die in den 1980er und 1990er Jahren von ihnen gefordert wurden. Blaukopf bezieht sich auf den Produktivitätsbegriff der klassischen Ökonomie und zeigt, dass die Entwicklungsdynamik von Kulturproduktion nicht der ökonomischen Steigerungslogik von mehr Output bei gleichem Input folgen kann. Seine Argumentation zielt auf die Abwehr einer Übertragung des Produktivitätsbegriffs auf die institutionalisierte, bürgerliche Musikkultur. Dies deckt sich wiederum mit den kulturwirtschaftlichen Analysen von William Baumol und William Bowen (1966), in denen die Produktivität eine zentrale Position einnimmt. Besondere Aufmerksamkeit erfuhr die These der „Kostenkrankheit" oder „Baumol's Disease" (Baumol und Bowen 1966, S. 209) in Bezug auf Kulturbetriebe, deren Produktivität im Gegensatz zu Unternehmen durch die Erhöhung der Arbeitsproduktivität oder des Einsatzes neuer Technologien nicht steigt.

Wer heute die Frage nach der Produktivität von Musikkulturen stellt, muss also die Perspektive reflektieren, aus der diese Frage gestellt wird. Denn die Reflexion über die Produktion von Musik wird derzeit wesentlich von politischen, künstlerischen sowie wirtschaftlichen Erwartungen und Anforderungen an Kreativität (vgl. Reckwitz 2012), kreative Städte (vgl. Florida 2002) und Kreativwirtschaft (vgl. Söndermann 2010) als Impulsgeberinnen und Impulsgeber für allgemeines wirtschaftliches Wachstum beeinflusst. Daneben sind die Anpassungsprobleme der Medienkonzerne und Copyright-Regime an den technologischen Wandel im Zuge der Digitalisierung der Kulturproduktion von Bedeutung für die Forschung. In diesen Debatten bleiben die unterschiedlichen Eigenschaften der Musikkulturen und konstitutive Auswirkungen der Schematisierung einer ökonomistischen Sichtweise weitgehend unberücksichtigt. So mag bei marginalen Musikkulturen der Schluss naheliegen, sie seien unter einer ökonomischen Sichtweise doch eher unproduktiv, in den Businessplänen der Content-Aggregatorinnen und Aggregatoren gewinnen sie als Teil des *Long Tail* (vgl. Anderson 2007) allerdings wieder an wirtschaftlicher Relevanz. Da marginale Musikkulturen sozial eingebettete Märkte (vgl. Granovetter 1985) bilden, walten in diesen andere Logiken, Organisationsformen und Praktiken, die das übliche wirtschaftswissenschaftliche Produzenten-Konsumenten-Verhältnis infrage stellen. Im Zuge gesellschaftlicher Modernisierungsprozesse entstanden seit den 1960er Jahren zahlreiche neue Organisationsformen von Musikkulturen, die unter Stichworten wie Szene, Subkultur, Netzwerk und Internet-Community diskutiert werden (vgl. Schwendter 1971; Frith 1981; Maffesoli 1988; Bennett 1999, 2004; Hesmondhalgh 2005; Potts et al. 2008; Hitzler und Niederbacher 2010; Paulus und Winter 2014).

Die teilweise konflikthafte Ausgangslage sollte heute nicht mehr dazu führen, eine Auseinandersetzung mit dem Begriff der Produktivität von Kultur zu vermeiden. Stattdessen erscheint es sinnvoll zu fragen, welche spezifische Form von Produktivität Musikkulturen entfalten. Nur so wird es möglich, dem Versuch einer einfachen Übertragung klassisch-ökonomischer Konzepte von Produktivität passendere Konzepte gegenüberzustellen. Für diesen Themenband sind daher die Fragen zentral, welche Bedeutungen der Begriff Produktivität im Hinblick auf Musikkulturen annehmen und wie dieser kulturwissenschaftlich produktiv gemacht werden kann, um aktuelle Entwicklungsdynamiken zu beschreiben. Der Themenband möchte Produktivitätsverständnisse und Organisationsformen von Musikkulturen vor dem Hintergrund soziologischer, kulturökonomischer sowie medien- und musikwissenschaftlicher Expertise vorstellen und diskutieren. Die Relevanz des Bandes liegt dementsprechend im Herausarbeiten von Produktivitätsdefinitionen am Beispiel von emergenten und etablierten Musikkulturen begründet. Es wäre daher unsinnig, diesem Band eine Definition von Produktivität voranzustellen. Wir laden die Leserin und den Leser stattdessen dazu ein, der Autorin und den Autoren in ihren Auseinandersetzungen mit dem Produktivitätsbegriff zu folgen. Ein Konsens, der sich im Vergleich der Beiträge abzeichnet, besteht darin, die Dynamiken von kultureller und ökonomischer Produktivität in ihrer jeweiligen Spezifik zu respektieren und hiervon ausgehend deren jeweilige Dynamiken und ihre Beziehungen zueinander zu beschreiben. In ihrer Theoriearbeit und in ihren

Analysen gehen die Autorin und die Autoren dann jedoch sehr unterschiedliche Wege. Dabei folgen fast alle der Struktur, zunächst ihre Begriffsarbeit vorzustellen und anschließend in der Analyse von Beispielen aus unterschiedlichsten Musikkulturen anzuwenden. So werden verschiedene Verständnisse von Produktivität gleich als analytisches Werkzeug erprobt. Es wird deutlich, dass es nicht den *einen* allgemeingültigen Begriff von Produktivität in Musikkulturen geben kann. Stattdessen gilt es, den für bestimmte Untersuchungsperspektiven und musikkulturelle Gegenstände richtigen Begriff zu entwickeln, zu exemplifizieren und anzuwenden.

Die mediale Vermitteltheit vieler Formen des heutigen Musikkonsums hat unzweifelhaft große Auswirkungen auf die Produktivität von Musikkulturen. Die Rezeption von Tonträgermusik zählt heute zu den vorherrschenden Konsumformen von Musik. Seit den 1990er Jahren sind Musikkulturen zudem einer umfassenden digitalen Mediamorphose ausgesetzt (vgl. Smudits 2002), die hier nur ausschnitthaft skizziert werden kann. Unter anderem ermöglicht der Zugang zu Musiksoftware, günstigen Instrumenten und digitalen Speicherformen den Konsumentinnen und Konsumenten, selbst phonographische Artefakte herzustellen. Durch den Zugang zu Distributionsplattformen können diese potenziell weltweit in unterschiedlichen medialen Ausprägungen verbreitet werden. Die daraus resultierende deutlich sichtbare ‚Explosion' kultureller Güter wirkt auf gesellschaftliche Strukturen des Konsums ein und verändert die Teilnahme wie Teilhabe an Musikkulturen nachhaltig. Infolgedessen ist Musik als Teil des Alltags heutzutage omnipräsent, relevant und zeitweise scheinbar monetär ‚wertlos' wie nie zuvor (vgl. Kusek und Leonhard 2006). Zugleich ist eine ökonomische Aufwertung von Musikaufführungen, die mit körperlicher Präsenz der Besucherinnen und Besucher verbunden sind, sei es als Konzert oder DJ-Set, zu beobachten.

Den vielfältigen neuen Bedingungen und Möglichkeiten musikkultureller Produktivität wird in einigen Beiträgen dieses Bandes nachgegangen. Lorenz Grünewald-Schukalla untersucht die Wertschöpfung mit digitalen Netzwerkmedien am Beispiel von YouTube. Hans-Joachim Bürkner sieht die Digitalisierung als Antreiber für Produktivität in Nischen der Musikproduktion und zeigt dies am Beispiel der elektronischen Clubmusik. Für ihn ist die Bildung von Akustischem Kapital ein zentrales Ziel der Akteurinnen und Akteure; dies sorgt für Produktivität in Form einer immer größeren Ausdifferenzierung der Nischenkulturen. Dieses Argument macht auch Dennis Mathei stark.

Christopher Small hat mit seinem Konzept des *musicking* (1998) darauf hingewiesen, dass Musik eine kollaborative Praxis ist, in die die Aktivitäten aller Beteiligten, auch die der Hörerinnen und Hörer bzw. der Medienunternehmen, eingebunden sind. Eine derartige Sichtweise ist auch für die Analyse der Produktivität von Musikkulturen fruchtbar; dies zeigt Dennis Mathei mit der Untersuchung kollektiver Kreativität und gemeinschaftlicher Produktion in den Szenen, die auf *Micro Indies* (vgl. Strachan 2006) basieren, wie die Techno-Szene und die Avantgardistische Multigenreszene (AMS). Holger Schwetter beschäftigt sich mit dem Beitrag, den das Tanzen als Aneignungsform und das Marketing als werbliche Aktivität für die musikkulturelle Produktivität leisten können. Dafür analysiert er das Tanzverhalten in Rockdiskotheken der 1970er Jahre und die Selbstvermarktung von Singern/Songwritern in digitalen Netzwerkmedien. Auch Glaucia Peres da Silva zeigt am Beispiel von Produzentinnen und Produzenten der Weltmusik, dass – trotz gegenteiliger Zuschreibungen im Feld – das Kunstschaffen eine kollektive und produktive Arbeit ist. Um diese Arbeit analytisch zu fassen, plädiert sie für eine erneute Aktivierung des ästhetischen Gehalts des Produktivitätsbegriffs. Die Bewertung von Musik spielt für die zukünftige Produktivität von Musikkulturen ebenfalls eine wichtige Rolle. Bastian Lange widmet sich digitalen Bewertungssystemen und fragt nach De- oder Reprofessionalisierung im Rahmen kollektiver wertschöpfender Prozesse. Auch Jonathan Kropf widmet sich digitalen Bewertungsinstanzen und erprobt an ihrem Beispiel eine Erweiterung von Bourdieus feldanalytischem Zugriff.

Für die Produktivität einer Musikkultur sind nicht nur ihre Binnendynamiken maßgebend. Ebenso wichtig sind die Rahmenbedingungen, in die die musikbezogenen Aktivitäten eingebettet sind. Eine zentrale Rahmensetzung stellt das Urheberrecht dar; mit dessen Einwirkung auf Praktiken der Genehmigung bzw. Zulassung beschäftigen sich zwei Beiträge dieses Bandes. Frédéric Döhl untersucht, welche Folgen für die musikalische Produktivität die derzeitige, restriktive Auslegung der Möglichkeit der ‚freien Benutzung' mit sich bringt, und stellt eine alternative Auslegung vor. Georg Fischer beschäftigt sich mit Praktiken der Versionierung in Form von Coverversionen und Sampling. Er fragt danach, ob die Limitierungen dieser Praxis durch das Urheberrecht zu einer spezifischen Kreativität der Umgehung führen. Hendrik Neubauer beschäftigt sich inhaltsanalytisch mit dem Verhältnis von Postulaten und Umsetzungen zur Praxis der Bundesförderung von Zeitgenössischer Musik als einer weiteren gesellschaftlichen Praktik, die die Rahmenbedingungen von Produktivität bestimmt.

Die hier verwendeten Produktivitätsbegriffe reichen von der Bevorzugung eines kulturellen Verständnisses (wie bei Döhl, Schwetter, Peres da Silva) bis zu integrierten Ansätzen (Bürkner, Mathei, Grünewald-Schukalla). Eine reine Übertragung eines ökonomischen Verständnisses wird von der Autorin und den Autoren nicht vorgenommen, stattdessen zeigen alle eine große Sensibilität – auch für die ökonomischen Dimensionen musikkulturellen Schaffens. Ihre Beiträge machen deutlich, dass für jede Musikkultur eine detaillierte Untersuchung notwendig ist, um ihre internen Dynamiken und die Randbedingungen, die ihre Produktivität limitieren, zu analysieren. Die Mechanismen des Mainstream-Musikmarktes können ebenso wenig auf musikalische Nischenkulturen übertragen werden, wie die Erkenntnisse über eine spezifische Nische sich für alle Musikkulturen generalisieren lassen.

Die Beiträge zeigen, dass die Auseinandersetzung mit dem Begriff der Produktivität im Zusammenhang mit Musikkulturen lohnend ist. Das vorhandene und auch von der Autorin und den Autoren genutzte, etablierte begriffliche Werkzeug (wie Wert, Kapital, Kreativität) wird sinnvoll erweitert, weil die Dynamiken der Musikkulturen stärker in den Blick rücken. Zudem regt seine Verwendung zu einer differenzierten Betrachtung der Verwobenheit der verschiedenen ästhetischen, sozialen und ökonomischen Prozesse innerhalb von Musikkulturen an.

Literatur

Anderson, C. (2007). *The Long Tail. Der lange Schwanz*. München: Hanser.

Baumol, W. & Bowen, W. G. (1966). *Performing arts – the economic dilemma. A study of problems common to theater, opera, music and dance*. New York: Twentieth Century Fund.

Bennett, A. (1999). Subcultures or Neo-Tribes? Rethinking the relationship between youth, style and musical taste. *Sociology 33* (3), 599–617.

Bennett, A. (2004). Consolidating the music scenes perspective. *Poetics 32*, 223–234.

Blaukopf, K. (1989). *Beethovens Erben in der Mediamorphose: Kultur- und Medienpolitik für die elektronische Ära*. Heiden: Niggli.

Bourdieu, P. (1983). Ökonomisches Kapital, kulturelles Kapital, soziales Kapital. In: R. Kreckel (Hrsg.), *Soziale Ungleichheiten* (S. 183–198). Göttingen: Schwartz.

Deutscher Bundestag (2008). *Kultur in Deutschland. Schlussbericht der Enquete-Kommission*. Bonn: bpb (Schriftenreihe der Bundeszentrale für Politische Bildung, 694).

Florida, R. (2002). *The Rise of the Creative Class: And How It's Transforming Work, Leisure, Community and Everyday Life*. New York: Basic Books.

Fiske, J. (1992). The Cultural Economy of Fandom. In: L. Lewis (Hrsg.), *The adoring audience: fan culture and popular media*. London u.a.: Routledge, S. 30–49.

Frith, S. (1981). *Jugendkultur und Rockmusik: Soziologie der englischen Musikszene*. Reinbek: Rowohlt.

Granovetter, M. (1985). Economic Action and Social Structure: The Problem of Embeddedness. *American Journal of Sociology 91* (3), 481–510.

Groys, B. (1992). *Über das Neue. Versuch einer Kulturökonomie*. München: Carl Hanser Verlag.

Hesmondhalgh, D. (2005). Subcultures, Scenes or Tribes? None of the Above. *Journal of Youth Studies 8* (1), 21–40.

Hesmondhalgh, D. (2013). *The cultural industries* (3. Aufl.). Los Angeles, Calif.: SAGE.

Hitzler, R. & Niederbacher, A. (2010). *Leben in Szenen: Formen juveniler Vergemeinschaftung heute*. Wiesbaden: VS Verlag für Sozialwissenschaften.

Kusek, D. & Leonhard, G. (2006). *Die Zukunft der Musik. Warum die digitale Revolution die Musikindustrie retten wird*. München: Musikmarkt-Verlag.

Lange, B., Bürkner, H.-J. & Schüßler, E. (Hrsg.). (2013). *Akustisches Kapital: Wertschöpfung in der Musikwirtschaft*. Bielefeld: transcript.

Maffesoli, M. (1988). *Le Temps des Tribus*. Paris: Meridiens Klincksieck.

Manske, A. & Berger, A. (2016). *Kapitalistische Geister in der Kultur- und Kreativwirtschaft: Kreative zwischen wirtschaftlichen Zwang und künstlerischen Drang*. Bielefeld: transcript.

Paulus, A. & Winter, C. (2014). Musiker als Media-Artepreneure? Digitale Netzwerkmedien als Produktionsmittel und neue Wertschöpfungsprozesse. In: U. Breitenborn, T. Düllo & S. Birke (Hrsg.), *Gravitationsfeld Pop: Was kann Pop? Was will Popkulturwirtschaft? Konstellationen in Berlin und anderswo* (S. 133–142). Bielefeld: transcript.

Potts, J., Cunningham, S., Hartley, J. & Ormerod, P. (2008). Social network markets: a new definition of the creative industries. *Journal of Cultural Economics 32*, 459–474.

Reckwitz, A. (2012). *Die Erfindung der Kreativität: Zum Prozess gesellschaftlicher Ästhetisierung*. Berlin: Suhrkamp.

Schwendter, R. (1971). *Theorie der Subkultur.* Köln u.a.: Kiepenheuer & Witsch.
Scott, M. (2012). Cultural entrepreneurs, cultural entrepreneurship: Music producers mobilising and converting Bourdieu's alternative capitals. *Poetics, 40* (3), 237–255. https://doi.org/10.1016/j.poetic.2012.03.002. Zugegriffen: 3. Dezember 2012.
Small, C. (1998). *Musicking: the meanings of performing and listening.* Middletown, Conn.: Wesleyan Univ. Press.
Smudits, A. (2002). *Mediamorphosen des Kulturschaffens: Kunst und Kommunikationstechnologien im Wandel.* Wien: Braumüller.
Söndermann, M. (2010). *Monitoring zu ausgewählten wirtschaftlichen Eckdaten der Kultur- und Kreativwirtschaft 2009.* Kurzfassung. Berlin: Bundesministerium für Wirtschaft und Technologie.
Strachan, R. (2007). Micro-independent record labels in the UK. Discourse, DIY Cultural Production and the Music Industry. *European Journal of Cultural Studies 10*, S. 245–265.
Thornton, S. (1995). *Club cultures: music, media and subcultural capital.* Cambridge u.a.: Polity Press.
Tschmuck, P. (2012). *Creativity and Innovation in the Music Industry.* Berlin, Heidelberg: Springer.
Winter, R. (2010). *Der produktive Zuschauer. Medienaneignung als kultureller und ästhetischer Prozess.* Köln: Herbert von Halem.

Teil I
Produktivität und Kreation

Produktivität der Musikkulturen?

Soziologische Kritik eines Begriffs

Glaucia Peres da Silva

Zusammenfassung

In den letzten Jahrzehnten hat die Anwendung des Begriffs von Produktivität auf Kultureinrichtungen im Kontext zunehmend ökonomisch orientierter Debatten über Kultur an Bedeutung gewonnen. Damit stellt sich derzeit die Frage, ob es möglich ist, auch über Produktivität von Musikkulturen zu sprechen. Dieser Aufsatz geht dabei von der These aus, dass der ästhetische Gehalt des Produktivitätsbegriffs wieder aktiviert werden sollte, um Musikkulturen angemessen als produktiv zu charakterisieren. Die Idee von ästhetischer Produktivität wird in Zusammenhang mit dem philosophischen und ökonomischen Gehalt des Produktivitätsbegriffs erläutert. Eine solche Wiederaktivierung des ästhetischen Gehalts des Produktivitätsbegriffs hat für die soziologische Analyse der Kunstproduktion zur Folge, dass nicht nur die Bedingungen und der soziale Kontext der Kunstproduktion berücksichtigt werden, sondern auch ästhetische Dimensionen ins Zentrum der Betrachtung rücken. Ausgehend von Hennions Konzept der *mediation* (Vermittlung), welches Ästhetik in die soziologischen Analysen integriert, wird ein neuer Ansatz zur Betrachtung der Kunstproduktion als ästhetische, ökonomische und produktive Tätigkeit skizziert. Deutlich wird dieser Ansatz am Beispiel der Musikproduzenten auf dem World-Music-Markt.

Schlüsselbegriffe

Produktivität, Ästhetik, Ökonomie, Vermittlung, Musikproduzent, World Music

1 Einleitung

Seit den 1980er Jahren lässt sich eine zunehmende Ökonomisierung der Debatte über Kultur in der Kulturpolitik (vgl. Quenzel 2005, S. 81), der Wissenschaft und im Kulturbetrieb beobachten. Begrifflichkeiten wie Kultur- und Kreativwirtschaft, kreative Klasse, kreatives Kapital, Kulturgüter und Kreativsektor u.a. heben explizit wirtschaftliche Aspekte hervor und werden immer häufiger verwendet (vgl. Wiesand 2010). Kultur wird dabei immer mehr als wirtschaftlicher Standortfaktor wahrgenommen (vgl. Quenzel 2005, S. 82; Deutscher Bundestag 2007), während öffentliche Kulturförderung gekürzt wird oder in Partnerschaft mit privaten Initiativen erfolgt. Die Diskussion über Finanzierungsmöglichkeiten für Kunst und Kultur zwingt die Kultureinrichtungen, Management-Strategien in ihre Verwaltungsstrukturen zu integrieren, um ihre ökonomische Effizienz zu steigern (vgl. Wagner 2011, S. 186). Damit geht eine wachsende Aufmerksamkeit auf die Leistung dieser Kultureinrichtungen und ihre Fähigkeit einher, Produkte mit erhöhter Qualität und exzellente Dienstleistungen zu erbringen. Als Folge werden die Kultureinrichtungen dazu angehalten, ihr Produktivitätspotenzial ständig sichtbar zu machen.

Heute erscheint die Diskussion über Produktivität innerhalb des Kultursektors beinahe selbstverständlich. Einige Autoren gehen so weit, zu behaupten, dass Kulturphänomene im Allgemeinen produktiv sein können. Bei ihren Analysen wird der Produktivitätsbegriff im ökonomischen Sinne als Verhältnis zwischen Faktoreneinsatz und Produktionsergebnis verwendet (vgl. Quenzel et al. 2010; Wittel 2001). Ist es aber tatsächlich sinnvoll, die Idee von ökonomischer Produktivität dermaßen zu verallgemeinern? Lassen sich beispielsweise Musikkulturen genauso wie Kultureinrichtungen mit einem explizit ökonomischen Produktivitätsbegriff analysieren? In diesem Aufsatz vertrete ich die These, dass solche Verallgemeinerung nicht angemessen ist. In der ursprünglichen philosophischen Debatte hat der Begriff von Produktivität sowohl eine ökonomische Ausprägung als auch einen ästhetischen Gehalt. In den letzten Jahren wurde jedoch das Ästhetische im Produktivitätsbegriff vernachlässigt, um das Ökonomische in seinem Bedeutungsgehalt zu betonen. Im Gegensatz zu dieser Tendenz möchte ich hiermit den ästhetischen Gehalt des Produktivitätsbegriffs wieder aktivieren. In der Kombination von ästhetischen und ökonomischen Auffassungen von Produktivität können Musikkulturen angemessen als produktiv betrachtet werden.

Der hier verfolgte Ansatz zum Produktivitätsbegriff bezieht sich auf neuere theoretische Entwicklungen der Wirtschaftssoziologie. Dabei wird die Unterscheidung zwischen Kultur und Ökonomie infrage gestellt, welche die sozialwissenschaftliche Debatte bisher strukturierte (vgl. Du Gay und Pryke 2002, S. 4). Vielmehr bettet die Wirtschaftssoziologie das wirtschaftliche Handeln und die wirtschaftlichen Institutionen in das soziale Leben (vgl. Granovetter 2000) und in die Kultur ein (vgl. DiMaggio 1990), um die Vielfalt im ökonomischen Leben zu analysieren. Beispiele dafür sind Studien über den sozialen Charakter des Geschmacks (vgl. DiMaggio 1987), die Bedeutung von zwischenmenschlichen Beziehungen in der Ökonomie (vgl. Zelizer 2007) und von der Wahrnehmung der Akteure auf dem Markt (vgl. Fligstein 1996). In dieser Hinsicht wird von einer Verschränkung von wirtschaftlichen, kulturellen und sozialen Faktoren ausgegangen, die als ursächlich für menschliches Handeln gilt. Dies bedeutet für die Diskussion über Produktivität, dass die wirtschaftlichen Faktoren im Produktivitätsbegriff mit kulturellen und sozialen Faktoren verzahnt sind.

Die kulturellen Aspekte ökonomischen Lebens und das Ästhetische im Produktivitätsbegriff setzt die aktuelle kunstsoziologische Debatte in Beziehung zueinander. Historisch betrachtet etabliert sich die Kunstsoziologie als Fachdisziplin zwar im Gegensatz zur Kunstphilosophie (vgl. Hennion 2003, S. 80). Ausgangspunkt der kunstsoziologischen Debatte ist jedoch die Kritik an der Autonomie der Kunst und der Genieästhetik. Ihr Schwerpunkt liegt in der Untersuchung der Einbettung der Kunstwelt ins gesellschaftliche Leben. Dabei gewinnen die Produktions-, Vertriebs- und Konsumbedingungen von Kunstwerken an Bedeutung. Ästhetische Fragen geraten so in den Mittelpunkt der Kunstphilosophie. In den letzten Jahren steigt nun auch das Interesse der Kunstsoziologie für Ästhetik. Accord und Denora (2008) empfehlen beispielsweise, eine breitere, oft unterschwellige ästhetische Sensibilität zu untersuchen, die das Handeln konstituiert. Impulse aus dieser Debatte, insbesondere das Konzept der *mediation* (vgl. Hennion 1989, 2003), werden hierbei aufgegriffen, um ästhetische Produktivität zu untersuchen.

Die vorgeschlagene Herangehensweise an die Produktivität von Musikkulturen wird deutlich in der Analyse der Arbeit von Musikproduzenten. Bei der Studioproduktion von Alben setzen sich Künstler und Musikproduzenten stark mit wirtschaftlichen Faktoren und ästhetischer Wahl auseinander. Ihre Diskurse und Praktiken veranschaulichen beispielhaft den Zusammenhang zwischen ökonomischer und ästhetischer Produktivität. Die analysierten Daten stammen aus dem World-Music-Markt.

Der vorliegende Beitrag gliedert sich in sieben Abschnitte. Zuerst stelle ich die theoretische Grundlage der Debatte über Produktivität im Kultursektor dar. Anschließend präsentiere ich eine historische Betrachtung des Produktivitätsbegriffs und diskutiere seine wirtschaftliche und ästhetische Ausprägung. Darauf folgt die Übertragung der philosophischen Diskussion auf die soziologische Debatte. Schließlich verdeutliche ich meine Argumentation mit der Analyse der Arbeit der World-Music-Produzenten. Der Aufsatz endet mit einem Fazit.

2 Theoretische Grundlagen der Diskussion über Produktivität im Kultursektor

Die wissenschaftliche Debatte über Produktivität und Kultur kreist um zwei Schwerpunkte: Eine zentrale Position nehmen Studien aus der Wirtschaftswissenschaft und ihrer Teildisziplin Kulturökonomie ein (vgl. Bendixen 2001; Throsby 2001; Groys 2007). Dabei werden wirtschaftswissenschaftlichen Prämissen und Begrifflichkeiten verwendet, um Kulturphänomene zu erklären. Aus dieser Sicht umfasst kulturelle Produktivität „Prozesse des Neuschöpfens, Brechens und Blickveränderns durch Kunst und Kultur" (Quenzel et al. 2010, S. 2), die so erweitert werden können, dass sie auch „die Schaffung neuer kultureller Produkte, neue Technologien und das gesamte Feld der Wissensproduktion sowie ihre ökonomische Verwertbarkeit" (ebd.) einschließen. Kultur und Ökonomie werden hiernach derart zusammen betrachtet, dass „das Zusammenspiel von künstlerischer und ökonomischer Innovationskraft und Kulturförderung als wichtige Voraussetzung für das ökonomische Wachstum" (ebd.) angesehen wird. Aus dieser Perspektive wird Kultur zum Entwicklungsfaktor, wodurch das Interesse von Wirtschaftswissenschaftlern für Kulturpolitik steigt (vgl. Throsby 2012).

Ein anderer Ansatz zum Verhältnis von Produktivität und Kultur beruft sich auf die Debatte über *neue Ökonomie* (vgl. Wittel 2001), die laut Castells (2001) die dritte industrielle Revolution darstellt. Wittel (2001) erklärt, dass die neue Ökonomie sich durch Informationalismus, Globalität und eine Netzwerkform auszeichnet. In diesem Kontext hängt die Produktivität von der Generierung, Weiterentwicklung und Anwendung wissensbasierter Informationen ab, die „im Netz ausgespielt werden" (ebd.). Die vernetzten Unternehmen orientieren sich an einer neuen organisationalen Logik, die das soziokulturelle Wissen in den Arbeitsprozess integriert. Dadurch wandelt sich Kultur zu einer Produktivkraft und wird zur „Maximierung der Produktivität" (ebd.) eingesetzt. Als Folge charakterisiert Wittel die Gegenwart als das „Zeitalter des Kulturmanagements" (ebd.).

Diese Herangehensweise eröffnet die Perspektive darauf, alle kulturellen Praktiken in Produktivkraft umzuwandeln. Im Fall der Musikkulturen lässt sich dieser Ansatz mit dem Begriff von Szene in Zusammenhang bringen. Laut Straw (2001, S. 250f.) erfasst der Szenebegriff die Vielfalt kultureller Aktivitäten und Identitäten sowie die Flüssigkeit musikkultureller Praktiken. Als Szene besitzen Musikkulturen „eine multizentrale, globale Struktur" (Friedrich 2014, S. 194) und bilden ein lockeres Netzwerk, „in dem sich unbestimmt viele beteiligte Personen und Personengruppen vergemeinschaften" (Hitzler und Niederbacher 2010, S. 15). Das Netzwerk der Musikkulturen ähnelt dem Unternehmensnetzwerk der neuen Ökonomie. So können musikkulturelle Szenen wie ein Unternehmen verwaltet werden, um durch die Schaffung von Arbeitsplätzen ökonomisch zu wachsen. Dadurch werden Musikkulturen produktiv.

Beide vorherrschenden Betrachtungsweisen verallgemeinern den wirtschaftlichen Blick auf Produktivität, um sich auf kulturelle Phänomene zu beziehen. Daraus ergeben sich Schwierigkeiten in Bezug auf den Kulturbegriff und das Netzwerkkonzept, die vertieft zu diskutieren sind. Im Fall der wirtschaftswissenschaftlichen Studien über Kultur als Produktivkraft impliziert die Übertragung wirtschaftswissenschaftlicher Begrifflichkeit auf die Analyse von Kulturphänomenen, dass auch das Handlungsmodell des *homo oeconomicus* in das Kulturfeld übertragen wird. Das Modell des *homo oeconomicus* und seine rationale Wahl können jedoch in vielerlei Hinsichten kritisiert werden. In der Soziologie wird argumentiert, dass ein ökonomischer Agent weder atomistisch entscheidet (vgl. Granovetter 2000) noch ohne Strukturzwänge handelt (vgl. Bourdieu 1998). Vielmehr sind soziale und ökonomische Beweggründe und Handlungen immer auf komplexe Weise miteinander verschränkt (vgl. Granovetter 1993, S. 38). Daraus folgt, dass ökonomisches Handeln von sozialen Beziehungen abhängt (vgl. Zelizer 2007, S. 1060). Ökonomische Prozesse sind darum Teil eines Systems von Bedeutungen und Strukturen sozialer Beziehungen (vgl. Zelizer 1988, S. 619). Hinzu kommt, dass der Kulturbegriff nicht nur die Kunst eines innovativen Genies umfasst, sondern auch Formen von Interpretationen, die sich mit sozialen Gebilden verschränken (vgl. White 2008, S. 372). Alle Zeichen menschlicher Interaktionen lassen sich hiermit nicht als unabhängige kognitive Aspekte betrachten, die von ihrem Entstehungskontext isoliert und als Produktionsfaktor eingesetzt werden können. Vielmehr sind Zeichen als Bestandteile der sozialen Struktur und der sozialen Prozesse zu verstehen (ebd., S. 337), denn Zeichen gewinnen ihre Bedeutungen in der Kommunikation.

Der Vergleich der Produktivität von Musikkulturen mit der Produktivitätsform in der neuen Ökonomie weist auf die Bedeutung des Netzwerks als Organisationsstruktur hin. Diese Argumente finden häufige Anwendung in der Praxis von Kulturmanagern, benötigen aber noch weitere Überlegungen im Feld der Organisationsforschung, vor allem in Bezug auf die formalen und informellen Aspekte einer Organisation, um Musikkulturen angemessen zu beschreiben. Außerdem lässt sich der Begriff Netzwerk nicht nur als Metapher verwenden. Als theoretisch-methodologisches Konstrukt für die Messung sozialer Beziehungen (vgl. White 2008, S. 36) untersucht die Netzwerkforschung, woraus die Verbindungen zwischen Menschen bestehen. Neueste Forschungen vertreten die These, dass sich Menschen auch durch Kognition verbinden können (vgl. Mützel 2008, S. 194). Die Analyse der sozialen Netzwerke sollte daher die kulturellen und strukturellen Elemente in ihrer Wechselwirkung berücksichtigen – eine gegenseitige Beeinflussung, die „ursprünglich für Handlungen" ist (ebd.).

Basierend auf diesen Kritiken werde ich die Produktivität von Musikkulturen diskutieren. Musikkulturen als kulturelle Phänomene werden folglich hinsichtlich der Verschränkung von kulturellen, sozialen und ökonomischen Faktoren analysiert. Außerdem wird der Begriff Netzwerk als theoretisch-methodologisches Werkzeug verwendet, um die Wechselwirkung von Kultur und Struktur zu untersuchen. Dementsprechend werden Musikkulturen in Anlehnung an Wickes Musikbegriff definiert. Laut Wicke bedeutet Musik in allgemeinster Form „in Klang vermittelte kulturelle Praxis" (Wicke 2004, S. 163). Der Musikbegriff erfasst „eine Einheit einer unermesslichen Vielfalt konkreter Musiken, die sich als Bestandteil der verschiedenen Kulturen der Welt, unterschiedlicher sozialer Praxen und ihnen eingeschriebener Traditionen entfalten" (ebd.). Anhand dieser Definition können sowohl die kulturelle Dimension als auch die ökonomische Dimension der in Klang vermittelten sozialen Praktiken berücksichtigt werden. Vor diesem Hintergrund wird die Debatte über Produktivität der Musikkulturen auf eine neue Grundlage gestellt. Dafür ist es notwendig, den Begriff von Produktivität in seiner historischen Entwicklung zu betrachten.

3 Der Begriff von Produktivität

Die hier durchgeführte Begriffsanalyse folgt dem Ansatz Ophirs (2012) und fragt danach, „wie Begriffe erscheinen, um aus den Bedingungen ihres Erscheinens etwas über ihre Essenz zu erfahren" (Ophir 2012, S. 5). Ein Wort erscheint als Begriff, „wenn die automatische Bewegung vom Signifikanten zum Signifikat fehlschlägt" (ebd., S. 10). Bei der Infragestellung der Beziehung zwischen Signifikant und Signifikat wird deutlich, dass es sich um „die Analyse eines semantischen Netzwerks handelt, [...] um eine linguistische Entität, deren Existenz sich ihrem Ort und ihrer Funktion in einem bestimmten Diskurs verdankt" (ebd.). Begriff wird daraufhin definiert als „ein Prinzip der diskursiven Tätigkeit [...], die nur kollektiv performiert werden kann" (ebd., S. 5). Die Entschlüsselung eines Begriffs erfordert daher eine Analyse der Praktiken, „in die er involviert ist und die ihn hervorbringen" (ebd.).

Daraus folgt, dass sich die Begriffe auf ihre Kontexte beziehen: auf den faktischen oder virtuellen Sprachhaushalt, größere Texteinheiten, das Begriffsnetz von Gegen-, Ober-, Unter-, Begleit- und Nebenbegriffen (vgl. Koselleck 2010, S. 101) oder die Erfahrungen menschlichen Lebens (ebd., S. 59). Die Begriffe sind somit „an die geschichtlichen Erfahrungsgehalte zurückgebunden, die einmal in diese Begriffe eingegangen sind" (ebd., S. 40). Alle Begriffe enthalten daher „verschieden tief gestaffelte Anteile vergangener Bedeutungen sowie verschieden gewichtete Zukunftserwartungen" (ebd., S. 68). Diese „vielschichtige temporale Binnenstruktur" (ebd., S. 92) bildet die „Vielfalt von Erscheinungen, die der Begriff ist" (Ophir 2012, S. 9) und die durch eine Begriffsaussage vereinigt und präsentiert wird.

Der Produktivitätsbegriff verknüpft sich eng mit dem Begriff von Produktion – Produktivität ist eine Eigenschaft des Produzierens. Der Produktionsbegriff hat wiederum seinen Ursprung im Wort *Poiesis* in der altgriechischen Philosophie (vgl. Zill 2003, S. 41). Poiesis bündelt zwei verschiedenen Bedeutungsgehalte: Einerseits stehen Aspekte des *Herstellens*, *Machens* und *Tuns* im Vordergrund, die zusammen mit den Bedeutungen von *Vorführen*, *Heraufführen* und *Hervorbringung in der Natur* den Produktionsbegriff ausmachen. Anderseits sind Aspekte der Dichtkunst zu nennen, die Einzug in das Wort Poesie finden.

Die Interpretation Platos prägt den antiken Begriff der Poiesis. In seiner Auffassung beinhaltet Poiesis drei Bedeutungsebenen: 1.) einen generellen Wirkprozess im allgemeinen Sinne von Schaffen und Bewirken im Gegensatz zum Erleiden; 2.) eine gezielte Herstellung, die göttlichen Ursprungs sein kann (Schöpfung Gottes) oder sich auf das menschliche Handwerk bezieht, das sich nach den Ideen richtet und dem Göttlichen entspricht (Herstellung von Werkzeugen, Landwirtschaft), und 3.) die Dichtung des nachahmenden Künstlers, der sich „nicht wie andere Handwerker nach den Ideen, sondern erst nach ihren Abbildern" richtet (Zill 2003, S. 43). Für Aristoteles bedeutet Poiesis jedoch nur ein Herstellen oder Hervorbringen, das ein Endziel außerhalb seiner selbst verfolgt. Das Handeln mit einem Endziel an sich nennt er Praxis. Das Unveränderliche heißt bei ihm Theorie.

Ab dem Mittelalter verschiebt sich die Debatte auf den Ursprung von Produktion. Im Mittelpunkt steht die Unterscheidung zwischen zwei Bedeutungen von Poiesis: als göttliche Schöpfung aus dem Nichts (*creatio*) und als menschlichen Herstellungsakte aus dem schon Existierenden (*producere*). Der Fokus auf „das Verhältnis von planender Idee und faktischer Ausführung" (Zill 2003, S. 49) gewinnt an Bedeutung im Erkenntnisprozess in der Neuzeit. Hume argumentiert beispielsweise, dass „die Seele [...] die an sich beziehungslosen Elemente der Wirklichkeit gemäß einem in ihrer Natur liegenden Zwang des Assoziierens verbindet" (Hume 1882, S. 379; zitiert nach Kaulbach 1989, S. 1421). Es gibt daher keine

Ursache für die Produktion. Hingegen betont Kant, dass das Subjekt das Verhältnis von Ursache und Wirkung sowie „die Konstitution der Gegenständlichkeit des Gegenstands selbst" produziert (Kant 1798, S. 167; zitiert nach Kaulbach 1989, S. 1421). Es geht dabei um eine produktive Leistung des Subjekts. Für Schelling kann nur der unendliche Übergang der Idee ins Produkt produktiv sein, wobei die produzierende Vorstellung des Geistes mit dem produzierten Gegenstand vereinigt wird (vgl. Schelling 1799, S. 299; zitiert nach Kaulbach 1989, S. 1423). Als Folge wird Produktion ab dem 18. Jahrhundert stärker im Sinne von *Hervorbringen* diskutiert.

Dieser Wandel bedeutet eine Erweiterung des Begriffs von Produktion, der sich nun stärker mit menschlicher Tätigkeit verknüpft. Auf diese Weise wird der Mensch als produktive Kraft aufgefasst. Diese Idee findet sowohl in der Ökonomie, „die sich bei den Physiokraten gerade erst als eigenständige Wissenschaft konstituiert hat" (Zill 2003, S. 54), als auch in der Ästhetik Anschluss, wobei das Paradigma der Nachahmung der Natur abgelöst wird. Im Folgenden betrachte ich diese zwei Ausprägungen des Begriffs von Produktion getrennt voneinander, um sie genauer beleuchten zu können.

3.1 Produktivität als wirtschaftlicher Begriff

Der Produktivitätsbegriff beginnt Ende des 17. Jahrhunderts in der Auslegung als *gemeinwirtschaftlicher Nutzen in der Ökonomie* an Bedeutung zu gewinnen. Zu dieser Zeit wird der Reichtum eines Landes an seinen Menschen gemessen, da die menschliche Arbeit ein Gut in ein Produkt umwandelt. Produktiv seien daher alle Mittel, die eingesetzt werden, um viele Menschen in Arbeit zu bringen und sie genügend zu ernähren (vgl. Hentschel 1984, S. 4). Im Laufe des 18. Jahrhunderts verändert sich die Auffassung von Produktivität. Zuerst verbinden die Physiokraten mit diesem Begriff die Erwirtschaftung des Sozialprodukts. Dabei werde die Arbeit erst produktiv, wenn sie auf der Kraft der Natur basiere, „deren Ergebnis auf dem Markt gehandelt wird" und dadurch „zur volkswirtschaftlichen Wertschöpfung beiträgt" (ebd., S. 6). Aus dieser Sicht sind nur die landwirtschaftlichen Pächter produktiv. Danach lösen die Merkantilisten den Begriff der Produktivität von der Natur ab, um ihn mit der abstrakten Schaffung von Gewinn zu verbinden (vgl. Arndt 1989, S. 1428). Dagegen argumentiert Adam Smith, dass Produktivität mit der Arbeit verbunden sei – die einzige produktive Kraft der Wirtschaft und Grundlage für den Wohlstand der Nationen. Arbeit sei produktiv, wenn dabei Wert geschaffen und vermehrt werde – was im Tauschwert des Produkts ausgewiesen sei. Eine Nation solle daher Kapital investieren, um die produktiven Kräfte der Arbeit auszubilden und zu entwickeln und so den Wert zu vermehren. Das quantitative Verhältnis zwischen den produktiven und unproduktiven Arbeitern bestimme den Reichtum einer Nation. Ab dem 19. Jahrhundert gewinnt die Diskussion über Produktivität eine stärkere politische Konnotation. In Deutschland entwickelt sich eine romantisch-patriotische Auffassung, wie z. B. bei Adam Müller, nach der eine Nation durch die Produktion, „die Vermittlung zwischen materiellen und immateriellen Kräften" (Hentschel 1984, S. 10), bereichert werde, was sich wiederum im Staat manifestiere. Folglich könne Arbeit selbst nicht produktiv sein, weil sie „ihre Produktivität von etwas Höherem nur verliehen" (ebd., S. 11) bekomme. Diese Idee wird Jahrzehnte später von Friedrich List aufgegriffen und erweitert. Aus einer normativen Perspektive entwickelt List eine wirtschaftliche Theorie der produktiven Kräfte, die lehren soll, „wie eine gegebene Nation bei der gegenwärtigen Weltlage und bei ihren besonderen Nationalverhältnissen ihre ökonomischen Zustände behaupten und verbessern kann" (List 1844, S. 164; zitiert nach Hentschel 1984, S. 12); vor allem um sich gegen die Konkurrenz Englands zu positionieren. Die Theorie Smiths wird in diesem Zusammenhang abgelehnt, weil sie auf englischen Erfahrungen basiere und einem englischen Interesse entspreche. Die Faktoren, die zum Reichtum einer Nation beitragen, seien daher nicht nur die Arbeit, sondern auch die soziale Ordnung, die Gesetze, die Religiosität, die Sicherheit des Eigentums u.a., die gefördert werden sollen. In England scheint das praktische Problem der Produktion gelöst zu sein, wobei der Begriff von Produktivität die Bedeutung von Reproduktion und Vermehrung des investierten Kapitals beibehält. David Ricardo zum Beispiel schließt in seinem Konzept von Produktivität neben der Arbeit auch den Wertbildungsprozess der Maschinerie ein. In Frankreich hingegen löst Say die Idee von Produktivität von der Wertbildung, um sie mit der Idee von Brauchbarkeit zu verbinden. Produktiv sei somit nur die Arbeit, die Nützlichkeit schaffe (vgl. Say 1833, S. 183; zitiert nach Hentschel 1984, S. 15). Aus dieser Debatte werden die Arbeit, das Kapital und der Boden zu Produktionsfaktoren, welche produktiv sind, wenn die Einkünfte in Form von Lohn, Profit und Rente vermehrt werden.

Einen anderen politischen Akzent in dieser Debatte setzt Karl Marx. In seinem Werk (Marx 2004 [1972]; Marx und Engels 1969 [1845]) wird Produktivität besonders mit der produktiven Kraft des Menschen verbunden, die sich in Arbeit und deren Produkten äußert. Bei der Arbeit werde der Mensch selbst produziert und ein Element seines Wesens damit als Produkt im sozialen Leben entäußert, was die Produktion zur Grundlage des sozialen Wirkungszusammenhangs mache. Um zu arbeiten, gehe der produktive Mensch soziale Verhältnisse ein, die historisch bestimmt seien und die das Eigentum des Produkts menschlicher Arbeit prägten. Die Produktivkräfte und die Produktionsverhältnisse stünden in jeder Epoche im

Widerspruch zueinander, was zu Unterdrückung und Ausbeutung führe. Jeder Versuch, unterdrückende Produktionsverhältnisse zu überwinden, bringe allerdings immer wieder neue Formen von Ausbeutungen mit sich. Laut Marx werde die Geschichte deshalb von Klassenkämpfen geprägt. Im Fall des Kapitalismus erreiche dieser Widerspruch seinen Höhenpunkt. Dem Proletariat werde das Produkt seiner Arbeit entfremdet und somit entfremde es sich auch von sich selbst. In diesem Extremfall könne, so Marx, nur das Proletariat die Weltordnung auflösen.

Zu Beginn des 20. Jahrhunderts verlieren die Produktions- und Produktivitätsbegriffe allmählich ihren Status als „Schlüsselkategorien des ökonomischen und sozialen Denkens" (Hentschel 1984, S. 21). Produktivität wird dabei nicht mehr mit Werten oder Naturprozessen verbunden, sondern zu einer technischen Kategorie, die rein formal bestimmt ist. Im Kontext der praktischen Organisation der Produktion bezieht sich Produktivität seitdem auf die Anwendung ökonomischer Mittel, um individuelle Bedürfnisse zu befriedigen und zugleich ein günstiges Verhältnis zwischen Produktionsergebnis und Faktoreneinsatz zu schaffen. Der Aspekt von Produktionsnutzen und -kosten wird mit dem Begriff der Rentabilität erfasst.

3.2 Produktivität als ästhetischer Begriff

Die Erweiterung des Produktionsbegriffs im 18. Jahrhundert im Sinne von *Hervorbringen* führt in der Ästhetik zu einem Paradigmenwechsel. Die herrschende Auffassung von Kunst als *Nachahmung der Natur* (Mimesis) verliert allmählich an Bedeutung. Im Vordergrund tritt die „originäre Produktion des Genies" (König 1989, S. 1432). Dabei wird das Produkt der Natur als Wirkung begriffen, während die Kunst durch die Einbildungskraft Werk produziert. Diese neue Perspektive wird von Kant geprägt, der die Einbildungskraft als eine „Wirkung des Verstandes auf die Sinnlichkeit" (Kant 1787, S. 129; zitiert nach Zill 2003, S. 56) definiert. Produktion bedeutet in diesem Zusammenhang die Anwendung von Kategorien, um die verschiedenen sinnlichen Erfahrungen zu synthetisieren. Die Einbildungskraft sei produktiv, wenn sie spontan sei und die ursprüngliche Darstellung eines Gegenstandes durch die Sinnesvermögen erfahre. Reproduktiv sei die Einbildungskraft jedoch, wenn sie den empirischen Gesetzen der Assoziation unterworfen, und somit ableitend und zurückrufend sei. Im Fall der Kunst sei es die produktive Einbildungskraft des Genies, die dem Kunstwerk seine Regeln gebe. Das Genie habe ein angeborenes produktives Vermögen, das zur Natur gehöre und durch das die Natur der Kunst ihre Regeln gebe. Die Produktivität der Kunst stamme daher aus einer Kraft, die außerhalb des Menschen liege, aber sich im Genie verkörpere.

Dies unterscheide „die Kunstwerke von der wissenschaftlichen Erkenntnis, dem handwerklichen Können und der rationalen Konstruktion des Kunstgegenstands" (König 1989, S. 1433).

Diese Auffassung der Genieästhetik wird in verschiedenen Ansätzen der Philosophie kritisiert. Ein Streitpunkt betrifft die Unterscheidung zwischen bewusster und unbewusster Kunstproduktion. Maimon argumentiert z.b., dass die Sinnesempfindung dem menschlichen Verstand unterstellt sei und deswegen immer eine Aktivität des menschlichen Geistes impliziere. Die Kunstwerke seien daher eher Produkt des aktiv gedachten Bewusstseins (vgl. Maimon 1790; zitiert nach Zill 2003, S. 57). Für Schelling vereinigt das Kunstwerk des Genies eine bewusste Tätigkeit, „die gelehrt, tradiert und geübt werden kann" (Schelling 1868, S. 349; zitiert nach Zill 2003, S. 59), und eine unbewusste Tätigkeit des angeborenen Vermögens. Aus dieser Debatte wird ein zweiter Kritikpunkt an der Genieästhetik vorgebracht. Die Kunstproduktion bezieht sich nicht nur auf das Hervorbringen eines Kunstwerks, sondern schließt auch eine geistige Reflektion über den Produktionsprozess an. Wie Hegel argumentiert, bezeichne Kunst sowohl das Werk als auch die ideale Gestalt der Schönheit. Der Künstler müsse sich durch den Gedanken bilden, über die Weise der Hervorbringung eines Kunstwerks reflektieren und das Produzieren üben (vgl. Hegel 1835; zitiert nach Zill 2003, S. 64).

In der Tradition des westlichen Marxismus ist Kunst eine geistige Tätigkeit, die sich unter der herrschenden Produktionsweise und deren Technik vollzieht. Das Schöpfertum ist in die gesellschaftlichen Bedingungen eingebettet, was den Künstler zum Arbeiter macht, dessen Werk dem Klassenkampf dient. Das Genie existiert als solches in der Wirklichkeit nicht. Aus diesem Grund fasst Brecht die künstlerische Produktion als Lebensinhalt und Produktivität als verändernder Erkenntnisprozess jedes Menschen. Aus seiner Sicht solle die Kunst die Produktivität aller Menschen befreien und zur Veränderung beitragen (vgl. Brecht 1938; zitiert nach Zill 2003, S. 70). In der Kritischen Theorie der Frankfurter Schule kann aber die Kunst dieses Ziel erst erreichen, wenn sie sich ihrer Umwandlung in Ware widersetzt und gesellschaftliche Kritik übt. Dafür solle die ästhetische Produktivkraft der autonomen Kunst wiederaufgenommen werden, weil sie eine reine Produktivkraft ist und eine Gegenposition zur Gesellschaft innehabe (vgl. Adorno 1970; zitiert nach Zill 2003, S. 73).

Der Fokus auf den Produktionsprozess führt zur Feststellung, dass sich die Kunst und die Technik ab dem 18. Jahrhundert auseinanderentwickelt haben. Die Debatte über den Ursprung der technischen Produktion greift wieder Themen wie die göttliche Schöpfung und das menschliche (un)bewusste Handwerk auf. Dabei bedeutet die Technik eine Objektivierung menschlicher Arbeit, die zur Veränderung der sozialen Beziehungen und Wahrnehmungen beiträgt. Der Künstler ist demnach kein Genie, sondern „an expert aware of the changes in sense perception" (McLuhan 1964, S. 18; zitiert nach Zill 2003, S. 78). Diese Sicht prägt die Kunstauffassung in der Medientheorie. Im 20. Jahrhundert wird eine Vielfalt von Ansätzen formuliert, die ästhetische Produktion unterschiedlich begreifen. Zill (2003, S. 79ff.) identifiziert fünf Hauptströmungen in dieser Debatte. Im Neukantianismus wird der Begriff von Poiesis wiedereingeführt. Dabei bedeutet Poiesis die freie Schöpfung aller symbolischen Formen im Kulturbereich. Aus dieser Perspektive wartet der Künstler nicht auf eine Inspiration, sondern ist aktiv in der Wahrnehmung, Organisierung und Herstellung von Zusammenhängen. Jeder Mensch kann demnach lernen, Kunstwerken zu produzieren und zu verstehen. Im Pragmatismus steht die Kommunikation im Mittelpunkt der Kunstproduktion. Der Künstler arbeitet hiernach aktiv, um ein Werk zu schöpfen, das mit den Rezipienten kommuniziert. Ein Objekt wird daher erst zum Kunstwerk, wenn der Betrachter es in seine Haltung inkorporiert. Eine ähnliche Auffassung vertritt die Systemtheorie, die das Kunstwerk als eine besondere Art von Kommunikation begreift. In der Phänomenologie hingegen bedeutet Poiesis in der Kunst und in der Technik ein Herstellen im Sinne von Entbergen. Im Poststrukturalismus werden Konzepte von Schöpfer, Autor oder Werk gänzlich abgelehnt, wobei eine radikale Kritik der Genieästhetik formuliert wird.

Die historische Betrachtung des Produktivitätsbegriffs macht deutlich, dass die Idee von Produktivität Spannung beinhaltet. Auf der einen Seite steht die höhere Inspiration des Absoluten und deren Vermittlung auf die Materie. Auf der anderen Seite steht die Wirkung auf die Materie in Form von menschlicher Arbeit. Diese Prozesse werden in der Ökonomie und in der Ästhetik unterschiedlich erfasst. In der Wirtschaftswissenschaft herrscht beinahe ein Konsens über die Definition der Produktivität als Verhältnis zwischen Produktionsergebnis und Faktoreneinsatz. In der Ästhetik ist der Produktivitätsbegriff umstritten. Ausgehend von einem Geniekonzept entwickelt sich eine Kritik, die sich auf die Technik und die Kommunikation des Künstlers verschiebt, um schließlich vernachlässigt zu werden. Die verschiedenen Bedeutungen, die im Laufe der Zeit in den Produktivitätsbegriff eingegangen sind, verschwinden jedoch nicht. Sie bleiben als Erfahrungsgehalte und verbinden sich mit den Tiefenstrukturen des Begriffs. Aus diesem Grund verweist jeder Versuch, nur *eine* Dimension des Produktivitätsbegriffs zu behandeln, in letzter Konsequenz doch wieder zurück auf dessen andere Dimensionen. Die Vernachlässigung der ästhetischen Dimension des Produktivitätsbegriffs bedeutet jedoch nicht, dass diese Dimension verschwunden ist. Im Gegenteil: Der ästhetische Aspekt bleibt im Sprachgehalt des Produktivitätsbegriffs enthalten und kann wieder aktiviert werden.

3.3 Produktivität aus soziologischer Perspektive

Die Debatte über Produktivität in der Soziologie wird im Zusammenhang mit dem Arbeitsbegriff geführt. Wie in der Wirtschaftswissenschaft wird Produktivität hier auch als Verhältnis zwischen Produktionsergebnis und Faktoreneinsatz verstanden. Arbeit wird jedoch nicht allein als Produktionsfaktor begriffen. Vielmehr bedeutet Arbeit „eine zweckgerichtete bewusste Tätigkeit von Menschen […], die sie unter Einsatz von physischer Kraft und psychophysischen Fähigkeiten und Fertigkeiten ausüben" (Voß 2010, S. 26). In diesem Sinne kann Arbeit produktiv, unproduktiv oder destruktiv sein. Die produktive Arbeit wird in Bezug auf die Arbeitsleistung diskutiert.

Historisch betrachtet ist die Arbeit in vorindustriellen europäischen Gesellschaften nur im Rahmen der Stände und der Familientraditionen produktiv. Die Erhöhung der Produktivität verbindet sich in diesem Kontext mit der Verbesserung der Arbeitsorganisation, der Einführung von Disziplin und der Ausnutzung des Potenzials der Arbeitskraft (vgl. van Dülmen 2000, S. 85). In der industriellen Zeit werden Großbetriebe für die Massenproduktion aufgebaut, wobei die Arbeitsleistung jedes Einzelnen durch Zeitmaß und Leistungsstandards gemessen werden kann. Die darauffolgende Technisierung der Arbeit weitet die Bewertungsmöglichkeiten noch mehr aus und ermöglicht, die Arbeitsproduktivität im Zusammenhang mit der Maschinerie zu messen. Dahingehend richtet sich der Fokus soziologischer Forschung auf das Transformationsproblem, nämlich „wie Arbeitsvermögen und Arbeitskraft in konkrete Arbeit bzw. Arbeitsleistung übersetzt werden, welche Verfahren zur Gewährleistung dieser Übersetzung angewandt werden und wie die Entwicklungsperspektiven dieser Transformation aussehen" (Schmierl 2010, S. 359).

Eine Lösung für das Transformationsproblem ist die Gratifizierung von Arbeitsleistung. Die Gratifikationen können materiell sein, wie beim Lohn, bei Lohnbestandteilen oder betrieblich materiellen Sozialleitungen, oder sie haben immaterielle Formen der Anerkennung, z.B. besondere Wertschätzung oder die Verbesserung der Arbeitsbedingungen. Soziologisch relevant werden in diesem Kontext die sozialen Beziehungen in den Unternehmen, die Koexistenz von formellen und informellen Strukturen in den Organisationen sowie die Lohnstrukturen und -formen. Es wird dabei deutlich, dass die „Leistungsfähigkeit und Leistungsbereitschaft der Arbeiter nicht so sehr von den technischen als vielmehr von den sozialen Bedingungen maßgeblich beeinflusst werden" (Schmiede und Schilcher 2008, S. 15).

Die Analyse der Massenproduktion populärer Kultur aus soziologischer Perspektive zeigt, dass die Arbeitsleitung in diesem Sektor erst „post hoc on the basis of success, or on the basis of reputation and track record" (DiMaggio 1977, S. 442) gemessen werden kann. Dies ist eine Folge der Struktur dieses Sektors. Die ästhetischen Präferenzen der Konsumenten lassen sich schwer voraussehen, was zu steigender Unsicherheit in der Produktion führt. Die Unternehmen müssen daher einen konstanten Fluss von einzigartigen (wenn auch oft ähnlichen) Waren mit sehr begrenzter Lebensdauer herstellen, um so den Wettbewerb abzumildern und ihre Überlebenschancen zu erhöhen. Die Einführung von ästhetischen Veränderungen bei jedem neuen Projekt verlangt neue Produktionsverfahren, die wirtschaftliche und organisatorische Konsequenzen haben. Die Akteure müssen infolge der unterschiedlichen Prioritäten und Interessen ständig verhandeln, wie der Arbeitsprozess zu gestalten ist und wer die Produktion kontrolliert. Um die daraus entstandenen Probleme zu minimieren, organisieren die Unternehmen die Produktion durch ein vermittelndes Verwaltungssystem (*brockerage administration*). Die Position des Vermittlers (*brocker*) institutionalisiert die Interessenskonflikte, denn die Vermittler selbst haben keine Kompetenz, das Endprodukt allein herzustellen. Die Produktion hängt daher von Spezialisten ab, die bei den Projekten mitwirken. Das professionelle Vermögen dieser Spezialisten ist jedoch nicht in dem Maße sicher, wie es eine auf ökonomische Effizienz ausgerichtete Struktur nahelegen würde. Die Leistungen der Vermittler und der Spezialisten basieren vielmehr auf den Erfolgen vergangener Projekte und auf der Reputation am Markt.

Die Bewertung von Erfolg und Reputation in der Praxis berücksichtigt auch ästhetische Aspekte, die in den soziologischen Analysen oft in den Hintergrund treten. Dieser Tendenz entgegentretend schlägt Hennion (2003) vor, die Ästhetik in die soziologischen Analysen zu integrieren. Dafür soll die Kunst als Vermittlungsprozess (*mediation*) und das Kunstwerk nicht als Produkt, sondern als produktive Arbeit verstanden werden. Zur Kunst gehören Gesten, Körper, Gewohnheiten, Materialien, Sprachen und Institutionen, die eine Vermittlung auf unterschiedlichen Ebenen ermöglichen. Die Vermittlungen überlagern und verschränken sich, wobei Stile, Geschmackssysteme, Veranstaltungsorte, Schulen, Unternehmen usw. gebildet werden. Diese Ergebnisse der Vermittlungen sind Teil der produktiven Arbeit, die im Kunstwerk materialisiert ist und auch selbst produktiv wird, denn sie kombinieren sich auf unterschiedliche Weise, um Geschmack, Gefallen und Bedeutungen entstehen zu lassen. Kunstschaffen ist daher eine kollektive Arbeit, die weit verbreitet ist und in jeder Vermittlung stattfindet. Kunstproduktion und -konsumption sind daher kontinuierliche Prozesse, die sich gleichzeitig und in Wechselwirkung vollziehen (vgl. Hennion 1989, S. 402).

Der Ursprung eines Kunstwerks wird jedoch einem einzigen Erzeuger, wie z.B. dem „Genie", zugeschrieben (Hennion 2003, S. 90), wobei die kollektive Arbeit beim Kunstschaffen ausgeblendet wird. Die Zuschreibungen entfalten sich in den

Narrativen über das Kunstwerk und dessen Autor. Diese Narrativen verbinden die Handlungen des Autors mit bestimmten Werten und Bedeutungen, die sich als Schlüssel für seinen Erfolg und zugleich als sein persönlicher Stil ausweisen, und werden durch die Netzwerkbindungen kommuniziert. Auf diese Weise wird die Reputation eines Autors gebildet. In diesem Prozess wird die kollektive Arbeit individualisiert. Die soziale ästhetische Sensibilität wird als Spezialisierung und als individueller Stil präsentiert (vgl. White 2008, S. 119). Das Kunstschaffen lässt sich auf diese Weise als Arbeitsweise eines Menschen interpretieren. Diese individuelle Arbeit kann demnach als Produktionsfaktor ökonomisch organisiert, gemessen und bewertet werden. Erst wenn die Arbeit eines Akteurs aus den kollektiven Vermittlungen herausgehoben wird, kann das Kunstschaffen folglich ökonomisch produktiv werden. Die ästhetische Produktivität, die ein Kunstwerk sozial schafft, bildet den Hintergrund für die ökonomische Produktivität der Arbeit eines einzelnen Künstlers.

4 Die produktive Arbeit des Musikproduzenten auf dem World-Music-Markt

Um die These dieses Aufsatzes zu veranschaulichen, werde ich die Arbeit des Musikproduzenten auf dem World-Music-Markt analysieren. Ein Musikproduzent ist „im Studio der für die Realisation einer musikalischen Produktion verantwortliche Leiter" (Wicke et al. 2005, S. 402). Diese Funktion entsteht mit der Konsolidierung der westlich geprägten Musikindustrie, in der die Tonaufnahme eine zentrale Rolle spielt. Ein Musikproduzent hat technische, künstlerische und organisatorische Aufgaben: Er organisiert den Gesamtprozess einer Aufnahmeproduktion und fungiert als „Mittler zwischen den künstlerischen Vorstellungen der Musiker und ihrer technischen Umsetzung durch die Aufnahmetechniken" (ebd.). In dieser Funktion institutionalisiert der Musikproduzent die Interessenkonflikte zwischen der Plattenfirma, den Musikern und den technischen Anforderungen.

Im Laufe des 20. Jahrhunderts steigt die Abhängigkeit der Musikproduktion „vom Zusammenspiel musikalischer, technischer, ökonomischer und organisatorischer Faktoren" (Wicke et al. 2005, S. 402), wobei die Funktion des Musikproduzenten zum „Ausdruck des zunehmenden kollektiven Charakters der Musikproduktion" (ebd.) wird. Im Studio vermittelt der Musikproduzent zwischen den Musikern, dem Publikum und den Medien. Er verwendet sein Expertenwissen, um Elemente zu kombinieren, mit den anderen Beteiligten (Musikern, Arrangeuren, Tontechnikern usw.) auszuhandeln und Experimente zu machen (vgl. Hennion 1989, S. 411). Unter seiner Mitwirkung finden sehr viele Veränderungen statt, bis ein Lied das Tonstudio verlässt. Seine Interpretation, wie eine Musik klingen soll, wird mit der Technik, seiner Fachkompetenz, seinen Beziehungsnetzwerken und einem bereits gebildeten Publikum zu einer konkreten Vermittlung verschränkt. Zudem wird die Aufnahme nach verschiedenen Vorstellungsrunden vor einem ihm nahestehenden Publikum verfeinert (vgl. Hennion 1989, S. 416). In diesem Prozess wird deutlich, dass die ästhetisch-produktive Arbeit im Tonstudio kollektiv ist.

Mit der „immer weitergehende[n] künstlerische[n] Nutzung der technischen Möglichkeiten des Studios" (Wicke et al. 2005, S. 402) erhielt die Arbeit des Musikproduzenten einen Bedeutungszuwachs, sodass er heutzutage den gleichen Status wie den eines Popstars genießen kann. In den Narrativen über den Erfolg eines Albums werden die Aushandlungsprozesse oft ausgeblendet und meistens ausschließlich als Folge der entscheidenden Einsätze des Musikproduzenten gefasst. Dabei wird die Handlung des Musikproduzenten mit bestimmten Werten und Bedeutungen verbunden, um seinen Stil deutlich zu machen. Ein Musikproduzent wird demnach oft zur Synthese eines Musikgenres oder eines Unternehmens. Auf diese Weise bildet ein Musikproduzent seine Reputation auf dem Markt. Die isolierte Betrachtung seiner Beteiligung am Produktionsprozess gestattet, seine Arbeitsweise zu identifizieren und in Produktionsfaktor umzuwandeln. Seine Art, die Arbeit im Studio zu organisieren, kann dann im Verhältnis zum Erfolg des Albums bewertet und gemessen werden. Auf diese Weise lässt sich die ökonomische Produktivität der Arbeit eines Musikproduzenten bestimmen.

Der isolierte Blick auf die Funktion des Musikproduzenten hat auch negative Wirkungen. Ein Musikproduzent hat nicht immer eine Stelle in einem Studio inne, sondern arbeitet selbstständig und wird aufgrund seiner Reputation bei Projekten angestellt. Der erleichterte Zugang zu hochwertigen Produktionsmitteln seit den 1990er Jahren ermöglicht, dass die Musiker selbst eine Aufnahmeproduktion leiten und auf den Einsatz eines Musikproduzenten verzichten. Auf diese Weise werden Produktionskosten erspart, während das Expertenwissen des Musikproduzenten infrage gestellt wird. Seine Funktion im Studio verschwindet dabei jedoch nicht und deren Vermittlung bleibt nach wie vor von Bedeutung.

Auf dem World-Music-Markt wird der Einsatz von Musikproduzenten besonders hervorgehoben, wobei die Unterscheidung zwischen ästhetischer und ökonomischer Produktivität deutlich wird. 1987 bildet sich in London ein Netzwerk von Plattenfirmen, Veranstaltern, Journalisten, Vertriebsunternehmen, Plattenläden, Public Relations-Managern und Musikethnologen, um die Kategorie *World Music* durch eine Marketingkampagne zu bringen (vgl. Peres da Silva 2016). Bis 1987 besteht der Katalog von World-Music-Alben in Großbritannien meistens aus lizenzierten Aufnahmen. Im Vordergrund steht die Auswahl von Stücken, die von anderen Labels in anderen Ländern schon auf den Markt gebracht wurden. Die

Marketingkampagne überzeugt einige Plattenladenbesitzer, einen eigenen ausgewiesenen Raum in den Verkaufsflächen zu schaffen, um World Music zu verkaufen. Unter diesem Etikett sind die verschiedenen, von den beteiligten Labels verkauften Musikstilrichtungen zugeordnet.

Zu Beginn der 1990er Jahre erfährt das World-Music-Etikett eine rapide Erweiterung, wobei viele neue Alben von anderen, nicht an der Marketingkampagne beteiligten Labels als World Music klassifiziert und verkauft werden. Dies ist einerseits ein Zeichen für die Annahme des World-Music-Etiketts auf dem internationalen Musikmarkt, andererseits löst dieser Prozess einen Kampf um die Positionierungen der Labels und Musiker auf dem Markt aus, der mit dem Aufkommen des Lambada besonders deutlich wird. Bis dahin prägt die Musik aus afrikanischen Ländern den World-Music-Markt. Das Aufkommen des Lambada wird von der Presse als Paradigmenwechsel verzeichnet, mit dem lateinamerikanische Musiker und Musikstilrichtungen größere Sichtbarkeit erlangten. Einige Lambada-Kompilationen werden dabei als ‚echt brasilianisch' bezeichnet, um sie so von den ‚kommerziellen', in der Presse kritisierten Lambada-Alben aus Europa zu unterscheiden. Zu dieser Zeit bringt Paul Simon das Album *The Rhythm of the Saints* (1990) mit brasilianischen Musikern heraus, das als Kontrapunkt für die Lambada-Alben in der Presse besprochen wird. David Byrne veröffentlicht zwei Kompilationen mit brasilianischen Liedern bei seinem Label Luaka Bop. Als Folge feiert die Presse die Teilnahme von Popstars am World-Music-Markt. Die kleinen britischen World-Music-Labels versuchen, sich durch die Lizenzierung von lokal aufgenommenen Liedern aus Lateinamerika von dieser Entwicklung abzugrenzen.

Wenige Monate später beginnt die Presse, die Notwendigkeit der Kategorie World Music infrage zu stellen. Ihrer Argumentation zufolge erreichen die Musiker aus verschiedenen Ländern mit der Unterstützung von Popstars den internationalen Musikmarkt und brauchen daher keine exklusive Kategorie für ihre Musik mehr. Parallel dazu bringt eine ökonomische Rezession in Großbritannien die kleinen Labels des Independent-Sektors in finanzielle Schwierigkeiten. In diesem unsicheren Kontext suchen die kleinen britischen World-Music-Labels eine neue Strategie, um ihre Überlebenschancen auf dem Markt zu erhöhen. Zum Schutz des World-Music-Marktes argumentieren sie, dass die Marktspezialisierung den Musikern mehr Sichtbarkeit verleihe und höhere Umsätze bringe. Als Beispiel dafür nennen sie den Fall von Salif Keita, dessen Album *Soro* (1987) mit dem World-Music-Label Sterns höhere Umsätze erziele als sein Album *Amen* (1991) bei Mango Records, das den großen Weltmarkt zu erreichen versuche.

Die Marktspezialisierung in diesem Kontext bedeutet einen bewussten Versuch, World Music von den anderen Musikgenres zu entkoppeln und dabei eine eigene ‚Subkultur' in einer Marktnische zu schaffen. Dafür achten die Labels und Musikproduzenten auf einen bestimmten Qualitätsstandard im Umgang mit der Technologie im Tonstudio, der ihrer Interpretation der klanglichen Ästhetik entspricht. Diese Spezialisierung bietet ihnen zugleich ein Idiom für die Einordnung von Liedern, Alben, Musikern, Unternehmen usw. nach bestimmten Werten, die in den Narrativen kommuniziert werden. Dieser Versuch wird in der Produktion neuer Alben von afrikanischen Musikern deutlich. Dabei werden die spezifischen Wahrnehmungs-, Wertschätzungs- und Handlungsmuster der World-Music-Musikproduzenten im Album präsentiert und der kritisierten Ästhetik des Lambada gegenübergestellt.

Die Produktion des zweiten Albums von Youssou N'Dour bei dem Label Virgin ist in dieser Hinsicht paradigmatisch. Das Label empfiehlt Joe Boyd als Musikproduzent für diese Aufnahme. Boyd hat Erfahrung in Rock- und Folkmusik, u.a. bei der Produktion von Jimmy Hendrix, Pink Floyd und Fairport Convention (Boyd), und leitet das World-Music-Label Hannibal. Seiner Meinung nach sollte das Album sich an das wachsende World-Music-Publikum richten und daher wie N'Dours erste, für den senegalesischen Markt produzierte Kassetten klingen (vgl. Boyd 2009, S. 48). Sein Vorschlag ist, so wenig wie möglich Hochtechnologie-Ausrüstungen zu verwenden und das Album nur mit senegalesischen Musikern zu produzieren. N'Dour interpretiert diese Haltung des Produzenten als Rassismus, denn er fühlt sich dadurch wie ein Ausstellungsstück in einem ethnologischen Museum. Dagegen argumentiert Boyd:

> „The audience that is happy with lyrics they do not understand is an educated niche group fleeing from modern pop as represented by Michael Jackson. This audience wants virtuosity and a sense of roots and tradition, the spontaneous energy of a live recording session where great musicians interact in real time. [...] What they do not want is high-tech polished perfection."
>
> (Boyd 2009, S. 48f.).

Boyd begründet seine ästhetische Auswahl auch durch wirtschaftliche Argumente. Er glaubt, dass das World-Music-Publikum treu sei: Es kauft Alben und besucht die Konzerte. Auch könnte er sein Produktionskonzept mit einem nur fünfstelligen Budget innerhalb von zwei Wochen Studioproduktion umsetzen, was eine gute Alternative zur von N'Dour vorgesehenen langen und teuren Studioarbeit wäre. In diesem Fall können Musiker und Produzent keinen Kompromiss finden. Das Album nimmt schließlich der Musikproduzent George Acogny auf.

Die Live-Darbietungen gestatten auch diese ästhetische Unterscheidung, wie Boyd folgendermaßen deutlich macht:

"I went recently to a concert given by Abdel Gadir Salim in London. [...] For the first few bars, Salim's rich voice mesmerized everyone as he picked out sinewy riffs on the *oud*. Then he nodded to the band and they joined in as the rhythm picked up speed. When the keyboard player hit a button on his instrument, my friends and I looked at each other in dismay. He had triggered a cheesy drum machine, loud, overbearing and plodding."

(Boyd 2009, S. 51).

Aus diesen Erfahrungen folgt Boyd, dass alle großen Erfolge der World Music ohne Effekt oder Overdubs produziert wurden, wie die Aufnahmen der südafrikanischen Gruppe Ladysmith Black Mambazo und der kapverdischen Sängerin Cesária Évora belegen. Das Besondere der World Music ist daher genau, auf diese Weise mit der Technik im Tonstudio umzugehen.

Die World-Music-Labels beobachten die Wirkung jeder Musikproduktion auf dem Markt, um ihre Produktion zu planen. Um die Unsicherheit bezüglich ihrer nächsten Produktion zu verringern, suchen sie Musikproduzenten mit Erfolgsgeschichten aus. Bei diesen immer wieder stattfindenden Auswahlprozessen innerhalb des dichten World-Music-Netzwerks werden einige Produzenten öfter engagiert, wie z. B. Joe Boyd, Ben Mandelson und Ry Cooder. Dabei sammeln sie mehr und mehr Prestige an. Ihr Stil und ihre Arbeitsweise prägen die Produktion der erfolgreichen World-Music-Alben, die nach und nach die Qualitätsstandards des World-Music-Marktes prägen. Auf diese Weise bekommen sie großen Einfluss darauf, wie World Music klingt und wie die sozialen Dynamiken dieses entstehenden Musikgenres zu gestalten sind.

Der Höhepunkt dieses Prozesses wird mit der Veröffentlichung des Albums *Buena Vista Social Club* (1997) erreicht, das World Music weltweit bekannt machte. In der Presse und in den Narrativen auf dem World-Music-Markt wird der Musikproduzent Ry Cooder als verantwortlich für den Erfolg dieses Albums bezeichnet. Cooder selbst erklärt, dass er zum ‚Sound' des Albums beitrug und beschreibt ihn so: „a huge fat low end and plenty of inter-modular distortion which is partly what makes it good" (Cooder; zitiert nach Fairley 2009, S. 13). In der Presse wird die Interpretation Cooders über das Projekt zugespitzt und weiterentwickelt, wie diese Berichte der nordamerikanischen Presse beispielhaft beweisen:

„Cooder was determined to capture the spiritually-linked men and women of the social club in a studio setting one last time, before age and difficult living could silence their considerable gifts forever."

(CNN; zitiert nach Finn 2009, S. 195)

„Buena Vista Social Club, a phenomenon that brought long-delayed international fame to a group of older Cuban musicians thanks to a Grammy-winning 1997 album produced by Ry Cooder." (New York Times; zitiert nach Finn 2009, S. 195).

Diese Interpretation gewinnt noch deutlicher an Form, als der deutsche Regisseur Wim Wenders den Dokumentarfilm *Buena Vista Social Club* (1998) dreht. Eigentlich zeigt der Film die Aufnahmeproduktion des ersten Solo-Albums von Ibrahim Ferrer, einem der Sänger von *Buena Vista Social Club*, im EGREM-Studio in Havanna (vgl. Fairley 2009, S. 16). Die Erzählweise des Films bekräftigt jedoch das Image von Cooder als Retter dieser Talente: Ein Spezialist, der die Musik liebt, die Musiker respektiert und die Performance im Tonstudio kaum beeinflusst, sowie ein Produzent, der mit wenigen Ressourcen ein weltweit erfolgreiches Album aufnehmen kann. Infolgedessen gewinnt die World Music einen klaren Bezugspunkt, der ihre Abtrennung von den anderen Musikgenres gestattet.

Diese Beispiele machen deutlich, dass die kunstschaffende Arbeit in der Produktion von World-Music-Liedern kollektiv ist und ständig ausgehandelt wird. Dabei bringen Musiker, die Presse, das Publikum, die Arrangeure usw. die World Music hervor. Dieser Prozess wird jedoch durch die Hervorhebung des isolierten Einsatzes des Musikproduzenten in den Narrativen über den Erfolg von Alben auf dem World-Music-Markt vereinfacht. Die Arbeit des Musikproduzenten kann daher sowohl als Teil der kollektiven produktiven Arbeit des Kunstschaffens als auch als ein produktiver Produktionsfaktor betrachtet werden. Im Tonstudio kann der Musikproduzent die notwendigen Vermittlungen übernehmen, um ästhetische Ziele zu erreichen. Zugleich verspricht er einen größeren Umsatz mit wenig Faktoreneinsatz in der Produktion. Eine ausschließliche Betrachtung der ökonomischen Produktivität der World Music würde somit sehr auf die Arbeitsweise der Musikproduzenten fokussieren und die Gesamtheit kunstschaffender Arbeit, die gesellschaftlich, ästhetisch produktiv und grundlegend für die Formierung der World Music ist, außer Acht lassen. Erst die Wiederaktivierung des ästhetischen Aspekts des Produktivitätsbegriffs gestattet, die Produktivität der World Music als eine Musikkultur zu erfassen.

5 Fazit

Die ökonomische Ausprägung der aktuellen Debatte über Kultur wirft Fragen danach auf, in wie weit es angemessen ist, wirtschaftswissenschaftliche Begrifflichkeiten und Konzepte auf die Analyse von Kulturphänomenen anzuwenden.

In diesem Aufsatz wird diese Frage anhand des Produktivitätsbegriffs diskutiert. Es wird gezeigt, dass der Begriff der Produktivität sowohl ökonomische als auch ästhetische Bedeutungsinhalte in sich trägt. Deswegen kann dieser Begriff nur innerhalb eines solchen ganzheitlichen Verständnisses angemessen auf Kulturphänomene angewandt werden.

In der Ökonomie wird Produktivität als das Verhältnis zwischen Produktionsergebnis und Faktoreneinsatz definiert. In Bezug auf die Kunstproduktion ist diese Definition jedoch zu eng gefasst und lässt sich nur auf die Arbeit von bestimmten Akteuren anwenden. Denn das Kunstschaffen ist eine kollektive produktive Arbeit, bei der sich Produzenten und Konsumenten an der Reproduktion spezifischer Wahrnehmungs-, Wertschätzungs- und Handlungsmuster beteiligen. Erst wenn der Einsatz bestimmter Akteure isoliert betrachtet wird, lässt sich das Kunstschaffen ökonomisch bewerten und messen. Wie das Beispiel der World Music deutlich macht, werden die vielgestaltigen Bemühungen eines bestimmten Netzwerks um den World-Music-Markt in ihrem Ergebnis letztlich dem Einsatz eines bestimmten Musikproduzenten zugeschrieben, dessen Arbeit sowohl ästhetische als auch ökonomische Werte verkörpert.

Aus dieser Analyse lässt sich schlussfolgern, dass das Ästhetische im Sprachgehalt des Produktivitätsbegriffs in der Analyse von Musikkulturen wieder aktiviert werden kann. Die Diskussion um den Produktivitätsbegriff verdeutlicht außerdem exemplarisch die Verschränkung künstlerischer und ökonomischer Produktion. Das wirtschaftliche Handeln und die Ästhetik können auf diese Weise über ihre jeweiligen sozialen Ausprägungen in Zusammenhang gebracht werden, um Aspekte der Produktion in der Kultur- und Kreativwirtschaft zu erhellen. Ein Dialog zwischen den verschiedenen Wissenschaftsdisziplinen scheint von Vorteil zu sein, um die genaue Anpassung der Begrifflichkeiten und Konzeptionen zu diskutieren. Wie am Beispiel des Produktivitätsbegriffs deutlich wurde, kann das Zusammenwirken von Wirtschaftswissenschaft, Philosophie und Soziologie dazu beitragen.

Literatur

Acord, S. K. & DeNora, T. (2008). Culture and the Arts: From Art Worlds to Arts-in-Action. *Annals of the American Academy of Political and Social Science 619*, 223–237.

Arndt, A. (1989). Produktion, Produktivität II. Ökonomie. In: J. Ritter, K. Gründer, R. Eisler & G. Bien (Hrsg.), *Historisches Wörterbuch der Philosophie* (S. 1427–1432). Basel: Schwabe.

Bendixen, P. (2001). *Einführung in die Kultur- und Kunstökonomie*. Wiesbaden: Westdeutscher Verlag.

Bourdieu, P. (1998). Das ökonomische Feld. In: P. Bourdieu et al. (Hrsg.), *Der Einzige und sein Eigenheim* (S. 162–204). Hamburg: VSA Verlag.

Boyd, J. (o. J.). Persönliche Webseite, Discography. http://www.joeboyd.co.uk/discography/. Zugegriffen: 15. Mai 2015.

Boyd, J. (2009). Traditional Music and the World Music Marketplace. A Producer's Experience. In: T. Pietilä (Hrsg.), *World Music. Roots and Routes* (S. 48–56). Helsinki.

Castells, M. (2001). *Das Informationszeitalter. Wirtschaft; Gesellschaft; Kultur*. Opladen: Leske + Budrich.

Deutscher Bundestag. 2007. *Kultur in Deutschland. Schlussbericht der Enquete-Kommission „Kultur in Deutschland"*. Drucksache 16/7000.

DiMaggio, P. (1977). Market structure, the creative process, and popular culture. Towards an Organizational Reinterpretation of Mass-Culture Theory. *The Journal of Popular Culture 11*, 436–452.

DiMaggio, P. (1987). Classification in Art. *American Sociological Review 52*, 440–455.

DiMaggio, P. (1990). Cultural Aspects of Economic Action and Organization. In: R. Friedland & A. F. Robertson (Hrsg.), *Beyond the marketplace. Rethinking economy and society* (S. 113–136). New York: Aldine de Gruyter.

Du Gay, P. & Pryke, M. (2002). Cultural Economy: an Introduction. In: P. Du Gay & M. Pryke (Hrsg.), *Cultural economy. Cultural analysis and commercial life* (S. 1–19). London: SAGE.

Fairley, J. (2009). The Rejuvenating Power of the Buena Vista Social Club. *Samples 8*, 1–24.

Finn, J. (2009). Contesting culture: a case study of commodification in Cuban music. *GeoJournal 74*, 191–200.

Fligstein, N. (1996). Markets as Politics. A Political-Cultural Approach to Market Institutions. *American Sociological Review 61*, 656–673.

Friedrich, M. (2014). *Urbane Klänge: Popmusik und Imagination der Stadt*. Bielefeld: transcript.

Granovetter, M. (1993). The nature of economic relationships. In: R. Swedberg (Hrsg.), *Explorations in Economic Sociology* (S. 3–41). New York: SAGE.

Granovetter, M. (2000). Ökonomisches Handeln und soziale Struktur. Das Problem der Einbettung. In: H.-P. Müller & S. Sigmund (Hrsg.), *Zeitgenössische amerikanische Soziologie* (S. 175–207). Opladen: Leske + Budrich.

Groys, B. (2007.) *Über das Neue. Versuch einer Kulturökonomie*. München: Hanser.

Hennion, A. (1989). An Intermediary Between Production and Consumption: The Producer of Popular Music. *Science, Technology & Human Values 14*, 400–424.

Hennion, A. (2003). Music and Mediation. Toward a New Sociology of Music. In: M. Clayton, T. Herbert & R. Middleton (Hrsg.), *The Cultural Study of Music. A Critical Introduction* (S. 80–91). New York: Routledge.
Hentschel, V. (1984). Produktion, Produktivität. In: O. Brunner, W. Conze & R. Koselleck (Hrsg.), *Geschichtliche Grundbegriffe. Historisches Lexikon zur politisch-sozialen Sprache in Deutschland* (S. 1–26). Stuttgart: Klett.
Hitzler, R. & Niederbacher, A. (2010). *Leben in Szenen. Formen jugendlicher Vergemeinschaftung heute*. Wiesbaden: VS Verlag für Sozialwissenschaften.
Kaulbach, F. (1989). Produktion, Produktivität I. Philosophie. In: J. Ritter, K. Gründer, R. Eisler & G. Bien (Hrsg.), *Historisches Wörterbuch der Philosophie* (S. 1418–1426). Basel: Schwabe.
König, R. (1989). Produktion, Produktivität III. Kunst. In: J. Ritter, K. Gründer, R. Eisler & G. Bien (Hrsg.), *Historisches Wörterbuch der Philosophie* (S. 1432–1438). Basel: Schwabe.
Koselleck, R. (2010). *Begriffsgeschichten. Studien zur Semantik und Pragmatik der politischen und sozialen Sprache*. Frankfurt a.M.: Suhrkamp.
Marx, K. (2004 [1872]). *Das Kapital. Bd. 1 – Kritik der politischen Ökonomie*. Köln: Parkland.
Marx, K. & Engels, F. (1969 [1845]). *Die deutsche Ideologie. Werke, Bd. 3*. Berlin: Dietz.
Mützel, S. (2008). Netzwerkperspektiven in der Wirtschaftssoziologie. In: A. Maurer (Hrsg.), *Handbuch der Wirtschaftssoziologie* (S.185–206). Wiesbaden: VS Verlag für Sozialwissenschaften.
Ophir, A. (2012). Begriff. *Forum Interdisziplinäre Begriffsgeschichte 1*, 1–24.
Peres da Silva, G. (2016). *Wie klingt die globale Ordnung. Die Entstehung eines Marktes für World Music*. Wiesbaden: Springer Fachmedien Wiesbaden.
Quenzel, G. (2005). *Konstruktionen von Europa. Die europäische Identität und die Kulturpolitik der Europäischen Union*. Bielefeld: transcript.
Quenzel, G., Lottermann, A. & Koch, G. (2010). Entwicklungsfaktor Kultur. Über die Bedingungen kultureller Produktivität. *KWI-Interventionen 1*. Essen.
Schmiede, R. & Schilcher, C. (2008). Arbeits- und Industriesoziologie. In: G. Kneer (Hrsg.), *Handbuch Spezielle Soziologien* (S.11–35). Wiesbaden: VS Verlag für Sozialwissenschaften.
Schmierl, K. (2010). Lohn und Leistung. In: F. Böhle, G. G. Voß & G. Wachtler (Hrsg.), *Handbuch Arbeitssoziologie* (S.359–383). Wiesbaden: VS Verlag für Sozialwissenschaften / GWV Fachverlage.
Straw, W. (2001). Scenes and Sensibilities. *Public – Art, Culture, Ideas*, 245–257.
Throsby, D. (2001). *Economics and culture*. Cambridge: Cambridge University Press.
Throsby, D. (2012). Why should economists be interested in cultural policy? *The Economic Record Special Issue, 106*–109.
van Dülmen, R. (2000). „Arbeit" in der frühneuzeitlichen Gesellschaft. In: J. Kocka, C. Offe & B. Redslob (Hrsg.), *Geschichte und Zukunft der Arbeit* (S.80–87). Frankfurt a.M.: Campus.
Voß, G. G. (2010). Arbeit. In: J. Kopp & B. Schäfers (Hrsg.), *Grundbegriffe der Soziologie* (S. 26–32). Wiesbaden: VS Verlag für Sozialwissenschaften.
Wagner, B. (2011). Kulturpolitik. In: V. Lewinski-Reuter & S. Lüddemann (Hrsg.), *Glossar Kulturmanagement* (S. 183–191). Wiesbaden: VS Verlag für Sozialwissenschaften.

White, H. C. (2008). *Identity and control. How social formations emerge.* Princeton: Princeton University Press.

Wicke, P. (2004). Über die diskursive Formation musikalischer Praxis. In: S. Aderhold (Hrsg.), *Diskurs-Strategien auf dem Feld der populären Musik. Festschrift Prof. Dr. Rienäcker zum 65. Geburtstag* (S.163–174). Berlin.

Wicke, P., Ziegenrücker, K.-E. & Ziegenrücker, W. (2005). *Handbuch der populären Musik. Geschichte, Stile, Praxis, Industrie.* Mainz: Schott.

Wiesand, A. J. (2010). Kultur- oder Kreativwirtschaft. Was ist das eigentlich? http://www.bpb.de/gesellschaft/kultur/kulturelle-bildung/60088/kreativwirtschaft?p=all. Zugegriffen: 27. Februar 2015.

Wittel, A. (2001). *Produktivkraft Kultur. Und warum ethnographisches Wissen in der neuen Ökonomie trotzdem nicht der allerletzt Schrei ist.* http://www.arbeitskulturen.de/down/04wittel_p.htm. Zugegriffen: 14. Mai 2017.

Zelizer, V. A. (1988). Beyond the polemics on the market: Establishing a theoretical and empirical agenda. *Sociological Forum 3*, 614–634.

Zelizer, V. A. (2007). Pasts and Futures of Economic Sociology. *American Behavioral Scientist 50*, 1056–1069.

Zill, R. (2003). Produktion/Poiesis. In: K. Barck, M. Fontius, D. Schlenstedt, B. Steinwachs & F. Wolfzettel (Hrsg.), *Ästhetische Grundbegriffe. Historisches Wörterbuch in sieben Bänden* (S. 40–86). Stuttgart, Weimar: Metzler.

Digitalisierung und Experimente (*trial and error*) in der elektronischen Clubmusikproduktion

Diversifizierung der Aktivitäten und veränderte Produktivität

Hans-Joachim Bürkner

Zusammenfassung

Die digitale Revolution hat nicht nur den Musikmarkt insgesamt, sondern auch kleinere Nischen der unabhängigen Musikproduktion in heftige Bewegung versetzt. Das Versiegen älterer Einnahmequellen aus der Tonträgerproduktion, die Verlagerung produktiver Aktivitäten auf den Veranstaltungssektor und die wachsende Bedeutung der Internet-Distribution von Musik hat viele szenenahe Akteur_innen dazu veranlasst, auf die Suche nach neuen, tragfähigen Kombinationen musikproduzierender und -präsentierender Aktivitäten zu gehen. Dies allein deutet bereits auf eine veränderte Produktivität kleinteilig organisierter Produktionsfelder hin. Anhand von ausgewählten empirischen Beispielen aus dem Feld der elektronischen Clubmusikproduktion wird hier die Frage diskutiert, wie sich experimentelle Phasen der Umorientierung auf die Produktivität der Akteur_innen und der von ihnen bespielten Nischen auswirken. Um wichtige Antriebe, Logiken und Auswirkungen der Suchprozesse verdeutlichen zu können, wird das Konzept des Akustischen Kapitals zur Interpretation herangezogen.

Schlüsselwörter

Akustisches Kapital, trial and error, Wertschöpfung, elektronische Clubmusik, Digitalisierung, do it yourself, DJing

1 Einleitung

Die Digitalisierung der Medien und der davon ausgelöste Umbruch auf den Musikmärkten haben Spekulationen über die Effekte veränderter Formen der Musikproduktion und -distribution angeheizt. Prognosen einer insgesamt zurückgehenden materiellen Wertschöpfung stehen dabei Erwartungen einer gesteigerten kulturellen bzw. symbolischen Wertschöpfung gegenüber (vgl. Leyshon 2009; Hracs 2012; Hracs et al. 2016). Vermutete Kreativitätszuwächse auf Seiten der Musikschaffenden, verschwimmende Grenzen zwischen den Rollen der Produzierenden und Konsumierenden sowie beschleunigte stilistische Ausdifferenzierungen in kleinunternehmerisch organisierten kulturökonomischen Feldern deuten an, dass der Umbruch ein strukturreformierendes Potenzial birgt. Nischen der Pop- und E-Musikproduktion scheinen aufgewertet, die Marktmacht der Medienkonzerne zeitweise zurückgedrängt zu werden (vgl. Dolata 2008).

Medienwirtschaftliche und sozialwissenschaftliche Debatten haben auf diese Dynamisierung der Musikproduktion bislang nur zögerlich reagiert. Insbesondere die Rolle der unabhängigen Musikschaffenden und Produzierenden im Marktumbruch, ihre taktischen und strategischen Antworten auf veränderte Wertschöpfungsgelegenheiten und die davon ausgehenden Produktivitätsformen warten weiterhin darauf, theoretisch und empirisch beleuchtet zu werden. Derzeit kreisen wichtige Debatten um die Frage neuer Arrangements zwischen prekärer Arbeit, subkultureller Selbstverortung der Akteur_innen, Selbstausbeutung und Professionalisierung (s. Morgan 2013; Kühn 2013b; Reitsamer 2011). Dabei herrschen eher vage als konkrete Vorstellungen einer hybriden, von ökonomischen und kulturellen Anteilen gleichermaßen geprägten Produktivität vor. Konkrete, an einzelnen Formen der netzwerkförmigen, nischengebundenen und unabhängigen Kleinproduktion gewonnene Erkenntnisse stehen noch weitgehend aus.

Anhand der Diskussion ausgewählter empirischer Fälle aus der elektronischen Club- bzw. Tanzmusikproduktion der Stadt Berlin wird im Folgenden aufgezeigt, welche unterschiedlichen Ausgangspunkte und Effekte die Suchbewegungen und Experimente unabhängiger Musiker_innen, Produzent_innen, Labelbetreiber_innen und DJs jeweils haben können, besonders dann, wenn sie explizit darauf gerichtet sind, begehbare Wege der künstlerischen und ökonomischen Neuorientierung ausfindig zu machen. Die zentrale Fragestellung lautet dabei: Wie verändern sich im Suchprozess die Produktionskonzepte und die in ihnen eingeschlossenen Formen künstlerischer Erfindung? Wie verändern sich auf der konkreten Arbeitsebene die Routinen der kreativen Mischung von Klangmaterialien, die technischen Formatierungen und die sozialen Einbettungsformen? Welche Effekte haben offene Experimentier- und Suchphasen (*trial and error*) für die Produktivität der Akteur_innen innerhalb der jeweiligen musikökonomischen Nischen?[1] Unter Zuhilfenahme theoretischer Überlegungen zur Entstehung und Nutzung Akustischen Kapitals (Bürkner et al. 2013)[2] wird aufgezeigt, welche Ressourcen die Akteur_innen dabei einsetzen und welche Effekte sie erzielen. Dies ermöglicht es, Produktivität als Folge einer kontingenten Diversifizierung der Kontexte des Musikschaffens zu beschreiben. Diese Kontexte werden von den Akteur_innen trotz grundsätzlich ergebnisoffener Suchbewegungen in der Praxis jeweils fokussiert ausgestaltet, häufig auf der Basis künstlerischer und unternehmerischer Pfadabhängigkeiten.

2 Produktivität und Akustisches Kapital

Für die analytische Erfassung des Umbruchs der kleinunternehmerisch organisierten, unabhängigen Musikproduktion wird kein ökonomischer Produktivitätsbegriff herangezogen, sondern ein heuristischer, qualitativer Begriff entwickelt.

---

[1] Der Begriff *musikökonomische Nische* wird hier aus der allgemeinen industrieökonomischen Unterscheidung zwischen industrieller Massenproduktion und kleinunternehmerischer, auf spezialisierte kleine Märkte ausgerichtete Produktion bezogen (Cooper et al. 1986). In der Musikwirtschaft wird die Seite der Massenproduktion von großen Labels (Majors) und Medienkonzernen bespielt, während die kleinteilige Produktion durch kleine unabhängige Labels (Indies) und Produzenten repräsentiert wird – häufig mit ausgeprägter DIY-Orientierung (s. unten, Fußnote 5). Musikökonomische Nischen bedienen in der Regel eine spezialisierte Nachfrage und sind meistens an einzelne, von subkulturellen Szenen getragene Genres (z.B. Jazz, Gothic, HipHop, Techno, House u.a.) und deren Untergliederungen (Subgenres) gebunden (Peterson und Bennett 2004).

[2] ‚Akustisches Kapital' wird hier als feststehender Begriff verwendet. Das Adjektiv wird daher mit großem Anfangsbuchstaben geschrieben. Zudem wird mit der Großschreibung zum Ausdruck gebracht, dass sich dieser Begriff zwar an die Kapitaltypologie Pierre Bourdieus anlehnt, aber ihr nicht originär entnommen wurde. Die Kapitaltypen Bourdieus werden in den deutschen Übersetzungen seiner Werke im Allgemeinen mit kleinen Anfangsbuchstaben des bezeichnenden Adjektivs geschrieben (z.B. ‚soziales Kapital').

Dies ist der eingeschränkten ökonomischen Rationalität des Handelns des hier auftretenden Akteurstypus des Kulturunternehmers bzw. Culturepreneurs (Lange 2007) geschuldet. Eine Abkehr von industrialistischen Erklärungskonzepten ist angesichts der starken Abhängigkeit der Produktion von sozialen Einbettungsformen (Szenen, Milieus, soziale Netzwerke), der großen Bedeutung symbolischer Produkte und des Vorherrschens variabler Produktionsformen (temporäre Projekte, Events) und veränderlicher Wertschöpfungskonfigurationen (Lange und Bürkner 2010) unvermeidlich. Während ökonomische Produktivitätsbegriffe unverändert auf der Vorstellung linearer Input-Output-Beziehungen basieren und die quantifizierbare Effizienz eingesetzter Ressourcen (Arbeit, Kapital) erklären (vgl. dazu bereits Adam Smith 2013 [Erstveröff. 1776]), wird im Kontext kreativer Nischenproduktion davon ausgegangen, dass heterogene Ströme von Wissen, ästhetischen Bewertungen, Reputation, sozialen Ressourcen und Geld keine Linearität der ökonomischen Prozesse (Wertschöpfung, Effizienz, Erzeugung von Profit usw.) zulassen. Vielmehr konnte für den Bereich der urbanen Clubmusikproduktion bereits exemplarisch gezeigt werden, dass flexible Wertschöpfungskonfigurationen und die selektive Ausrichtung der Produktion an einzelnen Akteurstypen (DJs, Labels, Clubs) für eine geradezu systemische Nichtlinearität und Kontingenz der beobachtbaren Prozesse sorgen (s. Lange und Bürkner 2013). Auch die Beobachtung, dass jüngere Formen kreativwirtschaftlicher Produktion eher durch Wertschöpfungsnetzwerke mit zum Teil eigentümlichen internen Beziehungsdynamiken als von schematischen Wertschöpfungsketten gekennzeichnet sind (vgl. Tschmuck 2008; Brown 2013), stärkt die Annahme der grundsätzlichen Nichtlinearität der beteiligten Prozesse.

Der hier zugrunde gelegte Produktivitätsbegriff trägt dieser Nichtlinearität Rechnung, indem er auf den Erfindungs- und Variantenreichtum abhebt, den die Akteur_innen innerhalb einzelner Produktionsschritte entwickeln. Nicht die Effizienz des Ressourceneinsatzes (d.h. von Arbeit und Kapital im betriebswirtschaftlichen Sinne), sondern die Erzeugung von Differenzierungen in Bezug auf Produkte, Tätigkeiten und Kontexte ist für diesen Begriff zentral. Dies schließt die dazu erforderliche Handlungskoordination der beteiligten Akteur_innen und Organisationen ein. Produktivität entsteht demzufolge im Zuge der Ausdifferenzierung einzelner ‚Produkte' (d.h. akustischer und materieller Artefakte, Dienstleistungen, Veranstaltungen) und/oder der Diversifizierung der erforderlichen Produktionsaktivitäten. Beide werden vermutlich besonders durch Marktumbrüche und die Suche der Marktteilnehmer_innen nach Problemlösungen intensiviert und/oder beschleunigt. Produktivität in diesem Sinne kann nach ökonomischen Maßstäben ineffizient sein, da mit der Differenzierung und Diversifizierung der ‚Produkte' eine Auffächerung der Aktivitäten oder der erhöhte Einsatz von Arbeitskraft und -zeit einhergehen kann. Zudem können materielle Investitionen (z. B. in technische

Geräte) auftreten, die nicht unmittelbar rentabel sind. Hingegen wird die aus der Diversifizierung resultierende Vielfalt von Gestaltungsideen, Modellen, Produkten und Dienstleistungen als Ergebnis der nicht prinzipiell vorhersehbaren oder finalisierbaren Entwicklung spezifischer Fähigkeiten und Wissensformen angesehen.

Als Arbeitsdefinition wird an dieser Stelle vorgeschlagen: Produktivität ist das Ergebnis einer *generative capacity*, d. h. einer strukturierenden Kraft, die die Akteur_innen in die Lage versetzt, auf Marktumbrüche flexibel zu reagieren und durch ‚Versuch und Irrtum' jeweils neue künstlerische und ökonomische Gelegenheiten zu schaffen. Dies schließt die Erzeugung und Nutzung der dafür erforderlichen sozialen Einbettungsformen ein. Diese Definition knüpft an die Kapitaltheorie Pierre Bourdieus an, indem kulturelles und soziales Kapital als relevante Kategorien der Strukturierung kultureller und ökonomischer Felder begriffen werden (Bourdieu 1993, 2005). Mit dem aus der Bourdieuschen Kategorie des kulturellen Kapitals abgeleiteten Begriff des Akustischen Kapitals ist bereits ein wichtiges Merkmal von Restrukturierungsprozessen innerhalb dynamischer Musikmärkte beschrieben worden (Bürkner et al. 2013, S. 26), der hier gewinnbringend herangezogen werden kann; zugleich liegt damit auch eine theoretische Konkretisierung der hier postulierten *generative capacity* vor.

Akustisches Kapital wird erzeugt, indem professionelle und nichtprofessionelle Akteur_innen musikalische Produkte hervorbringen, verändern, verbreiten und konsumieren. Sie greifen dabei auf soziale und kulturelle Ressourcen zurück, die sie in dem Feld der Musikproduktion für ihre Interessen nutzen können. Sie entwickeln somit ein besonderes, feldspezifisches kulturelles Kapital, das sich von anderen kulturellen Kapitalien deutlich unterscheidet, insbesondere solchen, die gemäß Bourdieus Begriffsverständnis mithilfe von allgemeinen Bildungsgütern im Verlauf primärer oder sekundärer Sozialisationsprozesse erworben werden. Während der Begriff des Akustischen Kapitals auf die Möglichkeit der wechselseitigen Umwandlung unterschiedlicher Kapitaltypen (z. B. sozialen, ökonomischen und symbolischen Kapitals) abhebt, setzt der Begriff der *generative capacity* bei den individuellen und kollektiven praktischen Fähigkeiten der Akteur_innen an, die eine Voraussetzung für die Erzeugung bzw. Ansammlung Akustischen Kapitals darstellen.

Eine zentrale Rolle für die Entwicklung dieser Fähigkeiten spielen implizite Wissensformen (*tacit knowledge*)[3], die sich auf individuelle Erfahrungen und nicht

---

3   Die Begriffe *tacit knowledge* (implizites Wissen) und *codified knowledge* (kommuniziertes Wissen), auf die ich mich hier beziehe, wurden erstmals von Polanyi (1985) definiert und seit den 1990er Jahren extensiv in den Debatten um Arbeitsformen und Innovationsdynamiken in der Wissensökonomie verwendet (Howells 2002). Sie die-

kommunizierte bzw. kommunizierbare ästhetische Erlebnisse beziehen, ferner auf – mehr oder weniger autodidaktisches – Lernen durch Nachahmen und Ausprobieren (*learning by doing*) sowie auf individuell organisiertes Experimentieren (Bürkner et al. 2013). In der elektronischen Clubmusikproduktion ist dieses Experimentieren bspw. im Umgang mit PC-Software zu beobachten. Es kann mehreren Zwecken dienen, d. h. konkret der Klangerzeugung und der Produktion digitaler Tracks, oder der konkreten technischen und musikalischen Gestaltung von DJ-Sets (Mixen unterschiedlicher Klangquellen) (Kühn 2013a). Darüber hinaus kommt Wissen zum Einsatz, das zwar kommuniziert wird, aber innerhalb von kleineren Szenen[4] sowie Praktiker_innengemeinschaften verbleibt. Dieses Wissen gibt Auskunft zu den Regeln der Gestaltung von Tracks und live erzeugten Mixings oder zu szeneinternen Geschmackspräferenzen, die aus der Perspektive der Produzent_innen und DJs beurteilt und in die Erfindung von Tracks einbezogen werden. Schließlich ist auch mehr oder weniger exklusiv erzeugtes Szene- und Netzwerkwissen an der Produktion und Distribution beteiligt – von dem Wissen um Erfolg versprechende Allianzen aufstrebender DJs mit hoch bewerteten Labels bis hin zur Einschätzung von DIY-Orientierungen[5] und entsprechenden Handlungsnormen innerhalb der Szenen.

Akustisches Kapital kann demnach als ein fokussiertes Ergebnis der Wirksamkeit von *generative capacities* begriffen werden, die mit speziellen Wissensformen und Lernprozessen einhergehen. Bezogen auf die Kategorie der Produktivität bedeutet dies, dass wichtige Phasen des Versuchens und Herausfindens von in-

---

nen hier der logischen Strukturierung des theoretischen Arguments und werden nicht mit dem Anspruch auf unmittelbare Operationalisierungsfähigkeit eingesetzt.

4 Der hier verwendete Szene-Begriff wird von Ronald Hitzler übernommen. Szenen sind demnach Formen jugendlicher Vergemeinschaftung, die als thematisch fokussierte Netzwerke von Personen entstehen, „die bestimmte materiale und/oder mentale Formen der kollektiven Selbststilisierung teilen" (Hitzler et al. 2005, S. 20). Die Kopplung an den Begriff *Jugend* ist allerdings angesichts des teilweise fortgeschrittenen Durchschnittsalters vieler Szenebeteiligter (inklusive der Techno-Szene) kritisch zu hinterfragen.

5 Die Abkürzung DIY steht für *do it yourself* und bezeichnet Einstellungen und Handlungsorientierungen, die in subkulturell und innerhalb von Nischen erzeugten Popmusiken (z. B. dem Punk) entstanden sind (McKay 1998). Sie richten sich gegen Kommerzialismus und eine von der industriellen Warenproduktion geprägte Mehrheitskultur. Sie betonen die bedingungslose Autonomie und Kreativität der Musikschaffenden und begreifen diese als Ausdruck einer ebensolchen Autonomie der sie umgebenden Subkultur. Die entsprechenden Orientierungen haben sich über unterschiedliche Szenen der Popmusik (z. B. Techno, s. Reitsamer 2011) hinweg in weitere gesellschaftliche Bereiche hinein ausgebreitet (vgl. Luvaas 2012).

dividuell ‚richtigen' Wegen der Musikerzeugung nicht ganz so ungerichtet sind, wie sie vielleicht auf den ersten Blick erscheinen mögen. Produktivität basiert demnach auf der individuellen und gruppenspezifischen Erzeugung und Nutzung von Akustischem Kapital mit dem Ziel, auf einem rasch umbrechenden Markt ökonomisch und symbolisch (z. b. im Hinblick auf die eigene mediale Sichtbarkeit und Reputation) zu überleben. In diesem Bemühen tritt einerseits eine strategische, durch *trial and error* bewirkte Diversifizierung der Gelegenheiten für die Erzeugung und Distribution musikalischer Artefakte und Events ein; andererseits wird von den Akteur_innen die Ausdifferenzierung ihrer auf Musikrezeption bzw. -konsum basierenden subkulturellen Szenen vorangetrieben.

Inwieweit die Diversifizierung von Gelegenheiten und entsprechenden Aktivitäten spielerisch (und damit eher ungeplant oder ohne primäres ökonomisches Verwertungsinteresse), taktisch (d.h. unsystematisch auf jeweils entstehende Nahziele bezogen) oder strategisch (d.h. systematisch auf mittel- bis längerfristige Ziele gerichtet) erfolgt[6], hängt von den Intentionen, künstlerischen Ambitionen und Geschäftskonzepten der Akteur_innen sowie den sozialen Konventionen in ihrer Umgebung ab. Aufgrund der oftmals lockeren, szeneförmig angelegten sozialen Beziehungen zwischen den Akteur_innen (*weak ties*), die häufig für die Wahrnehmung zufällig entstehender Gelegenheiten genutzt werden, ist ein hohes Maß an Kontingenz und – analog zu den individuellen Suchprozessen und Lernerfahrungen – inkrementellen Entwicklungen im Spiel.

Qualitative Differenzierung – sowohl der soziotechnischen Vorgänge (z. B. bei der Trackproduktion und -distribution) als auch der soziokulturellen Einbettungen – wird somit zu einem zentralen Produktivitätsmerkmal. Inputs und Outputs dieser Art von Produktivität – falls diese Analogie zu ökonomischen Produktivitätsverständnissen überhaupt sinnvoll gebildet werden kann – sind in diesem Kontext eher ideeller als materieller Natur. Input ist jeweils ein gegenstands- und feldbezogenes Akustisches Kapital, das sowohl auf älterem als auch frisch erworbenem Wissen beruht. Outputs sind manifeste, konkrete Ideen und Konzepte zur Realisierung von künstlerischen Projekten, zur praktischen Bestimmung kultureller und ökonomischer Wertschöpfungsgelegenheiten, zur experimentellen Ausweitung musikalischer und angelagerter Aktivitäten, zur Konsolidierung erprobter Aktivitäten oder auch zur Selbstbeschränkung und Fokussierung auf wenige erfolgversprechende Tätigkeiten. Erst im Ausagieren und Realisieren der

---

6 Dass Praktiken der Diversifizierung in der Popularkultur sowohl mit variablen, auf Machtverhältnisse zurückgreifenden Strategien als auch mit eher machtdefizitären Taktiken einhergehen können, wurde von Michel de Certeau bereits grundsätzlich aufgezeigt (de Certeau 1988).

Konzepte treten feldspezifische materielle Werkzeuge und Produkte hinzu. Auf der Grundlage einer solcherart erfolgenden materiellen Produktion wird dann eine eindeutige Identifizierung und Bewertung der zuvor ideell definierten Produkte durch andere Akteur_innen möglich. Inputs aus Wissen, kreativem Vermögen, experimentellem Denken und Handlungsroutinen ‚erzeugen' somit Outputs unterschiedlicher ideeller und materieller Konsistenz, deren ökonomische Verwertung bzw. Verwertbarkeit häufig erst noch zwischen unterschiedlichen Akteur_innen, insbesondere zwischen Produzierenden und Konsumierenden, verhandelt werden muss. Zugleich wird mithilfe solch variabler Input-Output-Relationen – samt der zurechenbaren praktischen Erfahrungen der Protagonist_innen – das verfügbare Akustische Kapital laufend verändert und kann als wiederum erneuerter Input in weitere Produktionsaktivitäten einfließen.

Dies bedeutet jedoch nicht, dass bei Marktschwankungen oder der Veränderung der sozialen Kontexte von vornherein eine generelle Ausweitung der Suchaktivitäten der Produzierenden in alle denkbaren oder erreichbaren Richtungen angenommen werden darf. Letzteres ist vor allem in medienwissenschaftlichen Debatten rund um die sog. 360-Grad-Modelle der Wertschöpfung geschehen (Tschmuck 2013; Winter 2013a). Die These, die dort entwickelt wurde, geht von einer eher undifferenzierten Ausweitung musikschaffender und -verwertender Aktivitäten nach dem Ausbleiben von Einnahmen durch den Verkauf physischer Tonträger aus. Diese Ausweitung werde von der Entfaltung digitaler Distributionswege und der verstärkten Hinwendung der Akteur_innen zum Veranstaltungs- und Aufführungsmarkt beschleunigt. Derart generalisierende Annahmen sind mit Vorsicht zu behandeln, da sie mehr oder weniger gleichförmige Reaktionen der Akteur_innen und ähnlich strukturierte Expansionsstrategien unterstellen (Bürkner 2013). Für die analytische Erfassung von Produktivitätsformen in szenebasierten Feldern der Musikproduktion erweisen sie sich als wenig ergiebig, weil sie von der notwendigen Analyse differenzierter Handlungskonzepte tendenziell wegführen und zudem theoretisch kaum zu begründen sind (Bürkner 2016).

Um differenzierte Perspektiven auf das Phänomen *Produktivität* im Überschneidungsbereich von Digitalisierung, veränderlichen Musikmärkten und der Evolution von subkulturellen Szenen zu gewinnen, sind hingegen weitergehende kategoriale Unterscheidungen wichtig. Es muss explizit angenommen werden, dass Produktivität unter dem Aspekt der Diversifizierung der Aktivitäten sowie der entsprechenden Produktions- und Wertschöpfungsgelegenheiten mehrere Komponenten aufweist, die sich jeweils in situativen Handlungskontexten überlagern und von Fall zu Fall eigensinnige Verbindungen eingehen können. Zu unterscheiden sind:

- eine kreative Komponente, die nah am konkreten Prozess der Erfindung musikalischer Ideen und der Erzeugung musikalischer Artefakte angesiedelt ist; sie wird traditionell mit solchen Begriffen wie Kreativität, Erfindungsreichtum, Improvisation, Originalität, Schaffensfülle usw. umschrieben (Figueroa-Dreher 2012); derartige Umschreibungen des Antriebs kreativer Prozesse sind in den Diskussionen um kreatives Arbeiten allerdings bislang nur selten mit operationalen Definitionen verbunden worden (vgl. Reckwitz 2012; als Beispiel für Operationalisierungsversuche: Krämer 2012);
- eine interaktive Komponente, die an die sozialen Einbettungsformen der Musikproduktion gebunden ist, z. B. indem Mixings im Club oder bei anderen Live-Events im konkreten Geschehen szeneförmiger kollektiver Handlungen (Feiern, Tanzen, Zuhören) erzeugt werden; dabei werden nicht nur ein individuelles ästhetisches Erleben oder das Durchleben von Emotionen und Körperempfindungen ermöglicht, sondern zugleich auch soziale Zwecke erfüllt (Erzeugung von Zugehörigkeitsgefühlen und Identität, Produktion und Gebrauch von Symbolen, Erprobung und Institutionalisierung von Ritualen u.a.m.);
- eine utilitaristische Komponente, die an bestimmte Formen der ökonomischen Verwertung und sozialen Nutzung musikalischer Artefakte angelagert ist, z. B. im Zusammenhang mit der Entwicklung von technologisch voraussetzungsvollen Distributionswegen (Online-Verkauf von Tonträgern und Downloads, Verbreitung per E-Mail-Versand, Verbreitung über kostenlose Download-Plattformen im Vorgriff auf spätere Live-Acts oder höher bewertete Veröffentlichungsformen).

Neben die qualitative Definition von Produktivität, die sich an den soziokulturellen Praxisformen und den konkreten Aktivitäten der Musikerzeugung und -präsentation orientiert, wird im Folgenden die Annahme gestellt, dass Produktivität eng mit Wertschöpfungsprozessen zusammenhängt. Die oben genannten Komponenten verweisen dabei bereits auf die grundsätzlich hybride Natur der Wertschöpfung selbst. Kulturelle Wertschöpfung, die auf Geschmacksurteilen, Präferenzen und Reputation (der Akteur_innen und der Produkte) beruht, verbindet sich dabei mit selektiv auftretender ökonomischer Wertschöpfung (d.h. dem Verkauf von Produkten, Events und Dienstleistungen) (Lange und Bürkner 2010). Produktivität und Wertschöpfung stehen demnach in einem permanenten Spannungsverhältnis, das durch heterogene Prozesse der Wertzuweisung (d.h. der kulturellen und ökonomischen ‚Bewertung') begründet wird. Im Verlauf der digitalen Revolution wird dieses Spannungsverhältnis verändert, da sich die Schwerpunkte der Wertschöpfung verlagern. Drei Varianten dieses veränderten Verhältnisses können genannt werden.

1. Das Zusammenfallen von Wertschöpfung und Produktivität konnte vor allem in Zeiten der ‚analogen' industriellen Musikproduktion beobachtet werden. Große, marktbeherrschende Labels (Majors) bauten Popstars auf, indem sie Tonträger produzierten und für Medienpräsenz, steigende Reputation und Popularität der Künstler_innen sorgten. Materielle Produktivität, messbar in hohen Zahlen verkaufter Platten, und Wertschöpfung, messbar in Umsatz und Profit, waren jeweils eine Funktion des Kapitals, das die Labels in den Aufbau ihrer Künstler_innen investierten. Hoher kultureller Wert (Reputation, Wertschätzung) war somit tendenziell an einen hohen materiellen Wert gekoppelt. Diese Kopplung besteht auch während der digitalen Revolution fort, verlagert sich aber zusehends von der Tonträgerproduktion auf den Download- und Streamingbereich sowie auf das Live-Event- bzw. Konzertgeschäft (vgl. Tschmuck 2008, 2016; Dörr 2012). Parallel dazu verändern sich auch die quantitativen Produktivitätskriterien: von der eindimensionalen Tonträgerproduktion (plus gelegentlich angelagerter Konzert- und Tourneesparte) hin zu mehreren, systematisch miteinander kombinierten Aktivitätsfeldern mit veränderlichen Schwerpunktsetzungen (Live-Events, Tourneen, Internet-Verkauf von Tonträgern und digitalen Formaten, Verkauf von Merchandising-Artikeln usw.). Resultat ist die Rundumvermarktung (*360 deal*) von Künstler_innen durch Medienkonzerne (z.B. Madonna, s. Marshall 2013).
2. Wertschöpfung und Produktivität können aber auch auseinanderfallen. Hierfür liefert die Ausbreitung des PC-gestützten Homerecordings während des vergangenen Jahrzehnts geeignetes Anschauungsmaterial. Sowohl professionelle Musikschaffende als auch Amateur_innen haben seit der Popularisierung von Musikproduktionssoftware (Ableton Live, Steinberg Cubase etc.) und niedrigschwelliger Publikationsmöglichkeiten im Internet ihren Ausstoß an musikalischen Produkten erheblich erhöht. Beispielsweise werden Massen von digitalen Tracks mit elektronischer Clubmusik von beiden Akteur_innengruppen kontinuierlich auf freie Plattformen wie z.B. SoundCloud, YouTube usw. hochgeladen und konkurrieren dort zunächst um Aufmerksamkeit (messbar in Klickraten). Sie stehen damit nicht nur für mehr Demokratie in der Musikproduktion durch den erleichterten Zugang aller Beteiligten zu den Produktionsmitteln, sondern zugleich auch für eine enorme materielle Entwertung der Produkte (vgl. Hracs 2016, S. 50). Niedrige Klickraten für die große Mehrzahl der eingestellten Tracks signalisieren zumeist, dass damit zugleich auch der kulturelle Wert der Artefakte und ihrer Urheber_innen gering ist oder rasch sinken kann. Umgekehrt ist bei hohen Klickraten zwar von hoher kultureller Wertschöpfung auszugehen; jedoch kann nicht zugleich auf ein hohes Potenzial für materielle Wertschöpfung geschlossen werden.

3. Wertschöpfung und Produktivität können schließlich auch unabhängig voneinander existieren, im Extremfall sogar in einem reziproken Verhältnis zueinander stehen. Letzteres ist häufig in Underground-Musikkulturen zu beobachten, und zwar dann, wenn ökonomische Wertschöpfung als generelles Qualitätsmerkmal (und damit auch als Teil eines kulturellen Wertes) von den Szenemitgliedern und Konsument_innen für irrelevant oder nicht akzeptabel erklärt wird. Die in diesem Fall anzutreffende Orientierung am Prinzip des Nichtkommerzialismus und einer ausbeutungsfreien musikalischen Praxis kann bedeuten, dass ökonomische Wertschöpfung als Antithese zum ‚reinen', in einer unabhängigen Basiskultur verankerten Musikschaffen begriffen wird. Dennoch – oder gerade weil in einer solchen DIY-Kultur ‚nur' die kulturelle Wertschöpfung die Regie übernimmt – kann es zu einer erhöhten Produktivität kommen. Diese beruht dann freilich auf der künstlerisch, sozial oder politisch motivierten Ausdifferenzierung der Musikformen, ihrer stilistischen Abgrenzung voneinander sowie deren immer wieder neu erfolgenden Ermöglichung und Legitimation durch bestimmte Sozialitätsformen. Das Pochen der Akteur_innen auf Authentizität, auf die sog. *street credibility* subkultureller Musikproduktion, zeigt dabei nicht nur das Bemühen um Exklusivität und Rückversicherung bezüglich der Stabilität der eigenen Subkultur an. Es steht zugleich immer auch für bestimmte Formen qualitativer Produktivität, die bspw. von Künstler_innen, Produzierenden, Promotor_innen und dem Publikum als Bestandteil eines scheinbar ökonomieabstinenten Wettbewerbs der Talente eingefordert werden (Hracs 2016). Dass viele DIY-Akteur_innen dabei ungewollt in neue Bastelexistenzen als freie, oftmals prekär wirtschaftende Kulturunternehmer_innen gedrängt werden, stellt einen paradoxen Nebeneffekt dieser ursprünglich kommerzfreien Produktionslogik dar; ähnliche Tendenzen beschreibt Speers (2016) für die Londoner Rap-Szene. Ausnahmen in Form von ökonomisch erfolgreichen Künstler_innen und Projekten, die ein „gut verdienendes, selbstbewusstes und oft genug verklärtes Establishment" repräsentieren (Poschardt 2015, S. 2) und dennoch weiterhin mit dem Anspruch auf kulturrevolutionären Avantgardismus in Clubs, auf Szenefestivals und insbesondere auf Independent Labels in Erscheinung treten, bestätigen die Regel. Sie verweisen zugleich auf den immanent ideologischen Charakter von DIY-Orientierungen: Grundsätzlich besteht immer die Möglichkeit, dass DIY-Puritanismus lediglich öffentlich vorgezeigt wird und unter der Hand umso einträglichere kommerzielle Aktivitäten damit verknüpft werden. Die Trennung von Produktivität und Wertschöpfung unter DIY-Prämisse ist somit nicht kategorisch gesetzt, sondern muss als kontextabhängig begriffen werden.

Es kann angenommen werden, dass Akustisches Kapital in den anstehenden Transformationen der szenebasierten Musikproduktion jeweils fokussierte Antriebe für die individuelle und kollektive Bewältigung dieses Wandels liefert und dabei spezifische Varianten von Produktivität hervorbringt bzw. fördert. Auf welche Weise dies in der Praxis geschehen kann, wird weiter unten anhand aussagekräftiger empirischer Fälle exemplarisch aufgezeigt. Zuvor werden die besonderen Umgebungsbedingungen beleuchtet, die für die elektronische Clubmusik gültig sind. Es handelt sich dabei um diejenigen ökonomischen, sozialen, politischen und kulturellen Faktoren des Wandels, die außerhalb der individuellen Projekte des professionellen Statusaufbaus und der Akkumulation unterschiedlicher Kapitalien liegen. Sie werden im Folgenden auf ihre potenzielle Wirksamkeit als integrale Bedingungen der Anpassungsprozesse innerhalb der lokalen und/oder szenebasierten Musikproduktion hin geprüft.

3 Digitalisierung, Umbruch der Musikmärkte und lokale Szenen: Überlegungen zur Verortung von Produktivität

Während DIY-Philosophien und musikalische Praktiken des urbanen Untergrunds in der Literatur häufig als resistent gegenüber Marktdynamiken und ökonomischen Prozessen des gesellschaftlichen Mainstreams dargestellt werden[7], kann nicht ohne Weiteres von einer unbeeinflussten Entwicklung kulturökonomischer Nischen auf der lokalen Ebene ausgegangen werden. Zum einen läuft eine derartige Darstellungsweise Gefahr, die Mythen und Selbststilisierungen der Akteur_innen zu naturalisieren und notwendige kritische Reflexionen zur Unabhängigkeit lokaler Praxisformen zu unterlassen. Zum anderen wird die gesellschaftliche Produktion der konkreten Nischen, in denen sich die subkulturellen Protagonist_innen oft als freie, unabhängige Akteur_innen wähnen, nicht angemessen berücksichtigt.

Plausibel ist einerseits das Argument, dass Eigenlogiken der Kreativität, künstlerische (Selbst-)Entfaltung in partiell geschützten Nischen und enge Interaktionen mit einer unterstützenden lokalen Szene jeweils für eigenständige qualitative Formen der Produktivität und vor allem für expandierende kulturelle Wertschöpfung sorgen. Die Digitalisierung und die sich daraus ergebenden musikalischen Formate (z. B. der PC-typische MIDI-Standard) wären in dieser Perspektive lediglich aufgesetzte, prinzipiell entbehrliche Attribute einer bereits seit geraumer Zeit

---

7 Vgl. z. B. die ethnographische Exploration quartiersbezogener Musikformen und Sozialitäten im Norden des Berliner Stadtbezirks Neukölln durch Heinen (2013).

laufenden elektronischen Soundproduktion und -präsentation. Sequencer, Synthesizer, Rhythmusmaschinen und aufgezeichnete Samples sind nach wie vor nicht zwingend an Computerplattformen und Software gebunden. Stile wie HipHop, Techno und House waren über lange Zeit an zwei Plattentellern und einer tanzenden Menge ausgerichtet und somit in gewisser Weise technologisch konservativ. Dennoch hat die Digitalisierung gerade die Protagonist_innen des Techno zum Experimentieren eingeladen und die digitale Trackproduktion zu einem wichtigen Standbein des Genres werden lassen. Die daraus erfolgende Debatte darüber, ob Vinyl oder Digital dem Bemühen um subkulturelle Distinktion angemessener sei oder ob nicht gerade deren Koexistenz besondere Optionen der Weiterentwicklung der genretypischen Musikproduktion ermöglicht, reicht mittlerweile tief in die lokalen Verästelungen der einzelnen Szenen hinein und wird von vielen Beteiligten auch als produktiv (d.h. einer differenzierenden Weiterentwicklung dienend) begriffen (Attias 2013). Grundsätzlich sind solche Entwicklungen kontingent; sie beruhen auf den veränderlichen Konventionen, die die Szenen für die Bewertung von Authentizität, Legitimität, Glaubwürdigkeit, Exklusivität, Kreativität usw. entwickeln.

Plausibel ist andererseits aber auch das Argument, dass kulturelle Globalisierungsprozesse, die selbstverständliche Nutzung des Internets und die gleichzeitige Orientierung der Produzent_innen und Konsument_innen an lokalen *und* überlokalen Szenen (inklusive globaler *net communities*) für Einflüsse auf die lokale Musikproduktion sorgen, die von den Akteur_innen nicht eindeutig als exogen identifiziert werden können. Diese Einflüsse diffundieren bereits durch die digitalen Kommunikationskanäle und -praktiken selbst, und zwar quer zu allen denkbaren Skalenbezügen: Was auf der ‚globalen' Ebene als musikalischer *hype* ausgerufen und kommuniziert wird, kommt ohne Zeitverzögerung bei der ‚lokalen' Szene an (die aufgrund ihrer Internetaktivitäten teilweise in Personalunion mit globalen Szenen und Internet-Communities existiert) und kann von ihr umstandslos in besondere soziale Praxisformen umgesetzt werden. Zugleich wandern die ‚lokalen' Präferenzen, ästhetischen Bewertungen, Reputationsurteile usw. direkt in globale Communities hinein. Globales und Lokales fließt z.T. ununterscheidbar ineinander – wobei nicht nur die Szenegänger_innen, sondern auch die Musikschaffenden selbst die globalen Impulse unversehens als lokale Anreize empfinden und verarbeiten können – etwa im Sinne einer fluiden Räumlichkeit, wie sie von Tironi (2010) als wichtiges Merkmal aktueller urbaner Musikszenen konstatiert wird. Angesichts des Problems, die Herkunft dessen, was ‚man' machen sollte oder machen muss, um als szenekonform zu erscheinen, genau bestimmen zu können, kann hier nur eine kurze Übersicht über solche soziokulturellen und technologischen Entwicklungen gegeben werden, von denen angenommen werden darf, dass sie das Handeln innerhalb musikökonomischer und -kultureller Felder potenziell beeinflussen. Es bleibt dann empirischen Mikrostudien überlassen, der Herkunft und den Reichweiten dieser Einflüsse im Detail nachzuspüren.

Zu allgemeinen Entwicklungen mit einer spürbaren lokalen Komponente gehören:
1. *Digitalisierung.* Sie äußert sich in zwei unterschiedlichen Prozessen bzw. Teilkomponenten: a) einer Mikrokomponente, die sich auf die konkreten Tätigkeiten der Musikerzeugung bezieht, und b) einer Makrokomponente, die die Folgen der Ausbreitung digitaler Musikformate für die Restrukturierung des Musikmarkts betrifft.
Zu a) Digitalisierung greift bei der Produktion elektronischer Club- bzw. Tanzmusik vor allem in die Bereitstellung der klanglichen Ausgangsmaterialien ein. Vor Einsetzen der digitalen Wende der elektronischen Clubmusik wurden Tracks im Club oder bei Live-Events von DJs live gemischt, und zwar auf der Basis analoger Klänge (Synthesizer, Instrumente), auf Vinylplatten (*dubplates*) gepresster Tracks oder digital vorproduzierter und auf CDs gespeicherter Tracks. Das Mixen mit zwei Plattenspielern stellte somit eine besondere Technik des beatgenauen Kombinierens vorproduzierter oder kopierter Klangquellen dar (Gehlen 2011; Boone 2011). Mit der Digitalisierung traten virtuelle Vinyl- bzw. CD-Systeme hinzu, in denen das Mixen per Hand durch jeweils am PC eingesetzte DJ-Software ersetzt wird (Mathei 2012, S. 56).
Zu b): Digitalisierung, d.h. die vermehrte Produktion und der sich ausbreitende Konsum von Musik auf der Basis digitaler, mobiler und internettauglicher Dateiformate, bewirkte in den vergangenen Jahren zunächst ein schrittweises Wegbrechen der physischen Tonträgermärkte. Zugleich wurde die Internet-Distribution digitaler Formate erheblich ausgeweitet und technisch modernisiert – vom MP3-Download mit physischer Speicherungsmöglichkeit durch die Konsument_innen (Sterne 2012) zum Streaming, das zwar auf physikalischen Dateien basiert, aber während oder nach Online-Transfers keine Speicherung erforderlich macht (Mason und Wiercinski 2010). Trotz der Ausbreitung des Streaming ist für professionell Produzierende und Amateur_innen der kostenlose Austausch von Tracks auf offenen Internetplattformen (SoundCloud, YouTube u.a.) weiterhin eine elementare Institution. Auch in stärker geschlossenen Sozialen Netzwerken, Fan-Blogs und Online-Fanzines finden digital produzierte und gespeicherte Tracks nach wie vor extensive Verbreitung. All dies ist verbunden mit einer großen Variationsbreite von materiellen Wertschöpfungsgelegenheiten (von der Online-Direktvermarktung einzelner Künstler_innen bis zum großgewerblich organisierten Tonträgerhandel). Für die Szeneakteur_

innen im Feld elektronischer Clubmusik entstanden daraus jedoch nicht nur neue Gelegenheiten zur Verbreitung ihrer Tracks und zur Kommunikation über die eigene Szene hinaus. Die neue digitale Welt bedeutete für sie vielfach auch einen Anreiz zur Vervielfältigung ihrer Aktivitäten: Sie sahen sich vor die Notwendigkeit gestellt, sowohl analog als auch digital zu produzieren, um lokal *und* global sichtbar zu bleiben. Zwischenzeitliche Renaissancen analoger Musikproduktion, z. B. in Form des aktuellen Vinyl-Booms, zeigen, wie ergebnisoffen die jeweiligen Optionen von den Akteur_innen erprobt werden. Sie haben zudem eine starke lokale Komponente, die u. a. an der Ausbreitung lokaler Vinyl-Plattenläden in den Zentren der elektronischen Musikproduktion ablesbar ist (Bartmanski und Woodward 2015).

2. *Homerecording, Prosuming und Demokratisierung der Produktionsmittel.* Wie bereits oben erwähnt, erlauben es technologische Fortschritte bei der Entwicklung von DJ- und Musikproduktions-Software seit geraumer Zeit auch Amateur_innen, Tracks in hoher technischer Qualität zu erstellen und online auf freien Plattformen zu verbreiten. Die Produkte der *Prosumer_innen* (d. h. derjenigen Akteur_innen, die die Rollen von Konsument_innen und Produzent_innen in sich vereinigen, s. Cole 2011; Winter 2013b), stehen dort unvermittelt neben den Produkten professioneller Akteur_innen. Die Aufwertung der ‚produzierenden' Kund_innen und Amateur_innen führt tendenziell zur Abwertung der professionellen Produkte (Leyshon 2009). Die Herausforderung für die Professionellen besteht darin, neue Wege für die Abgrenzung ihrer Produkte von Amateurprodukten zu finden. Hierzu zählen erfindungsreiche Versuche, eine Aura der Exklusivität und Hochwertigkeit zu schaffen, z. B. durch eine gezielte Labelpolitik, durch intensive Selbstvermarktung mithilfe von hochrangigen Live-Events oder durch eine immer wieder erneuerte Präsenz auf den Download-Charts der kommerziellen Plattformen (z. B. Beatport, Whatpeopleplay usw.) (Lange und Bürkner 2013). Umgekehrt lassen sich auch Tendenzen hin zur Nichtexklusivität verzeichnen, bei denen die Labels ihre Strategien auf eine möglichst große Sichtbarkeit ihrer Aktivitäten in vielen Internet-Musicstores ausrichten. Sie erreichen dies durch eine breite Streuung von Künstler_innen und Tracks über die Label-eigenen *Releases* (Veröffentlichungen) hinweg.

3. *Verlagerung der Wertschöpfung von Tonträgermärkten hin zu Event-Märkten.* Unter der Bedingung der ökonomischen Bedeutungslosigkeit von Tonträgern werden digitale Tracks, Vinylplatten und CDs für DJs, Produzent_innen, Performance-Künstler_innen und Labels gleichermaßen zu Belegen des eigenen künstlerischen Schaffens und zu Visitenkarten für Live-Bookings. Das Hauptgewicht der Aktivitäten verlagert sich daher zunehmend auf *Live-Acts*

(im Club, auf Festivals etc.), die Einrichtung individueller Labels (sowohl Net-Labels als auch physische Labels) sowie das Ausprobieren von Booking und Verlagsaktivitäten (Bürkner 2013). Da die Akteur_innen hierzu erst allmählich Erfahrungswerte und kommunizierte Handlungsregeln entwickeln, sind sie darauf angewiesen, über längere Phasen hinweg mit unterschiedlichen Produktions- und Distributionsformen zu experimentieren.

4. *Internetpräsenz der Künstler_innen und Produzent_innen*. Die Ausbreitung der Sozialen Medien des Internets als Informations-Hubs für kulturelle Güter, Szeneneuigkeiten, Bewertungen und musikbezogene Interaktionen stellt neue Anforderungen an die Selbstpräsentation der Künstler_innen. Ihre Interaktion mit Fans, Clubgänger_innen sowie generell mit globalen und lokalen Szenen verändert sich (Lischka 2010). Besonders solche Künstler_innen, die den Weg der von DIY-Orientierungen inspirierten Direktvermarktung gehen, sehen sich dabei vor neue Probleme hinsichtlich des Wissenserwerbs und der Ausweitung ihres Akustischen Kapitals auf veränderte Distributions- und Kommunikationsgewohnheiten gestellt.

5. *Größere Online-Öffentlichkeiten und die wachsende Event-Orientierung des Publikums verändern die lokale Szenewirtschaft.* Elektronische Clubmusik, die sich vor der Krise des Tonträgermarktes und der Ausbreitung der internetgestützten Vermarktung vor allem auf künstlerische und soziale Exklusivität stützte, sieht sich einer Öffnung der vormals stärker abgeschotteten lokalen Szenewirtschaft gegenüber. Clubs, DJs, Labels und Produzent_innen, die ihren Anspruch auf künstlerische Unabhängigkeit, Nichtkommerzialismus und stilistischen Avantgardismus traditionell durch die Regulierung des Zugangs von Konsument_innen zur Szene aufrechterhalten konnten (Beispiel: Selektion der Besucher_innen an der Clubtür), sehen sich neuen Herausforderungen ausgesetzt. Internationaler Partytourismus, der durch Soziale Medien und Internet-Reiseführer angeheizt wird (Lorig und Vogelgesang 2011; Rapp 2009), und die mediale Herrichtung von zuvor als subkulturell gelabelten städtischen Quartieren als ‚Szenequartiere' für den lebensstilorientierten Massentourismus (vgl. Merkel 2008) fordern die Szeneakteur_innen zur Neuorientierung heraus – zwischen Öffnung bzw. Kommerzialisierung und verstärkter Abgrenzung bzw. Rückzug in betonte DIY-Attitüden („Berlin does not love you", s. Novy 2014).

6. *Veränderte Performanzkriterien durch Öffnungsprozesse in der lokalen Musikproduktion.* Vormals exklusive Gelegenheiten des Musikmachens und -konsumierens, die teilweise mit der Etablierung von szeneinternen Organisationseliten einhergehen (Hitzler und Pfadenhauer 2004), werden zunehmend durch ‚veröffentlichten' Wettbewerb (via Internet, internationalen Kulturtourismus

etc.) verändert (Rapp 2009). Dies machen sich u.a. die Majors bei der Vermarktung von dissidenten (d.h. aus der Subkultur ausgeschiedenen) Top-DJs (z.B. Oliver Koletzki oder DJ Wankelmut) zunutze. Auch der Versuch der Medienkonzerne, durch die Einrichtung von *local divisions* näher an die stilistischen Trends lokaler Szenen heranzukommen und bis dato unzugängliche ‚lokale' Künstler_innen global zu vermarkten, trägt zur Bedeutungsveränderung der lokalen Ebene bei, nämlich als wiederentdecktes Objekt vermehrter symbolischer oder ökonomischer Ausbeutung.

Die genannten Entwicklungen können innerhalb lokal verankerter Felder der Musikproduktion jeweils veränderte Formen der Produktivität nach sich ziehen. Nicht nur das Ausprobieren neuer Distributionswege, sondern auch die erforderlich werdende Pflege des heimischen Publikums erfordert eine Hereinnahme technologisch und marktstrukturell induzierter Aktivitäten in die einzelnen Produktions- und Distributionskonzepte. So unterhalten viele DJs und Performance-Künstler_innen mittlerweile eigene Net-Labels (d.h. Labels, die die produzierten Tracks ausschließlich online und kostenfrei anbieten; s. Galuszka 2012). Sie nutzen sie dazu, um gegenüber anderen Künstler_innen Distinktionsgewinne zu erzielen und das lokale Publikum über den Clubauftritt hinaus über die Bandbreite der eigenen Aktivitäten zu informieren (s. dazu unten, Abschnitt. 4, Fall 2). Mehr Aufmerksamkeit, Arbeitskraft und andere Ressourcen an der einen Stelle zu investieren und andere Bereiche dafür zu vernachlässigen, kann für die einzelnen Akteur_innen dazu führen, dass der Gesamtausstoß und die Diversität an Produkten, Auftritten usw. gesteigert werden. Beispielsweise treten viele DJs vermehrt als Booker_innen und Organisator_innen in eigener Sache auf, können es sich im Interesse der öffentlichen Sichtbarkeit ihrer Aktivitäten aber nicht leisten, andere Aktivitäten (z.B. die Trackproduktion) als Kompensation für die entstandene Mehrarbeit zu reduzieren. Dies kann im Einzelfall mit Überforderung und der zunehmenden Notwendigkeit zur rigorosen Selbstbeschränkung verbunden sein. Erweiterung der Optionen und erneute Fokussierung können dabei zyklisch aufeinander folgen und in eine allmähliche Anpassung an veränderte Rahmenbedingungen münden. Von welchen Widersprüchen und Konflikten diese Anpassung begleitet ist, gilt es daher detailliert zu rekonstruieren. Die beiden im Folgenden geschilderten empirischen Fälle dienen der Verdeutlichung dieses Rekonstruktionsanspruches.

4 *Trial and error*: Offene Experimente oder Intensivierung ohnehin entwickelter kreativer Routinen?

Ein genauerer Blick auf ausgewählte empirische Fälle der Umorientierung lokaler Akteur_innen im Feld der Produktion elektronischer Clubmusik soll dabei helfen, wichtige experimentelle Erkundungswege und die daraus erfolgenden strategischen Ansatzpunkte für veränderte Produktionskonzepte ausfindig zu machen. Dabei wird einerseits darauf geschaut, in welcher Weise Akustisches Kapital im oben (S. 3f.) definierten Sinne von einzelnen Akteur_innen aufgebaut und eingesetzt wird, um die eigenen Erkundungen abzusichern; andererseits wird ermittelt, welche Formen von Produktivität sich in diesem Zusammenhang entwickeln.

Die empirische Grundlage bildet eine qualitative Befragung von neun Akteur_innen der Produktion elektronischer Clubmusik (DJs, Label Manager_innen, Produzent_innen, unabhängige Eventkünstler_innen), die im Sommer 2012 in der Stadt Berlin durchgeführt wurde. Die Auswahl der im Folgenden vorgestellten beiden Fälle erfolgte anhand des Kriteriums des maximalen Kontrastes. Sie stellen zwei weit auseinanderliegende Varianten strategischer Umorientierungen dar, an denen die Bandbreite möglicher Suchbewegungen sowie zugleich gemeinsame limitierende Faktoren innerhalb der Strategien und der sie umgebenden kulturökonomischen Felder deutlich werden. Sie lassen einerseits die eingesetzten Formen des Akustischen Kapitals erkennen, mit denen veränderte Aktivitäten entwickelt werden; andererseits werden die daraus entstehenden Produktivitätsvarianten ersichtlich. Beide Fälle wurden von mir bereits in einem anderen Zusammenhang diskutiert (vgl. Bürkner 2013), allerdings ohne direkten Bezug auf die hier im Mittelpunkt stehende Produktivitätsdebatte. Die beiden Fälle werden daher erneut einer fokussierten, dicht beschreibenden Interpretation unterzogen.

4.1 Fall 1: House-DJ in Berlin-Friedrichshain

Dieser Fall repräsentiert eine Strategie der vorsichtigen Erkundung von digitalen Alternativen zu älteren Praktiken der Klangerzeugung innerhalb des klassischen DJings. Sie zieht eine schrittweise erfolgende Ausweitung einzelner Produktionsaktivitäten nach sich. Der Protagonist wurde zum Untersuchungszeitpunkt als Newcomer innerhalb einer lokalen House-Szene gehandelt. Aus einer im Berliner Kontext aufmerksam beobachteten britischen House-Szene stammend, hatte sich dieser DJ vor seinem Umzug nach Berlin durch Verpflichtungen in renommierten Londoner Clubs sowie durch einen mehrmonatigen Aufenthalt in Sydney (Australien) bereits einen internationalen Namen gemacht. Trotz dieses Reputationsüberschusses gestaltete sich sein Einstieg in die Berliner Produktionskontexte kompliziert. Niedrigschwellige Engagements für kleinere Szenepartys und Clubtermine kamen zwar schnell zustande und waren auch mit einer offenen Aufnahme durch die jeweilige lokale Szene verbunden. Jedoch fand er es ausgesprochen schwierig, auf demselben hohen symbolischen (berühmte Clubs, hoch gehandelte DJ-Namen) und ökonomischen Niveau (hohe Gagen) wie in London oder Sydney engagiert zu werden. Erst nach geraumer Zeit fand er Zugang zu Engagements in der renommierten Berghain-Panorama-Bar; dieser Zugang wurde in einem Szenekontext, den der DJ als wenig durchschaubar beschreibt, durch langsam entstehende persönliche Beziehungen zu anderen DJs, lokalen Labels und Booker_innen ermöglicht. Nachdem diese Hürde genommen war, wurde er als wichtiger DJ von einer auf Exklusivität und Abgrenzung nach außen orientierten Szene akzeptiert und auch von einem bekannten Szenelabel protegiert.

Digitalisierung und insbesondere digitale Trackproduktion werden von ihm als ein ‚Muss' angesehen. Er ist sich darüber im Klaren, dass dieser Imperativ eher global etabliert worden ist, als dass er auf einzelne lokale Impulse eingrenzbar wäre. Konkret geht es für ihn bei der Produktion und der Distribution digitaler Tracks darum, seine Sichtbarkeit als Künstler zu verbessern, einen laufenden Aktivitäts- und Qualitätsnachweis zu erbringen und eine permanente, kostensparende Promotion der eigenen Person zu betreiben. Tracks sind für ihn symbolische Visitenkarten, die in der Hoffnung auf künftige Erweiterungen des eigenen lokalen und internationalen Handlungsspielraums eingesetzt werden. Er musste aber zu Beginn seines Aufenthalts in Berlin die Erfahrung machen, dass globale Sichtbarkeit und Präsenz in wichtigen DJ-Charts allein nicht ausreichen, um auf der lokalen Ebene adäquat gebucht zu werden. Das selbst erarbeitete Akustische Kapital konnte also nicht umstandslos in symbolisches und ökonomisches Kapital umgewandelt werden, sondern musste in diesem Fall den ‚Umweg' über kontextabhängig erworbenes soziales Kapital gehen. Erst über den Anschluss an lokale Netzwerke konnte das individuell verfügbare Akustische Kapital um lokales Szenewissen angereichert werden; erst durch den Nachweis von Szenekompatibilität, das Kennenlernen der spezifischen lokalen Zugangsbarrieren und das Erlernen von Überwindungsstrategien konnte die Konvertibilität des Akustischen Kapitals in dem von ihm gewünschten Umfang herbeigeführt werden.

Dieser Umweg erscheint ihm in zweifacher Hinsicht als paradox. Zum einen war die Visitenkarte, von der er sich viel versprochen hatte, zunächst einfach wertlos. Angesichts der hohen sozialen (d.h. von lokalen Netzwerken abhängigen) Schwellen hätte es einer vorgängigen Popularisierung oder Sichtbarmachung der eigenen Person durch online veröffentlichte digitale Tracks kaum bedurft. Zum anderen liegt ein wichtiger Schwerpunkt seines Interesses in der Interaktion mit einem konkreten Publikum und nicht ausschließlich in der Erzeugung von Tätigkeitsnachweisen. Er bezeichnet sich selbst als ‚Vinyl-DJ' und versucht, seine Glaubwürdigkeit sowie Szenekompatibilität auf dem Wege der direkten Ansprache eines auf analoge Musikproduktion orientierten Publikums zu erreichen. Obwohl er mit dem Verkauf von Vinyl-Platten mittlerweile kaum noch akzeptable Einnahmen erzielt, stellen für ihn die verbliebenen Verkäufe in weltweit bekannten Plattenläden (z. B. in London und Berlin), die von intimen Kenner_innen der Szene frequentiert werden, einen wichtigen Gradmesser für die Qualität und Akzeptanz seiner Tracks dar. Bestätigt sieht er sich in seinen Bemühungen durch den jüngsten Vinyl-Boom, der sich für ihn in einer höheren Wertschätzung durch das Publikum und in leicht konsolidierten Verkaufszahlen bemerkbar macht.

Dennoch: Die ‚Produktionslinie', die er mit der Entwicklung von digitalen Tracks am PC bzw. Laptop für die Online-Veröffentlichung vor einiger Zeit eröffnet hat, sieht er als potenziell relevant an, obwohl im konkreten Berliner Fall für ihn unmittelbare Effekte kaum nachweisbar sind. Daher veröffentlicht er neue Titel auf einem eigenen Label, aber auch auf anderen, zumeist höher bewerteten Berliner Labels. Tracks, die er selbst für gelungen hält, werden diesen externen Labels angeboten. Die weniger guten, aber akzeptablen Tracks werden auf dem eigenen Label untergebracht, hauptsächlich deshalb, weil sie sonst überhaupt nicht zur Veröffentlichung kämen. Auch die Positionierung eigener Tracks in den DJ-Download-Charts von Beatport und anderen Plattformen sieht er als unverzichtbar an, um sichtbar zu bleiben und international gebucht werden zu können.

Um die Kosten und den Ressourceneinsatz (vor allem Arbeitszeit und die teilweise von ihm bezahlte Zuarbeit befreundeter DJs und Produzent_innen) niedrig zu halten, hat er eine Mischstrategie bei der Entwicklung der hochwertigeren Tracks entwickelt, die es erlaubt, eine digitale Online-Veröffentlichung sowie gleichzeitig eine Veröffentlichung auf Vinyl vorzunehmen. Beide Wege müssen in tontechnischer Hinsicht allerdings unterschiedlich gestaltet werden. Digitale Veröffentlichungen erfordern hohe digitale Kompression, die dem Verwendungszweck (Download, Hören am Laptop oder in technisch anspruchslosen Umgebungen) angepasst sein muss. Daher erhalten sie ein besonderes Mastering, das sie in standardisierter Weise für den späteren Gebrauch formatiert. Der Nachteil des digitalen Mastering wird von diesem DJ darin gesehen, dass sich die Tracks aufgrund ihrer veränderten akustischen Eigenschaften kaum zum Mixen im Club eignen. Ihre geringe Qualität würde sich in akustischen Artefakten, eingeschränkter Dynamik, verzerrtem Frequenzgang usw. bemerkbar machen. Das Mastering für Vinyl-Platten zielt hingegen darauf ab, so wenig physikalische Verluste wie möglich hinzunehmen und eine hohe Dynamik, vollen Frequenzgang und impulsgetreue Wiedergabe zu ermöglichen.

Die Diversifizierung der Aktivitäten und Produkte, die hier eingetreten ist, wurde quasi auf Verdacht hin entwickelt und trotz zunächst ungewisser Effekte beibehalten. Der DJ legt Wert darauf, beide Masteringprozesse selbst vorzunehmen, da er volle Kontrolle über das Resultat behalten möchte. Es handelt sich dabei um knifflige und zeitaufwändige Arbeitsschritte, die dennoch als eine wichtige persönliche Aufgabe definiert werden. Zwischenzeitliche Versuche der Vergabe von Aufträgen an externe Mastering- und Schneidestudios erbrachten Resultate, die seinen Klangvorstellungen und Qualitätsansprüchen nicht entsprachen, und wurden daher wieder aufgegeben. Dies stellt eine eher ungewöhnliche Praxis dar, denn die meisten DJs und Labels lagern das Mastering gerade aufgrund der sehr anspruchsvollen technischen Arbeitsschritte und der vielen Fehlermöglichkeiten bewusst aus.

Was von dem befragten DJ hier als autonome, selbst gesteuerte und sich inkrementell in kleine Verästelungen fortsetzende Aktivität geschildert wird, besitzt auch eine strukturelle Komponente, die allerdings von ihm im Interview nicht explizit reflektiert wird. Im Kontext anderer Aussagen zur eigenen Marktpositionierung wird jedoch deutlich, dass die Entwicklung der digitalen Publikationsschiene nicht nur frei gewählt, sondern auch durch den Druck der Marktverhältnisse – genauer gesagt, des strukturellen Umbruchs des Markts elektronischer Clubmusik – nahegelegt wurde. Subjektiviert werden diese Verhältnisse in Form von vermuteten Nachteilen gegenüber Wettbewerber_innen, der beabsichtigten Absicherung gegenüber Risiken aus den ausgebliebenen Tonträgerverkäufen und der vagen Hoffnung auf künftige Amortisationen der aufgewendeten Ressourcen (Zeit, Arbeit, Entlohnung externer Arbeitskraft). ‚Versuch und Irrtum' bei der Entwicklung von Tätigkeiten, die über das Kerngeschäft eines DJs (Mixen, Beschaffen von Klangquellen, Gestaltung von DJ-Sets) hinausgehen, sind in diesem Falle zu gleichen Teilen extern angestoßen und individuell weiter vorangetrieben worden. Dabei sind im Sinne der Ausweitung der persönlichen *generative capacity* zusätzliche Arbeitsschritte entstanden, die den gezielten Erwerb praktischen Wissens erfordern und auf diesem Wege einen Zuwachs an Akustischem Kapital bewirken. Es handelt sich dabei größtenteils um implizites Wissen, das wiederum auf der Basis experimenteller Prozesse zustande gekommen ist. Durch mühsames Ausprobieren und Vergleichen einzelner Masteringschritte und ihrer Resultate hat sich der Akteur eine große Routine im fachgerechten Vorbereiten seiner Tracks für die unterschiedlichen Publikationswege erarbeitet. Gelegentliche Fingerzeige von DJ-Kolleg_innen, Tontechniker_innen und anderen Expert_innen haben diesem autodidaktischen Prozess jeweils kleinere Dosen kodifizierten Wissens hinzugefügt.

Was in dieser Tätigkeitsbeschreibung aufscheint, sind somit mehrfach geschachtelte Routinen des *trial and error*. In eine allgemeinere, von der ‚Umstellung' auf digitalisierte Produkte und Vertriebswege angestoßene Erprobung geeigneter Wege des Mastering sind kleinere, spezialisierte Erkundungsprozesse zur Entwicklung von Teilschritten dieser Tätigkeit eingebettet. Diese Prozesse behalten trotz fortschreitender Routinisierung über längere Zeit ihren experimentellen Charakter, da mit veränderten Zwischenprodukten (d.h. den zuvor mithilfe von Musikproduktionssoftware erstellten Ausgangstracks) immer wieder andere akustische und physikalische Eigenheiten und Herausforderungen für das Mastering entstehen, die für den einzelnen Track jeweils erkundet und individuell behandelt werden müssen.

Die Diversifizierung der Aktivitäten geht in diesem Fall mit einer gesteigerten Produktivität einher. Fertige Tracks werden systematisch für eine Doppelpublikation (analog und digital) hergerichtet. Die unterschiedlichen Publikationswege sind jedoch weder eindeutig ökonomisch noch ausschließlich sozial veranlasst. Vielmehr werden sie auf flexible Weise mit recht unterschiedlichen Akzentuierungen und Bedeutungen versehen. Im Kontext der digitalen bzw. Online-Distribution dienen die Tracks hauptsächlich als Information über den aktuellen Arbeitsstand des Künstlers, als kommerzielle Download-Produkte oder als Arbeitsmittel für andere DJs, die jeweils auf Online-Plattformen angebotene Tracks im Club ggf. für ihre eigenen Mixes weiterverwenden. In analogen Distributionskontexten hingegen stehen die Eigenschaften physischer Tonträger stärker im Vordergrund. Der DJ erwartet von ihnen einen größeren ökonomischen Gewinn als von Downloads. Dennoch weist er ausdrücklich auf ihre soziale, arbeitspraktische und symbolische Multifunktionalität hin. Sie dienen wiederum als (Vinyl-)Arbeitsmittel für andere DJs wie auch für die eigene DJ-Tätigkeit, ferner auch als stolz vorgezeigtes Symbol einer trendigen, als exklusiv gelabelten Vinyl-Ästhetik. Hierbei profitiert der Künstler von der Zuschreibung ‚auratischer' Qualitäten an Vinyl-Platten, die von den einzelnen Szenen vorgenommen wird (vgl. Bartmanski und Woodward 2015).

Diese auf vielfältige Verwendbarkeit und Adressierbarkeit der Erzeugnisse ausgerichtete Produktivität entsteht aber nur teilweise aus strategischer Planung heraus. Zwar können der Entwicklungsgang eines Tracks und seine mögliche Verwendungsweise vom DJ/Produzenten ungefähr vorhergesagt werden, aber bereits im Prozess der Zusammenstellung des Tracks können unvorhergesehene Abweichungen von der ursprünglichen Gestaltungsidee auftauchen. Spontane Eingebungen können zu Experimenten mit software-intern generierten Bass- und Schlagzeugfiguren oder der Verwendung von externen Samples führen. Dabei kann sich herausstellen, dass das Resultat dem vorgesehenen Einsatzgebiet (z. B. dem Mixen im Club) nicht mehr angemessen ist. Der Track muss dann verworfen oder einer anderen Verwertung zugeführt werden. In der Tat werden viele angefangene Tracks nicht zu Ende produziert, sondern zur späteren Weiterbearbeitung zwischengelagert. Der DJ hat dabei eine Arbeitsroutine entwickelt, die das gleichzeitige Bearbeiten mehrerer Tracks erlaubt. Dies führt dazu, dass die Arbeit an einzelnen Tracks manchmal mehrmonatige Unterbrechungen erfährt. Etliche Tracks werden auch niemals fertiggestellt und dienen dann als Rohmaterial für vielfältige andere Zwecke.

Die kleinen Operationen, die der Befragte hier schildert, lassen Dispositionen und Verfahrensweisen erkennen, die auch für eine Vielzahl anderer kreativer Tätigkeiten charakteristisch sind. Der Umgang mit den Rohmaterialien, aus denen bspw. ein künstlerisches Artefakt hergestellt wird, ist oft bewusst verschwenderisch, um unterschiedliche Gestaltungsoptionen entstehen zu lassen. Ausdrücklich grenzt sich der Akteur von DJs und Prosumer_innen ab, die die sog. *presets* der Musikproduktionssoftware nutzen, um ihre Tracks zu gestalten. Dabei handelt es sich um herstellerseitig vorgefertigte *sounds* und rhythmisch-melodische *patterns*, die mit minimalem Aufwand in einen bestehenden Track eingebaut werden können. Auch die Instrumentierung sowie populäre Klangfarben werden auf diese Weise standardisiert erzeugt. Diese Praxis wird vom befragten DJ als das Ende aller Kreativität bezeichnet. Er legt daher Wert darauf, so viele Bauelemente eines Tracks wie möglich von Anfang an selbst zu definieren. Dies ist ein arbeits- und zeitintensiver Prozess – der Eintrag von Ressourcen in den Produktionsprozess ist hier besonders hoch. Häufig müssen einzelne alternative Gestaltungsideen und -optionen im Herstellungsprozess parallel geführt und ziemlich weit getrieben werden, damit der Künstler ihre musikalische Bedeutung und akustische Qualität ausreichend beurteilen kann. Auf das qualitative Konzept von Produktivität im Kontext der szenebasierten Musikproduktion bezogen, bedeutet dies zugleich, dass die Wissens-Inputs und der fortwährend erfolgende Aufbau Akustischen Kapitals jeweils nicht im Hinblick auf die Outputs finalisiert werden können. Die Gestalt der Produkte, ihre Qualität, die möglichen Verwendungsweisen sowie ihre sozialen und symbolischen Bedeutungen ‚streuen' in einem Maße, das den Gedanken an planbare, kalkulierbare Effekte und systematisch greifbare Outputs nur teilweise zulässt. Es lässt eher an einen quasi biologischen, evolutionären Prozess der Ermittlung überlebensfähiger Varianten eines Basiskonzepts denken als an Vorgänge, die mit der Logik planbarer ökonomischer – insbesondere industrieller – Prozesse in Einklang zu bringen wären.

Die tendenzielle Unberechenbarkeit der in diesem Fallbeispiel zum Ausdruck kommenden Anpassungen an die Herausforderungen der Digitalisierung wird noch erhöht durch den spielerischen Umgang des Akteurs mit den Optionen, die er wahrnimmt. Phasen der intensiven doppelgleisigen Trackproduktion führen oft zur Ermüdung und veranlassen ihn zum Wechsel der Tätigkeiten. So tritt die Trackproduktion periodisch hinter ausgeprägte Phasen der Bespielung von Live-

Events und des Feierns im Club zurück. Zuvor erzeugtes und aktualisiertes Produktionswissen sowie technisches Know-how werden in diesen Phasen gezielt abgerufen und reproduziert, während zugleich die Erlebnisse innerhalb des sozialen Beziehungsgeflechts des Clubs oder anderer Orte als wichtige Möglichkeiten zur Erweiterung des eigenen Szenewissens genutzt werden.

Trotz aller unberechenbaren, spontanen Elemente ist die Gesamtstrategie dieses Akteurs ‚vorsichtig experimentierend' zu nennen. Sie ist biographisch pfadabhängig, da ältere Überzeugungen und Orientierungen beibehalten werden. Vinyl aufzulegen, spontan zu mixen und auf einem Vinyl-Label zu produzieren, sind weiterhin die Basisaktivitäten, auf die alle neuen Tätigkeiten bezogen werden. Insofern beinhaltet seine Strategie stark konservative Elemente, die das Handwerklich-Künstlerische des Live-Mixens in den Vordergrund stellen. Dies wird besonders in seiner Reaktion auf das Ansinnen eines anderen DJs deutlich, ihm eine digitalisierte Version eines seiner Mixe zu überlassen:

> „Literally I was playing stuff, it was about as fresh as it can get. That was cool because it could make it more exciting for you as a DJ. I can mix, I'm not one of these people who use to plan a set. I'm more of a freestyler. This house thing, it's a mixed thing, so essentially it's completely devoid of any copyright or anything, it's only vinyl and me. But this guy that was booking and was playing, he even came up to me, and we had an exchange about it. He was asking me to digitize it for him. I was amazed. It's a trespassing because I know the guy runs a label. You know he really wanted it. It was like he wanted to pump it up."
>
> (Interview Vinyl-DJ)

Die Schwelle zum digitalen Publizieren war für ihn in der geschilderten Episode kaum zu überschreiten – zum einen deshalb, weil das Live-Erlebnis für ihn durch nichts zu ersetzen war, aber unter anderem auch deshalb, weil damit die Kontrolle über die weitere Verwendung seiner musikalischen Ideen erschwert worden wäre und urheberrechtliche Beschränkungen tangiert würden. Die Ausweitung digitaler Trackproduktion, die er selbst in den vergangenen Jahren betrieben hat, fand somit insgesamt gesehen eher an der Peripherie als im Zentrum der individuellen Konstellation der Tätigkeiten statt. Stark ausgeprägt war auch das Bedürfnis, die neuen, teilweise recht produktiven Aktivitäten zur ökonomischen Risikoabsicherung des DJings unter den Bedingungen reduzierter Tonträgerverkäufe einzusetzen. Die Auswahl der damit verbundenen Aktivitäten und Arbeitsschritte war allerdings stark begrenzt. Von einer umfassenden, unterschiedslosen Erkundung oder gar Nutzung aller sich bietenden Möglichkeiten der Wertschöpfung und der Diversifizierung der Aktivitäten, etwa im Sinne der 360-Grad-These, kann hier nicht die Rede sein.

4.2 Fall 2: Live-Künstler mit analogen Sound- und Vertriebsexperimenten

Dieser Fall lässt eine wesentlich stärkere Bereitschaft zum ergebnisoffenen Experiment und zur Entdeckung ungewöhnlicher Problemlösungen erkennen. Im Unterschied zu DJs, die mehr oder weniger geschlossene Sequenzen tanzbarer Tracks aus unterschiedlichen Rohmaterialien mixen, hat er sich auf die Präsentation elektronischer Sounds spezialisiert, die im Club zwischen den DJ-Sets oder bei anderen Veranstaltungen als separater Act untergebracht werden. Er benutzt digitale Tracks, die er zuhause am PC produziert hat, als Grundlage für eine Live-Performance, die er dann mit analogen elektronischen Klangerzeugern (z. B. Mini-Synthesizern) und akustischen Kleininstrumenten (Perkussionsinstrumenten, Maultrommeln, Mini-Akkordeon usw.) zusammenbringt, um über laufenden Grooves zu improvisieren. Der Performance-Charakter des Geschehens sichert über die akustische Präsentation eines Tracks hinaus zusätzliche Aufmerksamkeit, da das dynamische audiovisuelle Erscheinungsbild des Live-Musizierens sich deutlich von der eher stationären Tätigkeit eines DJs an den Turntables abhebt.

Im Unterschied zu der engeren Szeneverbundenheit von DJs ist dieser Akteur von den Präferenzen, Befindlichkeiten und der Nachfrage innerhalb einer einzelnen Szene unabhängiger. Er wechselt zwischen verschiedenen lokalen Szenen und bezieht aus dem Kontrast zu den Hörgewohnheiten des jeweiligen Publikums, den er mit seiner Performance erzeugt, Aufmerksamkeitsgewinne und die Möglichkeit zur Profilierung als Künstler. Zugleich bewirkt das Ausprobieren origineller Klangmixturen vor wechselnden Szenen eine Art intrinsischer Motivation für immer weiter führende Experimente. Unabhängig von der tatsächlichen Resonanz, die das Publikum beim Live-Act liefert, liegt in dem Experimentalcharakter der Performances ein wesentliches, vorwärtstreibendes Moment der künstlerischen Produktivität.

Der intensiven kulturellen Wertschöpfung, die durch das Experimentieren entsteht, steht eine geringe ökonomische Wertschöpfung gegenüber. Die Honorare für Live-Auftritte reichen nicht aus, um den Lebensunterhalt des Akteurs zu sichern. Die digitale Trackproduktion ist ebenfalls kaum dazu geeignet, für nennenswerte Einnahmen zu sorgen. Dies ist vom Künstler aus weltanschaulichen Gründen auch gar nicht beabsichtigt. Eine starke Orientierung am Prinzip des Nichtkommerzialismus lässt die Produktion und Verbreitung der eigenen Tracks über das Internet als eine Art Fortsetzung der Live-Aktivitäten erscheinen. Tracks werden von ihm grundsätzlich mithilfe eines eigenen Net-Labels sowie dem Hochladen auf Sound-Cloud oder YouTube verbreitet. Sein Ziel ist es, für Aufmerksamkeit zu sorgen und sich daran zu erfreuen, dass die Sounds tatsächlich gehört werden. Damit ist jedoch nicht primär das Ziel verbunden, eine besondere Reputation aufzubauen, die sich bspw. in besseren Buchungsmöglichkeiten und größeren Publikumszahlen bei Live-Performances niederschlägt. Vielmehr sieht sich der Künstler herausgefordert, einen eher ideellen Beitrag zur Weiterentwicklung einer heterogenen DIY-Konsumkultur zu liefern. Hierzu zählt auch seine Forderung nach einer weiteren Ausbreitung des Streamings im Internet. Es stellt für ihn eine Möglichkeit dar, einem größeren Publikum zu einer Art Grundrecht zu verhelfen, das darin besteht, die lebendige Vielfalt gegenwärtigen Musikschaffens ohne finanzielle Zugangsbarrieren erleben zu können.

Während die Performance-Seite und die begleitende Trackproduktion eher als Möglichkeiten der Realisierung künstlerischer Ideen angelegt werden, wird die Existenzsicherung aus anderen Einnahmequellen bezogen. Durch vorsichtiges Ausprobieren hat der Künstler nach und nach eine Kleinserien-CD-Produktion entwickelt. Ursprünglich als Reaktion auf einzelne Nachfragen seines Live-Publikums entstanden, wurde daraus im Laufe der Zeit ein eigenständiges Projekt. Der Akteur ging dazu über, erfolgreiche Tracks und auch neue, als elektronische Konzeptmusik verstandene Tracks auf individuell gestalteten CD-Alben zu veröffentlichen. Dabei werden mithilfe von variationsreich gefalteten Pappcovern jeweils Unikate hergestellt, die dem Käufer bzw. der Käuferin das Gefühl geben sollen, einen einzigartigen und auf ihn/sie als Person bezogenen Gegenstand erworben zu haben. Für die originelle Covergestaltung hat sich der Künstler mit einem Grafikdesigner zusammengetan, der an den Verkaufserlösen beteiligt ist.

Der Vertrieb erfolgt einerseits über den Direktverkauf der CDs bei Veranstaltungen, andererseits über E-Mail-Bestellungen, die der Produzent selbst entgegennimmt. Da ausschließlich GEMA-freies Material publiziert wird und mit Ausnahme des Mastering sämtliche Kosten, die bei kommerziellen Tonträgerproduktionen entstehen würden, entfallen, werden bei normalen CD-Verkaufspreisen im Vergleich zum kommerziellen CD-Vertrieb hohe Gewinne ermöglicht. Dies hat zur Folge, dass bereits bei einer geringen Menge verkaufter CDs ausreichende Einnahmen für die Deckung des Lebensunterhalts erzielt werden. Um einen kontinuierlichen Verkauf sicherzustellen, nutzt der Künstler/Produzent nicht nur Ankündigungen in Sozialen Netzwerken und freien Download-Plattformen, sondern stützt sich auch auf die Aktivitäten eines internationalen Künstler_innennetzwerks. Dieses Netzwerk verbreitet über unterschiedliche Kommunikationskanäle jeweils Informationen über die aktuellen Aktivitäten und Publikationen der beteiligten Mitglieder. Traditionelle Wege der Produktpromotion werden somit bewusst vermieden – die Orientierung am Nichtkommerzialismus bestimmt auch hier über die Wahl der zur Verfügung stehenden Optionen und die Vertiefungsrichtungen der laufenden Experimente mit Vertriebswegen und Kommunikationsformen.

Die Wissensformen, die für die Produktion von Tracks und das Absolvieren von Live-Performances eingesetzt werden, sind nah an Prozessen des praxisverbundenen autodidaktischen Lernens angesiedelt. Sowohl beim Einsatz von Musikproduktionssoftware als auch beim Live-Experimentieren mit analogen Klangerzeugern verlässt sich der Akteur fast ausschließlich auf seine eigene Urteilskraft, um neue Optionen zu erschließen und weniger attraktive oder nicht zufriedenstellende auszusortieren. Hingegen ist die Distributionsseite für ihn wesentlich schwerer zu beurteilen. So weiß er häufig nicht, was er von den Reaktionen des Publikums auf seine Online-Veröffentlichungen halten soll. Bei der Beschreibung seiner Erfahrungen mit SoundCloud betont er, es sei

> „[…] für jeden Künstler trotzdem wichtig, dieses Feedback einfach zu kriegen, und SoundCloud ist eine schöne Plattform, wo man Feedback kriegt. Und das ist so eine Art, kannst Du sagen, auch – das, wovon man auch als Künstler lebt, das ist auch wie Balsam für die Seele. […] Aber ich hab da noch nicht wirklich so richtig rausgefunden, also so, wie das funktioniert. So, Du kannst natürlich, wenn Du was ganz Poppiges machst, dann ist es klar. Das ist einfach, wenn's einfach rezipierbar ist, hat's sofort viel. Aber ich hab halt auch schon einige Tracks gehabt, wo ich nie erwartet habe, dass da irgendwie gute Reaktionen kommen; und das war aber dann so. Also es ist schwierig nachzuvollziehen, wie es wirklich funktioniert, jetzt, wie da rezipiert wird, was die Leute mögen und so. Und letztendlich ist es einfach wichtig, dass *ich* es mag, denk ich, das ist das Wichtigste; und dass Du das mit Überzeugung machst, so."
> (Interview Performance-Künstler)

Im Unterschied zu Fall Nr. 1 werden die Digitalisierung und die dadurch entstehenden Restriktionen für die ökonomische Verwertungsmöglichkeit von Tonträgern nicht so sehr als Verlust von Optionen oder extern entstandener Druck wahrgenommen, sondern eher als positive Gestaltungsoption. Die restriktiven Marktverhältnisse werden dabei von vornherein antizipiert und aus einer durchdachten DIY-Perspektive bewertet – nämlich nicht als potenzielle Gefahr für die eigene Existenz, sondern als zusätzliche Möglichkeit der Kommunikation mit einem globalen Publikum. Nichtkommerzielle Internet-Plattformen und die dort ermöglichte offene Kommunikation über Musik werden als ein quasi basisdemokratisches Experimentierfeld begriffen. Dadurch entwickelt sich eine gewisse Leichtigkeit im Umgang mit Ideen für neue Tracks und Publikationen. Da der Schwerpunkt der Aktivitäten auf Live-Performance und CD-Direktverkauf liegt, ist die Trackproduktion von einem unmittelbaren Verwertungsdruck entlastet. Zugleich spielen digitale Tracks als Visitenkarten für die Buchung als Live-Künstler eine geringere Rolle, da er nicht für einzelne Szenen produziert. Ein ähnlich scharfer Konkurrenzkampf, wie ihn szenebasierte DJs erleben, bleibt ihm erspart.

Die Diversifizierung der Aktivitäten und Produkte ist hier wesentlich weiter gediehen als in Fall 1. Sie basiert auf einer größeren Bandbreite der Suchbewegungen sowie einer größeren Bereitschaft zum Experiment und auch zum ökonomischen Risiko. Obwohl damit die Gefahr der Prekarisierung besteht, wird sie vom Künstler nicht als limitierender Faktor der künstlerischen Tätigkeit begriffen. Die Bereitschaft zum Experiment wird vielmehr wesentlich von einer beständigen Rückbindung an DIY-Orientierungen gestützt. Das Bedürfnis des Künstlers, mit einem wechselnden Publikum direkt und auf unterschiedlichen Wegen zur beiderseitigen ideellen und symbolischen Bereicherung zu kommunizieren, steht im Zentrum der Aktivitäten. Von hier aus werden musikalische und auf die Veröffentlichungsformate bezogene Ideen spielerisch entwickelt sowie bestehende ökonomische Zwänge und Optionen ausbalanciert.

In der Zusammenschau lassen beide Fälle erkennen, dass die Digitalisierung für einen mehrdimensionalen Mobilisierungsschub gesorgt hat. Beide Akteure sehen die Krise des Tonträgermarktes, die zunehmende Distribution digitaler Tracks im Internet und die Schwerpunktverlagerung der Musikproduktion von den Tonträgern auf Live-Auftritte als Herausforderungen an, auf die sie aus ökonomischen und sozialen Gründen Antworten finden müssen. Ökonomische Antriebe liegen in der Notwendigkeit zur Erschließung tragfähiger Einkommensquellen sowie ausreichender Spielräume zur Identifizierung und Nutzung von Wertschöpfungsgelegenheiten. Soziale Antriebe liegen hauptsächlich in dem Bestreben, den Kontakt zu lokalen Szenen und den hier entwickelten Wissensformen, Geschmackspräferenzen und Reputationshierarchien zu halten und mittels Nutzung szenespezifischen sozialen Kapitals neue Produktionsmöglichkeiten zu erschließen. Beiden dient die lokale Ebene mit ihren subkulturellen Szenen und den Netzwerken der Musikschaffenden als wichtige Bezugsinstanz des eigenen Handelns. Einerseits geschieht dies, um den Zweck der Musik, nämlich Feiern und Tanzen zu ermöglichen, nicht aus den Augen zu verlieren und die Möglichkeit eines persönlichen Feedbacks auf die eigenen musikalischen Aktivitäten zu erhalten. Andererseits werden damit Experimente ermöglicht, die aus einer stark ausgeprägten DIY-Orientierung heraus angegangen werden. Innerhalb einer oder mehrerer lokaler Szenen weiterhin glaubwürdig zu agieren, sich trotz aller temporären Arrangements mit dem Kommerz und den feldspezifischen Machtverhältnissen (inklusive der Reputations- und Statushierarchien der DJs und Produzent_innen) weiterhin als freier Underground-Künstler zu begreifen, gilt beiden in mehr oder weniger offen kommunizierter Form als wichtiger Orientierungsmaßstab.

Hierin erschöpfen sich allerdings die Gemeinsamkeiten der beiden Fälle auch schon. Die konkreten Suchbewegungen und die Akte des *trial and error* weisen etliche markante Unterschiede auf. Für den DJ (Fall 1) stellt die Digitalisierung eine eher ungewollte Beeinträchtigung seiner bisherigen Tätigkeit dar. Seine Reaktionen sind im Kern konservativ angelegt: Sie sind auf die Realisierung ästhetischer Ideale (analoges Musizieren) und ihre Durchsetzung in der künstlerischen Tätigkeit („Vinyl-DJ") gerichtet. Außerdem kommt es ihm darauf an, eine bereits erreichte Position in der globalen Statushierarchie der Techno- und House-DJs abzusichern. Die Suche nach begehbaren Wegen innerhalb eines sich rasch verändernden Produktionsfeldes ist somit biographisch-pfadabhängig angelegt. Sie gilt nicht den großen Alternativen zu den bisherigen Aktivitäten und Erwerbsmöglichkeiten; hierzu liefert ihm die komfortable Ausgangssituation des relativ hochrangigen Seiteneinstiegs in die Berliner Szene keine Veranlassung. Vielmehr widmet er sich der kleinteiligen Entwicklung von digitalen Varianten einer weiterhin analog gedachten und inspirierten Trackproduktion. Für die Perfektionierung der kleinen Schritte, die dafür erforderlich sind, wendet der Akteur viel Zeit und Energie auf. Dies bedeutet nicht, dass er kreative oder innovative Tätigkeiten grundsätzlich vernachlässigen würde. Im Prozess der vertieften Erkundung digitaler Gestaltungsoptionen und vor allem der für ihn wichtigen Masteringroutinen erwirbt er ein technisches Spezialwissen, das sich positiv auf das Bespielen unterschiedlicher Vertriebswege (digital und analog) und auch auf die künstlerischen Ideen selbst auswirkt. Zugleich nimmt seine Produktivität sowohl in qualitativer als auch in quantitativer Hinsicht spürbar zu – allerdings bleibt sie auf die ‚Produktlinien' der digitalen Trackproduktion und die daran angelagerte Produktion physisch-analoger Tonträger fokussiert. Sie basiert auf begrenzten ‚Investitionen' (hauptsächlich in Form von Lern- und Arbeitszeit) in die Erkundung technischer Finessen, die sich anschließend in ebenso begrenzten ‚Outputs' (d.h. der Zahl und der verbesserten akustischen Qualität der Tracks sowie ihrer verbesserten Anpassung an unterschiedliche Verwendungszwecke) bemerkbar machen. In Analogie zu ökonomischen Begrifflichkeiten kann hier von kleinen Verfahrensinnovationen gesprochen werden, die allerdings nicht vorab als Produktionsfaktor kalkuliert wurden, sondern sich im konkreten Prozess der Erkundung kleinteiliger technischer und musikalischer Optionen nach und nach eröffnet haben.

Für den Performancekünstler (Fall 2) stellt die Digitalisierung jeweils breiter gestaltbare Handlungsoptionen in Aussicht. Sie wird nicht generell als Restriktion, sondern als flexibles Vehikel einer kompromisslosen künstlerischen Ästhetik und als Möglichkeit zur praktischen Umsetzung einer radikalen DIY-Orientierung begriffen. Die kostenlosen Publikationsmöglichkeiten (freie Online-Plattformen, Homepages für eigene Net-Labels) empfindet er als willkommene Ergänzung zu ohnehin laufenden Experimenten und bestehenden Gestaltungsideen. Jedoch liegt ihm auch eine größere Umgruppierung seiner Aktivitäten am Herzen, die er gezielt vorantreibt – von der analogen Live-Performance hin zur erweiterten Performance mithilfe digital vorproduzierter Tracks, zur kontinuierlichen Ausgestaltung seines eigenen Net-Labels, zur Produktion von Tonträger-Unikaten und Kleinserien, zum Direktvertrieb und zu dessen Erweiterung im Rahmen der Online-Präsenz eines internationalen Künstler_innennetzwerks. Die einzelnen Aktivitäten und die daraus entstehenden Produkte sind nur teilweise sachlogisch aufeinander bezogen. So wird bspw. die Trackproduktion auf unterschiedliche Weise initiiert und auch mit unterschiedlichen musikalischen Schwerpunkten versehen, je nachdem ob sie für Live-Auftritte, für die Veröffentlichung der kleinen digitalen Konzeptalben auf kostenlosen Online-Plattformen oder für die Herstellung der CDs erfolgt. Oft wird die Bearbeitung der Tracks je nach Anlass und Zweck in separaten Arbeitsgängen und -umgebungen ausgeführt. Das dafür erforderliche Wissen und die schrittweise erfolgende Ausweitung Akustischen Kapitals werden überwiegend durch *learning by doing,* teilweise auch durch die selbstkritische Bewertung einzelner Versuchsschritte gewonnen. Diese Bewertung wird in erster Linie von weltanschaulichen Gesichtspunkten geleitet und erst in zweiter Linie von sozialen oder ökonomischen. Auf dieser Grundlage äußert sich Produktivität hauptsächlich in der Entwicklung von Produktinnovationen – um bei den ökonomischen Analogien zu bleiben – und der dafür erforderlichen Handlungsroutinen. Auf der Basis umfangreicher und zugleich breit gestreuter gedanklicher und arbeitstechnischer Inputs für unterschiedliche ‚Produktlinien' werden Outputs erzeugt, die in qualitativer Hinsicht ebenfalls breit streuen. Im Unterschied zu Fall 1 ist hier eine starke Diversifizierung der Aktivitäten eingetreten, die eher mit der Vorstellung einer gesteigerten Rundum-Suche nach künstlerischen Ausdrucksmöglichkeiten und zugleich auch Wertschöpfungsgelegenheiten verbunden werden kann. Allerdings sind auch hier in Teilbereichen jeweils Pfadabhängigkeiten zu beobachten, so z.B. in der starken Orientierung hin zur Live-Performance und in dem Primat analoger Klangerzeuger. Der Distinktionsgewinn, der damit erzielt wird, sichert die gefundenen Produktionsideen und Produkte gegen mögliche Zugriffe und Konkurrenzen durch Nichtprofessionelle ab. Während digitale Tracks auch von Amateur_innen am Computer erzeugt werden können, wird durch den Rückgriff des Akteurs auf szeneinterne Konventionen sowie spezialisiertes, selbst erarbeitetes Know-how (und damit wiederum eigens generiertes Akustisches Kapital) ein Alleinstellungsmerkmal erzeugt.

Das unterschiedliche Resultat der *trial-and-error*-Prozesse im Hinblick auf die Veränderung der Produktivität, das diese beiden Fälle zum Ausdruck bringen, kann somit hauptsächlich als Ergebnis einer pfadabhängig ausgeführten Auffächerung der individuellen Aktivitäten, mithin einer Art Subjektsteuerung, interpretiert werden. Die von den Akteuren jeweils genutzten, durch Digitalisierung diversifizierten Kontexte (im einen Fall klassisches szenebasiertes DJing, im anderen Fall offene szenenübergreifende Bespielung von Events) bieten hierfür einerseits kontinuierlich wechselnde Anreize, andererseits aber auch temporäre Rahmungen – und zeigen damit auch immer wieder individuelle Grenzen des Experimentierens auf. Auf einen einfachen Nenner lassen sich die Effekte der Kontextdiversifizierung allerdings nicht bringen. Individuelle ästhetische und soziale Orientierungen (zwischen rigidem DIY und szenetauglichen kommerziellen Zugeständnissen), die Verfügbarkeit sozialen Kapitals im Nahbereich (z. B. die direkte Auseinandersetzung mit lokalen Expert_innen und Geschmacksbildner_innen) und biographischpfadabhängige Suchroutinen lassen die Kontexte lediglich als vage Bedingungen der ansonsten eher eigensinnigen Suche nach Antworten auf die Herausforderungen der Digitalisierung und des Marktumbruchs erscheinen. *Subjektsteuerung auf der Basis teilweise assimilierter, teilweise selbst erzeugter Kontexte* wäre eine Charakterisierung, die noch am ehesten auf beide Fälle zutrifft. Die Unterschiede zwischen den Fällen lassen allerdings die im Feld vorrätige Bandbreite der Suchlogiken und der Kriterien für die Wahl attraktiver Optionen erahnen. Es bleibt weiteren empirischen Erkundungen vorbehalten, den Variantenreichtum und die Selektionskriterien der von den Akteur_innen als erfolgreich bewerteten Handlungsoptionen herauszuarbeiten.

5 Revidierte Definition des Begriffs *Produktivität*

Neues Wissen, das auf der Basis von Suchoperationen gebildet wurde, versorgt alle genannten Verhältnisse von Wertschöpfung und Produktivität mit Antrieb, indem es Akustisches Kapital in kontextbezogener Weise umschichtet bzw. transformiert. Auf dieser Basis sind dann auch veränderte wechselseitige Transfers mit angelagerten Kapitalsorten (sozialem, ökonomischem und symbolischem Kapital) möglich. In Nischenmärkten und szeneförmigen Produktionskontexten wird Akustisches Kapital vor allem für die Schaffung und Nutzung unvorhergesehener Opportunitäten genutzt. Erste Suchbewegungen sind in der Regel von Kontingenz gekennzeichnet. Häufig wird zunächst materiell ‚wertlose' Produktivität (im Sinne der verschwenderischen Erzeugung von Ideen, Skizzen, Hörproben, Rohformen von Tracks usw.) benötigt, um die Entwicklungsrichtungen künstlerischer Aktivität und szeneaffiner Präsentation zu erkunden. Die grundsätzlich paradoxe Situation des DJs, der immer wieder schauen muss, ‚was geht' – vor einem tanzenden Publikum, auf Online-Plattformen, in der Buchungspraxis – und dabei oft frappierenden Fehleinschätzungen unterliegt, verweist nicht nur auf die Risiken des Experiments, sondern zugleich auch auf ein Grundproblem kreativer Tätigkeiten: nämlich die eingeschränkte Planbarkeit und die Entstehung unbeabsichtigter

Nebenfolgen der jeweiligen Prozesse (vgl. Färber et al. 2008). Nach einer Öffnungsphase werden erworbene Wissensbestände konsolidiert und neue Routinen ausgebildet – Akustisches Kapital wird gefestigt und vermehrt. Auf dieser Basis erfolgt eine Institutionalisierung und Konsolidierung der Produktionskonzepte, wobei Kapitaltransfers (z. B. aus sozialem Kapital in Form von Reputationsaufbau und Szene-Support) und stillschweigende Relevanzprüfungen (vom Akteur beobachtete, bestätigende nonverbale Praxis, z. b. durch Tänzer_innen im Club) dazu beitragen, dass der Produktivität jeweils kulturelle und ökonomische Wertschöpfung an die Seite gestellt werden kann. Produkte können auf dieser Grundlage dann auch in stärker interessengeleiteter, fokussierter und strategisch kalkulierter Weise entstehen. Dennoch tragen die Szeneabhängigkeit der Akteur_innen und ihre Orientierung an DIY-Grundwerten immer wieder zur latenten Negation und kritischen Überprüfung der einmal gefundenen Routinen bei – wodurch die hier beschriebenen Zyklen der Such- und Konsolidierungsphasen nicht nur kurzfristig bei einem konkreten Anlass wie der Digitalisierung, sondern auch über längere Zeiträume hinweg durchlaufen werden können.

Unter diesen Bedingungen ist Produktivität Ausdruck einer hybriden (soziokulturellen und ökonomischen) Handlungsorientierung. Die Akteur_innen verfolgen das Ziel, jeweils vorherrschende künstlerische Ambitionen, soziale Kontexte und ökonomische Rahmungen sinnvoll miteinander zu verbinden. Die Wertschöpfung oszilliert dabei zwischen ökonomischen und kulturellen Polen; die Gelegenheiten der Wertschöpfung variieren mit den Orientierungen der Produzierenden, den adaptierten Technologien, dem mobilisierbaren Akustischen Kapital und den jeweiligen sozialen Umgebungen. Jedoch erfolgen solche Variationen nicht richtungslos. Aufgrund der im Vergleich zu vielen anderen kreativen Feldern großen Bedeutung alltäglicher DIY-Philosophien treten besondere Filter der Akkumulation Akustischen Kapitals in Erscheinung, die sich wiederum in der Ausrichtung der Tätigkeiten, Projekte und Produkte niederschlagen. Beispielsweise orientieren sich die Experimente im Gefolge der Digitalisierung nicht nur an künstlerischen Ambitionen, sondern auch am Kriterium der leichten Zugänglichkeit der Musik für die Hörer_innen bzw. Nutzer_innen. Dies setzt dem Ziel des einzelnen Akteurs, künstlerische und ökonomische Distinktionen zu schaffen, Grenzen. Die Musik muss nachvollziehbar, eingängig, interessant und tanzbar sein. Derartige Konventionen der Szenen sind genrespezifisch und können in einzelnen Musikkulturen jeweils unterschiedlich ausgeprägt sein. Im Falle des Techno sind sie allerdings zentral für die Reproduktion und Attraktivität der Szenekultur (vgl. Kühn 2016, S. 173). Exklusivität (der DJs, der Labels, der Projekte) und die Zunahme an Reputation im Rahmen künstlerischer und sozialer Geltungshierarchien können unter diesen Bedingungen nur erreicht werden, wenn die spezifischen Kontexte der Präsentation und Distribution mit profundem Wissen über die Beschaffenheit der Szene ausgestaltet und mit klaren ästhetischen und symbolischen Deutungsangeboten für das Publikum versehen werden. Dies wiederum ist häufig mit qualitativen und quantitativen Produktivitätssteigerungen verbunden.

6 Resümee

Ausgehend von der Beobachtung, dass die Digitalisierung von Musikproduktion und -verbreitung nicht nur für umbrechende Märkte gesorgt hat, sondern auch eine vielfältige Suche nach tragfähigen Produktionskonzepten ausgelöst hat, wurde die Frage nach der Spezifik der Suchprozesse unabhängiger Musikschaffender im Feld der Produktion elektronischer Clubmusik aufgeworfen. Dabei wurde das Konzept des Akustischen Kapitals genutzt, um wichtige Antriebe für Umorientierungen und die Diversifizierung von Tätigkeiten und Produktionskontexten zu identifizieren. Die Diversifizierungsthese wurde wiederum eingesetzt, um die Rolle und die Qualitäten von Produktivität in derartigen Umbruchphasen genauer bestimmen zu können.

An zwei ausgewählten empirischen Fällen wurde aufgezeigt, in welcher Weise die Digitalisierung als Herausforderung für eine veränderte soziale und ökonomische Positionierung der Akteure sowie für die Entstehung von Experimentierphasen fungiert hat. Offene, teilweise stark expandierende *trial-and-error*-Aktivitäten, die auf der Erprobung veränderter Formen der Trackproduktion, damit einhergehender Ideen der Erzeugung musikalischer Artefakte und der Erkundung von Alternativen der ökonomischen Wertschöpfung (z. B. in Form vermehrter und veränderter Live-Auftritte) beruhen, mündeten nach und nach in stärker kanalisierte Produktlinien und Produktionskonzepte, deren Kontexte und Einbettungsformen im Vergleich zum Ausgangszustand jedoch stärker diversifiziert sind. Diese Kontexte wurden für eine Ausweitung der Produktivität im qualitativen Sinne (verstanden als Diversifizierung der Produkte und Aktivitäten), gelegentlich (aber nicht systematisch) auch für eine Erhöhung quantitativer Produktivität genutzt. Produktionsnischen, stilistische Ausdifferenzierungen und neue Tätigkeitsbereiche wurden von den Akteuren neugierig und weitgehend ergebnisoffen ausgestaltet. Stabilisierend wirkten dabei einerseits individuelle künstlerische bzw. ökonomische Pfadabhängigkeiten, z. B. die Basisorientierung an der analogen Klangerzeugung oder dem Einsatz von Vinyl-Tonträgern für das Mixen. Stabilisierend wirkten aber auch kopräsente soziale Gemeinschaften (lokale Club-Szenen), die permanent ein Mindestmaß an formaler Repetition (des Stils, der Struktur von Tracks und DJ-Sets) und Alltagstauglichkeit (Tanzbarkeit, Emotionalität) der Musik einforderten.

Weiterhin offen ist die Frage, ob die Diversifizierung, die hier angestoßen wurde, auch unter anderen – nicht durch Marktumbrüche und technologischen Paradigmenwandel geschaffen – Bedingungen zu beobachten gewesen wäre, nämlich als periodisch wiederkehrende Notwendigkeit der Aktualisierung der Produkte und Produktionskonzepte entlang von veränderlichen Szenepräferenzen und *hypes*, oder als Folge fortlaufender stilistischer Ausdifferenzierungen. Es darf vermutet werden, dass die digitale Revolution in den hier betrachteten Nischen lediglich für ein besonderes Antriebsmoment gesorgt hat. Zumindest haben die Akteur_innen sie als einen willkommenen Anlass für die intensivierte Suche nach eigenwilligen Präsentationsformen und (Selbst-)Darstellungskontexten genommen. Die dafür ausschlaggebenden Dispositionen sind offensichtlich über längere Zeiträume hinweg entwickelt worden. Als Fingerzeig in diese Richtung können einige aufschlussreiche Selbstauskünfte der Betroffenen gewertet werden: Während auf der einen Seite versiegende Einnahmequellen und daraus erfolgende Zwänge zur Umorientierung beklagt werden (Fall 1), werden auf der anderen Seite die Mythen der sich stets erneuernden ‚Kraft durch Kreativität', der bedingungslosen Unterwerfung unter das Gebot des Nichtkommerzialismus und der Annahme der positiven Wirkungen wahrhafter Do-it-yourself-Orientierungen kommuniziert (Fälle 1 und 2). Hierin kann ein Versuch gesehen werden, sich von dem besonderen Anlass der Digitalisierung zu lösen und generell eine Normalisierung der gesteigerten Produktivität anzustreben. *Business as usual* auf höherem qualitativen Produktivitätsniveau also, auch wenn (oder gerade auch deshalb, weil) weiterhin fleißig experimentiert wird.

Literatur

Attias, B. A. (2013). Subjectivity in the Groove: Phonography, Digitality and Fidelity. In: B. A. Attias, A. Gavanas & H. C. Rietveld, Hillegonda (Hrsg.), *DJ culture in the mix: Power, technology, and social change in electronic dance music* (S. 15–50). New York, London: Bloomsbury.

Bartmanski, D. & Woodward, I. (2015). *Vinyl: The analogue record in the digital age*. London, New York: Bloomsbury.

Boone, C. E. (2011). *Mashups: History, Legality, and Aesthetics*. Dissertation. Austin: University of Texas. http://repositories.lib.utexas.edu/bitstream/handle/2152/ETD-UT-2011-05-3311/BOONE-DISSERTATION.pdf?sequence=1. Zugegriffen: 20. Juni 2015.

Bourdieu, P. (1993). *Sozialer Sinn: Kritik der theoretischen Vernunft*. Frankfurt a.M: Suhrkamp.

Bourdieu, P. (2005): Ökonomisches Kapital, kulturelles Kapital, soziales Kapital. In: P. Bourdieu, *Die verborgenen Mechanismen der Macht. Schriften zu Politik & Kultur 1* (S. 49–80). Hamburg: VSA.

Brown, C. (2013). Social Media, Aggregation and the Refashioning of Media Business Models. In: M. Friedrichsen & W. Mühl-Benninghaus (Hrsg.), *Handbook of social media management: Value chain and business models in changing media markets* (S. 219–238). Heidelberg, New York: Springer.

Bürkner, H.-J. (2013). Trackproduktion als Trial and error? Wertschöpfungsvarianten in der elektronischen Clubmusikproduktion zwischen Digitalisierung, Internet und lokalen Szenen. In: B. Lange, H.-J. Bürkner & E. Schüßler (Hrsg.), *Akustisches Kapital. Wertschöpfung in der Musikwirtschaft* (S. 45–98). Bielefeld: transcript.

Bürkner, H.-J. (2016). Exploring the '360 Degree' Blur: Digitization, Sonic Capital and the Strategic Orientations of Electronic Indie Labels. In: B. J. Hracs, M. Seman & T. Virani (Hrsg.), *The Production and Consumption of Music in the Digital Age* (S. 161–176). London, New York: Routledge.

Bürkner, H.-J., Lange, B. & Schüßler, E. (2013). Akustisches Kapital: Perspektiven auf veränderte Wertschöpfungskonfigurationen in der Musikwirtschaft. In: B. Lange, H.-J. Bürkner & E. Schüßler (Hrsg.), *Akustisches Kapital: Wertschöpfung in der Musikwirtschaft* (S. 9–41). Bielefeld: transcript.

Cole, S. J. (2011). The Prosumer and the Project Studio: The Battle for Distinction in the Field of Music Recording. *Sociology 45* (3), 447–463.

Cooper, A., Willard, G. E. & Woo, C. Y. (1986). Strategies of High-Performing New and Small Firms: A Reexamination of the Niche Concept. *Journal of Business Venturing 1* (3), 247–260.

de Certeau, M. (1988). *Kunst des Handelns*. Berlin: Merve.

Dörr, J. (2012). *Music as a Service. Ein neues Geschäftsmodell für digitale Musik*. Berlin: epubli.

Dolata, U. (2008). Das Internet und die Transformation der Musikindustrie. Rekonstruktion und Erklärung eines unkontrollierten Wandels. *Berliner Journal für Soziologie 18* (3), 344–369.

Färber, A., Ege, M., Binder, B., Audehm, Kathrin & Althans, Birgit. (2008). *Kreativität: Eine Rückrufaktion*. Zeitschrift für Kulturwissenschaften (1), 7–12.

Figueroa-Dreher, S. K. (2012). Wann und weshalb ist Improvisation kreativ? In: U. Göttlich, & R. Kurt (Hrsg.), *Kreativität und Improvisation. Soziologische Positionen* (S. 187–208). Wiesbaden: Springer VS.

Galuszka, P. (2012). The rise of the nonprofit popular music sector: the case of netlabels. In: A.-V. Kärjä, L. Marshall & J. Brusila (Hrsg.), *Music, business and law: Essays on contemporary trends in the music industry* (S. 65–90). Helsinki: IASPM Norden (IIPC Publication Series, 5).

Heinen, C. (2013). *„Tief in Neukölln". Soundkulturen zwischen Improvisation und Gentrifizierung in einem Berliner Bezirk*. Bielefeld: transcript.

Hitzler, R. & Pfadenhauer, M. (2004). Die Macher und ihre Freunde. Schließungsprozeduren in der Techno-Party-Szene. In: R. Hitzler, S. Hornbostel & C. Mohr (Hrsg.), *Elitenmacht* (S. 315–329). Wiesbaden: VS Verlag für Sozialwissenschaften (Soziologie der Politik, 5).

Hitzler, R., Bucher, T. & Niederbacher, A. (2005). *Leben in Szenen. Formen jugendlicher Vergemeinschaftung heute*. 2., akt. Aufl. Wiesbaden: VS Verlag für Sozialwissenschaften.

Howells, J. R. L. (2002). Tacit Knowledge, Innovation and Economic Geography. *Urban Studies 39* (5–6), 871–884.

Hracs, B. J. (2012). A Creative Industry in Transition: The Rise of Digitally Driven Independent Music Production. *Growth Change 43* (3), 442–461.

Hracs, B. J. (2016). Working Harder and Working Smarter: The Survival Strategies of Contemporary Independent Musicians. In: B. J. Hracs, M. Seman & T. Virani (Hrsg.), *The Production and Consumption of Music in the Digital Age* (S. 41–55). London, New York: Routledge.

Hracs, B. J., Seman, M. & Virani, T. E. (Hrsg.). (2016). *The Production and Consumption of Music in the Digital Age*. London, New York: Routledge.

Krämer, H. (2012). Praktiken kreativen Arbeitens in den Creative Industries. In: U. Göttlich & R. Kurt (Hrsg.), *Kreativität und Improvisation. Soziologische Positionen* (S. 109–132). Wiesbaden: Springer VS.

Kühn, J.-M. (2013a). Focused Ethnography as Research Method: A Case Study of Techno Music Producers in Home-Recording Studios. *Dancecult: Journal of Electronic Dance Music Culture 5* (1). 1–16.

Kühn, J.-M. (2013b). Prekarisierung durch Digitalisierung: Der Club als letzte finanzielle Bastion der Szenewirtschaft. http://www.berlin-mitte-institut.de/prekarisierung-durch-digitalisierung-der-club-als-letzte-finanzielle-bastion-der-szenewirtschaft/. Zugegriffen: 6. Dezember 2013.

Kühn, J.-M. (2016). *Die Wirtschaft der Techno-Szene. Arbeiten in einer subkulturellen Ökonomie*. Wiesbaden: Springer VS.

Lange, B. (2007). *Die Räume der Kreativszenen. Culturepreneurs und ihre Orte in Berlin*. Marburg: transcript (Materialitäten, 4).

Lange, B. & Bürkner, H.-J. (2010). Wertschöpfung in der Kreativwirtschaft: Der Fall der elektronischen Klubmusik. *Zeitschrift für Wirtschaftsgeographie 54* (1), 46–68.

Lange, B. & Bürkner, H.-J. (2013). Value Creation in Scene-based Music Production: The Case of Electronic Club Music in Germany. *Economic Geography 89* (2), 149–169.

Leyshon, A. (2009). The Software Slump? Digital music, the democratisation of technology, and the decline of the recording studio sector within the musical economy. *Environment and Planning A 41* (6), 1309–1331.

Lischka, E. (2010). *Musikschaffende in Kontexten des Social Web – Eine Fallstudie zur Ökonomie der Praxis in onlinebasierten sozialen Netzwerken*. Duisburg: Selbstverlag Universität Duisburg-Essen (Working Papers kultur- und techniksoziologische Studien, Bd. 03/2010Bd). http://www.uni-due.de/soziologie/compagna_wpkts. Zugegriffen: 3. Oktober 2013.

Lorig, P. & Vogelgesang, W. (2011). Jugendkulturen und Globalisierung. Die Hardcore-Szene als Prototyp ethisch-translokaler Vergemeinschaftung. *Diskurs Kindheits- und Jugendforschung 4*, 369–384.

Luvaas, B. (2012). *DIY Style: Fashion, Music and Global Digital Cultures*. London, New York: Berg.

Marshall, L. (2013). The 360 deal and the 'new' music industry. *European Journal of Cultural Studies 16* (1), 77–99.

Mason, J. & Wiercinski, J. (2010). Music in the Digital Age: Downloading, Streaming and Digital Lending. *Canadian Association of Music Libaries Review*, 5–16. http://spectrum.library.concordia.ca/7719/1/music_in_the_digital_age.pdf. Zugegriffen: 25. Juni 2015.

McKay, G. (1998). *DiY culture: Party & protest in Nineties Britain*. London, New York: Verso.

Mathei, D. (2012). *„Oh my god – it's techno music!" Definition und Abgrenzung des Technostils unter Berücksichtigung historischer, stilistischer und soziologischer Aspekte*. Osnabrück: epOs Music.

Merkel, J. (2008). *Kreativquartiere. Urbane Milieus zwischen Inspiration und Prekarität*. Berlin: Ed. Sigma.

Morgan, G. & Wood, J. (2013). Creative Accommodations. *Journal of Cultural Economy 7* (1), 64–78.

Novy, J. (2014): „Berlin does not love you" – Über die Tourismuskontroverse in der von Besuchern ‚eroberten Stadt'. In: A. Holm (Hrsg.). *Reclaim Berlin. Soziale Kämpfe in der neoliberalen Stadt* (S. 250–272). Berlin, Hamburg: Assoziation A.

Peterson, R. A. & Bennett, A. (2004). Introducing Music Scenes. In: A. Bennett & R. A. Peterson (Hrsg.), *Music scenes. Local, translocal and virtual* (S. 1–15). Nashville: Vanderbilt University Press.

Poschardt, U. (2015). *DJ Culture. Diskjockeys und Popkultur*. 2. Aufl. Stuttgart: Tropen.

Polanyi, M. (1985). *Implizites Wissen*. Frankfurt a.M.: Suhrkamp.

Rapp, T. (2009). *Lost and Sound. Berlin, Techno und der Easyjetset*. Frankfurt a.M.: Suhrkamp.

Reckwitz, A. (2012). *Die Erfindung der Kreativität. Zum Prozess gesellschaftlicher Ästhetisierung*. Frankfurt a.M.: Suhrkamp.

Reitsamer, R. (2011). The DIY Careers of Techno and Drum'n'Bass DJs in Vienna. *Dancecult: Journal of Electronic Dance Music Culture 3* (1), 29–43.

Smith, A. (2013 [1776]). *Wohlstand der Nationen*. Köln: Anaconda.

Sterne, J. (2012). *MP3: The meaning of a format*. Durham: Duke University Press.

Speers, L. (2016). From Artist to Entrepreneur: The Working Lives of London-Based Rappers. In: B. J. Hracs, M. Seman & T. Virani (Hrsg.), *The Production and Consumption of Music in the Digital Age* (S. 56–70). London, New York: Routledge.

Tironi, M. (2010). Gelleable spaces, eventful geographies: the case of Santiago's experimental music scene. In: I. Farias & T. Bender (Hrsg.), *Urban assemblages. How actor-network theory changes urban studies* (S. 27–52). London, New York: Routledge.

Tschmuck, P. (2008). Vom Tonträger zur Musikdienstleistung. Der Paradigmenwechsel in der Musikindustrie. In: G. Gensch, E. M. Stöckler & P. Tschmuck (Hrsg.), *Musikrezeption, Musikdistribution und Musikproduktion. Der Wandel des Wertschöpfungsnetzwerks in der Musikwirtschaft* (S. 141–162). Wiesbaden: Deutscher Universitäts-Verlag.

Tschmuck, P. (2013). Das 360°-Musikschaffen im Wertschöpfungsnetzwerk der Musikindustrie. In: B. Lange, H.-J. Bürkner & E. Schüßler (Hrsg.), *Akustisches Kapital: Wertschöpfung in der Musikwirtschaft* (S. 281–347). Bielefeld: transcript.

Tschmuck, P. (2016). From record selling to cultural entrepreneurship: the music economy in the digital paradigm shift. In: P. Wikström & B. DeFillippi (Hrsg.), *Business innovation and disruption in the music industry* (S. 13–32). Cheltenham, Northampton MA: Edward Elgar.

v. Gehlen, D. (2011). *Mashup: Lob der Kopie*. Berlin: Suhrkamp.

Winter, C. (2013a): Die Entwicklung der Medien als „Ursachen" und als „Wesen" musikbezogener Wertschöpfung. In: B. Lange, H.-J. Bürkner & E. Schüßler (Hrsg.), *Akustisches Kapital. Wertschöpfung in der Musikwirtschaft* (S. 318–347). Bielefeld: transcript.

Winter, C. (2013b). Media Development and Convergence in the Music Industry. In: Diehl, S. & M. Karmasin (Hrsg.), *Media and Convergence Management* (S. 261–281). Berlin, Heidelberg: Springer.

YouTubes Musikkultur zwischen *Co-Creation* und Kommerzialisierung

Produktivität als *Werte-Schöpfung*

Lorenz Grünewald-Schukalla

Zusammenfassung

Der Beitrag nimmt den Begriff der Produktivität im Lichte theoretischer und empirischer Arbeiten zu Wertschöpfung mit digitalen Netzwerkmedien und insbesondere mit YouTube in den Blick. Ausgehend von Untersuchungen zur Musikkultur einiger YouTuberinnen, die YouTube als Produktionsmittel zur Schöpfung sozialer, kultureller und ökonomischer Werte nutzen, wird Produktivität nicht als Verhältnis von In- zu Output konzeptualisiert, sondern als Entfaltung heterogener Formen von Wert und der Möglichkeit der Partizipation an diesen. Hierzu werden unterschiedliche Verständnisse von Wert und dessen Schöpfung mittels YouTube auf drei miteinander artikulierten Ebenen untersucht: 1. Der Austausch sozialen, kulturellen und ökonomischen Kapitals in ko-kreativen Wertschöpfungsbeziehungen von YouTuberinnen. 2. Der Wert der Teilhabe an YouTube-eigenen Ereignissen wie Memes oder Cross-Promotion. 3. Der ökonomische Wert von Aufmerksamkeit und Daten der YouTube-Nutzerinnen, die auf Märkten getauscht werden. Der Beitrag schließt mit dem Vorschlag, Produktivität von Musikkulturen als prekäre *Werte-Schöpfungskonfigurationen* zu fassen, in denen mehr oder weniger Produktivität über die Heterogenität der Werte und der Möglichkeiten der Teilhabe an diesen definiert wird.

Schlüsselbegriffe

Wertschöpfung, Social Media, Produktivität, Cross Promotion, Medienwirtschaft, Musikkultur

1 Einleitung: Produktivität im Kontext von Medien- und Musikkultur

YouTube ist heute für viele Musikerinnen zu einem Produktionsmittel einer Musikkultur geworden, mit dem relativ unabhängig von Tonträger- oder Live-Industrien kulturelle, soziale und ökonomische Werte geschöpft werden. Mit YouTube ist damit eine Ökonomie entstanden, die gleichzeitig eine Musikkultur und eine Medienkultur ist. Hier sind Musikerinnen durch die Verwendung von YouTube als Produktionsmittel und der Entwicklung und Aneignung YouTube-eigener Normen, Werte und Praktiken als ‚Spielregeln' dieser Medienkultur zu YouTuberinnen geworden, die auch neue Formen von Produktivität entfalten (vgl. Burgess und Green 2009; Potts et al. 2008). In diesem Beitrag soll es darum gehen, die Prozesse und die Praktiken der Werteschöpfung, die anhand von Interviews mit YouTuberinnen empirisch erforscht wurden, auf den Produktivitätsbegriff zu beziehen, über den wir im Kontext mediatisierter Musikkultur noch zu wenig wissen. Denn wie kann man Produktivität von Musikkulturen empirisch und theoretisierend fassen, wenn sie ohne digitale Medien der Produktion wie YouTube oder SoundCloud kaum noch denkbar sind?

Der Begriff Produktivität in seiner lexikalen Definition beschreibt das Verhältnis von Input zu Output eines oder mehrerer Produktionsprozesse. Er wird meist volks- oder betriebswirtschaftlich verortet oder im weiteren Sinne dort, wo ein Schaffen oder Schöpfen stattfindet (vgl. Duden 2015; Springer Gabler Verlag 2015). Entgegen der simplifizierenden Qualität eines Quotienten, der in der Praxis oft zu Steuerungszwecken konstruiert wird, versucht dieser Beitrag Produktivität in YouTubes Musikkultur als etwas zu begreifen, das sich nicht mit einer Beschreibung als vereinfachter Input-Output-Prozess auf der Ebene einzelner Akteurinnen erklären lässt. Wie schon der Titel dieses Themenbands andeutet, muss Produktivität nicht allein eine Eigenschaft sein, die man Musikerinnen oder YouTuberinnen zuweisen kann. Stattdessen geht es in diesem Artikel um die Betrachtung einer produktiven Musikkultur, in der auf verschiedenen Ebenen heterogene Werte geschöpft werden. Es geht also um eine Produktivität der *Werte-Schöpfung*, die sich zunächst nur erkennen lässt, wenn man die Komplexität der Analyse erhöht. Damit beziehe ich mich auf einen Forschungszusammenhang, in dem die Rolle von Medien in der Wertschöpfung von Musikkulturen untersucht wird (vgl. Engelmann et al. 2012; Winter 2012; Paulus und Winter 2014).

Es ist das Ziel des Beitrags, zu zeigen, dass Produktivität für eine Medien- und Musikkultur dann besser verstanden werden kann, wenn man ihre Entfaltung als Wertschöpfung in und über verschiedene Ebenen oder Dimensionen erforscht. Mit diesen Ebenen können verschiedene Wertbegriffe aufeinander bezogen werden, die üblicherweise getrennten theoretischen Bezugspunkten entlehnt sind: der Betrachtung ko-kreativer Akteurinnennetzwerke aus der Perspektive jüngerer Arbeiten an der Schnittstelle von Cultural Studies und Management Studies, der kulturwissenschaftlichen Betrachtung von Texten sowie einer Kritik der politischen Ökonomie von Medienunternehmen. Dieses Verständnis von Produktivität als kontingente Entwicklung des Zusammenspiels verschiedener Praktiken und Prozesse der Schöpfung von Wert ermöglicht neue Perspektiven für das Nachdenken über diesen Begriff.

Die hier skizzierte Argumentation wird wie folgt entfaltet: Zunächst wird kurz in den Gegenstand der YouTube-Ökonomie und die Aktivitäten der Musikerinnen eingeführt und ein Modell skizziert, anhand dessen ich meine Argumentation entwickeln will (2). In drei Schritten wird Produktivität dann zunächst in den Beziehungen und Aktivitäten von Musikerinnen gesucht, die YouTube nutzen (3), dann in intertextuellen Netzwerken aus YouTube-Videos als Ereignissen (4) und zuletzt in der Konstruktion von Publika und Daten, die auf Märkten gehandelt werden (5). In einem Fazit schlage ich vor, Produktivität als etwas zu verstehen, das in der Gesamtheit seiner aktuellen Voraussetzungen überdeterminiert ist. So hoffe ich, ein normatives Nachdenken über Produktivität zu ermöglichen, das nicht auf die Maximierung eines Outputs von Wert, sondern einer Heterogenität von Werten und den prekären Möglichkeiten der Partizipation an diesen ausgerichtet ist (6).

2 Vorgehen: Produktivität als *Werte-Schöpfung*

Die vorliegende Problematisierung des Produktivitätsbegriffs hat ihren Ursprung in einer kleinen Studie zu Musikerinnen, die YouTube zur Entfaltung ihrer Aktivitäten nutzen und die sich YouTuberinnen nennen. Gemeinsam mit YouTuberinnen, die Inhalte wie Games- oder Schmink-Videos produzieren, haben sie gemeinsame Praktiken und Prozesse einer YouTube-spezifischen Medienkultur entwickelt (vgl. Potts et al. 2008; Burgess und Green 2009b; Grünewald und Haupt 2014; Grünewald und Petzold i.V.). Im Folgenden wird daher für diese Musikerinnen der Begriff YouTuberinnen verwendet. Sie sollen hier verstanden werden als Personen, die einen YouTube Kanal mit Videos bespielen, wohingegen als YouTube-Nutzerinnen alle anderen Personen bezeichnet werden, die keine eigenen Videos produzieren, sondern diese ansehen, sharen, kommentieren usw. Beide Kategorien schließen sich dabei nicht aus, sondern sind eher als Modi medialer Praxis zu betrachten.

In formaler Hinsicht schließt der Beitrag an Bechmanns und Lomborgs (2012) Vorschlag an, mediale Wertschöpfung auf verschiedenen Ebenen zu betrachten. Sie haben in der Literatur zu Prosumerinnen zwei Perspektiven auf Wertschöpfung mittels digitaler Netzwerkmedien identifiziert: eine nutzerinnenzentrierte, die sich mit Wert als der Bedeutung digitaler Netzwerkmedien und ihrer Inhalte für Sinn- und Identitätsstiftung auseinandersetzt, sowie eine industriespezifische Perspektive. Diese nimmt die (im engeren Sinne) ökonomisch wertschöpfenden Aktivitäten von Prosumerinnen in den Blick, bspw. wenn sie an Innovationsprozessen teilhaben oder Daten produzieren, die für Werbezwecke genutzt werden können. Die Autorinnen zweifeln damit an, dass der postulierte Kollaps der Rollen von Produzentin und Konsumentin in der Forschungspraxis entsprechend reflektiert wird und argumentieren für ein besseres Verständnis des *Zusammenhangs* verschiedener Formen und Konzeptualisierungen von Wert, wie sie in verschiedenen disziplinären Perspektiven analysiert werden (vgl. ebd. 2012, S. 10).

Diesem Vorschlag folgend soll der Zusammenhang der unterschiedlichen Perspektiven auf Wert untersucht werden. Dabei will ich betrachten, wie Produktivität mit YouTube entfaltet wird. Produktivität wird also zunächst offen auf die Wertschöpfung von YouTuberinnen bezogen. Hier kann die Rolle von Medien in der Schöpfung von Werten und der Konstitution von Musikkultur dann besser verstanden werden, wenn sie als Produktionsmittel konzipiert werden. Die Entwicklung neuer Formen von Produktionsmitteln wie YouTube erlaubt dann die Produktion neuer Werte, bspw. wenn ‚gewöhnliche' Menschen auf neue Art wertvolle Beziehungen, Bedeutungen und Erfahrungen produzieren (vgl. Winter 2014). Diese Produktion von Werten mit YouTube als Produktionsmittel wird im Folgenden anhand eines Ebenen-Modells untersucht, welches Wertschöpfung anhand von drei Dimensionen (Abb. 1) differenziert:

Die Ebene der Beziehungsnetzwerke von YouTuberinnen, deren Aktivitäten den Ausgangspunkt für die Analyse der Produktivität auf YouTube bilden: Der theoretische Bezugspunkt ist hier zwischen Cultural Studies und Management Studies verankert, wo unterschiedliche Kapitalformen durch gemeinsame Wertschöpfungsbeziehungen produziert und getauscht werden.

Die Ebene intertextueller Netzwerke, auf der Sinn und Bedeutung zwischen den Videos und allen anderen Texten entstehen, die auf YouTube zirkulieren und die in den Wertschöpfungsbeziehungen auf der ersten Ebene produziert werden. Aus dieser kulturwissenschaftlichen Perspektive wird der Wertbegriff in der kulturellen Teilhabe an medialen Ereignissen wie Memes verankert.

Die (im engeren Sinne) medienökonomische Ebene, auf der monetärer Wert durch die Produktion der Internet-Prosumer-Ware (vgl. Fuchs 2012) in Form von Aufmerksamkeit und Daten geschaffen wird. Hier entspricht die Argumentation der einer politischen Ökonomie der Medien.

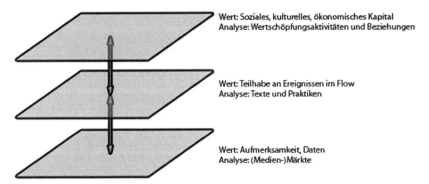

Abbildung 1 *Werte-Schöpfung* auf miteinander artikulierten Ebenen
© Lorenz Grünewald-Schukalla

Das Modell versteht diese Ebenen als miteinander artikuliert. Das heißt, dass es kontingente Beziehungen zwischen den verschiedenen Ebenen von Wertschöpfung mit YouTube gibt, die, ohne ihre Modalität aufgeben zu müssen, ein neues Ganzes erzeugen, was man als YouTube-Ökonomie bezeichnen könnte. Dabei soll Ökonomie nach Bourdieu als die „Gesamtheit der gesellschaftlichen Austauschverhältnisse" verstanden werden, deren Analyse nicht auf die Bewegungen von Waren oder ökonomischem Kapital reduziert ist (Bourdieu 1983, S. 184). Jede dieser Ebenen muss entsprechend ihrer Modalität mit den passenden Theorien und Methoden untersucht und beschrieben werden. Gleichzeitig kann die Art ihrer gemeinsamen Artikulation anhand der Prozesse und Praktiken, die die unterschiedlichen Ebenen zu einer YouTube-Ökonomie verbinden, beschrieben werden (vgl. Hall 1993; Du Gay et al. 1997).

2.1 YouTuberInnen tauschen soziale, kulturelle und ökonomische Werte (Ebene 1)

Auch wenn sich immer mehr Unternehmen an der YouTube-Ökonomie orientieren, sind bis dato die zentralen AkteurInnen der Musikkultur YouTubes die You-

Tuberinnen. Um deren Wertschöpfung zu verstehen, ist es nötig, ihre Beziehungen zu untersuchen und diese zu ihren Wertschöpfungsaktivitäten in Bezug zu setzen. Winter (2012, 2014) betrachtet Wertschöpfungsaktivitäten gegenwärtiger Musikkulturen als Aktivitäten ‚gewöhnlicher' Leute, die Medien nutzen, um Beziehungen zu knüpfen und ihre Ressourcen zu *komplementieren*. Dies kann zum Beispiel die Produktion eines Musiktracks oder eines YouTube-Videos sein. Darüber hinaus zeigt er, dass es oft gerade *nicht* ökonomische Ressourcen sind, die von Musikerinnen und Fans eingesetzt werden, sondern vor allem deren kulturelle und soziale Kapitalien. Diese werden zum Beispiel im Rahmen eines gemeinsamen Musik-Projektes bereitgestellt.[1]

Netzwerkmedien sind damit zunächst als Kommunikationsmedien konstitutiv für veränderte Organisationsformen wie die Beziehungsnetzwerke von YouTuberinnen (vgl. Castells 2003; Benkler 2006). Netzwerkmedien werden aber auch als Produktionsmittel relevant, nämlich, wenn sie genutzt werden, um Videos zu produzieren oder mitzuteilen.[2] Das folgende Beispiel verdeutlicht dies anhand eines YouTubers, der seine Aktivitäten und Netzwerke in der Film- und Games-Industrie über Musikproduktionen für andere YouTuberinnen entfaltet hat.

„Und ich bin auch so ein Typ, der gerne gute Qualität produziert. Also so, dass man das im Prinzip auch im Radio hören könnte. Und so hat sich das hochgeschaukelt und ich habe natürlich auch andere YouTuber kennengelernt. Eben über die Sodastar Jungs, weil ich ja eigentlich früher auch Mitglied von denen war. […] Ja, und dann kamen Zooropa und haben mich angesprochen und meinten: „Ich habe gehört, du machst Musik. Könntest du eine Parodie für uns machen?" Und dann diese Parodien, das schaukelt sich dann nochmal hoch. […] Alles was ich verlange, ist einfach nur eine namentliche Erwähnung. Und so verbreitet sich das [seine Musik, L. G.] natürlich auch wie so ein Schneeball und das ist natürlich auch das Gute daran. Und das macht es auch nochmal aus, warum ich dann auch wachse, Abo-mäßig."
(Interview mit einem Musik-YouTuber, Namen geändert)

---

1 Gerade soziales Kapital ist in Bezug auf digitale Netzwerkmedien ein zentraler Bezugspunkt soziologischer und psychologischer Analysen geworden (vgl. Jin 2015; Wellman et al. 2001; Steinfield et al. 2009; V. Shah et al. 2001).

2 Statt von ‚Teilen' oder ‚Sharing' zu sprechen, wird der Begriff des Mit-Teilens genutzt, womit ich der Annahme gerecht werden will, dass alle kommunikativen Aktivitäten wie *quoting, favouriting, commenting, responding, posting, downloading, viewing, archiving* und *curating* kein neutraler Vorgang des Übertragens einer Nachricht sind. Vielmehr wird mit all diesen Handlungen entlang eines ‚Kontinuums der Partizipation' ein Sinn verfolgt, der einen Wert hat, weil Bedeutung geschaffen oder verschoben wird (vgl. Burgess und Green 2009b, S. 57; van Dijck 2013b, S. 8; Haupt und Grünewald 2014).

YouTuberinnen schaffen ihre Werte also in gemeinsamen Aktivitäten und Beziehungen mit anderen YouTuberinnen und Nutzerinnen, die heute entgegen einer unternehmenszentrierten, kommerziellen Wertschöpfung als ‚Co-Creation' und als Alltagskreativität untersucht werden (vgl. Potts et al. 2008). Für die Analyse solch ko-kreativer Netzwerke kann das Modell der Wertschöpfungsbeziehung (Abb. 3). verwendet werden, das für die Untersuchung von Wertschöpfung in Musikerinnennetzwerken konzipiert wurde. Das Modell macht sich das Konzept der Wertschöpfungsaktivität zunutze (vgl. Grünewald 2013). Solche Wertschöpfungsaktivitäten wurden ursprünglich als Teil einer Wertschöpfungs*kette* von Unternehmensaktivitäten untersucht, an deren Ende Güter auf Märkten verkauft wurden (vgl. Porter 2014/1985). Ein rudimentäres Beispiel der Wertschöpfungskette eines Tonträgerunternehmens wäre der folgende Prozess (Abb. 2):

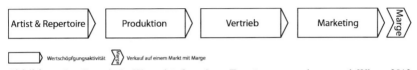

Abbildung 2 Generische Wertschöpfungskette Tonträgerunternehmen nach Winter 2012
© Lorenz Grünewald-Schukalla

Das Zitat zeigt jedoch, dass es wenig Sinn hat, die Wertschöpfung von YouTuberinnen mit Bezug zu Märkten zu untersuchen. Stattdessen dienen die Wertschöpfungsnetzwerke dieser YouTuberinnen als analytischer Bezugspunkt. Dazu werden einzelne Wertschöpfungsaktivitäten aus dem Modell der Kette herausgelöst und mit Bezug auf ein oder mehrere YouTuberinnen und ihre Beziehungen untersucht (vgl. Winter 2012). Es handelt sich beim Modell der Wertschöpfungsbeziehung (Abb. 3) also um skalierbare Ausschnitte aus den größeren Wertschöpfungsnetzwerken der YouTuberinnen (zum Konzept des Wertschöpfungsnetzwerkes siehe Dyer und Singh 1998; Bovel und Martha 2000; Parolini 1999; Breuer und Lüdeke-Freund 2014).

Abbildung 3 Wertschöpfungsbeziehungen. Quelle: Grünewald 2013
© Lorenz Grünewald-Schukalla

Um nun auch Wertschöpfungs*prozesse* als Austausch und Akkumulation der von Winter genannten Kapitalsorten analysieren zu können, wird im Modell der Kapitalbegriff operationalisiert.[3] Werte wie soziales Kapital werden in eine Wertschöpfungsaktivität investiert, wo sie mit dem Wert anderer Kapitalformen anderer YouTuberinnen komplementiert werden. Ein Teil des überschüssigen Wertes, der in der Aktivität entsteht, wird dann als Kapital akkumuliert. Empirisch kann dies an obigem Beispiel folgendermaßen nachvollzogen werden: Die YouTuber der Gruppe Zooropa produzieren durch eine Investition ihres kulturellen Kapitals in Form von Wissen über Trends und Themen die in der Medienkultur YouTubes beliebten Parodien. Die große Anzahl von Abonnentinnen ihres YouTube-Kanals stellt dabei eine Form sozialen Kapitals dar (Input von Wert). Dieses wird mit den Fähigkeiten der Musikproduzentinnen kombiniert (Input von Wert), die die nötige Filmmusik zum Video (Wertschöpfungsaktivität) liefern können und dafür soziales Kapital in Form von Reputation und Aufmerksamkeit sowie einer größeren Abonenntinnenschaft akkumuliert (Output von Wert).

Diese Perspektive der Netzwerke und Wertschöpfungsbeziehungen von YouTuberinnen bildet damit die erste Ebene der YouTube-Ökonomie, die sich als Produktion und Zirkulation sozialer, kultureller und ökonomischer Werte beobachten lässt, die über Aktivitäten wie die Produktion von Musikvideos geschaffen werden (vgl. Burgess und Green 2009b, S. 5). Nach diesem Verständnis einer Ökonomie ko-kreativer Netzwerke zielen YouTuberinnen darauf ab, verschiedene Formen von Kapital zu akkumulieren, indem sie Beziehungen zu anderen YouTuberinnen, Medienorganisationen oder Fans aufbauen. Was das Modell der Wertschöpfungsbeziehung jedoch nicht klärt, ist die *inhaltliche* Dimension der Wertschöpfungsaktivitäten, also die konkreten Formen von Videos und Musiken, die in der Medienkultur YouTubes von Wert sind. Damit die genannten Wertschöpfungsaktivitäten keine Black-Box bleiben, wird im folgenden Abschnitt untersucht, wie der Wert solcher Aktivitäten im Kontext von YouTube entsteht.

2.2 Von Ko-Kreativen zu Netzwerken aus Texten: Memes (Ebene 2)

Um zu verstehen, wie sich die Produktivität der YouTuberinnen über ihren Austausch und ihre Kapitalakkumulation hinaus ausbreitet, ist es nötig, ihre Aktivi-

---

3   „Der ursprünglich vorgeschossene Wert erhält sich daher nicht nur, sondern in ihr verändert er seine Wertgröße, setzt einen Mehrwert zu oder verwertet sich. Und diese Bewegung verwandelt ihn in Kapital." (Marx 1972 [1890], S. 165).

täten auch auf einer textuellen Ebene zu verankern, also der Ebene ihrer Videos, Musikstücke oder Kommentare (zum erweiterten Begriff des Textes siehe Barker 2011, S. 10f.). Hierzu scheint es sinnvoll, den Wert in der post-strukturalistischen Auseinandersetzung mit Sprache zu suchen, wo sich zeigt, dass die Ausbreitung oder Verteilung bedeutungsvoller YouTube-Videos kein alleiniger Effekt der Produktivität einiger YouTuberinnen ist, sondern auch eine konstitutive Quelle ihrer Wertschöpfung sein muss. Hierzu werde ich zuerst auf das Phänomen der Memes eingehen, um zu zeigen, dass Partizipation an solchen Ereignissen in der YouTube-Kultur zu einem zentralen Wert wird, an dem die Akteurinnen ihr Handeln orientieren.

Bekannte Beispiele für solche Memes auf YouTube sind der *Harlem Shake*, eine Ansammlung von 40.000 Videos, bei denen Leute zu einem gleichnamigen Song tanzen, oder der *Gangnam Style*, der ebenfalls in unzähligen Videos zitiert wird und Gegenstand von Remixes oder Mashups wird (vgl. Dörfler 2013). Den Begriff *Meme* hat Dawkins (2007) lange vor YouTube in Analogie zum Gen vorgeschlagen (engl. The Selfish Gene, 1976). Er sieht Memes als kleine kulturelle Einheiten, die sich virusartig verbreiten, bspw. „Melodien, Gedanken, Schlagworte, Kleidermoden, die Art, Töpfe zu machen oder Bögen zu bauen" (Dawkins 2007, S. 321). Wie Gene oder Viren zwischen Körpern übertragen werden, springen sie bei Dawkins von „Gehirn zu Gehirn" und besitzen ‚Überlebenswert' oder ‚Ansteckungsfähigkeit' (ebd., S. 321f.).

Während sich Dawkins Begriff in populären Kulturen vielfach angeeignet wurde und sich großer Beliebtheit erfreut, wird er auf wissenschaftlicher Seite für seine Unterschlagung menschlicher *agency* kritisiert (vgl. Shifman 2012; Jenkins et al. 2013, S. 18ff.). Diese Kritik trifft einen wichtigen Punkt, denn das Verbreiten von Texten ist immer auch ein aktives Handeln, in dem Sinn für die Mit-Teilenden konstituiert wird (vgl. Ullrich 2016). Das Erstellen eines memetischen Videos oder Fotos ist eben kein Virus, der unwissend und gegen den Willen einer Akteurin verbreitet wird. Dagegen setzen Jenkins und seine Koautorinnen den Begriff *spreadability*. Memes sind (und sollen sein): *verteilbar*, *verbreitbar* oder *ausbreitbar* (vgl. ebd., S. 1ff.). So werden sie unter Berücksichtigung des kommunikativen *Handelns* von Leuten zu „building blocks" eigener Aktivitäten (Shifman 2012, S. 189).

Die Bedeutung von Memes für den vorliegenden Text liegt irgendwo zwischen Jenkins Fokus auf *agency* und Dawkins zweifelhafter Ontologisierung von Memes. Denn Memes wie der *Harlem Shake* entfalten durchaus eine Form von Materialität. So sagte uns eine der YouTuberinnen, die wir interviewt haben: „Da kann man reiten auf diesen Memes". Diese Analogie zum Wellenreiten gibt Anlass dazu, weiter über den Wert von Memes nachzudenken. Jenkins riskiert durch das

Ersetzen des Begriffs nämlich eine Reduktion, die das synergetische Ganze der unzähligen Texte eines Memes vernachlässigt und das – nach Wittgenstein – in der Sprache der YouTuberinnen noch anwesend ist. Jenkins entdeckt dies später, wenn er Limor Shifman interviewt, die hier eine Deutung des Memes als intertextuelles Ganzes wählt und so die Bedeutung des Begriffs als etwas Singuläres verschiebt.

„I treat memes as groups of content units. My shift from a singular to a plural account of memes derives from the new ways in which they are experienced in the digital age. If in the past individuals were exposed to one meme version at a given time (for instance, heard one version of a joke in a party), nowadays it takes only a couple of mouse clicks to see hundreds of versions of any meme imaginable […] Thus, memes are now present in the public sphere not as sporadic entities but as enormous groups of texts and images."

(Shifman und Jenkins 2014, o. S.)

Dass die Partizipation an Memes zu einem Wert wird, lässt sich erklären, wenn man betrachtet, wie diese Bezüge zwischen Videos und Texten zu einem intertextuellen Ganzen werden. Im post-strukturalistischen Denken gewinnt ein Text seine Bedeutung erst durch den Bezug zu anderen Texten eines Diskurses, d. h. in einer spezifischen Artikulation unter jeweils kontingenten Bedingungen des Kodierens und Dekodierens (vgl. Hall 1993). Die Elemente des Bedeutens funktionieren damit nicht durch die *kompakte Kraft* von Kernpunkten mit einem eigenen ontologischen Sein. Ihre Bedeutungen sind keine objektiven, sondern sie werden kontinuierlich durch ein Netz von Oppositionen konstituiert, die sie voneinander unterscheiden und gleichzeitig aufeinander beziehen (vgl. Derrida 1988, S. 36). Der Begriff der Intertextualität leitet sich aus diesem Denken her, nach dem Sinn in der räumlichen und zeitlichen Differenz von Äußerungen entsteht (vgl. Kristeva 1978).

Um zu verstehen, wie Memes für die Wertschöpfung auf YouTube relevant werden, folge ich im folgenden Abschnitt dem Vorschlag von Regina Schober (2013), solche intertextuellen Artikulationen als Netzwerke zu betrachten. Damit liegt natürlich ein anderer Netzwerkbegriff an, als das in den Beziehungsnetzwerken der YouTuberinnen der Fall war. In diesen nun kulturwissenschaftlich gedeuteten, intertextuellen Netzwerken werden Adaptionen von Medieninhalten – z. B. die *Herrder-Ringe*-Reihe mit all ihren Büchern, Filmen, Games und Spielzeugen – nicht einfach so einander zugeordnet. Dass ein Text als Adaption gilt, wird vielmehr diskursiv durch die Verdichtung der Links im Netzwerk konstruiert. Entsprechend stellt die Produktion eines Videos mit Merkmalen, die es auf ein Meme beziehen – zum Beispiel ein weiteres Video, auf dem zum Harlem Shake getanzt wird – eine kontingente, diskursive Artikulation dar. Diese Artikulation wird materiell durch das datenbasierte Empfehlungssystem YouTubes unterstützt. Ein Meme ist dann die Zunahme und Konsolidierung an Links zwischen einer großen Anzahl an Texten, in dem ein neuer Text durch eine steigende Anzahl anderer Texte determiniert wird, während er selbst immer mehr andere Texte determiniert. So verdichtet sich das Netz um Knotenpunkte im Netzwerk aller Texte zu differenzierbaren Text-Clustern, also bspw. zu Memes.[4]

Wie wird die Teilhabe an diesen Bezügen jetzt wertvoll? Zunächst kann man davon ausgehen, dass die Teilhabe an einem Meme, in einem normativen Rahmen, in dem Verbindungen in Form von großen Zahlen an Followerinnen, Likes, Friends etc. wichtiger werden, zur Vermehrung dieser Verbindungen beitragen (vgl. van Dijck 2013a). Auf einem Meme zu ‚reiten' hat den unmittelbaren Effekt des Anwachsens solcher Kennzahlen von Konnektivität. Auch von den YouTuberinnen, die wir interviewt haben, werden diese Zahlen sehr genau beobachtet. Für sie wird eine hohe Konnektivität selbst zum Wert. Jedoch scheint es, dass es neben dieser quantitativen Komponente auch eine qualitative gibt, die das Phänomen noch besser fasst. Diese liegt in der Materialität von Memes, die Dawkins über- und die Jenkins unterschätzt.

Making, wie das Produzieren eines neuen Videos, ist, wie Schober (2013) mit Rückgriff auf einen Buchtitel schreibt, *connecting* (vgl. Gauntlett 2011). Es ist dieses ‚Machen' von Verbindungen im intertextuellen Netz, in denen die Videos und Kommentare von Personen auf YouTube ihre Bedeutung und damit eine notwendige Bedingung für ihren Wert gewinnen. ‚Making' und ‚connecting' bedeutet, an der Konstitution von etwas Größerem beteiligt zu sein. Insofern überrascht es nicht, dass das Produzieren intertextueller Zusammenhänge, deren Ganzes größer ist als die Summe seiner Einzelteile, schon länger Hintergrund industrieller ‚transmedialer' Strategien ist (vgl. Marshall 2012, S. 69f.). In einer globalen partizipativen Kultur wird die Verbindung zu Ereignissen wie Memes nicht nur in Form von Abonnentinnen-Zahlen zu einem Wert, sondern auch zu einer Möglichkeit, sich zuzuordnen und zu unterscheiden. Hierbei ist eine temporale Dimension von Bedeutung, die sich im Phänomen der Memes besonders zeigt und die mit dem Begriff *Flow* beschrieben werden können. Memes sind nämlich nicht immer ‚da' sondern, wie die Wellen, die die oben zitierte YouTuberin herangezogen hat, im Fluss und somit flüchtig. So zeigt die Website *knowyourmeme.com* für die meisten Memes, dass diese oft nur für gewisse Zeiträume ‚beliebt' sind, wie dies in Abb. 4 am Beispiel des *Harlem Shake* sichtbar wird.

---

4   Für eine Visualisierung der Netzwerkanalyse einiger Memes, in der eine Clusterkonstruktion deutlich zu erkennen ist, siehe Segev et al. 2015.

Abbildung 4 Beliebtheit des *Harlem Shake* im Zeitverlauf nach Menge der Google Suchanfragen © Lorenz Grünewald-Schukalla

Solche sich in Wellen bewegenden Flows sind kein ausschließliches Phänomen einer YouTube-Kultur, sondern zunehmend das, was Kultur und ihre Werte auf globaler Ebene konstituiert. Lash und Lury (2007) entdecken den Flow in den unterschiedlichsten Dingen, wie z. B. in Merchandise-Artikeln, Geschenken, Marken oder Verweisen auf Kult-Filme. Diese werden ähnlich wie YouTube-Videos verbreitet, um bspw. Distinktionen zu erzeugen. Der springende Punkt dabei ist, dass auch diese Flows ein gewisses Eigenleben entwickeln, das zwar durch die *agency* der Mit-Teilenden geschaffen wird, das aber nicht mehr organisiert werden kann (ebd., S. 140). Entscheidend ist dabei Temporalität: Die Geschwindigkeit und der Zeitpunkt, mit der Memes im Flow anschwellen und abebben, und somit die Möglichkeiten an Ihnen teilzuhaben, können nur schwer vorausgesehen werden. So entsteht eine Form von Zeitdruck. Zeitdruck entsteht durch die Zufälligkeit der Möglichkeit eines Beitrags zu einem intertextuellen Ereignis. Memes erlangen den Charakter solch zufälliger *Ereignisse* und ihr Wert entsteht nicht nur durch die Sinnhaftigkeit ihres Gebrauchs in kommunikativen Handlungen (vgl. Ullrich 2016), sondern auch in der Teilhabe an diesen Ereignissen im Flow. Deswegen untersuchen Lash und Lury (2007, S. 37) auch Flows aus ‚Schrott' während einer der von uns interviewten YouTuber seiner Ansicht nach ‚Unsinn mit Konzept' produziert. Nichts könnte ferner vom Wert eines Textes als (Kunst-)Werk entfernt sein. Stattdessen werden Zahlen von Followerinnen oder Abonnentinnen wichtiger, zugleich gewinnt die Frage an Bedeutung, wer wie, wann, wo und mit wem an einem Meme teilgehabt hat, es geteilt hat oder durch einen Remix eine neue Verbindung hergestellt hat.

Die folgende Abbildung (Abb. 5) fasst die bisherigen Überlegungen grafisch zusammen. Auf der zweiten, unteren Ebene finden sich jetzt die Videos oder Texte, die in semantischen und materiellen Netzwerken verbunden werden. Diese Videos sind die *Produkte* der Wertschöpfungsaktivitäten auf der ersten Ebene. Somit werden die beiden Ebenen durch die Texte, die Gegenstand der Aktivitäten von YouTuberinnen und Nutzerinnen sind, miteinander artikuliert.

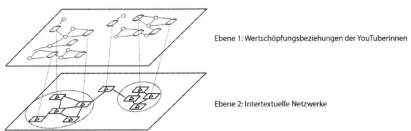

Abbildung 5 Beziehung der Ebenen 1 und 2 mit Verbindungslinien zwischen Aktivität und Text © Lorenz Grünewald-Schukalla

2.3 YouTube als Aufmerksamkeits- und Daten-Ökonomie (Ebene 3)

Memes sind jedoch nur teilweise zufällig und ‚authentisch'. Seit der Gründung YouTubes im Jahr 2005 haben YouTuberinnen Praxisformen entwickelt, die sie *Cross-Promotion* nennen (zum Begriff der Praxisform vgl. Hillebrandt 2014). Cross-Promotion beinhaltet eine ganze Reihe von Aktivitäten, wie z.B. die Nennung anderer YouTuberinnen im eigenen Video, Zitationen, Parodien, Cameos, Verlinkungen, Gastauftritte oder Kollaborationen. Für die Musikerinnen, die wir interviewt haben, waren in dieser Hinsicht Coverversionen von zentraler Bedeutung. Cross-Promotion wirkt sich positiv auf die Zuschauerinnenzahl der YouTuberinnen aus, weil YouTube-Nutzerinnen diesen Verweisen folgen können und damit zu den Inhalten der promoteten YouTuberinnen gelangen. Es ist daher ein Ziel, effektive Cross-Promotion zu organisieren, um Aufmerksamkeit durch die eigenen Kanäle zu lenken und Werbeerlöse zu maximieren. Hierbei werden die YouTuberinnen durch kommerzielle Multi-Channel-Networks (MCNs) unterstützt.[5] Wie das folgende Beispiel zeigt, kann das durchaus auch vertraglich geregelt werden.

„*Halt dein Maul* heißt das. Von Y-Titty. Da haben die [das MCN, L.G.] jetzt auch gefragt, ob ich da eine Coverversion von machen möchte. Dann habe ich den Song auch vorher schon kriegen dürfen, musste aber auch Verträge unterschreiben, weil die zum Beispiel mit Universal zusammenarbeiten."

(Interview mit einem YouTuber, der Teil eines MCNs ist)

Das im Zitat genannte Video und einige Adaptionen lassen sich auf YouTube schnell finden. Neben vermutlich geplanten Parodien oder Coverversionen des genannten Songs, die als Cross-Promotion von YouTuberinnen des gleichen MCNs veröffentlicht wurden, gibt es auch Adaptionen des Videos von YouTuberinnen außerhalb des Netzwerkes.[6] Entsprechend entstehen von einem Video eine Vielzahl von Adaptionen, die sich gewisse Elemente wie den Song, den Titel etc. teilen und die auch über das Empfehlungssystem YouTubes aufeinander verweisen. Es gibt also nicht nur semantische Bezüge zwischen diesen Texten, sondern auch materielle, metadatenbasierte Links, die mit den semantischen Bezügen in einem wechselseitigen Konstitutionsverhältnis stehen (vgl. van Dijck 2013b). Cross-Promotion und Memes sind also insofern ähnlich, als sie eine Ansammlung von Texten sind, die sich semantisch berühren und die durch materielle Links aufeinander verweisen. Während Memes taktisch anmuten, ist Cross-Promotion eine strategische Praxis, die oft monetär und gewinnorientiert fokussiert ist und mit der versucht wird, memetische Effekte zu forcieren. Die Grenzen sind hierbei, wie immer mehr Beispiele von strategisch geplanten Memes zeigen, fließend (vgl. Lewis 2012, S. 11; Gong 2016).

Damit wird klar, was trotz oft genannter Paradebeispiele commonsorientierter Medien wie Wikipedia oder der unkommerziellen Aktivitäten von YouTuberinnen hinlänglich bekannt ist: Dass auch die durch digitale Netzwerkmedien transformierte Medienökonomie in breitere kapitalistische Strukturen eingebunden ist. Auch Bechmann und Lomborg (2012, S. 7) fassen in ihrem Review der industriezentrierten Perspektive auf Medien zusammen, dass Massenpublika, als Summe

---

5   MCNs sind Unternehmen, die YouTuberinnen unter Vertrag nehmen, ihre Kanäle vernetzen und deren Werbepotenzial maximieren.

6   Zum Beispiel von den YouTubern ApeCrime, die beim gleichen Netzwerke einen Vertrag haben (https://www.youtube.com/watch?v=sGmSk2a5E4E), sowie eine Version, die scheinbar unabhängig mit Figuren aus einem Online-Game geremixt wurde (https://www.youtube.com/watch?v=Hwuknxs5bqs).

aller Nischenpublika, die Grundlage des Geschäftsmodells vieler der digitalen Netzwerkmedien wie YouTube darstellen. Netzwerkmedien sind eben nicht nur Produktionsmittel, die ko-kreative *agencies* ermöglichen, sondern meist auch Plattformen zur Transformation dieser Werte für den Austausch auf diversen Märkten (vgl. van Dijck 2013b). Entsprechend werden die Austauschbeziehungen von YouTuberinnen nicht nur wie oben hinsichtlich ihrer kulturellen und sozialen Wertschöpfung diskutiert, sondern sind durch ihre Artikulation mit gewinnorientierten Organisationen seit längerem Gegenstand kritischer Auseinandersetzungen von Vertreterinnen der politischen Ökonomie (vgl. Wasko und Erickson 2009). Zentral sind hierbei vor allem die werbefinanzierten Geschäftsmodelle YouTubes, die eine Beteiligung der YouTuberinnen an den Erlösen auf dem Werbemarkt ermöglichen, sowie die genannten MCNs. Zu den Investorinnen oder Eignerinnen dieser MCNs gehören nicht selten ‚traditionelle' Medienunternehmen, wie z.B. Disney oder in Deutschland ProSiebenSat.1. Neben YouTuberinnen sind so auch profitorientierte Unternehmen wie Fernsehsender an der Medienkultur YouTubes beteiligt (vgl. Wasko und Erickson 2009; Burgess und Green 2009a; Konzal und Petzold 2015).[7] Immer mehr YouTuberinnen verdienen so durch das Werbesystem YouTubes oder durch eigene Werbeverträge und Produktplatzierungen Geld. Zuletzt hat YouTube selbst angekündigt, sich im Rahmen eines neuen Bezahl-Abonnements direkt an der Produktion von Inhalten mit bekannten YouTuberinnen zu beteiligen (vgl. YouTube 2015a, 2015b). In dieser Hinsicht lässt sich also eine rasante Kommerzialisierung beobachten, in der monetäre Werte neben den kulturellen und sozialen an Bedeutung gewinnen.

Ein Verständnis der gesamten Entfaltung von Produktivität einer Musikkultur sollte demnach die Rolle dieser kapitalistischen Organisationen und ihrer Wertschöpfung berücksichtigen. Immerhin ermöglichen und regulieren diese den Zugang zu den Produktionsmitteln, mittels derer die beschriebenen Netzwerke und Wertschöpfungsaktivitäten realisiert werden. Für die Arbeit an einem Modell der

---

7 Dennoch muss klar sein, dass sich die YouTube Ökonomie nicht nur auf ‚professionelle' YouTuberinnen im Sinne von YouTube-Stars beziehen kann. Mit der Auflösung der Trennung von Produzentin und Konsumentin lassen sich alle Aktivitäten unabhängig der Professionalität der Akteurinnen als Wertschöpfungsbeziehungen denken und auch empirisch nachweisen. Das Teilen von Videos spielt so in seiner ganzen Bandbreite eine Rolle, also bspw. auch dort, wo YouTube Videos genutzt werden, um Affinitäten zu sozialen Gruppen aufrecht zu erhalten (vgl. Lange 2009). Dennoch sind Professionalisierungseffekte oder die Relevanz von Media-Literacies nicht von der Hand zu weisen. Wer besser mit digitalen Netzwerkmedien und mit den verbundenen Produktionsprozessen umgehen kann, hat mehr Möglichkeiten und Potenziale, um Werte zu schöpfen (vgl. Li und Bernoff, 2011; Paulus und Winter 2014).

YouTube-Ökonomie fehlt entsprechend die Position der Märkte, auf denen Unternehmen wie YouTube oder Facebook Aufmerksamkeit und Daten verkaufen (vgl. Lanham 2007).

Die theoretische und empirische Betrachtungsweise sowie die Konzepte von Wert sind auf einer solch ökonomischen Ebene natürlich radikal andere als auf einer Ebene ko-kreativer Akteurinnennetzwerke oder des Flows. Christian Fuchs (2012) hat hierfür die Theorie der Publikumsware weiterentwickelt und ein Modell vorgelegt, das den Prozess der Kapitalakkumulation gegenwärtiger Internetunternehmen abbildet. Wert wird dort radikal arbeitstheoretisch definiert. Nutzerinnen von Medien wie YouTube erschaffen durch ihre Arbeit des Betrachtens von Werbung, die Generierung von Nutzerinnen-Daten und die Produktion von Inhalten sich selbst als ‚Internet-Prosumer-Ware'. Diese Ware wird von Unternehmen auf mindestens zwei Märkten gegen Geld getauscht (vgl. ebd., S. 713): auf dem Konsumentinnen-Markt, wo mittels Werbung etwas verkauft werden soll, und als Markt von Organisationen, auf denen die Daten der Prosumentinnen gehandelt werden (vgl. Ang 1991, S. 11). Insofern kann für ein Modell einer YouTube-Ökonomie eine dritte, marktbasierte Ebene der Wertschöpfung hinzugefügt werden.

Diese Ebene erhält natürlich nur in der Artikulation mit der textuellen Ebene Sinn. Da es ohne Texte keine Musikkultur, keine Aufmerksamkeit, keine Nutzerinnen-Daten und somit keinen Wert geben kann, sind Texte das zentrale Element der Artikulation mit den beiden anderen Ebenen. Auch diese Überlegung kann der grafischen Illustration der YouTube-Ökonomie und Musikkultur hinzugefügt werden. Hier wird durch die Betrachtung und Interaktion mit Texten ein Markt geschaffen, der die dritte Ebene konstituiert und mit der zweiten artikuliert.

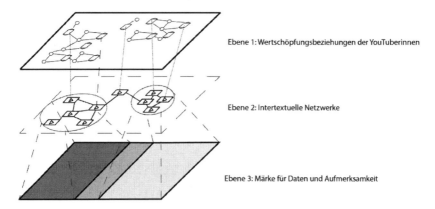

Abbildung 6 Gesamtmodell der drei Ebenen und ihrer spezifischen Perspektive auf Wertschöpfung © Lorenz Grünewald-Schukalla

3 Schluss: Ein überdeterminierter Produktivitätsbegriff ermöglicht ein normatives Nachdenken über Musikkultur

Das Modell zeigt nun drei Ebenen einer YouTube-Ökonomie, auf denen unterschiedliche Werte mit unterschiedlichen Logiken ihrer Produktion und Zirkulation beobachtet werden können. Zwischen diesen Werten gibt es Berührungspunkte und Verbindungslinien, die die drei Ebenen miteinander artikulieren und die möglicherweise Momente von Transformation darstellen.[8] Es sind die Heterogenität von Werten, ihre Widersprüchlichkeit und die Widersprüchlichkeit der zugrundeliegenden heterogenen Praktiken und Diskurse, die ein offeneres, komplexes Nachdenken über Produktivität, Wertschöpfung und Wirtschaft in einer Kultur digitaler Netzwerkmedien nötig machen. Deshalb möchte ich im Folgenden den Begriff einer *überdeterminierten Produktivität* vorschlagen.

Der Begriff der Überdeterminierung, wie er hier verwendet werden soll, stammt von Louis Althusser (2005 [1969]), der mit Hegels und Marx essentialistischen und reduktionistischen Methoden unzufrieden war. Indem er ein Ereignis als überdeterminiert betrachtete, wollte er alle Bedingungen, Instanzen und Widersprüche dieses Ereignisses berücksichtigen, ohne ein zentrales Ordnungsprinzip bestimmen zu müssen. Die Feministinnen und Neo-Marxistinnen Katherine Gibson und Julie Graham adaptieren das Denken in Überdeterminiertheit, um die Vorstellung eines totalen, systematischen und unhintergehbaren Kapitalismus zu dezentrieren (Gibson-Graham 2006 [1996], S. 27f.).

---

8   Nach Angs (1991) Dekonstruktion der Publikumsware wäre es fahrlässig, die Nutzerinnen und ihre Wertschöpfung auch hier wieder auf ihren Marktwert zu reduzieren. Die Beschreibung dieser Ebene ist damit nicht ohne Ambivalenz möglich und sie verwischt mit der ersten Ebene. In der Musikkultur YouTubes sind viele derjenigen, die Texte um ihrer Kapitalformen und Subjektivitäten willen produzieren (wenn auch nicht alle) auch diejenigen, die von der Publikums- und Datenökonomie erfasst werden (vgl. van Dijck 2013b, S. 152). Konsequenterweise müsste man versuchen, die erste und die dritte Ebene wieder zu vereinen, was hier, in der Analyse von Wertschöpfung, verschiedene Perspektiven wieder verschleiern würde. Um nicht auch noch in ein massenmediales Verständnis von Kommunikation zurückzufallen, muss diese Ebene gleichzeitig auch als der Moment gefasst werden, in dem die Bedeutung von Texten im Moment des Dekodierens überhaupt verhandelt wird (vgl. Hall 1993). Was das Modell nicht implizieren soll, ist, dass die Bedeutungen der Texte, die ich oben als Grundlage der gesamten Wertschöpfung beschrieben habe, nur durch ihre Produzentinnen ‚gemacht' würden.

"Via the (onto)logic of overdetermination, every identity is reconceived as uncentered, as in process and transition, as having no essence to which it will tend or revert. Every event is constituted by all the conditions existing in that moment (including the past and the future) or, in the words of Althusser, the ‚existing conditions' are its ‚conditions of existence'."

(Ebd., S. 28)

Was wäre aber der Mehrwert eines überdeterminierten Produktivitätsbegriffs gegenüber einem anti-essentialistischen oder mehrdimensionalen? Der Begriff der Überdeterminiertheit setzt Anti-Essentialismus und Mehrdimensionalität in der Analyse voraus, wie ich es mit den hier angebrachten unterschiedlichen theoretischen Bezugsrahmen zu illustrieren versucht habe. Vor allem aber glaube ich, dass so das normative Nachdenken über Produktivität dahingehend verschoben werden kann, dass nicht nur produktive Prozesse, Personen, Organisationen etc. gedacht werden können (vgl. Winter 2013). Im Einklang mit dem Titel der Tagung/dieses Bandes glaube ich stattdessen, dass wir eine Musikkultur *an sich* als produktiv betrachten können, wenn sie eine heterogene Wertschöpfung ermöglicht, an der viele Personen und Institutionen teilhaben können. Die Produktivität einer Musikkultur wird gewissermaßen ontologisch (vgl. Lash 2011). Damit will ich drei Gedanken festhalten:

Die Produktivität einer Musikkultur ist kein Verhältnis von In- und Output eines Vorgangs. Produktivität überdeterminiert zu verstehen, bedeutet, ihr einen eigenen ontologischen Status zuzugestehen. Dieser ist jedoch nicht stabil, sondern im Fluss und hat keine notwendigen Grenzen (Gibson-Graham 2006 [1996], S. 28). In diesem Sinne entfaltet sich Produktivität zwar ausgehend von den Aktivitäten der YouTuberinnen, denn ohne Leute, die Texte produzieren, kann es keine Texte und keine Aufmerksamkeitsökonomie geben. Eine produktive Musikkultur lässt jedoch andere Ebenen von Wert und Bedeutung zu, wird durch diese konstituiert und kann potenziell auch neue Ebenen miteinschließen, die bspw. nicht kapitalistisch organisiert sein müssen, wie das in der YouTube-Ökonomie der Fall ist. *Eine solche Produktivität ist die Heterogenität verschiedener Werte, die auf verschiedenen Ebenen von verschiedenen Leuten und Organisationen produziert werden.* Mehr Produktivität bedeutet dann, dass mehr unterschiedliche Akteurinnen an einer (Musik-)Kultur teilhaben können und dass sie dort Werte für sich und andere schaffen können. Im Kontext eines solchen Produktivitätsbegriffs erscheint es sinnvoll, nicht mehr von Wertschöpfung zu sprechen, sondern an einem *Begriff der Werte-Schöpfung* zu arbeiten.

Entsprechend kann die Produktivität von Musikkulturen, die digitale Netzwerkmedien als Produktionsmittel einsetzen, nicht allein durch Analyse der Wertschöpfungsaktivitäten von YouTuberInnen oder durch Modelle einer marktwirtschaftlichen Medienökonomie erklärt werden. Die Herausforderung eines solchen Produktivitätsbegriffs liegt in der Mehrdimensionalität einer anti-reduktionistischen Analyse, weil die verschiedenen Ebenen einer Musikkultur in ihrer Artikulation „wechselseitig konstitutiv" sind (Hall 2004, S. 174). Damit muss es das Ziel weiterer Studien sein, die Art und Weise zu verstehen, wie mit (anderen) Medien unterschiedliche Werte geschaffen werden und wie die verschiedenen Ebenen einer Musikkultur miteinander artikuliert werden. Für den Case YouTubes und von Musik-YouTuberInnen konnten so die folgenden Bedingungen seiner spezifischen Produktivität erfasst werden:

- die Entwicklung von Medien als Produktionsmittel, die MusikerInnen auf YouTube zur Produktion ihrer Kultur nutzen, sowie ihre Verwendung als Kommunikationsmedien der Vernetzung und des Austausches von Kapitalformen
- der Wert von ‚Kennzahlen' der Konnektivität
- der Wert von Teilhabe an Ereignissen in YouTubes Flow
- die marktbasierte Aufmerksamkeits- und Daten-Ökonomie, die digitale Netzwerkmedien als Produktionsmittel in der gegenwärtigen Form des Kapitalismus trägt

Wenn diese Überlegungen Sinn haben, bedeutet das, dass die Produktivität der Musikkultur YouTubes durch ihre eigenen Bedingungen überdeterminiert und somit prekär ist. Produktivität überdeterminiert zu denken, sollte es erlauben, zu beobachten, wie sie sich über verschiedene Dimensionen der Schöpfung von Wert und Bedeutung entfaltet. Wird Produktivität eingeschränkt, indem das Entfalten verschiedener Dimensionen oder innerhalb der Dimensionen verhindert wird? Zum Beispiel durch Rechtsprechung bzgl. geistigen Eigentums? Durch Ungleichheiten bzgl. der Media-Literacies von Leuten, die an digital vernetzter Musikkultur teilhaben wollen? Oder durch mangelnde Innovation in der Ausarbeitung von Geschäftsmodellen, mit denen Medien entwickelt werden können, wozu auch die Bildung commonsbasierter Medien zählen könnte (vgl. Fuchs und Sevignani 2013)?

Wie steht es um die Reichweite der Erkenntnisse, die dieser Beitrag hoffentlich produziert hat? Ein Begriff überdeterminierter Produktivität, die ständig im Fluss ist und ihre eigenen Existenzgrundlagen schafft, hat natürlich ein bewegliches Ziel wissenschaftlicher Analyse zur Folge, weshalb das hier skizzierte Modell unvollständig bleiben muss. Damit muss die Arbeit auf den verschiedenen Ebenen empirisch und theoretisch spezifiziert werden: Wie lassen sich die Kapitalsorten, die YouTuberInnen in ihren Netzwerken tauschen, besser beschreiben? Wie genau sehen die Mechanismen der diskursiven Konstruktion von Meme-Netzwerken aus? Welche materiellen Eigenschaften eines Textes bedingen seine Zirkulation und Adaption? In welcher Form sind Interfaces und Algorithmen an solchen Prozessen beteiligt? Welche Faktoren regulieren Produktivität? Fraglich mag natürlich auch die hier vielleicht zu einfach vollzogene Definition einer Musikkultur YouTubes sein. So kann davon ausgegangen werden, dass in ähnlichen Medienkulturen, die sich bspw. über SoundCloud oder Instagram konstituieren, ähnliche Konfigurationen von Wertschöpfung vorliegen. Jedoch wird mit dem Begriff einer Musikkultur YouTubes oder SoundClouds ein Abgrenzungsproblem geschaffen; denn wo hört dann die Musikkultur YouTubes auf und wo beginnt die Musikkultur von SoundCloud? Sind Medien überhaupt sinnvolle Ausgangspunkte für solche Definitionsversuche? Auch wenn Kontingenz und Mehrdimensionalität es nötig machen, die verschiedenen Ebenen der Produktivität einer Musikkultur und ihre Beziehungen jeweils empirisch und mit divergierenden theoretischen Hintergründen zu erfassen, so müssen dennoch Grenzen des zu untersuchenden Problems bestimmbar bleiben. Vor allem weitere Fallstudien digital vernetzter Medien- und Musikkulturen können hier einen Beitrag liefern, da die Abgrenzung der zu untersuchenden Gegenstände sowie die Mechanik ihrer *Werte-Schöpfung* dynamisch bleiben und mit einem Maximum an Komplexität untersucht werden können (vgl. Yin 2008; Thomas 2011).

Literatur

Althusser, L. (2005). Contradiction and Overdetermination. In: *For Marx* (Bd. 114, S. 87–129). London: Verso.
Ang, I. (1991). *Desperately Seeking the Audience*. London, New York: Routledge.
Barker, C. (2011). *Cultural Studies: Theory and Practice*. London: SAGE.
Bechmann, A. & Lomborg, S. (2013). Mapping Actor Roles in Social Media: Different Perspectives on Value Creation in Theories of User Participation. *New Media & Society 15* (5), 765–781. doi.org/10.1177/1461444812462853. Zugegriffen: 24. März 2015.
Benkler, Y. (2006). *The Wealth of Networks: How Social Production Transforms Markets and Freedom*. New Haven: Yale University Press.
Bovel, D. & Martha, J. (2000). From Supply Chain to Value Net. *Journal of Business Strategy 21* (4), 24–28. https://doi.org/10.1108/eb040101https://doi.org/10.1108/eb040101. Zugegriffen: 28. März 2015.
Breuer, H. & Lüdeke-Freund, F. (2014). *Normative Innovation for Sustainable Business Models in Value Networks* (SSRN Scholarly Paper No. ID 2442937). Rochester, NY: Social Science Research Network. http://papers.ssrn.com/abstract=2442937. Zugegriffen: 28. März 2015.
Burgess, J. & Green, J. (2009a). The Entrepreneurial Vlogger: Participatory Culture Beyond the Professional-Amateur Divide. In: P. Snickars & P. Vonderau (Hrsg.), *The YouTube Reader* (S. 89–107). Stockholm: National Library of Sweden/Wallflower Press. http://eprints.qut.edu.au/26655/. Zugegriffen: 28. März 2015.
Burgess, J. & Green, J. (2009b). *YouTube: Online Video and Participatory Culture*. Cambridge, England, Malden, MA: Polity.
Castells, M. (2003). *Das Informationszeitalter Wirtschaft. Gesellschaft. Kultur Bd.1: Der Aufstieg der Netzwerkgesellschaft*. Opladen: UTB.
Dawkins, R. (2007). *Das Egoistische Gen* (2. Aufl.). Berlin, Heidelberg: Springer. Abgerufen von http://link.springer.com/10.1007/978-3-642-55391-2. Zugegriffen: 30. März 2015.
Derrida, J. (1988). Die Différance. In: *Randgänge der Philosophie* (S. 37–52). Wien: Passagen Verlag.
Dörfler, S. (2013, 22. Februar). Youtube-Hit „Harlem Shake". Dreißig Sekunden Kontrollverlust. *Frankfurter Allgemeine Zeitung*. http://www.faz.net/aktuell/feuilleton/medien/youtube-hit-harlem-shake-dreissig-sekunden-kontrollverlust-12090746.html. Zugegriffen: 30. März 2015.
Duden (Hrsg.). (2015). Produktivität. In: *Duden*. http://www.duden.de/rechtschreibung/Produktivitaet. Zugegriffen: 25. März 2015.
Du Gay, P., Hall, S., Janes, L., Madsen, A. K., Mackay, H. & Negus, K. (2013). *Doing Cultural Studies: The Story of the Sony Walkman* (2nd ed). Thousand Oaks, CA: SAGE.
Dyer, J. & Singh, H. (1998). The Relational View: Cooperative Strategy And Sources Of Interorganizational Competitive Advantage. *Academy of Management Review 23* (4), 660–679. https://doi.org/10.5465/AMR.1998.1255632. Zugegriffen: 28. März 2015.
Engelmann, M., Grünewald, L. & Heinrich, J. (2012). The New Artrepreneur – How Artists Can Thrive on a Networked Music Business. *International Journal of Music Business Research 1* (2), 31–45.

Fuchs, C. (2012). Dallas Smythe Today – The Audience Commodity, the Digital Labour Debate, Marxist Political Economy and Critical Theory. Prolegomena to a Digital Labour Theory of Value. *tripleC: Communication, Capitalism & Critique. Open Access Journal for a Global Sustainable Information Society 10* (2), 692–740.

Fuchs, C. & Sevignani, S. (2013). What is Digital Labour? What is Digital Work? What's their Difference? And Why do these Questions Matter for understanding Social Media? *TripleC: Communication, capitalism & critique. Open access journal for a global sustainable information society 11* (2), 237–293.

Gauntlett, D. (2011). *Making is Connecting* (1. Aufl.). Cambridge, UK ; Malden, MA: John Wiley & Sons.

Gibson-Graham, J. K. (2006). *The End of Capitalism (As We Knew It): A Feminist Critique of Political Economy*. Minneapolis: University of Minnesota Press.

Gong, D. (2016, 27. Juni). PMG Wins 7 at the 2016 Cannes Lions Festival. https://www.pmg.com/blog/pmg-wins-big-at-cannes/. Zugegriffen: 16. Oktober 2016.

Grünewald, L. (2013, 04. September). *Non-monetäre Wertschöpfung in Musiknetzwerken: Eine Qualitative Studie der Tauschbeziehungen Musikschaffender* (Masterarbeit). Hochschule für Musik, Theater und Medien Hannover, Hannover. http://goo.gl/VYtBw2. Zugegriffen: 23. März 2015.

Grünewald, L. (2015). Broadcast Whom? Die Neuen Alten Selbstverständnisse im YouTube Ökosystem. Sind Multi-Channel-Networks die neuen Sender? *Der Digitale Wandel 4/14.* http://www.collaboratory.de/w/Datei:DerDigitaleWandelQ4–2014.pdf. Zugegriffen: 2. März 2015.

Grünewald, L. & Haupt, J. (2014). Value Creation on Youtube: How Musicians, YouTubers and Commercial Networks Create Social, Cultural and Economic Capital. Gehalten auf der Vienna Music Business Research Days, Vienna. http://www.researchgate.net/profile/Lorenz_Gruenewald2/publication/267393473_Value_Creation_on_YouTube__How_Musicians_YouTubers_and_Commercial_Networks_Create_Social_Cultural_and_Economic_Capital1/links/544e8b910cf26dda089015c7.pdf. Zugegriffen: 24. Februar 2015.

Grünewald, L. & Petzold, T. (i.V.). *YouTubes Culture and Economy: Building a Model of the Creation of Values.* Berlin.

Hall, S. (1993). Encoding, Decoding. In: S. During (Hrsg.), *The Cultural Studies Reader* (S. 80–103). London, New York: Routledge.

Hall, S. (2004). Wer Braucht >Identität<? In: *Ideologie, Identität, Repräsentation* (S. 167–188). Hamburg: Argument.

Haupt, J. & Grünewald, L. (2014). Vom Produkt zum Produktionsmittel: Was Medienunternehmen von Spotify lernen können. In: H. Rau (Hrsg.), *Digitale Dämmerung: Die Entmaterialisierung der Medienwirtschaft* (S. 101–117). Nomos.

Hepp, A. (2010). *Cultural Studies und Medienanalyse: Eine Einführung* (3., überarb. und erw. Aufl). Wiesbaden: Springer VS.

Hillebrandt, F. (2014). *Soziologische Praxistheorien*. Wiesbaden: Springer Fachmedien Wiesbaden.

Jenkins, H. (2013). *Spreadable Media: Creating Value and Meaning in a Networked Culture.* New York, London: New York University Press.

Jin, C.-H. (2015). The Role of Facebook Users' Self-systems in Generating Social Relationships and Social Capital Effects. *New Media & Society, 17* (4), 501–519. https://doi.org/10.1177/1461444813506977. Zugegriffen: 5. April 2015.

Konzal, W. & Petzold, T. (2015). Das schlagende Herz von YouTube. *Der Digitale Wandel, 4/14.* http://www.collaboratory.de/w/Datei:DerDigitaleWandelQ4-2014.pdf. Zugegriffen: 15. März 2015.

Kristeva, J. (1978). Bachtin, das Wort, der Dialog und der Roman (1967/1972). In: B. Hillebrand (Hrsg.), *Zur Struktur des Romans* (S. 388–408). Darmstadt: Wissenschaftliche Buchgesellschaft.

Lange, P. G. (2009). Videos of Affinity on YouTube. In: P. Snickars & P. Vonderau (Hrsg.), *The YouTube Reader.* London: Wallflower Press.

Lanham, R. A. (2007). *The Economics of Attention: Style and Substance in the Age of Information.* Chicago: University of Chicago Press.

Lash, S. (2011). Posthegemoniale Macht: Cultural Studies im Wandel. In: R. Winter (Hrsg.), *Die Zukunft der Cultural Studies: Theorie, Kultur und Gesellschaft im 21. Jahrhundert* (S. 95–127). Bielefeld: transcript.

Lash, S. & Lury, C. (2007). *Global Culture Industries: The Mediation of Things.* Cambridge: Polity.

Lewis, L. C. (2012). The Participatory Meme Chronotope. *New Media Literacies and Participatory Popular Culture Across Borders,* 106–121.

Li, C. & Bernoff, J. (2011). *Groundswell: Winning in a World Transformed by Social Technologies.* Boston: Harvard Business School Press.

Marshall, D. P. (2012). The New Intertextual Commodity. In: D. Harries (Hrsg.), *The New Media Book* (S. 69–82). London: British Film Institute.

Marx, K. (1972). *Das Kapital: Kritik der politischen Ökonomie* (4. Aufl.). Frankfurt a.M.: VMB.

Parolini, C. (1999). *The Value Net: A Tool for Competitive Strategy.* Chinester: Wiley. http://eu.wiley.com/WileyCDA/WileyTitle/productCd-0471987190.html. Zugegriffen: 28. März 2015.

Paulus, A. & Winter, C. (2014). Musiker als Media-Arteprenuere? Digitale Netzwerkmedien als Produktionsmittel und neue Wertschöpfungsprozesse. In: U. Breitenborn, T. Düllo & S. Birke (Hrsg.), *Gravitationsfeld Pop: Was kann Pop? Was will Popkulturwirtschaft? Konstellationen in Berlin und anderswo* (1. Aufl., S. 133–142). Bielefeld: transcript.

Porter, M. E. (2014). *Wettbewerbsvorteile: Spitzenleistungen erreichen und behaupten* (8. durchgesehene Aufl.). Campus.

Potts, J., Hartley, J., Banks, J., Burgess, J., Cobcroft, R., Cunningham, S. & Montgomery, L. (2008). Consumer Co-creation and Situated Creativity. *Industry & Innovation 15* (5), 459–474. https://doi.org/10.1080/13662710802373783. Zugegriffen: 23. Juli 2015.

Schober, R. (2013). Adaptation as Connection. Transmediality Reconsidered. In: J. Bruhn, A. Gjelsvik & H. Eirik Frisvold (Hrsg.), *Adaptation Studies. New Challenges, New Directions* (S. 89–112). New York, London: Bloomsbury.

Segev, E., Nissenbaum, A., Stolero, N. & Shifman, L. (2015). Families and Networks of Internet Memes: The Relationship Between Cohesiveness, Uniqueness, and Quiddity Concreteness. *Journal of Computer-Mediated Communication,* 1–17. https://doi.org/10.1111/jcc4.12120. Zugegriffen: 24. März 2015.

Shah, D. V., Kwak, N. & Holbert, R. L. (2001). „Connecting" and „Disconnecting" With Civic Life: Patterns of Internet Use and the Production of Social Capital. *Political Communication 18* (2), 141–162. https://doi.org/10.1080/105846001750322952. Zugegriffen: 5. April 2015.

Shifman, L. (2012). An Anatomy of a YouTube Meme. *New Media & Society 14* (2), 187–203. https://doi.org/10.1177/1461444811412160. Zugegriffen: 24. März 2015.

Shifman, L. & Jenkins, H. (2014). A Meme is a Terrible Thing to Waste. http://henryjenkins.org/2014/02/a-meme-is-a-terrible-thing-to-waste-an-interview-with-limor-shifman-part-one.html. Zugegriffen: 25. März 2015.

Springer Gabler Verlag (Hrsg.). (2015). Produktivität. In: *Gabler Wirtschaftslexikon*. Springer Gabler Verlag. http://wirtschaftslexikon.gabler.de/Archiv/55467/produktivitaet-v6.html. Zugegriffen:

Steinfield, C., DiMicco, J. M., Ellison, N. B. & Lampe, C. (2009). Bowling Online: Social Networking and Social Capital Within the Organization. In: *Proceedings of the Fourth International Conference on Communities and Technologies* (S. 245–254). New York, NY, USA: ACM. https://doi.org/10.1145/1556460.1556496. Zugegriffen: 5. April 2015.

Thomas, G. (2011). A Typology for the Case Study in Social Science Following a Review of Definition, Discourse, and Structure. *Qualitative Inquiry 17* (6), 511–521. https://doi.org/10.1177/1077800411409884. Zugegriffen: 24. Oktober 2015.

Ullrich, W. (2016, 18. April). Mem-Archäologie. http://www.pop-zeitschrift.de/2016/04/18/social-media-aprilvon-wolfgang-ullrich18-4-2016/. Zugegriffen: 16. Oktober 2015.

van Dijck, J. (2013a). *The Culture of Connectivity: A Critical History of Social Media*. Oxford, New York: Oxford University Press.

van Dijck, J. (2013b). YouTube Beyond Technology and Cultural Form. In: M. de Valck & J. Teurlings (Hrsg.), *After the Break: Television Theory Today* (S. 147–159). Amsterdam: Amsterdam University Press. http://dare.uva.nl/cgi/arno/show.cgi?fid=483402#page=148. Zugegriffen: 27. März 2015.

Wasko, J. & Erickson, M. (Hrsg.). (2009). The Political Economy of YouTube. In: *The YouTube Reader Bd. 12* (S. 372–386). London: Wallflower Press.

Wellman, B., Haase, A. Q., Witte, J. & Hampton, K. (2001). Does the Internet Increase, Decrease, or Supplement Social Capital? Social Networks, Participation, and Community Commitment. *American Behavioral Scientist 45* (3), 436–455. https://doi.org/10.1177/00027640121957286. Zugegriffen: 5. April 2015.

Winter, C. (2012). How Media Prosumers Contribute to Social Innovation in Today's New Networked Music Culture and Economy. *International Journal of Music Business Research 1* (2), 46–73.

Winter, C. (2013). Sinn und Notwendigkeit normativer Medienkulturforschung in der Kommunikationswissenschaft. In: M. Karmasin, M. Rath & B. Thomaß (Hrsg.), *Normativität in der Kommunikationswissenschaft* (S. 303–328). Wiesbaden: Springer Fachmedien.

Winter, C. (2014). Die Entwicklung der Medien als „Ursachen" und als „Wesen" musikbezogener Wertschöpfung: Akustisches Kapital Wertschöpfung in der Musikwirtschaft. In: B. Lange, H.-J. Bürkner & E. Schüßler (Hrsg.), *Akustisches Kapital: Wertschöpfung in der Musikwirtschaft*. Bielefeld: transcript.

Yin, R. K. (2008). *Case Study Research: Design and Methods* (4th edition). Los Angeles, Calif.: SAGE.

YouTube. (2015a, 21. Oktober). Introducing YouTube Red Original Series and Movies from your favorite stars. http://youtube-global.blogspot.com/2015/10/red-originals.html. Zugegriffen: 24. Oktober 2015.

YouTube. (2015b, 21. Oktober). Meet YouTube Red, the Ultimate YouTube experience. http://youtube-global.blogspot.com/2015/10/red.html. Zugegriffen: 27. Oktober 2015.

Ein Song, den du gut gebrauchen kannst

Popmusikalische Produktivität und ihre Verbindung zu Vermarktung und Rezeption

Holger Schwetter

Zusammenfassung

Der Beitrag grenzt ein kulturelles Verständnis von Produktivität vom ökonomischen Verständnis ab und zeigt anhand von Fallstudien beispielhaft, was sich mit einem solchen Verständnis über kulturelle Dynamiken herausfinden lässt. Als Methoden kommen Musikanalysen, Dokumentenanalyse, Interviewforschung und teilnehmende Beobachtung zum Einsatz. An Beispielen aus der Musikrezeption und der Musikdistribution, anhand der Tanzpraxis in der Rockdiskothek und des Online-Marketing von Musiker*innen wird dargelegt, dass sowohl spezifische Praxis in Musikkulturen, aber auch ökonomische Rahmenbedingungen kulturelle Produktivität anregen können. Eine analytische Trennung von kultureller und ökonomischer Produktivität ermöglicht ein Verständnis der Interaktion von kulturellen, sozialen und ökonomischen Prozessen, ohne ein ökonomistisches Vorverständnis auf alle Aspekte der miteinander verbundenen Geschehnisse auszuweiten.

Schlüsselbegriffe

Produktivität, progressive Rockmusik, tanzen, Coverbands, Podcast, Selbstvermarktung.

1 Einleitung

Produktivität ist einerseits ein Begriff der klassischen Ökonomie, mit ihm wird das monetäre Verhältnis zwischen dem, was produziert wird, und den dazu nötigen Ressourcen oder Kosten bezeichnet, zwischen dem Einsatz bestimmter Mittel und dem Marktwert der Waren (vgl. Lasshof 2006). Die Produktivität steigt also, wenn mit weniger Mitteln (z.b. Arbeitszeit, Material, Energie) mehr produziert und verkauft werden kann. Übersteigen die Kosten die Einnahmen, dann ist keine Produktivität vorhanden. Andererseits ist mit dem Begriff ein Alltagsverständnis in Bezug auf individuelle Tätigkeiten verknüpft. Wird im Alltag gefragt: „Wie produktiv warst du heute?", so ist damit gemeint: „Bist du einen Schritt weitergekommen, hattest du neue Ideen, konntest du ein Projekt ein Stück vorantreiben?". Die Frage bezieht sich nicht auf wiederholbare, quantifizierbare Tätigkeiten, sondern auf solche, bei denen Neues geschaffen wird, bei denen Probleme sichtbar werden und überwunden werden müssen, bei denen daher Krisen möglich sind. Produktivität in diesem Sinn bezieht sich nicht unbedingt auf ein ‚Mehr' mit weniger Mitteln, sondern auf ein ‚Anders', auf die Veränderung einer Situation hin zu einem anderen Zustand. Und die Veränderung sowie der Weg dorthin werden positiv bewertet (vgl. Bröckling 2012; Reckwitz 2012). Hier wird ein kulturelles Verständnis von Produktivität sichtbar, das sich deutlich vom klassisch-ökonomischen Begriff unterscheidet.

Diese unterschiedlichen Verständnisse berühren sich bei der Musikproduktion: Das neue Musikstück oder das Album sind zählbare Artefakte, ebenso zählbar sind die Verkaufszahlen und die damit generierten Einnahmen, aber ihr kultureller Wert entsteht aus dem Vergleich mit vorherigen Werken. Etwas nur Gleiches hat wenig Chancen, Verbreitung zu finden, und wird gering bewertet. Laut Groys (1992) ist die Bewertung von Werten (und deren Vergleich) die Grundlage kultureller Dynamiken. Ein kulturelles Verständnis von Produktivität erfährt im Folgenden in Abgrenzung zu ökonomischen Theorien eine theoretische Grundlegung. Hierbei wird der Wertbegriff eine zentrale Rolle spielen. Anschließend wird die kulturelle Produktivität in zwei unterschiedlichen populären Musikkulturen untersucht: in der Rockmusik der 1970er Jahre und bei gegenwärtig tätigen Singern/Songwritern. Sie wird dabei nicht als isoliertes Phänomen betrachtet, das sich im alleinigen Vergleich eines Werkes mit anderen Werken erschließt, sondern als ein mit Rezeption und Musikmarkt verwobenes Phänomen. Abschließend wird ein Resümee im Hinblick darauf gezogen, ob der vorgeschlagene Begriff der kulturellen Produktivität im Hinblick auf die Analyse konkreter Phänomene gewinnbringend ist.

2 Produktivität in der Ökonomie und in der Kulturproduktion

Für die Beschäftigung mit der Entwicklungsdynamik von Musikkulturen ist die eingangs wiedergegebene Begrifflichkeit der klassischen Ökonomie nicht geeignet. Denn bei der Kreation von Musik geht es um sehr individuelle und zumeist unbezahlte Arbeitsleistungen, die nicht direkt monetär bewertet werden können. Ein neues Werk zu produzieren, kann Jahre dauern oder schnell vonstattengehen, es kann für wenige oder viele Menschen bedeutsam werden, häufig oder gar nicht verkauft werden. Daher liegt keine eindeutige Input-/Output-Relation der künstlerischen Musikproduktion vor, in der sich eingesetzte Zeit und Mittel gegen einen erwarteten Profit setzen lassen.[1] In dem Versuch, derartige Relationen herzustellen, bieten große wie kleine Medienunternehmen Künstler*innen statt Gehältern häufig Gewinnbeteiligungen an. Zudem finanzieren vor allem kleinere Plattenfirmen nur selten die Audioproduktion und bieten stattdessen Bandübernahmeverträge an, d.h., sie nehmen lediglich die fertigen Tonaufnahmen ab, um sie zu vermarkten. So wird der schwer kalkulierbare Anteil der künstlerischen Arbeit ökonomisch verschleiert und die Plattenfirmen müssen nur den Herstellungs- und Vermarktungsaufwand als monetäre Kosten berücksichtigen. Trotzdem operieren sie mit großem Risiko, weil sich der Erfolg einer einzelnen Produktion nicht vorhersagen lässt. Vor allem große Medienunternehmen handeln daher häufig auf der Grundlage eines statistischen Geschäftsmodells, in dem die wenigen Erfolge die vielen Flops finanzieren (vgl. De Vany 2004; Hutter 2006).

Andere, kleinere Akteure, unter ihnen die Musiker*innen selbst, planen ihre Produktionen oft nicht nach ökonomischen Kriterien oder mischen auf unterschiedlichste Art und in verschiedensten Gewichtungen ökonomische Taktiken und künstlerische Strategien (vgl. Schwetter 2015). Die Belohnungen, auf die sie zielen, sind ebenso vielfältig. Sie können monetärer Art sein und/oder aus der Anerkennung einer bestimmten gesellschaftlichen Gruppe bestehen. Bourdieus Unterscheidung von monetärem, kulturellem und sozialem Kapital (vgl. Bourdieu 1983) ermöglicht sinnfällige Beschreibungen dieser unterschiedlichen Belohnungen, verbindet sie zugleich über den Begriff des Kapitals und implementiert damit eine ökonomische Logik in die Theorie von Belohnungsmöglichkeiten und Ausschlusslogiken sozialer Felder.

Für die Frage nach der Produktivität von Musikkulturen haben Paulus und Winter (2014) am Beispiel der Berliner Musikwirtschaft im Rahmen eines „dyna-

---

[1] Auftragsproduktionen wie Werbe- oder Filmmusik werden in diesem Beitrag nicht behandelt.

mischen Werte-Schöpfungs-Modells" (S. 133) eine ähnlich weite Bestimmung vorgenommen, die unterschiedliche Handlungsstrategien und Motivationen unter einem erweiterten ökonomischen Begriff zu fassen erlaubt. Für sie gilt all das als produktiv im Sinne von einen-Wert-generierend, was für eine bestimmte Gruppe von Menschen einen Wert darstellt, und zwar kommerziell, sozial, kulturell und ästhetisch. Als zentralen Wert, der die verschiedenen Dimensionen verbindet, sehen sie die Vernetzung an. Um diese Produktivität zu untersuchen, lassen sich nicht nur die Handlungen Einzelner, sondern ihr sozialer Zusammenhang, bspw. als „kollaborative Wertaktivitäten von Musikschaffenden" (ebd.) untersuchen. Wie Mathei an anderer Stelle in diesem Band zeigt, lassen sich in diese Perspektive alle an einer Musikkultur beteiligten Personen und Prozesse integrieren, also auch die Hörer*innen, Konsument*innen, Händler*innen usw. Durch derartige Herangehensweisen lässt sich die gegenseitige Durchdringung und Beeinflussung von Musikproduktion und Rezeption ebenso gut zeigen wie die vielfältigen Aktivitäten, aus denen sie bestehen.

Aber die Konsequenz daraus, die Ganzheitlichkeit der Prozesse in Musikkulturen zu beschreiben, indem gezeigt wird, dass vielfältige kulturelle Prozesse an ökonomischer Wertschöpfung beteiligt sind, besteht darin, (möglicherweise ungewollt) ein Denken in ökonomischen Kategorien als zentral zu setzen. Ein daran anschließender Kategorienfehler bestünde darin, eine derartige Orientierung für die Teilnehmer*innen an musikkulturell motivierten Marktaktivitäten anzunehmen, wie dies in manchen politisch motivierten Papieren zur Kreativwirtschaft der Fall ist (vgl. Söndermann 2009), oder normativ einzufordern, wie für manche Förderinstrumente festgestellt werden kann (vgl. Harvie 2013).

Ganz allgemein lässt sich fragen, ob die Übertragung eines ökonomischen Verständnisses auf kulturelle Prozesse wie die Musikproduktion und -rezeption zu einer Überbetonung der ökonomischen Faktoren führt und einem Ökonomismus Vorschub leistet, der in dem Anspruch besteht, jedwede soziale Dynamik mit ökonomischen Begriffen und Motivationen beschreiben zu können. Die empirische Forschung zu popmusikalischen Nischenkulturen ist bereits dabei, die Mischungsverhältnisse differenziert zu betrachten. So stellt Kühn (2017) in Anlehnung an Bourdieus Kulturfeldtheorie für viele der Akteur*innen der Berliner Techno-Szene eine „Priorisierung der kulturellen Orientierung gegenüber wirtschaftlichen Möglichkeiten und Zwängen" (ebd., S. 210) fest, die er als *kulturelle Askese* bezeichnet. Auch Mathei, der in seinem Produktivitätsbegriff bewusst ökonomische und kulturelle Elemente vereint, um die Verwobenheit beider in der Entwicklungsdynamik von Micro-Indie-Szenen zu zeigen, gesteht der soziokulturellen Sinnproduktion eine entscheidende Rolle zu.

Um der Gefahr zu entgehen, ein ökonomistisches Verständnis unternehmerisch handelnder Subjekte (vgl. Bröckling 2007) auf die Geschehnisse in Musikkulturen zu projizieren, schlägt dieser Beitrag einen anderen Umgang mit dem Begriff der Produktivität im Zusammenhang mit Musikkulturen vor. Dieser wird hier in Bezug auf Musikkulturen ohne Bezugnahme auf ökonomische Konzepte verwendet. Produktiv ist eine Musikkultur dann lediglich in Bezug auf ihre eigene Entwicklung, in Bezug auf die Bewertung des Neuen gegenüber dem Vorhandenen und auf Handlungen, Prozessen oder Artefakten, die für die Beteiligten einen Wert darstellen. Für diese Bestimmung wird der oben genannte Wertbegriff von Paulus und Winter um die ökonomische Dimension entleert. Er bezieht sich damit auf die soziale, kulturelle und vor allem auf die ästhetische Dimension, erlaubt die Frage, was dort für die Beteiligten als wertvoll erachtet wird, und dient so als Antenne, um Produktivität aufzufinden. Hierfür dienlich sind Fragen nach dem Wert von Musikproduktionen, medialen Artefakten, Ereignissen und Handlungen. In dieser Bestimmung bleibt das Neue präsent, da permanent der Wert neuer Handlungen oder Produktionen im Vergleich mit dem bereits Bekannten bestimmt wird. Die These ist, dass eine hohe ästhetische Produktivität in einem Feld von den Teilnehmer*innen besonders ausgezeichnet wird, sie wird mit hohem Wert versehen. Die Prozesse oder Verläufe der Generierung von Wert laufen dabei strukturell nur lose gekoppelt zu ökonomischen Prozessen ab. Sie besitzen eine eigene Logik, die auf ganz unterschiedliche (und durchaus auch konflikthafte) Arten mit ökonomischer Logik verknüpft sein kann (vgl. Bürkner in diesem Band).

Die Beziehung zwischen kultureller und ökonomischer Produktivität wird im vorliegenden Beitrag anhand von Beispielen aus der Rezeption und dem Musikvertrieb untersucht. Für den ersten Fall, die Untersuchung des Tanzverhaltens in Rockdiskotheken, wird auf empirisches Material einer gerade laufenden Studie des Autors zurückgegriffen. Im Rahmen eines von der Deutschen Forschungsgemeinschaft finanzierten Forschungsprojektes[2] wird dort die Aneignung populärer Musik in der westdeutschen Provinz der 1970er und 1980er Jahre untersucht. Hierfür werden Quellenstudium, qualitative Interviewforschung, teilnehmende Beobachtungen auf Revival-Parties und Musikanalysen trianguliert (vgl. Schwetter 2017). Für den zweiten Fall, die Songproduktion von US-amerikanischen Singern/Songwritern, werden die Internetpräsenzen sowie weitere öffentlich zugängliche Quellen ausgewertet, zudem werden die Songs einer Korpusanalyse unterzogen. Bei einem der Sänger liegt zudem ein vom Autor geführtes Interview vor. Das

---

2   DFG-Forschungsprojekt *Time has come today. Die Eigenzeiten popmusikalischer Chronotope und ihr Beitrag zur temporalen Differenzierung von Lebenswelten seit den 1960er Jahren* im Rahmen des SPP 1688 *Ästhetische Eigenzeiten*

Augenmerk der Untersuchung liegt auf der Frage, inwiefern die dort vorzufindenden Prozesse kulturell produktiv sind. Die kulturelle Produktivität wird dabei, so die These, in unterschiedlicher Weise durch ökonomische, soziale und kulturelle Anreize angeregt.

3 Der Tanz in der Rockdiskothek

In einer der wenigen zeitgenössischen wissenschaftlichen Beiträge, in denen die Rockdiskothek im Westdeutschland der 1970er Jahre behandelt wird, schreibt Pausch über die Diskothek *Sound* in Westberlin: „Es tanzen nur etwa 10 % der Besucher. Die Tänzer begeben sich in der Regel allein auf die Tanzfläche und tanzen dort auch einzeln, häufig mit narzisstischer Attitüde. Die Bewegungen sind exzentrisch (im doppelten Wortsinn) und oft ekstatisch" (Pausch 1974, S. 187). Es klingt durchaus plausibel, dass in Rockdiskotheken ein kleinerer Teil der Besucher*innen getanzt hat als in den zugleich verbreiteten Popdiskotheken (vgl. ebd., S. 193). Dies legt allein schon die ebenfalls von Pausch beschriebene dezentrale Raumstruktur mit vielen Alternativangeboten nahe: Es gab dort Sitznischen und abgetrennte Räume mit Billard, Kicker, Flipper und sogar ein kleines Kino. Durch den Vergleich mit weiteren Rockdiskotheken wird sichtbar, dass eine solche dezentrale Raumordnung mit unterschiedlichen Angeboten für derartige Einrichtungen auch auf dem Land typisch ist: Neben dem Hauptraum mit der Tanzfläche gibt es häufig noch eine Kneipe, einen Billard-Raum, dazu eine Teestube, in der nur nicht-alkoholische Getränke serviert wurden (vgl. Schwetter 2016). Ehemalige Teilnehmer*innen berichten in für das Forschungsprojekt durchgeführten Interviews, dass die grundlegenden Aktivitäten in Rockdiskotheken das Nichtstun und das Musikhören waren. Beides wurde gerne durch den Gebrauch von Marihuana und anderen Drogen unterstützt.

Das Tanzen scheint dort also eine untergeordnete Rolle gespielt zu haben. Dies würde sich durchaus mit den in den letzten Jahrzehnten verbreiteten Analysen der dort gespielten ‚progressiven' Rockmusik decken. Die Stilbezeichnung progressive Rockmusik bezieht sich auf Spielarten von Rockmusik zwischen 1965 und dem Ende der 1970er Jahre, die sich durch eine Erweiterung der ästhetischen Mittel der Popmusik, teilweise durch Anlehnung bei klassischer und neuer Musik, auszeichnet (vgl. Halbscheffel 2012). Einige typische Stilmittel sind eine lange zeitliche Ausdehnung der Stücke, komplexe Binnenstrukturen, differenzierte Klanggestaltung und interpretatorische Virtuosität. Als erstes progressives Album gilt *Sgt. Peppers Lonely Hearts Club Band* von The Beatles (1966). Typische Vertreter sind Bands wie Pink Floyd, King Crimson, Jethro Tull oder Yes. Progressive

Musik wird von ehemaligen Feldteilnehmer*innen in Interviews aber auch als weiter gefasster Oberbegriff für die von ihnen präferierte Rockmusik der frühen 1970er Jahre verwendet, dann fallen auch Bands wie Led Zeppelin, The Doors, Black Sabbath darunter, die musikstilistisch gerne auch anderen Binnen-Genres der Rockmusik wie Psychedelic Rock oder Hard Rock zugeordnet werden.

Diese Musik gilt aufgrund ihrer komplexen Binnenstrukturen und langen Zeitverläufe gemeinhin als eine Hörmusik – und nicht als Tanzmusik. Unter anderem wurde den klanglichen Grundlagen ihrer psychedelischen Wirkung nachgespürt (vgl. Whiteley 1992). Zeitgenössische Kommentator*innen nutzen häufig metaphorische Beschreibungen, die die zentrale Bedeutung von Rockmusik für die Alternativkultur darstellen. Mohr beschreibt Musik als „das Fluidum des anderen Lebens, die emotionale Projektionsfläche für Wünsche und Ängste, Allmachts- wie Ohnmachtsgefühle – ein flüssiges (Über-)Lebensmittel […]" (Mohr 1992, S. 180). Gwerder nennt Rockmusik das „wichtigste gegenkultürliche Kommunikationsmittel und Botschaftsträger" (Gwerder 1988, o.S.). Neuere Veröffentlichungen, die der Verbindung von Rockmusik und gesellschaftlichen Umbrüchen nachgehen, beziehen das musikalische Material meist nicht in ihre Darstellungen ein, so z. B. Wagner (2013). Er benennt den Sound als die zentrale Kategorie, geht allerdings nicht darauf ein, wie Klanggestaltung und Musiknutzung zusammenhängen könnten.

Willis (2014 [1978]) unternimmt in seiner klassischen kulturwissenschaftlichen Studie zu Hippies (engl. ‚Heads') in Manchester den Versuch, die homologen Beziehungen zwischen der Kultur der Heads und der Gestalt der Musik zu erhellen. Musik ist für sie von zentraler Bedeutung, das gemeinsame Musikhören ist eine wichtige Beschäftigung. Gerade durch die potenzielle Offenheit musikalischer Klangstrukturen eignet sie sich, so Willis Interpretation, besonders gut, um den stets doppeldeutigen, verborgene Bedeutungen suggerierenden und suchenden Diskurs der Hippies voranzutreiben. Dafür nutzen sie eine Musik, die sich besonders durch Offenheit und Vielschichtigkeit auszeichnet. Die Analyse von Willis ist klug und treffend, lässt aber die Frage offen, wie die Musik und ihre Hörer*innen zusammenfinden, oder anders gesagt: Wie hängt die Entwicklung einer Musik (ihre kulturelle Produktivität) mit den Hörerwartungen ihrer Nutzer*innen zusammen? In Bezug auf Rockmusik spricht Wagner, ironisch die Theoriedebatten der 1970er Jahre aufnehmend, von einem „dialektischen Verhältnis" (Wagner 2013, S. 11). Die Hörer*innen projizieren auf die Musik den Geist gesellschaftlichen Umbruchs, der als Schwelle wahrgenommen wird und viel „kreative Energie" freisetzt (ebd., S. 19). Die Musiker*innen nehmen dies auf und wagen immer neue Experimente. Es kommt zu einer gegenseitigen Verstärkung von Hörerlebnissen und der Erwartung von erneutem Erleben und weiterer Steigerung. Grundlage für

Wagners These sind seine eigenen Erfahrungen als passionierter Konzertbesucher. Rockdiskotheken behandelt er nicht. „Im Hallendunkel wurde ausgeflippt getanzt und billiger Rotwein getrunken. Man konnte «Shit» rauchen und mit der Freundin knutschen. Das Rockkonzert war ein utopischer Ort, an dem sich Rausch und Ekstase mit Selbstbestimmung und einem Gefühl von Freiheit verbanden, kurz: ein Ort, wo sich das Anderssein der Subkultur manifestierte [Hervorhebung im Original]" (ebd., S. 286). Immerhin schildert er das ‚ausgeflippte Tanzen' als eine bedeutende Praxis auf Rockkonzerten in den frühen 1970er Jahren in der schwäbischen Provinz. Was sich in diesem Zitat auch manifestiert: Die Rockkonzerte haben einen großen, umfassenden Wert für die Beteiligten und dieser entsteht nicht nur durch das Musikerlebnis. Für die Ekstase kann auch das Knutschen mit der Freundin verantwortlich sein. Mit der Manifestation wird die kollektive Dimension angesprochen: Bei diesen Gelegenheiten wird für die Anhänger*innen der ‚Gegenkultur'[3] physisch spürbar, dass sie eine große Gruppe sind. Auch die hier geschilderten recht einfachen Handlungen, wie Rotwein trinken und knutschen, bekommen ihre starke Aufladung dadurch, dass sie zugleich individuell und kollektiv als „Anderssein der Subkultur" erfahren werden. Der Wert besteht also im individuellen sozialen und ästhetischen Erleben, dessen Außeralltäglichkeit und Andersartigkeit gemeinsam gespürt wird. Das Rockkonzert wird „ein utopischer Ort". Ähnliche Bezeichnungen wie ‚eigener Planet' oder ‚andere Welt' sind ebenfalls typisch für Erlebnisberichte aus Rockdiskotheken der frühen 1970er Jahre. Sie dienen wie die Konzerte dem Aufspannen eines andersartigen ästhetischen und sozialen Raumes, der als temporäre, alternative Wirklichkeit empfunden wird.

Wagners Buch gehört zu einem Strang autobiografisch gefärbter Schriften zur Aufarbeitung der Rockmusik der 1970er Jahre in Deutschland. Bei ihnen besteht die Gefahr, dass trotz scheinbarer Objektivität der Darstellung die Wahl des Gegenstandes von vornherein durch persönliche Vorlieben und Prägungen eingeschränkt wird: Wagner möchte aufdecken, wie die Rockmusik den gesellschaftlichen Wandel in Baden-Württemberg mitgeprägt hat. Möglicherweise erfahren wir nichts über Rockdiskotheken, weil Wagner sie als junger Mensch persönlich einfach nicht interessant fand. Unter Berücksichtigung derartiger Einschränkungen lassen sich solche Veröffentlichungen als Quellen lesen, die über einen Teil des Feldes fundiert Auskunft geben. So schildert er: Nachrichten über Rockkonzerte verbreiten sich schnell per Mundpropaganda, ihnen wird entgegengefiebert, sie stellen herausragende Ereignisse dar. Und die Bands bekommen vom

---

3 Gegenkultur war ein im alternativen Milieu (vgl. Reichardt 2014) verbreiteter Begriff, der auch in der theoretischen Reflexion von Feldteilnehmer*innen verwendet wurde. Vgl. hierzu beispielhaft Kaiser 1969 und Gehret 1979.

Publikum direkte Reaktionen darauf, welche Stücke und Momente besonders gut ankommen. Sie können von dort aus auf die Wirksamkeit ihrer Spielweise, Sounds und Arrangements rückschließen und gewinnen Anhaltspunkte dafür, in welche Richtung sie die Gestaltung neuer Stücke entwickeln (vgl. Lehmann 2008).

Für die Besucher*innen bildet das Rockkonzert ein raumzeitliches Arrangement, dessen festgelegter Ablauf einerseits ein ästhetisches Erleben ermöglicht: Sie können die geliebte Rockmusik laut und von den Musiker*innen gespielt hören, die sie sonst nur durch phonographische Wiedergabe (durch Schallplatte, Tonband, Radiosendungen) und zumeist in suboptimaler Klangqualität kennen, und dazu tanzen. Zugleich bietet das Konzert die Möglichkeit der Vergemeinschaftung, die Gelegenheit, sich als soziale Gruppe zu manifestieren. Schilderungen wie die oben zitierte durchziehen die Erinnerungsliteratur, egal, ob es sich um die süddeutsche Provinz oder um Ereignisse wie die Essener Songtage handelt, die als zentral für die Entwicklung der bundesdeutschen Musikszene gesehen werden (vgl. Mahnert und Stürmer 2008).

Genau in der Doppelung des Rockkonzerts als ästhetischer und sozialer Sonder-Zeit-Raum liegt der große Wert der frühen Rockkonzerte für die Besucher*innen. Auf beiden Ebenen wird das Konzert produktiv: sozial und ästhetisch. Musik wird körperlich erlebbar, Beziehungen werden geknüpft oder verstetigt, gemeinsame Aktivitäten geplant. Auch politische Aktivitäten sind möglich: Zahlreiche frühe Rockkonzerte werden mit politischen Reden oder Diskussionen verknüpft (vgl. Staib 2009). Ein politisch sehr aktiver Interviewpartner berichtet, dass er und andere Aktivist*innen in den 1970er Jahren den Großteil ihrer politischen Aktionen auf Rockkonzerten geplant haben, ein anderer berichtet davon, wie er in Gesprächen in der Rockdiskothek junge männliche Gäste von der Wehrdienstverweigerung überzeugen wollte. Vieles ist möglich, aber nichts muss passieren – gerade darin liegt die Qualität dieser Veranstaltungen. Die große Spannbreite der Handlungsmöglichkeiten von eher passiv und trivial (herumstehen, trinken, Musikhören) bis politisch-relevant kennzeichnen das soziale Erleben; die Spannbreite wird als Potenzial erlebt, das spürbar ist, in der Luft liegt. Häufig ist dann vermutlich nicht viel passiert. Von langweiligen oder für einige Beteiligte enttäuschenden Abenden ist in der Erinnerungsliteratur wenig zu finden, auch die Interviewpartner*innen erzählen davon selten, dieser Anteil wird in den Erinnerungen häufig ausgeblendet.

Für die Rockdiskotheken, die ab den späten 1960er Jahren in Nordwestdeutschland entstehen, lässt sich eine starke Standardisierung feststellen, die auch zu Leerlauf und Langeweile geführt haben muss; derartige Erlebnisse werden aber in der nostalgischen Rückschau, die im Gegenteil den großen Wert dieser Einrichtungen für die Beteiligten herausstellt, nur selten thematisiert. Die Rockdiskotheken stellen die flächendeckende und regelmäßige Versorgung mit Rockmusik in hoher Lautstärke sicher. Die wöchentlichen oder beinahe täglichen Veranstaltungen folgen (ähnlich wie Konzerte) festen zeitlichen Routinen: Es gibt eine Phase des Ankommens, in der nicht oder nur wenig getanzt wird, einen Höhepunkt zwischen Mitternacht und zwei Uhr morgens, danach leert sich die Diskothek nach und nach, ein harter Kern von Besucher*innen bleibt bis zum Schluss. Auch das Repertoire ist größtenteils festgelegt und ändert sich nur wenig: Bestimmte Songs werden vom Publikum einfach erwartet, neue Songs müssen vorsichtig eingeführt werden. In diesem Repertoire gibt es auch zwischen den Diskotheken große Überschneidungen. Dennoch hat jede Diskothek auch ihr eigenes Profil. Dieses ergibt sich vor allem aus dem Material, das neben dem Kernrepertoire gespielt wird. Hier legen die DJs großen Wert auf Eigenständigkeit. Diese machen sie deutlich, indem sie besonders seltene und schwer zu bekommende Schallplatten spielen. Ebenso war es wichtig, die neuen Schallplatten möglichst vor den anderen zu haben.

Die Rockdiskotheken können für die Verbreitung neuen Repertoires in den frühen 1970ern gar nicht hoch genug eingeschätzt werden. Alle Interviewpartner*innen stimmen darin überein, dass eine wesentliche Motivation für den Besuch der Rockdiskothek darin liegt, dort das ganze für sie relevante und in der Gesamtheit sonst nirgendwo zugängliche Repertoire hören zu können – und das noch dazu in großer Lautstärke und mit hoher Klangqualität. Das Tanzen entfaltet dabei einen neuartigen Charakter: Es wird zu einem körperlich ausagierten Hören. Die Tänzer*innen tanzen einzeln und versenken sich in die Musik; der Körper dient gleichsam als Hörverstärker, der ein intensiveres Musik-Erleben ermöglicht. Für die Zusehenden entstehen individuelle körperliche Interpretationen der besonders relevanten musikalischen Gestaltungsmittel, die auf diese Weise optisch dargestellt werden: dynamische Verläufe, Klanggestaltung, Groove, Struktur (vgl. Schwetter 2017). Gerade dadurch, dass sich die Rockdiskothek hierfür als ein leicht zugänglicher, immer verfügbarer und, wenn man die dort vorherrschenden Verhaltensnormen erst einmal kennt, vorhersehbarer Musikerlebnisraum etabliert, entfaltet sie einen hohen Wert für die Beteiligten und für die Musikkultur. Für die ästhetische Produktivität hat ihre Existenz unmittelbare Konsequenzen: Aus der vergleichenden Analyse der für das Tanzen wichtigen musikalischen Gestaltungsmittel (Dynamikverläufe, Ausdruck, Groove, Klanggestaltung) ergibt sich, dass ‚progressive' Rocksongs möglicherweise in einem weit höheren Maße auf ihre Tanzfunktion hin optimiert wurden, als das bisher bekannt ist. Auch zu *Echoes* von Pink Floyd (enthalten auf dem Album *Meddle* von 1971) tanzten die Teilnehmer*innen unserer Stichprobe. Zudem entsteht ein spezielles Repertoire mit Stücken, die nur in Rockdiskotheken ihre Wirkung entfalten und die außerhalb so gut wie unbekannt sind. Hierzu gehören Stücke wie *A smile is diamond* von A

Band called O (1976) oder *My Time Your Time* von Straight Shooter (1980). An diesen Stücken lässt sich besonders gut sehen, welche klanglichen Eigenschaften in der Rockdiskothek beliebt sind. Auch kommt es im Verlauf der 1970er Jahre zu Überschneidungen mit dem Repertoire der ‚Disco'-Theken, personifiziert in Projekten wie *Supermax* des Österreichers Kurt Hauenstein, dessen Songs sich durchaus, einem Kommentar des YouTube Nutzers jazzsoulfan zufolge, als „rock-disco-soul" bezeichnen lassen. Er schreibt dazu an gleicher Stelle: „it made me real dance crazy in the late 70's & early 80's" (MrGoDisco 2011).

Das Tanzen zu Rockmusik hatte auf deren stilistische Entwicklung vermutlich mehr Einfluss, als bisher in der Musikforschung bekannt ist. Als ausagiertes Hören war das Tanzen ein wichtiger Bestandteil der Rockrezeption und hat dazu geführt, dass Groove und an einem Metrum orientierte rhythmische Klanggestaltung auch in ‚progressivster' Rockmusik wichtig blieben. Der Begriff Groove wird hier im Verständnis von Danielsen (2006) verwendet. In einem Groove dienen alle Instrumente als Lieferanten kleiner rhythmischer Gesten in einem (i.d. Regel zweitaktigen) Pattern, die miteinander verwoben sind. Die Makrostruktur des Songs wird weniger betont (ebd., S. 40). Zudem öffnete sich Rockmusik im Verlauf der 1970er Jahre für andere, rhythmusorientierte Musikstile, wie bspw. Funk, Soul, Disco und lateinamerikanische Musik. Beispiele hierfür sind Musiker wie Santana oder Musikstücke wie Stratus von Billy Cobham (1973). Beide Musiker wurden auch in Rockdiskotheken gespielt.

Die hier kurz skizzierte Verschränkung von sozialer und ästhetischer Dimension ist für Ereignisse, die ästhetisches Erleben ermöglichen sollen, typisch, sie ist sogar unhintergehbar. Um diese untrennbare Verbindung innerhalb eines spezifischen raumzeitlichen Arrangements theoretisch zu fassen, haben Dominik Schrage und der Autor den von Bachtin (2008) geprägten Begriff des *Chronotopos* genutzt und erweitert (vgl. Schrage und Schwetter 2016). Die Autoren haben bei der Gelegenheit bereits daraufhin hingewiesen, dass der Wert der beiden Dimensionen völlig unterschiedlich gewichtet sein kann. Bei den Rockkonzerten und Rockdiskotheken sind für die Teilnehmer*innen beide Dimensionen sehr wertvoll: Sie eröffnen Zeiträume für neuartiges Musik-Erleben und für neuartige Formen der Vergemeinschaftung. Aus dem großen Wert beider Ebenen lässt sich erklären, dass viele Teilnehmer*innen auch heute noch die damaligen Veranstaltungen als prägend und nachhaltig wirkungsvoll empfinden. Zudem wurde der Enthusiasmus eines jugendlichen Aufbruchs mit dem Gefühl eines gesellschaftlichen Aufbruchs verbunden und dadurch verstärkt. Diese Vergemeinschaftung von Menschen, die im weitesten Sinne mit der Alternativkultur der 1970er Jahre sympathisierten oder sich ihr zugehörig fühlten, fand häufig in kommerziell geführten Einrichtungen statt, dies wurde von Vielen gar nicht bemerkt und nur von Wenigen problematisiert.

4 Die Selbstvermarktung von Musiker*innen

Im folgenden Abschnitt wird ein Thema behandelt, das auf den ersten Blick wenig mit kultureller Produktivität zu tun zu haben scheint: die Vermarktungsaktivitäten von Musiker*innen. Es ist naheliegender, diese unter ökonomischen Gesichtspunkten zu betrachten, denn schließlich stellt das Marketing einen wichtigen Teil der wirtschaftlichen Aktivitäten von Musiker*innen dar: Es soll zur Verbreitung der Musik beitragen.[4] In der Praxis sind Produktion und Marketing jedoch manchmal eng verzahnt, es wird nicht immer zuerst produziert und anschließend eine passende Vermarktungsstrategie entwickelt. Es gibt durchaus Fälle, in denen beides miteinander agiert und in denen Musiker*innen Stücke in Hinblick auf bestimmte Vermarktungsaktivitäten oder -möglichkeiten hin produzieren. In diesen Fällen wird das Marketing kulturell produktiv. Wie dies konkret geschehen kann, wird im Folgenden anhand der Vermarktungspraxis von drei Singern/Songwritern untersucht. Dies geschieht durch eine Analyse ihres Musikangebots im Internet und der dahinterstehenden Vermarktungsideen. Die dabei aufgefundenen Werke werden einer Korpusanalyse (vgl. Doehring 2015) unterzogen.

Auch hier muss jedoch zunächst die Frage beantwortet werden, wie Produktivität bestimmt werden soll. Hierzu ist es nötig, den Begriff des Wertes um den des Erfolgs zu ergänzen. Erfolg ist für die Musikproduzierenden der subjektive Komplementärbegriff zum kulturellen Wert. Der Wert, den sie für eine bestimmte Musikkultur haben, wird für sie in ihrem persönlichen Erfolg sichtbar. Daher stellt Erfolg selbst einen großen Wert in populärer Musik dar. Viele Marketingmaßnahmen von Musiker*innen sind darauf ausgerichtet, ihren Erfolg zu vergrößern oder anderen Mitspieler*innen, bspw. Gatekeeper*innen, zu signalisieren, dass ihre Produktionen eine hohe Erfolgswahrscheinlichkeit besitzen (vgl. Scott 2012). Die Messung von Erfolg oder Erfolgswahrscheinlichkeit ist sehr komplex, da in verschiedenen Musikkulturen unterschiedliche Kriterien zur Anwendung kommen (vgl. Kirschner 1998). Lange Zeit galten für populäre Musik Verkaufszahlen als zuverlässiger (und einziger) Indikator für popmusikalischen Erfolg. Kirschner hat dies als eine Verengung nachgewiesen und einen differenzierten Kriterienkatalog zur Messung verschiedener Erfolgsstufen erstellt. Der Autor hat diesen Katalog um Kriterien für die digitale Musikvermarktung erweitert und ein allgemeines Modell zur Beziehung von kostenloser Musikverbreitung und kostenpflichtigen Verkäufen vorgestellt (vgl. Schwetter 2015). Danach lassen sich drei Karrierephasen idealtypisch unterscheiden: die frühe, die mittlere und die etablierte Karrierephase. In

---

4 Vgl. hierzu die vielfältige Ratgeberliteratur für Musiker*innen. Beispielhaft seien Kessler 2011 und Kolonko 2010 genannt.

der frühen Karrierephase geht es den Musiker*innen vor allem um die Verbreitung ihrer Musik, sie wollen bekannt werden. In der mittleren Karrierephase sind erste Erfolge errungen, die Musiker*innen besitzen eine Fanbasis, die sie erweitern wollen, und mischen Verbreitungs- und Monetarisierungsoptionen (ebd., S. 191). In der etablierten Phase steht schließlich die Monetarisierung der Musikeinsätze im Vordergrund. Wie in solch unterschiedlichen Karrierephasen Vermarktung und musikalische Produktivität im Zusammenhang stehen, ist noch zu untersuchen.

Die nachfolgende Untersuchung von drei Musikern im Stadium der frühen Karrierephase ist in diesem Zusammenhang als explorativ zu verstehen. Sie wurden ausgewählt, um verschiedene Vermarktungsmaßnahmen von Musiker*innen zu vergleichen, die vor allem digitale Distributionswege nutzen. Zu Beginn der hier dargestellten Prozesse waren sie noch unbekannt, sie konnten durch ihr Handeln ihre Bekanntheit wesentlich erhöhen. Die Betrachtung zielt darauf, zu ermitteln, wie Marketingaktivitäten kulturelle Produktivität beeinflussen können. Bei den Beispielen handelt es sich um Jonathan Coulton, Boyce Avenue und Matt Farley.

4.1 Jonathan Coulton und der *Thing-a-Week-Podcast*

Jonathan Coulton ist ein US-amerikanischer Singer/Songwriter, er gilt als der Barde der Programmierer*innen und Computernerds in den USA. Er besitzt eine treue Fanbasis und lebt von seiner Musik und einigen damit verbundenen Aktivitäten, die er selbst vermarktet. Hierzu gehören neben der Produktion und Vermarktung von Songs und Alben auch Comics und eine jährliche Kreuzfahrt, die *JoCoCruise*. Eine große Vertrautheit der Fans mit dem Werk Jonathan Coultons lässt sich unter anderem daran feststellen, dass sich viele Konzertbesucher*innen als Charaktere aus seinen Songs verkleiden und die Texte mitsingen (vgl. Laporte 2008). Als Quellen für die folgende Darstellung dient die Webseite des Künstlers (vgl. Coulton 2017), journalistische Artikel und Podcasts (vgl. Blumberg 2011; Laporte 2008) sowie ein 2013 vom Autor mit dem Musiker geführtes Interview.

Im Jahr 2005 war Jonathan Coulton noch ein unbekannter Musiker, der sich gerade dazu entschlossen hatte, Musik zu seiner Hauptbeschäftigung zu machen. Er entwickelte eine neuartige Veröffentlichungsstrategie, die er in der öffentlichen Darstellung als ein Experiment bezeichnete: Er verkündete, für ein Jahr lang jede Woche einen Song zu schreiben, aufzunehmen und zu veröffentlichen, er nannte das Projekt *Thing a Week*. Als Vertriebswege wählte er ein eigenes Blog und einen Podcast: Die Songs konnten über einen rss-feed als wöchentlicher Podcast abonniert werden, dieser wurde (bis auf zwei Ausnahmen) jede Woche vom 16. September 2005 bis zum 30. September 2006 bestückt und enthält insgesamt 53

Songs. Er veröffentlichte die Songs kostenlos und nutzte dazu die damals neuen Creative-Commons-Lizenzen. Dabei handelt es sich um Lizenzen für urheberrechtlich geschützte Werke, die nach dem Vorbild von Open-Source-Lizenzen für Software gestaltet wurden (vgl. Stalder 2006). Das Ziel ist, den einzelnen Urheber*innen einen Lizenzbaukasten als ein Werkzeug in die Hand zu geben, mit dem sie Musiknutzer*innen Rechte einräumen und Nutzungsbedingungen festlegen können, ohne sich Spezialwissen über das Urheberrecht aneignen zu müssen (vgl. Aliprandi 2011). Insbesondere wird dabei darauf Rücksicht genommen, dass Musik und andere Schöpfungen im Internet nicht nur gehört und konsumiert, sondern von den Nutzer*innen weiterverbreitet und als Material für neue Werke genutzt werden (vgl. Lessig 2008).

Dieses Projekt bewarb Coulton bei Technologie-Blogger*innen und Podcaster*innen und einige von ihnen berichteten darüber, abonnierten *Thing a Week* und spielten ab und zu einen der Songs, auch deshalb, weil sie die neue Lizenzidee spannend fanden. Podcasts waren unter Programmierer*innen zu der Zeit sehr beliebt, wer *Thing a Week* abonnierte, fand die Songs in einer Liste des *podcast-clients*, die sonst vor allem mit Informationsangeboten, aber nicht mit Musik bestückt war. Zudem erzeugte das Projekt eine Spannung und Erwartungshaltung bei potenziellen Hörer*innen: Schafft Jonathan Coulton das, hält er es durch, jede Woche einen – hoffentlich guten – Song zu präsentieren? So fragt Merlin Mann rückblickend in der Analyse des Vorhabens (Laporte 2008, Min. 36:19). Jonathan Coulton produzierte im Rahmen von *Thing a Week* einige seiner bis heute erfolgreichsten Songs, z.B. *Code Monkey*. Dieser Song erreichte eine so nachhaltige virale Verbreitung, dass er einige Jahre später als Titelsong einer gleichnamigen Zeichentrickserie über Programmierer*innen verwendet wurde (vgl. Coulton 2017). In der Rückschau wird deutlich, *Thing a Week* bildete mit seinem großen Erfolg in einer sehr speziellen Zielgruppe die Basis für Jonathan Coultons Musikerkarriere.

Es lässt sich detailliert analysieren, welche Marketingstrategien hier erfolgreich waren, z.B. dass Jonathan Coulton inspiriert von der (sehr wortlastigen) Podcaster*innen-Szene und mit Blick auf eine erhoffte Verbreitung seiner Musik in dieser Szene ein neues Musikveröffentlichungsformat erfindet und dies in die Zielgruppe als ein Wagnis kommuniziert. Zudem nutzt er eine innovative Lizenz, mit der er den Podcaster*innen das Recht auf kostenlose Nutzung seiner Musik einräumt. So erzeugt er Aufmerksamkeit an einem Ort, an dem wenig Musik und folglich wenig Konkurrenz zu finden sind. In diesem Beitrag interessiert aber der umgekehrte Blick auf die ästhetischen Auswirkungen seiner Projektidee. Um dem näher zu kommen, wird im Folgenden eine Korpusanalyse vorgenommen.

Jonathan Coulton hat die Songs für *Thing a Week* in seinem Heimstudio aufgenommen, er singt und spielt alle Instrumente selbst, vor allem Saiteninstrumente, Gitarre, E-Bass, Banjo, Mandoline. Mit diesem Instrumentarium spielt er Lieder ein, die zwischen Folk, Pop und Rockidiomen changieren. Die Percussion und Schlagzeugparts werden von ihm elektronisch generiert. Das Niveau der Produktionen ist hoch, der Mix ist ausgewogen, der Gesang gut verständlich und, was die Frequenzverteilung und die Positionierung im Sound Mix betrifft, zumeist mittig in die Arrangements eingebettet. Nur dem Schlagzeug hört man bei den ersten Songs eine einfache Programmierung ohne große Variationen in Lautstärke und Artikulation an; es fällt bei den ersten Produktionen gegenüber den selbst gespielten Instrumenten ab, relativ rasch gleicht sich das Niveau jedoch an. Die Songs sind zwischen 0:57 und 5:32 Min. lang, der Durchschnitt liegt bei 3:05 Min. Der erste Song, *See you in hell*, ist das kürzeste und eine programmatische Ansage an die Herausforderungen des Projekts. Jonathan Coulton lässt hier wie in einigen späteren Stücken einen einfachen, nicht musikalisch klingenden Sprachsynthesizer sprechen und gibt so klangästhetisch eine eindeutige Referenz an die Nerdkultur[5] ab. Die nachfolgenden Songs sind nach dem Muster maximaler Kontrastierung veröffentlicht, sie bilden jeweils einen ästhetischen Gegensatz zum vorhergehenden Stück, die Reihung generiert überraschende Momente. Auf ein Rockstück mit E-Gitarren (Nr. 7, *Brand New Sucker*) folgt bspw. ein atmosphärisch-groovendes Stück mit Folkinstrumenten und Elektrodrums, über das eine Erzählung von zwei rivalisierenden Schwestern gesprochen wird (*Sibling Rivalry*). Danach präsentiert Jonathan Coulton mit *The Town Crutch* eine melancholische Liebesgeschichte über einen Mann, der sich in eine wenig angesehene, weil angeblich sehr promiskuitive Frau verliebt, und arrangiert diese als klassische Singer-/Songwriter-Nummer mit Akustikgitarre und Gesang. An dies schließt sich das einzige MashUp in *Thing a Week* an, eine Kombination aus Chicago's *25 or 6 to 4* (1970) und The Beatles' *When I'm Sixty-Four* (1967).

Jonathan Coulton hält den Veröffentlichungsrhythmus bis auf zwei Pausen von je einer Woche durch. Er verwendet hierzu besonders am Anfang auch ältere Songideen und Stücke seiner früheren Band Supergroup, die er neu einspielt. Ihm gelingen innerhalb der 52 Wochen insgesamt drei Hits innerhalb der Podcaster*innen-Szene. Der erste, gleich in der fünften Woche, ist eine Bearbeitung des HipHop-Songs *Baby Got Back* von Sir Mix-a-Lot. Der zweite und dritte Hit gelingen ihm in der Mitte des Projekts, sie bearbeiten Themen aus dem Arbeits-

---

5   Unter dem Begriff Nerdkultur wird ein Komplex kultureller Orientierungen verstanden, der bei vielen Programmierern zu finden ist. Hierzu gehören u.a. eine Vorliebe für Science-Fiction-Filme und deren *Reenactment*, aber auch eine romantisierende Bezugnahme auf die Frühzeit der Personalcomputer in den 1970er und 1980er Jahren, auf alte Computer, Computerspiele und Programme. Vgl. hierzu Levy 2010 und Stöcker 2011.

alltag von Programmierer*innen: *Re: Your Brains* (26. Woche) und *Code Monkey* (29. Woche). *Re: Your Brains* dekodiert den vordergründig verständnisvollen, aber im Ergebnis gnadenlosen Sprachduktus von Manager*innen, im Song verkörpert durch den zum Zombie mutierten Manager Bob, der die Gehirne seiner Mitarbeiter*innen fressen will. In *Code Monkey* geht es um den Arbeitsalltag eines Programmierers. Er wird vom Manager herablassend behandelt und von seiner Liebe, der Vorzimmerdame, ignoriert. Und er verbleibt, obwohl er unzufrieden ist, doch in der Situation. Beide Songs stellen solide komponierte und produzierte Popsongs mit Folkrock-Bezügen dar, die auf ironische Art den Arbeitsalltag in US-amerikanischen Firmen schildern. Sie machen Jonathan Coulton schlagartig unter Programmierer*innen bekannt. Durch die große Nachfrage wurde Jonathan Coultons Webserver überlastet. Bis heute spielt er die Songs auf jedem Konzert, *Code Monkey* steht auf CNN's Liste der *Top 10 Geek Anthems of All Time* auf Platz 6 (vgl. Gross 2010).

Diese Erfolge gelingen Jonathan Coulton kurz hintereinander, ungefähr in der Mitte seines Podcast-Projekts. Er lässt sich davon in seiner Musikproduktion jedoch nicht beeinflussen: Obwohl er in dem darauffolgenden halben Jahr nur neu geschriebene Songs veröffentlicht und keine alten mehr aufarbeitet, finden sich darunter kaum welche mit direkten thematischen Anschlüssen an die Nerdkultur. Eine Ausnahme bildet ein Song über den neuen Status des Zwergplaneten Pluto, den sich mehrere Fans wünschen. Offenbar versucht er nicht, ‚nachzulegen' und den Erfolg mit weiteren Songs zu Nerdthemen zu wiederholen. Insgesamt finden sich in den 53 Songs nur wenige mit direktem Bezug zur Nerdkultur. Insofern ist es erstaunlich, dass Jonathan Coultons gesamtes Image seit dem *Thing-a-Week*-Podcast so eng und nachhaltig mit der Programmierer*innen-Szene verbunden ist, denn klangästhetisch und textlich sind die Bezüge nur punktuell spürbar. Hier wirkt sich das Vertriebsformat und der persönliche kulturelle Anschluss von Jonathan Coulton stärker aus: Er ist selbst Programmierer, macht den ersten Song-Podcast, programmiert als einer der ersten Popmusiker*innen eine eigene Webseite, auf der alle Songs kostenlos oder gegen Spende zu haben sind. und nutzt als einer der Ersten die Creative-Commons-Lizenzen. Alles dies macht ihn zugleich als ‚Nerd' erkennbar und zu einem interessanten Thema unter Programmierer*innen und auf Technologie-Blogs und Podcasts. Die klassischen Marketingkanäle des Musikmarktes (Radio, Zeitschriften etc.) nutzt Jonathan Coulton überhaupt nicht.

In seiner ästhetischen Arbeitsweise zeigt sich Jonathan Coulton von den Bezügen zur Nerdkultur recht unabhängig: Insgesamt pflegt er eine Folkpop-Klangästhetik mit Anleihen an die Beatles und behandelt gerne menschliche Beziehungen und Schwierigkeiten mit einem liebevoll-ironischen Tonfall, der möglicherweise ganz allgemein auch an seine primäre Zielgruppe gut anschlussfähig ist. Das an Podcasts angelehnte Veröffentlichungsformat von *Thing a Week* hat nur wenig Einfluss auf seine künstlerische Produktivität: Vor allem lässt sich eine ästhetische Auswirkung auf die Reihung der Titel feststellen. Sie dient vor allem zu Beginn dazu, eine möglichst ausgeprägte Dramaturgie mit überraschenden Momenten herzustellen. Möglicherweise wurden einige Songs speziell zur Erhöhung dieses Kontrasts komponiert, denn die Songs nehmen vor allem im ersten Drittel der Reihe Bezüge zu verschiedenen Musikkulturen wie HipHop oder MashUps auf, bewegen sich insgesamt aber eher und zum Ende des Projekts ausschließlich in einer klassischen Popsongstruktur. Sie werden von einem Musiker präsentiert, der sich als Künstlerpersönlichkeit versteht und Wert darauf legt, von seiner Zielgruppe und den Dynamiken in der Rezeption, die durch *Thing a Week* entstehen, nicht zu sehr vereinnahmt zu werden.

4.2   Boyce Avenue

Das zweite Beispiel ist ein Musikprojekt, das YouTube als hauptsächlichen Vertriebsweg nutzt. Die Darstellung ist durch eine Studie von Herzberg (2012) angeregt. Er schreibt in seiner Studie zur Aufmerksamkeitsökonomie[6] im Internet, dass Musiker*innen in der Hoffnung auf Einnahmen aus dem YouTube-Partnerprogramm bereit seien, „zu selbständigen Netzmusikern zu werden, ihre Bemühungen hochgradig intensivieren und ihre Klangkonzepte den jeweiligen Bedingungen und Trends des Netzes anpassen" (ebd., S. 132). In der Verbindung von Musik und Video entstehen synästhetische Ausdrucksformen, die sich nach Herzbergs Analyse vor allem durch die Inszenierung von Intimität, Performativität und Referenzialität auszeichnen (ebd., S. 167). Dabei verfolgen viele Musiker*innen die Taktik, durch Bezugnahmen auf aktuell nachgefragte, erfolgreiche Lieder die eigene Bekanntheit zu erhöhen: Auf YouTube werden sehr viele Coverversionen veröffentlicht. Als eines von vier Beispielen analysiert Herzberg das auch heute noch erfolgreiche Projekt *Boyce Avenue*. Drei Brüder aus Sarasota in Florida veröffentlichen unter diesem Bandnamen seit 2007 mit akustischer Gitarre und Gesang eingespielte eigene Lieder und Coverversionen aktueller Hits. In ihren Videos

---

6   Der Begriff Aufmerksamkeitsökonomie wurde von Franck (1998) geprägt und von Herzberg (2012) auf den Musikmarkt angewandt. Eine Aufmerksamkeitsökonomie entsteht dann, wenn es einen Wettbewerb um Aufmerksamkeit gibt. Diesem Wettbewerb sind Musiker*innen laut Herzberg bereits seit dem Mittelalter ausgesetzt (ebd., S. 37ff.).

sind sie bei speziell für die Kamera inszenierten Livedarbietungen dieser Titel zu sehen. Vor allem mit den Coverversionen erzielen sie sehr hohe Reichweiten. Ihre Coverversion des Songs *Mirrors* von Justin Timberlake, veröffentlicht am 12. Februar 2013, hat bis heute (Stand: 6. März 2017) über 121 Millionen Klicks. Die Betitelung der Produktionen folgt dabei auf YouTube immer demselben Schema: Zuerst werden Originalinterpret und Titel genannt, dann sie selbst, lediglich in Klammern. Abschließend wird gleich der Hinweis gegeben, dass die Lieder nicht nur auf YouTube, sondern auch auf klassischen Musikplattformen erhältlich sind. Beispiel: „Torn – Natalie Imbruglia (Boyce Avenue acoustic cover) on Spotify & iTunes" (boyceavenue 2017). Die Band stellt sich selbst zurück und die bekanntere Aufnahme, auf die sie sich beziehen, in den Mittelpunkt. Damit passen sie sich an eine Benennungskonvention an, die viele YouTube Nutzer*innen für ihre selbst eingespielten Coverversionen verwenden. Mit dem sonst unüblichen Hinweis „on Spotify and iTunes" grenzen sie sich davon wieder ab, betonen ihre Professionalität und weisen auf eine weitergehende, von ihnen gewünschte Monetarisierung hin. Boyce Avenue veröffentlichten zu Beginn ihrer Karriere auch Alben mit eigenen Songs, allerdings blieb deren Reichweite weit hinter den Coverversionen zurück. Die Coverversionen bieten Boyce Avenue, zu Alben zusammengefasst, auf den von ihnen genannten Plattformen an. Dass es sich um eine Zweitverwertung jenseits der YouTube-Präsenz handelt, lässt sich an den Titeln wie *New Acoustic Sessions Vol. 5* (2014) oder *Cover Collaborations Vol. 2* (2011) ablesen.

Boyce Avenue begannen als Selbstvermarkter, die ihre Musikproduktion durch die Konzentration auf Coverversionen und die Produktion von Darbietungen vor der Kamera auf die Suchstrategien und Sehgewohnheiten der YouTube-Nutzer*innen angepasst haben – und die dabei ästhetisch überzeugende Produkte veröffentlicht haben. Sind die ersten Videos noch produktionstechnisch einfach und inszenieren eine authentische DIY-Atmosphäre, so sind musikalischer Vortrag, Arrangement und Klanggestaltung bereits deutlich höherwertiger als in damals üblichen Coverversionen von YouTube Nutzer*innen. Gut zu sehen ist dies im ersten erfolgreichen Video von Boyce Avenue zu dem Song *Umbrella* (boyceavenue 2007). Seit 2009 sind sie bei Universal Music unter Vertrag, haben aber ihre Veröffentlichungsstrategie beibehalten. Allerdings ist das Produktionsniveau seitdem als durchweg professionell zu bewerten. Klangdesign und visuelle Inszenierung sind heute sehr differenziert ausgestaltet, am grundlegenden Prinzip hat sich jedoch nichts geändert. Boyce Avenue haben ihre Produktionsweise einem spezifischen Vermarktungsweg angepasst und sind damit sehr erfolgreich geworden, man kann durchaus sagen, hier ist die Musikvermarktung kulturell produktiv geworden.

Die Produktion von Coversongs ist durch Plattformen wie YouTube allgemein kulturell aufgewertet worden. Während es in den 1960er Jahren durchaus üblich war, dass erfolgreiche Musiker*innen Coverversionen aufnahmen und neben selbst (oder für sie) geschriebenen Stücken veröffentlichten[7], ging diese Praxis parallel zur Durchsetzung des romantischen Künstler*inneideals in der Popmusik (vgl. Frith 1983) stark zurück. Popsongs wurden zum individuellen Ausdruck von Künstler*innenpersönlichkeiten. In diesen sind Coverversionen durchaus integrierbar, man nehme als Beispiel die von Sid Vicious, dem Bassisten der Sex Pistols, eingespielte ‚Anti'-Coverversion des Stückes *My Way* (1979). Reine Approbationskünstler*innen hatten in der Popmusik trotz des für die Medienproduktion seit den 1980er Jahren diagnostizierten *Cover Age* (Plasketes 2010) allerdings kaum eine Chance, sich am Musikmarkt dauerhaft durchzusetzen. Dies hat sich erst mit dem Internet wieder geändert: Boyce Avenue haben sich an die Suchstrategien von Musiknutzer*innen im Internet angepasst und ihre Produktion, die zu Beginn aus einem Mix von Coverversionen und eigenen Songs bestand, dahingehend angepasst. Sie haben erfolgreich die Taktik eingesetzt, mit der Produktion von Coverversionen einen Vorteil im Wettbewerb um Aufmerksamkeit zu erringen. Referenzialität, hier in Bezug auf bereits erfolgreiche Songs, kann heute wieder einen großen kulturellen und ökonomischen Wert generieren, und zu einem ebenso großen und nachhaltigen künstlerischen Erfolg führen wie originäre künstlerische Produktion.

4.3 Matt Farley

Als drittes Beispiel soll ein Musiker vorgestellt werden, der sich als ein Dienstleister präsentiert und der seine Produktionen vor allem auf Spotify vermarktet. Sein Name ist Matt Farley, für seine Musikproduktionen benutzt er jedoch über 50 Pseudonyme, z. B. *The Guy Who Sings About Cities & Towns*, als solcher präsentiert er 1.258 Songs über verschiedenste Städte. Unter dem Namen *The Boston Sports Band of New England* stehen jede Menge Songs zu jedem Spieler und Beteiligten von vier Sportmannschaften (Basketball, Baseball, American Football, Eishockey) aus Boston zum Hören bereit. Als *The Sorry Apology Song Person* vertreibt er das Album *Humble Apology Songs for the world to enjoy* (2013). Für 1.700 Namen hat er Geburtstagssongs veröffentlicht, zudem hat er für jedes Datum des Jahres einen Geburtstagssong produziert. Als *Paranormal Song Warrior* wid-

---

7 Noch früher, in den 1930er Jahren, standen bei dem Vertrieb von Schallplatten die Songs im Vordergrund; die Plattenfirmen vermarkteten parallel Aufnahmen verschiedener Interpretationen. Zur wechselhaften Geschichte der Coverversion im 20. Jahrhundert vgl. Petschow 2013.

met er sich Glauben und Aberglauben sowie Verschwörungstheorien. Das Album heißt *Believe: Existing Songs about Shockingly Mysterious Stuff* (2011). Die Beispiele zeigen eindrücklich, dass sich auch Matt Farley die Suchstrategien von Nutzer*innen auf Internetplattformen zu eigen zu machen sucht. Allerdings geht er einen Schritt weiter als die Cover-Musiker Boyce Avenue. Er bietet zu den unterschiedlichsten Suchbegriffen, mit denen Nutzer*innen seiner Einschätzung nach auf einer Musikplattform nach Inhalten suchen könnten, Inhalte an. Hier wird Popmusik zu einer Dienstleistung und zu funktional orientierter Musik. Vom Künstler*innenideal ist scheinbar nichts mehr zu sehen. Es gibt auch keinen ‚Künstler'-Namen, der eine künstlerische Identität und Integrität transportieren könnte, sondern funktionale Namen: Matt Farley erfindet Projekt-Personae, die keine Eigennamen darstellen, sondern ihre Inhalte vor sich hertragen. Sie tun dies, um die Auffindbarkeit bei thematischen Suchen zu erhöhen. Findet hier ein fundamentaler Paradigmenwechsel statt? Eher nein: Matt Farley wird zwar als Künstler scheinbar unsichtbar, bleibt aber durch seinen Produktionsstil unverkennbar, der durch alle Projekte gleich bleibt. Die Songs sind schnell und oberflächlich produziert, nach eigenen Aussagen veröffentlicht er bis zu 20 Stück am Tag und hat schon mehr als 18.000 Lieder online. Er arbeitet im Heimstudio mit Klavier, seiner Stimme, E-Gitarre, E-Bass und Drumcomputer. Viele ‚Songs' werden nicht zunächst komponiert und danach aufgenommen, sondern während der Aufnahme improvisiert. Matt Farley nutzt die Improvisation, um die ökonomische Produktivität zu erhöhen: mehr Output in weniger Zeit. Diese Taktik hat unmittelbare Auswirkungen auf seine Ästhetik. Die Aufnahmen bestehen häufig lediglich aus ein paar am E-Piano gespielten Akkorden und einem improvisierten Text, „hitting a few chords on the keyboard and improvising lyrics" (Copyright Clearance Center 2014, Min. 7:16). *Listen to me sing about mist, ok?* ist eine Improvisation mit schlechtem Kontrabass-imitierendem Synthiebass, die die Aufforderung zum Hören, den unbedingten Willen, sich in der Aufmerksamkeitsökonomie durchsetzen zu wollen, bereits im Titel trägt: *Listen to me!* Zu hören ist die Aufforderung auf dem Album *Meteorology Songs for you to like* von The Great Weather Song Person (2014), deren Songs versuchen, jede verbreitete Wetterbedingung abzudecken.

Matt Farley ist ein Selbstvermarkter; über seine Webseite *Motern Media* (Farley 2017) kann man auch Songs bestellen. Er macht eine Ein-Mann-Musikmassenproduktion, deren Ergebnisse zunächst nicht immer leicht zu ertragen sind. Bei längerem Hören entfalten die schnell und rotzig, ausschließlich mit Standardsounds und Presets (d.h. mit in Synthesizern und Musiksoftware voreingestellten Klängen) erstellten Produktionen jedoch einen eigenen Charme. Sie sind von einer feinen Ironie und unverhohlenen Dreistigkeit durchzogen, die sie in die Nähe einiger clownesker Stücke Frank Zappas rücken. Die durchschnittliche Länge der

Stücke liegt bei circa 1:30 Min. Schnelle Sucher*innen bekommen hier, was sie verdienen. Noch ist Matt Farleys musikalischer Output umstritten (vgl. Herbstreuth 2017). Sein kultureller Wert ist noch nicht abschließend verhandelt. Nach eigenen Angaben erzielt er mit seiner Produktionsstrategie jedoch bereits nennenswerte Einnahmen, in 2013 insgesamt 23.500 US-Dollar Ausschüttungen von Spotify. Fraglos hat er im Zuge einer taktischen Anpassung an von ihm lediglich vermutete Suchstrategien von Nutzer*innen und der Entscheidung für eine schnelle, oberflächliche und auf Witz angelegte Produktionsweise eine eigenständige Ästhetik geschaffen. Auch hier ist, wie bei Boyce Avenue, eine Vermarktungsstrategie ästhetisch produktiv geworden. Manche Musiker*innen werden heutzutage erfolgreich, indem sie ihre Musikproduktion auf Suchstrategien auf Internetplattformen hin optimieren.

5 Fazit

Der Beitrag hat ein kulturelles Verständnis von Produktivität zum Ausgangspunkt genommen und anhand von Fallstudien beispielhaft gezeigt, was sich mit einem solchen Verständnis über die Beziehungen von der Musikproduktion zur Rezeption und Musikvermarktung herausfinden lässt. Es zeigt sich, dass es durchaus Sinn ergibt, ökonomisches und kulturelles Produktivitätsverständnis voneinander abzugrenzen. Dann nämlich lassen sich ihre jeweils eigenen Dynamiken, aber vor allem auch die Beziehungen zueinander, analysieren. Die Fallstudien haben gezeigt, wie sowohl spezifische Formen der Musikrezeption, hier das Tanzen zu Rockmusik in Diskotheken, als auch Formen und Anforderungen der Musikdistribution kulturell produktiv werden können. Diese Beziehungen weiter zu erhellen, ist zum Verständnis der Dynamiken in Musikkulturen und an ihren Märkten wichtig. So wird ein Verständnis der Interaktion von kulturellen, sozialen und ökonomischen Prozessen ermöglicht, ohne ein ökonomistisches Vorverständnis auf alle Bereiche der miteinander verbundenen Geschehnisse auszuweiten.

Der Zeitkomponente ist bei derartigen Untersuchungen nicht nur in Bezug auf die Rezeption zu berücksichtigen. Es scheint bei der Verknüpfung von kultureller Produktivität und Vermarktung wichtig zu sind, den passenden Zeitpunkt zu finden. Die drei hier behandelten Beispiele können nach Rogers Innovationstheorie (2003) als „Early Adopter" (S. 281) bezeichnet werden. Sie erzeugen einen großen Teil der Aufmerksamkeit dadurch, dass sie neue Möglichkeiten zu einem frühen Zeitpunkt erproben, nutzen und professionalisieren. Jonathan Coulton als einer der ersten Musiker, der Songs mit Creative-Commons-Lizenz für die Podcast-Szene anbietet, bekommt mehr Aufmerksamkeit, Matt Farley ist momentan der Einzige, der auf so radikale Weise die Suchstrategien von Streamingnutzer*innen auszubeuten versucht. Möglicherweise sind die Musiker*innen im Vorteil, die frühzeitig neue Chronotopoi (wie den Podcast oder Internetplattformen) erkennen und ihre Musikproduktion besser daran anpassen als andere.

Literatur

Aliprandi, S. (Hrsg.). (2011). *Creative commons: a user guide. a complete manual with a theoretical introduction and practical suggestions*. (Version 2.0). Milano: Ledizioni.
Bachtin, M. M. (2008). *Chronotopos*. Frankfurt a.M.: Suhrkamp.
Blaukopf, K. (1989). *Beethovens Erben in der Mediamorphose: Kultur- und Medienpolitik für die elektronische Ära*. Heiden: Niggli.
Blumberg, A. (2011, 13. Mai). An Internet Rock Star Tells All. http://www.npr.org/sections/money/2011/05/14/136279162/an-internet-rock-star-tells-all. Zugegriffen: 7. März 2017.
Bourdieu, P. (1983). Ökonomisches Kapital, kulturelles Kapital, soziales Kapital. In: R. Kreckel (Hrsg.), *Soziale Ungleichheiten* (S. 183–198). Göttingen: Schwartz.
Bröckling, U. (2007). *Das unternehmerische Selbst: Soziologie einer Subjektivierungsform*. Frankfurt a.M.: Suhrkamp.
Bröckling, U. (2012). Über Kreativität. Ein Brainstorming. In: C. Menke & J. Rebentisch (Hrsg.), *Kreation und Depression: Freiheit im gegenwärtigen Kapitalismus* (S. 89–97). Berlin: Kulturverlag Kadmos.
Danielsen, A. (2006). *Presence and Pleasure. The Funk Grooves of James Brown and Parliament*. Middletown, Conn.: Wesleyan University Press.
De Vany, A. (2004). *Hollywood economics: how extreme uncertainty shapes the film industry*. London: Routledge.
Doehring, A. (2015). German Modern Talking vs. Iranian Modern Talking. Zur Anwendbarkeit der Korpus-Analyse als Mittel des Popmusikverstehens. In: D. Helms & T. Phleps (Hrsg.), *Speaking in tongues: Pop lokal global* (S. 119–140). Bielefeld: transcript.
Gehret, J. (1979). *Gegenkultur heute. Die Alternativbewegung von Woodstock bis Tunix*. Amsterdam: Azid-Presse.
Franck, G. (1998). *Ökonomie der Aufmerksamkeit: ein Entwurf* (Nachdr.). München: Hanser.
Frith, S. (1983). *Sound effects: youth, leisure, and the politics of rock*. London: Constable.
Gross, D. (2010, 10. März). The top 10 geek anthems of all time – CNN.com. http://edition.cnn.com/2010/TECH/03/10/geek.anthems/. Zugegriffen: 6. März 2017.
Groys, B. (1992). *Über das Neue: Versuch einer Kulturökonomie*. München: Hanser.
Halbscheffel, B. (2012). *Progressive Rock: Die Ernste Musik der Popmusik*. Leipzig: Halbscheffel.
Harvie, J. (2013). *Fair Play – Art, Performance and Neoliberalism*. Palgrave Macmillan UK.
Herzberg, M. (2012). *Musik und Aufmerksamkeit im Internet: Musiker im Wettstreit um Publikum bei YouTube, Facebook & Co*. Marburg: Tectum.
Hutter, M. (2006). *Neue Medienökonomik*. München: Fink.
Kaiser, R.-U. (1969). *Underground? Pop? Nein! Gegenkultur!* Köln: Kiepenheuer & Witsch.
Kirschner, T. (1998). Studying Rock. Towards a Materialist Ethnography. In: T. Swiss (Hrsg.), *Mapping The Beat. Popular Music and Contemporary Theory*. Oxford: Malden.
Laporte, L. (o. J.). Jonathan Coulton – Functional And Elegant. https://twit.tv/shows/this-week-in-tech/episodes/133. Zugegriffen: 7. März 2017.
Lasshof, B. (2006). *Produktivität von Dienstleistungen: Mitwirkung und der Einfluss des Kunden* Wiesbaden: Dt. Univ.-Verlag.

Lehmann, A. C. (2008). Komposition und Interpretation. In: H. Bruhn, R. Kopiez & A. C. Lehmann (Hrsg.), *Musikpsychologie: Das neue Handbuch* (S. 338–353). Reinbek: Rowohlt.

Lessig, L. (2008). *Remix. making art and commerce thrive in the hybrid economy*. London: Bloomsbury.

Mahnert, D. & Stürmer, H. (2008). *Zappa, Zoff und Zwischentöne: die internationalen Essener Songtage 1968*. Essen: Klartext.

Paulus, A. & Winter, C. (2014). Musiker als Media-Artepreneure? Digitale Netzwerkmedien als Produktionsmittel und neue Wertschöpfungsprozesse. In: U. Breitenborn, T. Düllo & S. Birke (Hrsg.), *Gravitationsfeld Pop: Was kann Pop? Was will Popkulturwirtschaft? Konstellationen in Berlin und anderswo* (S. 133–142). Bielefeld: transcript.

Pausch, R. (1974). Diskotheken. Kommunikationsstrukturen als Widerspiegelung gesellschaftlicher Verhältnisse. In: J. Alberts & H.-W. Heister (Hrsg.), *Segmente der Unterhaltungsindustrie*. Frankfurt a.M.: Suhrkamp.

Petschow, A. (2013). *Die Coverversion und musikalischer Fortschritt? Eine Analyse der künstlerischen Bedeutung der Praktiken des Coverns in der populären Musik*. Hamburg: Diplomica-Verlag.

Plasketes, G. (2010). Further re-flection on „The cover age": a collage and chronicle. In: *Play it again: cover songs in popular music* (S. 11–42). Farnham, England; Burlington, VT: Ashgate.

Reckwitz, A. (2012). *Die Erfindung der Kreativität: zum Prozess gesellschaftlicher Ästhetisierung*. Berlin: Suhrkamp.

Reichardt, S. (2014). *Authentizität und Gemeinschaft: linksalternatives Leben in den siebziger und frühen achtziger Jahren*. Berlin: Suhrkamp.

Rogers, E. M. (2003). *Diffusion of innovations* (5. Aufl.). New York: Free Press.

Kessler, R. R. (2011). *Crashkurs Musikmanagement: Professionelles Selbstmanagement im Musikbusiness* (3. Aufl.). Bergkirchen: PPV-Medien.

Kolonko, N. (2010). *Bandologie. Wie man als Musiker seine Band zum Erfolg führt*. Berlin: Kolonko Books.

Levy, S. (2010). *Hackers: heroes of the computer revolution*. Sebastopol, Calif.: O'Reilly.

Schrage, D. & Schwetter, H. (2017). „Morgen gehen wir zum Konzert – oder zur Vernissage?" Chronotopoi ästhetischen Erlebens und die Grenzen der Kunstautonomie. In: U. Karstein & N. T. Zahner (Hrsg.), *Autonomie der Kunst? Zur Aktualität eines gesellschaftlichen Leitbildes*. Wiesbaden: Springer VS.

Schwetter, H. (2015). *Teilen – und dann? Kostenlose Musikdistribution, Selbstmanagement und Urheberrecht*. Kassel: Kassel University Press.

Schwetter, H. (2016). Veränderung und neue Beständigkeit. Progressive Landdiskotheken in Norddeutschland. *Zeitschrift für Agrargeschichte und Agrarsoziologie. Themenheft: Musik und ländliche Gesellschaft 1* (64), 57–72.

Schwetter, H. (2017). Jeder für sich, aber gemeinsam. Musik-Erleben in der Rockdiskothek. In: D. Elflein & B. Weber (Hrsg.), *Aneignungsformen populärer Musik. Klänge, Netzwerke, Geschichte(n) und wildes Lernen*. Bielefeld: transcript.

Scott, M. (2012). Cultural entrepreneurs, cultural entrepreneurship: Music producers mobilising and converting Bourdieu's alternative capitals. *Poetics 40* (3), 237–255.

Söndermann, M. (2010). *Forschungsbericht Nr. 589: Monitoring zu ausgewählten wirtschaftlichen Eckdaten der Kultur- und Kreativwirtschaft 2009. Kurzfassung*. Bundesministerium für Wirtschaft und Technologie (BMWi).

Stalder, F. (2006). Neue Formen der Öffentlichkeit und kulturellen Innovation zwischen Copyleft, Creative Commons und Public Domain. In: J. Hofmann (Hrsg.), *Wissen und Eigentum. Geschichte, Recht und Ökonomie stoffloser Güter*. Bonn: bpb.
Stöcker, C. (2011). *Nerd Attack! Eine Geschichte der digitalen Welt vom C64 bis zu Twitter und Facebook*. München: Dt. Verlags-Anstalt.
Wagner, C. (2013). *Der Klang der Revolte: die magischen Jahre des westdeutschen Musik-Underground*. Mainz: Schott Music.
Whiteley, S. (1992). *The space between the notes: rock and the counter-culture*. London: Routledge.
Willis, P. E. (2014). *Profane Culture*. Princeton: Princeton University Press.

Diskografie

A Band Called O (1976). *Within Reach*. Vinyl Album. England: United Artists Records.
Chicago (1970). *25 or 6 to 4*. Vinyl Single. USA: Columbia.
Pink Floyd (1971). *Meddle*. Vinyl Album. England: Harvest.
Sid Vicious. (1979). *Sid Sings*. Vinyl Album. England: Virgin.
Straight Shooter (1980). *My Time – Your Time*. CD. Bd. Hamburg: Sky Records.
The Beatles (1967). *Sgt. Pepper's Lonely Hearts Club Band*. Vinyl Album. England: Parlophone.

Internetquellen

boyceavenue (2007). *Rihanna – Umbrella (Boyce Avenue acoustic cover) on Apple & Spotify*. https://www.youtube.com/watch?v=5paQ9BwFAgI. Zugegriffen: 6. März 2017.
boyceavenue (2017). *Torn – Natalie Imbruglia (Boyce Avenue acoustic cover) on Spotify & iTunes*. https://www.youtube.com/watch?v=R5Cz9DnjbzU. Zugegriffen: 6. März 2017.
Copyright Clearance Center (2014). *Copyright – Matt Farley Interview*, 07.05.2014. https://www.youtube.com/watch?v=W-AC82LsGJI. Zugegriffen: 6. März 2017.
Coulton, J. (2017). *JOCO: Jonathan Coulton*. Website. https://www.jonathancoulton.com/home/. Zugegriffen: 6. März 2017.
Farley, M. (2017). *Motern Media*. Website. http://www.moternmedia.com. Zugegriffen: 6. März 2017.
Herbstreuth, M. (2017) *Zehn Minuten für einen Song: Matt Farley macht suchmaschinenoptimierte Musik*. Deutschlandradio Kultur, Kompressor, 07.02.2017. http://www.deutschlandradiokultur.de/zehn-minuten-fuer-einen-song-matt-farley-macht.2156.de.html?dram:article_id=378351. Zugegriffen: 6. März 2017.
Laporte, L. (2008). *This Week in Tech*. Podcast, Episode 133, 24.02.2008. https://twit.tv/shows/this-week-in-tech/episodes/133. Zugegriffen: 28. Februar 2017.
MrGoDisco (2011). *Supermax – African Blood – 1979*. https://www.youtube.com/watch?v=-yudt9ew87xs. Zugegriffen: 28. Februar 2017.

Szeneproduktivität

Die Bedeutung kollektiver Produktion und Kreativität in *Micro-Indie*-Szenen

Dennis Mathei

Zusammenfassung

Dieser Artikel behandelt die Produktivität von Musikszenen und die Rolle der kollektiven Kreativität und Produktion in deren Wertschöpfungen. Unter Nutzung eines hybriden Produktivitätsbegriffs, welcher materielle wie immaterielle Wertschöpfung gleichermaßen betrachtet, werden Formen kollektiver Kreativität und Produktion in den Bereichen Sozialkultur, Ökonomie und Ästhetik-Produktion untersucht. Die Methode basiert auf leitfadengestützten (ExpertInnen-)Interviews, teilnehmenden Beobachtungen und popmusikalischer Parameteranalyse. Es stellt sich heraus, dass in Micro-Indie-Szenen kein rein lineares ProduzentInnen-KonsumentInnen-Verhältnis vorherrscht, sondern vielfältige Formen gemeinschaftlicher Produktionen und damit divergierende hybride Wertschöpfung und Produktivität zu finden sind.

Schlüsselbegriffe

Musikszenen, Musikindustrie, Produktivität, Micro Indies, kollektive Produktion, Kulturwissenschaft, Kreativität

1 Einleitung

„Du kannst nicht jemanden, der einfach sagt: ‚Ich gebe mein ganzes Taschengeld dafür aus, dass es 500 Schallplatten von Band XY gibt', mit irgendjemandem vergleichen, der das aus wirtschaftlichen Gründen macht."
(Mitarbeiter Cargo Records[1] 2)

Dieses Zitat aus der Musikwirtschaftspraxis macht deutlich, dass Tonträger aus unterschiedlichen Motivationen heraus produziert werden können. Demgegenüber neigt die Musikwirtschaftsforschung dazu, einen verengenden wie gleichmachenden Blick hinsichtlich ihres Gegenstandsbereichs einzunehmen, in welchem die unterschiedlichen Organisationsformen unabhängig ihrer Größe und Märkte einheitlich betrachtet werden (vgl. Gebesmaier 2008). Diese Tendenz zur Vereinheitlichung wurde bereits mit der Kulturindustriethese (Horkheimer und Adorno 2008 [1947]) angelegt und ist bis heute als Affirmation oder Negation in der Musikwirtschaftsforschung wirksam. In derlei Perspektive sind sämtliche musikwirtschaftlichen Artefakte Waren, die im Sinne wirtschaftswissenschaftlicher Produktivität als Relation von In- und Output bemessen und quantifiziert werden können. Allerdings verdeckt diese Sichtweise den Blick auf Formen kultureller Produktivität und immaterieller Wertschöpfung von AkteurInnen, die in gewissen kleineren Teilbereichen der Tonträgerwirtschaften operieren und maßgeblich in Szenen verankert sind (vgl. Moore 2007; Büsser 2010; Andersson 2011). Solche Tonträger- und Aufführungsmärkte (Partys, Konzerte) sind sozial eingebettet (vgl. Granovetter 1985), d. h. die MarktteilnehmerInnen sind in unterschiedliche soziale Beziehungen eingebunden, die die Kaufentscheidungen beeinflussen.

Die Szenetheorie nach Ronald Hitzler (Hitzler und Niederbacher 2010) rückt zwar Aspekte immaterieller Produktivität wie die Sinnproduktion in den Fokus, vernachlässigt aber wirtschaftliche Aspekte, abgesehen vom „Existenzbasteln" (Hitzler 2001a, S. 181) der AkteurInnen in Szenen. ExistenzbastlerInnen und deren Steigerung, die BastelexistenzialistInnen konstruieren sich „aus dem, was ihnen kulturell gerade so zur Verfügung steht, bzw. was sich ohne allzu hohe ‚Kosten' besorgen lässt" (ebd., S. 182.), eine Existenz oder eine Berufskarriere. Dies ist laut Hitzler typisch für Szenen, in denen AkteurInnen zuerst einem Hobby, bspw. DJing, nachgehen, welches später „kommerzialisiert" (ebd., S. 187) und um weitere Aktivitäten wie den Betrieb eines Labels erweitert wird. Die Vernachlässigung wirtschaftlicher Aspekte in der Szenetheorie ist problematisch, da in Musikszenen, die auf Micro Indies (vgl. Strachan 2007) basieren, beide Formen

---

1 Unabhängiger Musikvertrieb

von Produktivität walten: die ökonomische und die kulturelle (vgl. Abschnitt 2). Micro Indies unterscheiden sich nach Strachan gegenüber Indies hinsichtlich der gepressten Tonträger, die im Kleinstauflagenbereich zwischen 50 bis 10.000 Einheiten changieren, wobei Letztere die Ausnahme ist. In Micro-Indie-Szenen basiert die jeweilige Tonträgerwirtschaft auf solchen Ein- oder Wenige-Personen-Labels. Dabei wirken bei Indies, vor allem bei Micro Indies, im Vergleich zu großen Medienunternehmen (vgl. Hutter 2006) sowohl andere institutionelle und ästhetische Politiken (vgl. Hesmondalgh 1999) als auch wirtschaftliche Logiken (vgl. Moore 2007; Strachan 2007; Andersson 2011). Daraus resultieren hybride kulturelle wie ökonomische Formen von Produktivität. Die Janusköpfigkeit der Szenegüter wie Musik oder Partys/Konzerte, die stets Wirtschaft und Kultur sowie Wert und Glaube (vgl. Bourdieu 1996, S. 166f.) sind, ermöglicht die Generierung kultureller und wirtschaftlicher Werte, sodass die Hybridisierung, welche Hans-Joachim Bürkner und Bastian Lange (2010) für die Wertschöpfung der Techno-Szene identifizieren, sowohl das zentrale Merkmal von Micro-Indie-Szenen bestimmt als auch ihrer Produktivität kennzeichnet. Die Produktivität von Micro-Indie-Szenen basiert zu großen Teilen auf Konfigurationen kollektiver Produktion, an der unterschiedliche AkteurInnen sowie die PartizipantInnen (unbewusst) beteiligt sind. Dieser Artikel thematisiert die Produktivität solcher Micro-Indie-Szenen und stellt dabei die Bedeutung der kollektiven Produktion sowie des Produktionsfaktors der kollektiven Kreativität in dieser spezifischen Produktivität in den Mittelpunkt der Untersuchung. Zur Annäherung hieran erfolgt zunächst eine Diskussion und Kritik bestehender Definitionen von Produktivität. Im Anschluss werden die Szeneproduktivität und die Produktionsfaktoren vorgestellt, die auf allen Ebenen einer Micro-Indie-Szene in vielfältigen Konfigurationen wirken. Hierbei liegt der Schwerpunkt auf der kollektiven Produktion und Kreativität, die zuletzt anhand von Beispielen aus den Bereichen der Ästhetik, der Ökonomie und des Sozialen verdeutlicht werden.

Als Untersuchungsgegenstände wurden die Techno-Szene und avantgardistische Multigenre-Szene (AMS) ausgewählt, da es sich hierbei um zwei Szenen handelt, deren Musikwirtschaft maßgeblich auf Micro Indies basiert. Die zugrundeliegenden Daten wurden im Rahmen der Dissertation des Autors, die sich mit der Produktivität von Micro-Indie-Szenen auseinandersetzt, erhoben und stützen sich auf 26 leitfadengestützte (ExpertInnen-)Interviews (vgl. Gläser und Laudel 2004) mit LabelbetreiberInnen, MusikerInnen, PartizipantInnen, VeranstalterInnen sowie MusikvertriebsmitarbeiterInnen und sieben teilnehmenden Beobachtungen als Akteur (DJ/Musiker) und Partizipant. Für die musikanalytischen Anteile wurde auf die Methode der musikwissenschaftlichen Parameteranalyse (vgl. Elflein 2012) zurückgegriffen. Im Verlauf des Artikels werden zur Veranschaulichung der Theorie von Szeneproduktivität Zitate angeführt, die diesem umfangreichen Datenmaterial entnommen wurden. Insbesondere Abschnitt 4 sollte durch die Brille der Theorie (Abschnitt 3) gelesen werden.

2 Auf Musikszenen anwendbare Theorien sowie Auslegung ökonomischer und kultureller Wertschöpfung und Produktivität

Es existieren Theorien ökonomischer und kultureller Wertschöpfung und Produktivität resp. Theorien, aus denen sich ein Produktivitätsverständnis synthetisieren lässt. Diese können zwar auf Musikszenen angewendet werden, beziehen sich aber nicht exklusiv auf diese, was dem Gegenstand geschuldet ist, dessen Produktivität einerseits quantitativ-wirtschaftlich erfasst werden kann, dessen kulturelle Dimension andererseits viel schwerer zugänglich ist. Dieser Dualismus ist bereits im Begriff *Produktivität* vorhanden. Denn ‚produktiv' beinhaltet zwei Bedeutungsdimensionen, zum einen im Sinne von *viel (konkrete Ergebnisse) hervorbringend* und *ergiebig*, zum anderen im Sinne von *schöpferisch(e Kraft)*. Der erste Bedeutungsschwerpunkt liegt auf Seiten des sozio-ökonomischen – „ein produktives Unternehmen", „produktiv zusammenarbeiten" –, der zweite auf Seiten des psycho-ästhetischen Handelns – „produktive Kräfte frei machen", „produktive Kritik (Kritik, die neue Denkanstöße gibt)" (Duden 2013a; Duden 2013b). Diese Janusköpfigkeit des Produktivitätsbegriffs ist in seinen terminologischen Ursprüngen angelegt, da bereits *Poiesis* mehrere Bedeutungsebenen aufweist. Aus diesem Begriff bildete sich später *Produktion* heraus, was wiederum Ausgang des Terminus *Produktivität* war. Die Entwicklung des Begriffs verlief ebenfalls vielschichtig, wobei Produktivität vor allem in der kulturellen Sphäre unterschiedliche Bedeutungszuschreibungen erfuhr (vgl. Peres da Silva in diesem Band). An der historischen Entwicklung des Terminus muss dessen Aufspaltung in einen ökonomisch oder kulturell determinierten Bedeutungszusammenhang hervorgehoben werden, da dies unterschiedliche definitorische Schwerpunkte in den jeweiligen Wissenschaften zur Folge hatte, die im Zusammenhang mit Szenen und ihren Gütern stehen.

2.1 Ökonomische Auslegungen von Wertschöpfung und Produktivität

Die potenziellen ökonomischen Auslegungen von Wertschöpfung und Produktivität konzentrieren sich maßgeblich auf die Bedeutung des Begriffs im Sinne von *Hervorbringung*. Je nach Theorie werden die ‚Stimulierer' der Produktivität sowie das Verhältnis von Produktivität und Wertschöpfung anders gedeutet.

2.1.1 Produktivität als Relation von In- und Output

Auf Seiten der Ökonomie wird Produktivität in der Volks- und Betriebswirtschaftslehre maßgeblich als Relationswert zwischen Input- und Output-Seite definiert, in der eine Erhöhung des Outputs durch Handlungen auf der Inputseite als produktiv angesehen wird (vgl. Bofinger 2003). Diese Definition lässt sich auf die Wirtschaftsgüter von Szenen wie Tonträger, Veranstaltungen oder Merchandising anwenden, da sie quantifiziert und bemessen werden können.

2.1.2 Produktivität durch Kundenintegration

Als Erweiterung und Verfeinerung des Konzepts des Relationswertes von Produktivität hat sich in der Betriebswirtschaftslehre die Theorie der Kundenintegration etabliert. Durch die Integration der KundInnen in den Produktionsprozess werden diese zu KoproduzentInnen am Produkt (vgl. Kleinaltenkamp 1997, S. 350ff.). Auf diese Weise lassen sich Unsicherheiten mindern, um passgenauere Produkte und Dienstleistungen zu erstellen, die wiederum Ressourcen einsparen (vgl. Kleinaltenkamp und Haase 1999). In solch einem Ansatz wird die soziale Dimension bei der Produktion in den Fokus gerückt. Produzieren wird zu einem kommunikativen Akt bei gleichzeitiger Aufweichung des ProduzentInnen-KonsumentInnen-Verhältnisses. Solche Koproduktionsformen sind in Musikszenen anzutreffen. Beispielsweise lassen manche VeranstalterInnen die potenziellen BesucherInnen über das Design von Plakaten abstimmen oder sich Designs von Fans entwerfen.

2.1.3 Produktivität als kreative Zerstörung und Neuheitsproduktion

Eine andere Auslegung von ökonomischer Produktivität kann unter Rückgriff auf Joseph Schumpeters (1912) kreative Zerstörung und Neuheitsproduktion aufgezeigt werden. Durch Innovation wird die Grundlage alter, uninnovativer Unternehmen kreativ zerstört, sodass es zur Entstehung neuer Märkte und zu verstärkten Markteintritten junger Unternehmen kommt. In dieser Perspektive folgt auf eine Innovation, die neue Märkte eröffnet oder Produktivitätszuwächse ermöglicht, eine Phase vermehrter Markteintritte, verstärkten Wettbewerbs und hoher Innovationsintensität. In diesem Zusammenhang bemerkt bspw. Manuel Castells (2001, S. 106) die kreative Zerstörung von Wirtschaftssegmenten durch den Wandel der Informationstechnologie und das Aufkommen informationeller Unternehmen. Diese kreative Zerstörung betraf in den letzten Jahren auch Musikszenen. Das Erscheinen des Digitalvertriebs in der Tonträgerwirtschaft beeinflusste auch Micro-Indie-Szenen; in dessen Folge stellten Organisationen entweder ihre Handlungen ein oder erweiterten sie um den Digitalverkauf. Dies führte wiederum zu einem Wandel der Programmpolitik (vgl. Meffert et al. 2012, S. 385ff.) und einer Verlagerung der Kommunikationspolitik (vgl. ebd., S. 606ff.) von musikvertreibenden Organisationen auf internet- und fanbasierte Promotion. Markant wurde die Techno-Szene von der kreativen Zerstörung getroffen. Sie erfuhr einen *Digital Turn* (vgl. Mathei i. D.), der die Distributions- sowie die Produktionsseite veränderte und im Zuge dessen Vinyl und die Plattenspieler durch digitale Formate und DJing-Technologien[2] marginalisiert wurden. Die kreative Zerstörung von Musikszenen zeigt sich auch abseits davon in den sozio-ökonomischen Praktiken. Anja Schwanhäußer (2010, S. 110ff.) identifiziert als Teil des Prozesses der kulturellen Hervorbringungen der Berliner Technokollektive die kreative Zerstörung der eigenen Orte durch die Szene sowie das anschließende Weiterziehen und der Neuaufbau. Musikszenen sind daher dynamisch und diese Dynamik schlägt sich auch in der Produktivität nieder.

2.1.4 Wachstum und Ausdehnung der Kulturproduktion

Die Produktivität von Kultur kann weiterhin als Vertrieb kultureller Güter sowie als Wachstum und Ausdehnung der Kulturproduktion (vgl. Söndermann 2010) ausgelegt werden.

Dies gilt auch für Musikszenen, die unterschiedliche kulturelle Güter wie Musik, Partys, Konzerte, Merchandising, Videos etc. vertreiben. Dabei führt das Wachstum von Szenen ab einem gewissen Grad interner Distinktion zur Aufspaltung, infolge derer sich neue Szenen konstituieren, die Variationen kultureller

---

2   Digitale DJing-Technologien spielen keine physischen Medien ab, sondern Files. Dies erfolgt über eine Schnittstelle, die zwischen Laptop und Abspielgerät geschaltet wird, sowie über ein spezielles Programm, bspw. Native Instruments *Traktor*. Zur Steuerung können wahlweise Plattenspieler mit Timecode-Platten, CD-Player oder kompakte Mixing-Einheiten genutzt werden. Anstelle eines Tonträgers bearbeiten Digital-DJs ein Steuerungssignal, welches vom Computer in Klang übersetzt wird.

Güter anbieten. Exemplarisch kann hier die frühe Techno-Szene angeführt werden, von der sich bereits 1992 nach internen Distinktionspraktiken die Hardcore-Techno- (vgl. Schuler 1995) und Trance-Szene (vgl. Schäfer et al. 1998, S. 101) abspalteten (vgl. Denk und von Thülen 2012, S. 236ff.; Mathei 2012, S. 38f.), die fortan als eigenständige Musikkulturen ihren Anteil am Vertrieb kultureller Güter haben. Da Szenen immer mehr Zuspruch erfahren (vgl. Büsser 2010; Vogelsang 2012), kann vermutet werden, dass das Wachstum kultureller Produktion anhält. Dabei hat die Ausdehnung der Kulturproduktion nicht nur einen Einfluss auf das BIP, sie gilt auch als Impulsgeberin für Innovationen in anderen Wirtschaftsbranchen (vgl. Deutscher Bundestag 2007, S. 340). Michael Hutter (1992) formulierte eine Theorie der Kunstproduktivität im Zusammenhang mit dem Aufkommen des Informationszeitalters. Produktivität meint in diesem Fall das Wertschöpfungspotenzial, welches von den Künsten ausgeht – im Vergleich zu anderen Sphären, wie z. B. Religion oder Wissenschaft. Dabei bezieht sich die Wertschöpfung in erster Linie auf wirtschaftliche Aspekte wie ökonomisches Wachstum und die Übernahme von Handlungsweisen in Unternehmen im Sinne eines Kulturmanagements. Durch die stetige Forcierung der Informationsgesellschaft wird ein Zuwachs an Wirtschaftsleistung aufgrund einer größeren Wertschätzung gegenüber den Künsten erwartet (vgl. Hutter 1992). Die Bedeutung der Kreativität in diesen Prozessen stellt Richard Florida (2002) heraus, der sie als Schlüsselfaktor und Quelle allgemeinen ökonomischen Wachstums ansieht. Hierbei nehmen insbesondere kreative Städte eine wichtige Rolle ein, die durch ihr kulturelles Klima und Angebot attraktiv für die Ansiedlung von Unternehmen der Kreativwirtschaft und anderer Wirtschaftsbereiche sind. An dieser Attraktivität und dem positiven Image einer Stadt haben Musikszenen oft einen Anteil, wie im Fall der Berliner Techno-Szene zu beobachten ist.

2.1.5 Dynamische Produktivitäts- und Wertschöpfungskonfigurationen

Einen dynamischen Ansatz, die Produktivität von Musikszenen zu deuten, präsentiert Hans-Joachim Bürkner. Dabei nutzt er einen heuristischen, qualitativen Produktivitätsbegriff, da die heterogenen Produktionsfaktoren (soziale und ökonomische Bedingungen, Reputation, Bewertung, Vernetzung) in Musikszenen keine Linearität zulassen wie in rein ökonomischen Prozessen (vgl. Bürkner in diesem Band). Das hybride Wesen der Wertschöpfung in Clubmusik-Szenen wird an drei Varianten ihres Verhältnisses zur Produktivität ersichtlich. Beide können wie in der analogen Major-Musikproduktion zusammenfallen, in der eine hohe, anhand verkaufter Stückzahlen messbare Produktivität äquivalent zur messbaren Wertschöpfung in Umsatz und Profit ist. Produktivität und Wertschöpfung können in anderen Fällen auseinanderfallen, wie bspw. in der digitalen Tanzmusikproduktion und -distribution. Aufgrund der preisgünstigen Digital-Audio-Workstation-Software (DAW), welche Aufnahme, Produktion und Abmischung in sich vereinen, treten vermehrt AmateurInnen neben etablierten MusikerInnen auf und konkurrieren mit diesen um die Aufmerksamkeit der KonsumentInnen. Da erstere ihre Produkte jedoch frei zur Verfügung stellen, findet im Vertrieb keine materielle Wertschöpfung statt. Als dritte Möglichkeit können Produktivität und Wertschöpfung unabhängig voneinander existieren oder reziprok zueinander sein. Je nach Musikszene und Grad an DIY- oder politischer Verortung changiert das Verhältnis von kultureller zu materieller Wertschöpfung. Im Extremfall wird ökonomische Wertschöpfung kritisch betrachtet oder abgelehnt. Dies gilt besonders für Musikszenen wie z.B. Hardcore, die einen ausgeprägten Antikommerzialismus und links-politischen Bezug pflegen (vgl. Lorig und Vogelsang 2011). In diesem Zusammenhang stellt Jan-Michael Kühn (2017) die Bedeutung der Distinktion in der Wertschöpfung der Techno-Szene heraus; er erachtet sie als grundlegend für die Theorie der Szenewirtschaft. Zusammengefasst lässt sich sagen, es existieren unterschiedliche Arten von Produktivität und Wertschöpfung in Musikszenen. Dabei ist das Oszillieren der AkteurInnen zwischen materieller und immaterieller Wertschöpfung ein signifikantes Merkmal von Micro-Indie-Szenen. In ihnen bewirken vermeintlich unwirtschaftliche Handlungen einen Reputationsgewinn oder einen Zuwachs an Szenekapital, welcher wiederum positiv auf das ökonomische Handeln wirkt.

2.2 Kulturelle Auslegungen von Wertschöpfung und Produktivität

Auf Seiten der kulturellen Produktivität stehen theoretische Auslegungen im Fokus, welche die materiellen und immateriellen Werte und Wertschöpfungen der Kunst betrachten.

2.2.1 Kulturelle-künstlerische Werte und Wertschöpfungen

Kulturelle Einrichtungen und Güter, auch von Musikszenen, haben einen Anteil am Bruttoinlandsprodukt (BIP). Dabei fungieren manche von ihnen als ausgewiesene Tourismusdestinationen, die einerseits durch Eintrittpreise für Veranstaltungen direkte Einnahmen, andererseits durch Umwegrentabilitätsrechnungen (vgl.

Gottschalk 2006, S. 78) indirekte Einnahmen erwirtschaften: etwa durch Übernachtungen, Nutzung von Transportunternehmen oder Ausgaben in der Gastronomie. Die immateriellen Werte der Kunst sind diffiziler zu bestimmen. Der Wert und die Bewertungsprozesse der Kunst waren für lange Zeit ein exklusiver Gegenstand der Ästhetik, da die Wirtschaftswissenschaft solche Themen aussparte (vgl. Hutter und Shusterman 2006, S. 170). Dabei existieren keine unveränderlichen, allgemeingültigen Kriterien, welche die Bewertung von Kunst begründen. Stattdessen präsentiert sich diese als ein sich konstant wandelnder Prozess des Wettkampfs um ihre Deutungshoheit. So zeigt sich für die Wirtschaftswissenschaft der Wert eines Kunstwerks im zuletzt gezahlten Preis und in den Geistes- wie Sozialwissenschaften in divergierenden Formen. Michael Hutter und Richard Shusterman (2006, S. 197ff.) identifizieren hierbei zehn Variationen des künstlerischen Werts in der gegenwärtigen Ästhetik und ihrer ökonomischen Bewertung, die wiederum divergierende Produktivitätsverständnisse nahelegen:

1. Moralisch-religiöser, erzieherischer Wert von Kunst
2. Künstlerischer Ausdruck, Expressivität als Wert
3. Kommunikativer Wert von Kunst
4. Sozio-politischer Wert
5. Kognitiver Wert
6. Erfahrungs-/ Unterhaltungswert
7. Formal-ästhetischer Wert
8. Kunsttechnischer Wert
9. Kunsthistorischer Wert
10. Der Kultwert von Kunst

Die angeführten Werte sind ebenfalls für Musikszenen von Belang, auch wenn nicht alle Werte gleichermaßen in ihnen vorkommen. Der erzieherische wie der sozio-politische Wert von Kunst treten am ehesten in Musikszenen mit einer explizit politischen Ausrichtung zutage, wie im DIY und Straight Edge von Teilen der Hardcore-Szene. Der kunsttechnische Wert mancher Musikszenen präsentiert sich in der Hervorbringung kultureller Artefakte, die infolge in anderen Szenen reproduziert wurden. Der Klang des Bassline-Synthesizer Roland TB-303 prägte das Genre Acid House (vgl. Mathei 2012, S. 24f.; Großmann 2013) und schrieb sich in anderen Genres elektronischer Tanzmusik fort, wie etwa in Techno (vgl. Mathei 2012, S. 85); das Gerät war aber eigentlich für GitarristInnen zur Selbstbegleitung gedacht. Es scheiterte auf diesem Markt aufgrund des synthetischen Klangs; innerhalb der House-Szene erhielt es aber Zuspruch und die vormals abgelehnten Aspekte dieses Instruments wurden zu dessen Klangmarke. Das Amen-Break wiederum schuf eine Grundlage von HipHop und im weiteren Verlauf das Genre Jungle (vgl. Butler 2006, S. 87). Zuletzt betrifft der kunsthistorische Wert vor allem vergangene Musikszenen oder ihre Vergangenheit. Die anderen angeführten Werte sind allgemeingültiger Natur und treffen auf sämtliche Musikszenen zu. Dabei wird dem Erfahrungswert eine besondere Bedeutung zuteil, da dieser in Sinne einer Differenzerfahrung den Blick auf die Welt verändern kann, was eine besondere Qualität der Kunst darstellt (vgl. Quenzel et al. 2010, S. 2).

2.2.2 Externe Effekte der Kunst

Eine andere Deutung der Produktivität von Kunst besteht in der Erzeugung externer Effekte. Dies sind „positive oder negative Einflüsse, die durch die Produktion oder den Konsum eines Verursachers auf Dritte übergehen, ohne am Markt entgolten oder in Rechnung gestellt zu werden" (Gottschalk 2006, S. 41). Diese Einflüsse sind aber nicht von den ProduzentInnen intendiert, sondern erscheinen als Beiprodukt. Für die Ambivalenz externer Effekte von Musikszenen können bspw. Open-Air-Festivals im Allgemeinen und die Loveparade im Speziellen angeführt werden. Während einige AnwohnerInnen Erstere als kostenloses Angebot schätzen, fühlen sich andere dadurch gestört. Die Loveparade wirkte positiv auf das Image Berlins, erzeugte aber hohe Kosten in der Müllbeseitigung (vgl. Kopp 2004).

Externe Effekte von Musikszenen finden häufig Beachtung im Rahmen der Wirtschaftsgeographie, Soziologie und Musikwissenschaft. Dabei beziehen sich die Untersuchungen oft auf Aspekte wie Quartier- und Clusterbildung, Städteimage und Lokalkolorit. In der Vergangenheit entwickelten sich gewisse Musikszenen zu Gravitationszentren, die spezifischen popmusikalischen Ausprägungen und Stilen eine Heimat boten, wie Berlin, Los Angeles (vgl. Elflein 2007), Manchester (vgl. Halfacree und Kitchin 1996), Montreal (vgl. Stahl 2007) oder New York. Neben dieser Clusterbildung besteht ein weiterer externer Effekt in der Quartierbildung, ausgelöst durch SzeneakteurInnen, -kollektive und Aktivitäten innerhalb der Szene und der darauf folgenden erweiterten Milieubildung, in deren Zuge sich externe AkteurInnen ansiedeln. Beispielsweise erfuhr das Belgische Viertel in Köln durch die Labels und Plattenläden a-Musik, Formic, Groove Attack und Kompakt (vgl. Schyma 2002) eine Aufwertung. Dies macht Quartiere mit zunehmender Attraktivität allerdings anfällig für die Externalität der Gentrifizierung, welche besonders in Berlin zu beobachten ist (vgl. Schwanhäußer 2010, S. 132). Anja Schwanhäußer identifiziert als externe Effekte der unabhängigen Kollektive der Berliner Techno-Szene szenebezogene Unternehmen wie Bars (ebd., S. 91) und Modelabels (ebd., S. 108), die explizit durch die Szene inspiriert worden sind. Gleiches gilt für die

Institutionalisierung der Brachennutzung als temporäre Räume für Szene- und andere Aktivitäten (ebd., S. 131).

2.2.3 Neuheitsproduktion

Die besondere Produktivität der Kultur resp. Kreativwirtschaften besteht in Anlehnung an Schumpeter in der stetigen Produktion von Neuheit. Dies gilt auch für Musikszenen, die diesem Bereich zuzuordnen sind. Auch sie produzieren Neuheit oder „wertvolles Anderes" (Groys 1992, S. 42), das dem Markt zugeführt wird und stilistischen Wandel in Form von Strukturbrüchen auslösen kann (vgl. Tschmuck 2003, S. 279). Diesem Wandel ist ein distinktiver Aspekt inhärent, welcher zur Ausdifferenzierung von Kultur führt und damit den Wachstumsprozess der Kulturproduktion vorantreibt. In diesem Zusammenhang erweisen sich kleine Musik- oder Micro-Indie-Szenen abermals als produktiv, da sie einen potenziellen Einfluss auf das Feld der Massenproduktion resp. das temporelle Feld (vgl. Bourdieu 1996, S. 159f.) haben. Das temporelle Feld bildet für Bourdieu die Sphäre des bürgerlichen Erfolgs, die sich anhand messbarer Wertschätzungen wie Gewinne, bspw. durch Tonträgerverkäufe, und Reputation beim Publikum festlegen lässt und temporellen Schwankungen aufgrund von Geschmacksveränderungen unterliegt. Indies haben seit ihrer Entstehungszeit den Ruf, Motoren der Innovation zu sein, da es „[s]eit den 1950er Jahren […] kaum noch eine stilistische Erscheinungsform der populären Musik [gibt], die ihren Anstoß nicht solchen Kleinfirmen verdankt" (Wicke und Ziegenrücker 2007, S. 338). Innovation oder Andersartigkeit wird durch „produktive Viren" (Jacke 2004, S. 244) in diese Bereiche eingeführt und erfährt eine Übersetzung in die „musterbildenden Restriktionen" (Engel 1990, S. 321ff.) von Massenpopulärmusik (vgl. Eco 1984, S. 54). Diese Entwicklungen provozieren wiederum Gegenreaktionen in den Avantgarden, die sich in distinktiver Produktion zu den nun bestimmenden Ästhetiken auszeichnen. Solche Reflexe sind mannigfaltig in Szenen ebenso zu beobachten wie das Ablehnen des Mainstreams (vgl. Thornton 1997, S. 87ff.) und der Aufwertung des Undergrounds (ebd., vgl. Kühn 2013). Exemplarisch können an dieser Stelle die frühe House-Szenen in Chicago und New York angeführt werden, die maßgeblich von AkteurInnen konstituiert wurden, die bereits zuvor in Disco aktiv waren, sich aber im Zuge von dessen Popularisierung zurückzogen und House entwickelten (vgl. Poschardt 1997, S. 245ff.). Dies ist ein potenzieller Kreislauf, da die Gegenbewegungen erneut in das temporelle Feld eindringen können, was wiederum distinktive Produktion motiviert (vgl. Eco 1984, S. 103). Ein anderer Aspekt der Produktivität der Neuheitsproduktion bezieht sich auf die prophetische Fähigkeit der Musik. Musikstrukturelle Veränderungen können ein Anzeichen eines Wandels in der sozialen

Struktur sein, welcher in dessen Folge von den gesellschaftlichen Gruppierungen ausgefochten wird (vgl. Attali 2009). Ähnlich äußert sich Marcus S. Kleiner (2011, S. 59) zu Popkulturen, die „in den letzten Jahrzehnten immer wieder zu Motoren und Seismografen gesellschaftlichen Wandels geworden" sind. Daher reicht die Neuheitsproduktion von Micro-Indie-Szenen über die Sphäre der Ästhetik hinaus in die Sphäre des Sozialen.

2.2.4 Produktive PartizipantInnen und RezipientInnen

Die bisherigen Deutungen kultureller Produktivität konzentrieren sich mehrheitlich auf die Produktionsseite. Die Seite der PartizipantInnen sowie RezipientInnen ist für Musikszenen und deren Produktivität aber von Signifikanz, da in diesen Vergemeinschaftungsformen das starre ProduzentInnen-KonsumentInnen-Verhältnis verschwimmt wie bspw. bei einer Clubparty mit elektronischer Tanzmusik, an deren Produktion DJs, TänzerInnen und VeranstalterInnen gleichermaßen Anteil haben (vgl. Corsten 2001, S. 117f.; Werner 2001, S. 36–41). Abseits von Techno gelangen Axel Schmidt und Klaus Neumann-Braun (2008) in ihrer Studie über die Fans der Gothic-Szene zu ähnlichen Ergebnissen. Diese tragen durch ihre Kommunikation, Stilisierungen sowie Hingabe aktiv zur Szene bei und sind in der Hinsicht produktiv. Die Produktivität der KonsumentInnen und deren einfallsreicher Umgang mit Alltagsgütern, welcher von den Absichten der ProduzentInnen abweicht, wurde von Michel de Certeau (1988) beschrieben. De Certeau ordnet das Handeln dabei in die Bereiche der Strategie und der Taktik ein, wobei letztere die Sphäre der Coups, der Nutzung des Moments, bildet, die meist einer Position der Schwäche entspringt. Die Fähigkeit der Fans zur individuellen Deutung und Umdeutung popkultureller Güter unterteilt John Fiske (1992) in die drei Formen der semiotischen, expressiven und textuellen Produktivität. Die semiotische Produktivität beschreibt die individuelle Aneignung und Bedeutungszuschreibung von Mediengütern durch die RezipientInnen, während sich die expressive auf den geteilten Symbolvorrat und die dadurch ausgelösten Kommunikationen beziehen. Die textuelle Produktivität fasst die Auseinandersetzungen mit den Mediengütern und die selbst kreierten Fanprodukte zusammen. Die textuelle Produktivität und insbesondere die Kreation schließen an den Aspekt der gemeinsamen Wertschöpfung an. In Anlehnung hieran untersucht Rainer Winter (2010) die Produktivität von Horrorfilmfans und entdeckt divergierende Bedeutungszuschreibungen, die den RezipientInnen z.T. bei der Lebensbewältigung helfen.

Die PartizipantInnen und RezipientInnen von Popkultur und damit auch Musikszenen sind folglich oftmals KoproduzentInnen der Güter und stets ProduzentInnen von Sinn. Dementsprechend ist die Produktion in Musikszenen eine kollektive, an der die PartizipantInnen oftmals unbewusst beteiligt sind. Das mögliche Ausmaß kollektiver Produktion reicht aber hierüber hinaus und kann sich in Varianten von DIY-Praktiken (vgl. Abschnitt 4) manifestieren, die gemeinschaftlich, häufig von hybriden Netzwerken professioneller wie asketischer AkteurInnen (vgl. Kühn 2017, S. 209ff.) umgesetzt werden. Mit dem Begriff „Askese" bezeichnet Jan-Michael Kühn die „Priorisierung der kulturellen Orientierung gegenüber ökonomischen Möglichkeiten und Zwängen" (ebd., S. 210). Für Schwanhäußer (2010, S. 40) entspringt die Produktivität Berliner Underground-Kollektive den DIY- und illegalen Praktiken, den kulturellen Hervorbringungen, wie Orte und Partys, sowie deren Aufwertung durch die Szene. Freundschafts- und Projektbeziehungen sind in diesen Vorgängen genauso bedeutend wie das „Projektemachenwollen" der AkteurInnen (ebd., S. 59, 241). In ihrer Arbeit zur Hardcore-Szene heben Philipp Lorig und Waldemar Vogelsang (2011) Jugendszenen als Orte kultureller Produktivität und Differenzierung hervor. Der Begriff der kulturellen Produktivität wird von ihnen allerdings weder konzipiert, noch verweisen sie auf eine Definition. Die spezielle Produktivität scheint in den Handlungsspielräumen zu liegen, die Szenen ihren Mitgliedern ermöglichen (vgl. Lorig und Vogelsang 2011, S. 374). In diesem Zusammenhang hat in den letzten Jahren der Begriff *Prosumer* besonders in Bezug auf Internet-Communities (vgl. Tapscott und Williams 2006) einen Aufschwung erfahren. Dieses Kofferwort aus *producer* und *consumer* wurde von dem Zukunftsforscher Alvin Toffler in *The Third Wave* (1980) eingeführt. Dabei definierte er Prosumer sowohl als Person, die eine professionelle Dienstleistung selbst ausführt, wie etwa Fiebermessen, als auch selbst ein Produkt oder eine Dienstleistung erstellt, um diese(s) selbst und/oder gemeinschaftlich zu gebrauchen. Das Konzept *Prosuming* kann ebenfalls auf Musikszenen angewendet werden, da diese zum einen auch virtuelle Szenen (vgl. Bennett 2004) sind, zum anderen seit jeher Aspekte des Prosumerismus aufweisen, in dem ProduzentInnen für sich und andere aus persönlicher Gratifikation produzieren. Beispielsweise produzieren MusikerInnen elektronischer Tanzmusik oftmals für sich und ihre eigenen Auftritte, ihre Veröffentlichungen dienen aber auch anderen DJs als Arbeitsmittel.

Gemeinsam ist den erwähnten Ansätzen, dass Produzieren als gemeinschaftliches Handeln begriffen wird. Dies ähnelt der Perspektive der Kunstsoziologie, die Kunstschaffen als kollektiven Arbeitsprozess definiert (vgl. Becker 1982; Hennion 1983). Daran anknüpfend und wiederum deckungsgleich erscheint die These von Jason Potts et al. (2008) hinsichtlich des Koproduktionsverhältnisses in sozialen Netzwerkmärkten zwischen allen beteiligten AkteurInnen, Netzwerken und Unternehmen, welches „dynamic and productive; all are engaged in the mutual enterprise of creating values, both symbolic and economic" (Potts et al. 2008, S. 170) ist.

3 Szeneproduktivität und Produktionsfaktoren

Da die vorgestellten Theorien jeweils einzelne Aspekte der unterschiedlichen Arten hybrider Wertschöpfung in Micro-Indie-Szenen beschreiben, stellt sich die Frage, ob sich diese zu einer Theorie von Szeneproduktivität synthetisieren lassen. Obwohl diese Theorien jeweils andere Aspekte der Produktivität betrachten, weisen sie Übereinstimmungen auf. In vielen Fällen liegt eine Erhöhung des Outputs vor, diese kann materieller und/oder immaterieller Natur sein als Steigerung von Tonträgerverkäufen, Gästezahlen, kulturellen Artefakten sowie Praktiken, externer Effekte, Sinn und Vergemeinschaftung. Des Weiteren gewinnen Formen kollektiver Produktion in Theorien ökonomischer und kultureller Produktivität an Bedeutung. Zuletzt existiert eine Tendenz zu dynamischen Wertschöpfungs-Produktivitätskonzepten, die sich von einem starr linearen und quantitativen ökonomischen Verständnis lösen. Denn oft sind die Aspekte für Erfolg, Reputation und Umsatz in Musikszenen verantwortlich, die dem ökonomischen Auge aufgrund ihrer vermeintlichen Unwirtschaftlichkeit entgleiten.

In Abgrenzung dazu bezeichnet *Szeneproduktivität* im Folgenden die kollektive prosumerische Hervorbringung hybrider Werte und Wertschöpfungen, denen zudem ein Potenzial der Erzeugung externer Effekte innewohnt. Diese Definition weicht von dem wirtschaftswissenschaftlichen Verständnis von Produktivität durch die Integration von Aspekten kultureller Produktivitätsdefinitionen ab, welche die Bedeutung ästhetischer, sozialer und sinnstiftender Aspekte in der Wertschöpfung hervorheben. Es ist nicht ausreichend, auf ein quantitatives, relationales Modell von Produktivität zurückzugreifen. Stattdessen muss ein Modell von Szeneproduktivität qualitativ und dynamisch ausgerichtet sein, um den vielfältigen Produktionsarten und Wertschöpfungen von (Micro-)Indie-Szenen gerecht zu werden. Denn qualitative Faktoren wie Sympathie, soziale Position, Homologie (vgl. Bourdieu 1993, S. 44f.) als sozial-strukturell geprägte „Vielfalt von Homogenität" (Barlösius 2011, S. 187), Distinktion, Reputation, und Szenepraktiken sind innerhalb der Produktionen einer Szene von Signifikanz (vgl. Thornton 1997; Moore 2007; Hoffmann 2015; Kühn 2017).

Die Szeneproduktivität ist eine kollektive Form von Produktivität, an der zahlreiche SzeneakteurInnen und -partizipantInnen (vgl. Hitzler und Niederbacher 2010), trotz der zunächst individuellen Produktion etwa von Musik, bewusst wie unbewusst an der Hervorbringung, Verbreitung, Bewertung und Konsekration (vgl. Bourdieu 1993, S. 38; ebd. 1996, S. 167f.) – der gesellschaftlichen Weihung und Anerkennung – der Szenegüter beteiligt sind. Die Aufhebung der Konzeption des starr komplementären ProduzentInnen-KonsumentInnen-Verhältnisses erscheint angemessen, da die KonsumentInnen einerseits selbst prosumerisch für die Szene tätig sind, andererseits werden Aspekte kultureller Produktivität in den Fokus gerückt. Die Produktion kultureller Güter wie Musik und Veranstaltungen erzeugt sowohl materielle, ökonomische als auch immaterielle, kulturelle Werte. Sie generiert für die AkteurInnen und Organisationen gleichermaßen ökonomisches Kapital sowie Szenekapital, welches ein eigenständiges kulturelles Kapital bezeichnet, das in Szenen waltet und Aspekte des „subkulturellen Kapitals" (Thornton 1997, S. 98f.) sowie des „Akustischen Kapitals" (Lange et al. 2013) umfasst. Szenekapital ist einerseits sowohl Reputation als auch eine soziale Hierarchie, die auf Distinktion basiert; andererseits bezeichnet es die Kenntnis und Anwendung der musikalischen und sozialen Regeln einer Musikszene. Das Szenekapital ist das Resultat vorheriger Handlungen und manifestiert sich in Form von Labelsound, Partysound oder Personalstil. Es entsteht durch Langlebigkeit eines Projekts, Grad des Szenebezugs, Beteiligungsgrad, Dauer der Szenezugehörigkeit, Regeleinhaltung und Konsekration durch die Szene. Dabei ist die Generierung dieses Kapitals nicht den AkteurInnen exklusiv vorbehalten, sondern wird auch von den PartizipantInnen durch ihr Handeln erworben. Dies umfasst das reine Partizipieren als TänzerIn, das Veranstalten von Partys als ProsumentIn, die Auseinandersetzung mit der Historie der Szene oder das reine Engagement als helfende Hand. Das Sammeln von Platten wird an dieser Stelle gesondert behandelt, da insbesondere das Vinyl eine Szenekapitalanlage darstellt, die ihren Höhepunkt in der Sammlung findet, von der wiederum teils starke materielle Werte ausgehen.

Die ästhetischen Objekte und Praktiken der Szene, die als das „wertvolle Andere" (Groys 1992, S. 42) wahrgenommen werden, verdichten sich für AkteurInnen und PartizipantInnen zu Erlebnissen (vgl. Schulze 1995), die oftmals distinktiv Sinn sowie Haltung produzieren, den Blick verändern (vgl. Attali 2009; Quenzel et al. 2010, S. 2) und vergemeinschaftend wirken (vgl. Hitzler und Niederbacher 2010, S. 28ff.). Sinn und Haltung fußen dabei auf einer geteilten *illusio* (vgl. Bourdieu 1993, S. 72f.) – „der grundsätzlichen Anerkennung des Kulturspiels und seiner Objekte" (Bourdieu 1987, S. 389) – aller TeilnehmerInnen, die der Szene zugrunde liegt und auf dem Glauben basiert, es ginge in der kulturellen Produktion in Szenen wirklich um Kunst sowie kulturelle Werte und nicht um Wirtschaft. Diese Anschauung verschleiert den gesellschaftlichen Wettbewerb und wird zur Legitimierung der eigenen Produktionen gegen das temporelle Feld genutzt. Die *illusio* einer Micro-Indie-Szene bildet die Grundlage für die kollektive Produktion, die sich in prosumerischen Handlungen, DIY, Kollaborationen und Netzwerken manifestiert und oft auf einem Dualismus aus Ökonomie und l'art pour l'art basiert. Infolge dessen bilden sich in einer Szene auf Basis der *illusio* unterschiedliche Fetische heraus (vgl. Bourdieu 1996, S. 227–231), die zum Teil durch die soziale

Segmentierung einer Szene (vgl. Hoffmann 2015; Kühn 2017) prädeterminiert sind. Beispielsweise stehen neben dem „Wert der Kultur als allerhöchstem Fetisch" (Bourdieu 1987, S. 389) die unterschiedlichen Feier-, Sound- und Tempofetische der Techno-Szene. Diese sind abhängig von dem jeweiligen Bildungsmilieu der AkteurInnen und PartizipantInnen. Des Weiteren haben sich in der Techno-Szene die Medienfetische des analogen oder digitalen Auflegens herausgebildet. Die Fetische sind aber auch Basis der inneren Distinktion einer Szene und Auslöser des Wettkampfs um die Kapitalarten und Deutungshoheit der Szeneregeln resp. „nomos" (Bourdieu 1993, S. 164; Bourdieu 1996, S. 223–227). Auf medialer Seite offenbaren sich diese Wettkämpfe in Szenen elektronischer Tanzmusik anhand von sog. *Vinyl-only-Partys*, die sich distinktiv gegen das Arbeiten mit digitalen Auflegdispositiven wenden. In diesem Zusammenhang werfen Vinyl-DJs den digital auflegenden DJs vor, kein Handwerk zu beherrschen oder nur Show machen zu wollen. Umgekehrt wird den Vinyl-DJs technische Stagnation und Ignoranz unterstellt. Auf ästhetischer Seite sind Lautmarken von Labels oder Lokalkolorite Ausprägungen der Wettkämpfe. Beispielsweise existieren in der Techno-Szene mit dem sog. Bar25- und Berghain-Sound zwei Lokalkolorite, die sich um zwei Clubs und dazugehörige sowie assoziierte Labels gebildet haben (vgl. Abschnitt 4.3). In Konsequenz muss die Distinktion in (Micro-)Indie-Szenen als maßgeblicher Teil von deren Produktivität gedeutet werden, da die inneren Wettkämpfe und äußeren Abgrenzungen diverse distinktive Praktiken erzeugen. Die Größe der Industrie- und Szenestruktur sowie das Verhältnis der Kapitalarten und „Hybridisierungen" (Bürkner und Lange 2010, S. 61f.) sind dabei entscheidend für den Grad an Wirtschaftlichkeit und innerer Distinktion innerhalb einer (Micro-)Indie-Szene.

In szenebasierter Musikproduktion findet Wertschöpfung in iterativer Form auf Grundlage eines Wechselspiels zwischen immaterieller und materieller (hybrider) Wertschöpfung statt. Je größer die Industrie- und Sozialstruktur ausfallen, umso höher ist die Chance auf distinktionsgetriebene Produktion in dem sozial eingebetteten Markt (vgl. Granovetter 1985). Je mehr Distinktion als Differenzierung und Abgrenzung (vgl. Hoffmann 2015; Kühn 2017) in einer Micro-Indie-Szene vorherrscht, umso produktiver ist diese, da sowohl mehr materielle als auch immaterielle Werte geschaffen werden. Motoren der Distinktion sind die soziale Segmentierung, aber auch die Handlungsarten und -orientierungen sowie wirtschaftlichen Logiken infolge der Größe einer Szene, die der jeweiligen Szeneposition der AkteurInnen und Organisationen entspringen und folglich dynamisch sind. Dementsprechend haben die AkteurInnen und Organisationen aufgrund der Handlungsorientierungen, die gemäß der Szenestruktur entlang der Pole Szene- und Massenproduktions- sowie Askese- und Gewinnorientierung verlaufen, einen gewissen Einfluss auf ihre Position.

Gemäß Bourdieu basiert ein kulturelles Feld auf den Polen der Massenproduktion und der autonomen Produktion. Das Subfeld der Massenproduktion bildet den heteronomen Pol eines Kulturfelds (vgl. Bourdieu 1993, S. 38f.). Dieser übersetzt die kulturellen Artefakte des Feldes der eingeschränkten Produktion in erprobte kommerzielle Verfahren (vgl. Hennion 1983). Dabei stellt das Subfeld der Massenproduktion ein temporelles Feld dar, welches Erfolg anhand kommerzieller Gewinne und Bekanntheit wie Reputation beim breiten Publikum misst. Das Subfeld der autonomen Produktion liegt am autonomen Pol des Kulturfelds, an dem Micro-Indie-Szenen verortet sind. Dieses ist nochmals unterteilt in eine aufstrebende Avantgarde, die durch Innovation kommerziellen wie symbolischen Erfolg verzeichnet, und arrivierte Avantgarde, die ihre vormaligen Erfolge und daraus resultierenden Positionen zu sichern und zu verteidigen sucht (vgl. Bourdieu 1993, S. 53). Das Ausbleiben von Erfolg kann bei AkteurInnen der aufstrebenden Avantgarde wiederum zu einer asketischen Haltung führen, in welcher brotlose KünstlerInnen das höchste Ansehen genießen, während kommerziell erfolgreiche abgelehnt werden. Die Besonderheit von Feldern der Kultur ist durch den Umstand definiert: Je autonomer ein Feld ist, umso mehr erfüllt es seine eigene Logik und lehnt dabei die herrschenden Prinzipien der ökonomischen Logik und Hierarchisierung ab und kehrt diese um (ebd., S. 39). Die Struktur eines Kulturfelds verläuft daher entlang des vorhandenen Kapitalvolumens sowie des Volumens an kulturellem Kapital.

Auf Micro-Indie-Szenen angewandt bilden die Pole der Szene- und Massenproduktionsorientierung das kulturelle Kapital und die Askese- und Gewinnorientierung das Kapitalvolumen ab. Trotz der Segmentierung der Szene und des daraus resultierenden Besitzes an Kapital oder Szenekapital oszillieren die AkteurInnen und Organisationen oftmals zwischen den unterschiedlichen Handlungsorientierungen und Handlungsarten des Spiels, der Taktik und der Strategie (vgl. de Certeau 1988; Bürkner in diesem Band). Spielerische Handlungen betreffen vornehmlich die Askeseorientierung, während taktische Handlungen auch gewinnorientiert motiviert sein können. Die Produktionen, die eine Szene- und Askeseorientierung vorweisen, entspringen letztlich auch taktischen Überlegungen, da solche Handlungen zuerst Szenekapital und im Anschluss ökonomisches Kapital generieren können. Veröffentlichungen und Veranstaltungen erwirtschaften Umsatz und sie wirken vergemeinschaftend sowie selbstvergewissernd auf die SzeneteilnehmerInnen (vgl. Hitzler und Niederbacher 2010, S. 29f.). Die SzeneteilnehmerInnen bestätigen sich durch ihr Handeln einander ihrer *illusio*, Fetische und dadurch „doxa" (Bourdieu 1993, S. 35f., 58, 72f.). Die *doxa* beschreibt die selbstverständlichen und fraglos hingenommenen Ansichten, die in einer Musikszene vorherrschen und die durch die *illusio* konstituiert werden. In Musikszenen manifestiert die *doxa* sich in der Ablehnung des Mainstreams sowie gewinnorientierter AkteurInnen oder auch in dem Wunsch, auf der richtigen Seite der Kultur zu stehen. Dies schließt auch die Musikwirtschaft mit ein, wie folgendes Zitat nahelegt.

> „Und deswegen hat die Musik, die man gehört hat, dazu geführt, dass man im Indie-Bereich auch landet, aber natürlich auch mit diesem sehr, sehr naiven Gedanken: Das sind die Guten, die anderen sind die Bösen."
> (Mitarbeiter Cargo Records 3)

Obwohl der Mitarbeiter selbst die *doxa* durchschaut hat und als naiv bezeichnet, ist sie trotz allem wirkungsmächtig, da er weiterhin in der Indie-Sphäre arbeitet. Fetisch, Regeln und *doxa* dienen wiederum als Grundlage, um sich distinktiv von anderen SzeneteilnehmerInnen nicht nur in Bezug auf den Habitus, sondern auch Produktionen betreffend abzugrenzen, ergo in der Distinktion neue hybride Werte zu schaffen. Dabei besteht die Chance, externe Effekte zu erzeugen, die für die Szeneproduktivität ebenfalls von Belang sind. Auf ökonomischer Seite generieren Micro-Indie-Szenen Externalitäten durch ihre Veranstaltungen in Form von Umwegrentabilität (vgl. Gottschalk 2006, S. 78). In diesem Zusammenhang ist die imagebildende Wirkung lokaler Micro-Indie-Szenen von Bedeutung, die sich positiv auf den Zuzug externer BürgerInnen und auch den Stadttourismus (vgl. Rapp 2009) auswirken kann. Kulturelle externe Faktoren beinhalten ästhetische Feldwechsel, in denen MusikerInnen oder Musik in andere Felder überführt werden und diese anreichern (vgl. Jacke 2004). Die individuelle Auseinandersetzung mit Szenegütern stellt oftmals eine unbewusste Investition in das Humankapital von AkteurInnen dar (vgl. Gottschalk 2006, S. 90, 104), während die kollektive Auseinandersetzung infolge unterschiedlicher Konsekrationsprozesse (vgl. Kropf in diesem Band) eine Kanonisierung bewirkt und damit einen Beitrag zum generellen Wachstum von Kultur leistet.

3.1 Produktionsfaktoren der Szeneproduktivität

Zwar wird die Szeneproduktivität durch die Theorie des kulturellen Felds gerahmt. So wichtig Aspekte wie Homologie, Distinktion, *illusio*, *doxa* und Fetisch auch für die Produktion in Musikszenen sind, bleiben dennoch andere ausgespart, die für die kulturelle Produktion von Belang sind. Ein Modell zur Untersuchung bieten dabei Richard Peterson und Narendra Anand (2004, S. 313ff.) mit ihrem „Six-Facet Model of the Production Nexus", die mehrere untereinander zusammenhängende Faktoren der kulturellen Produktion anführen:

1. Technologie
2. Gesetze und Vorschriften
3. Industriestruktur
4. Organisationsstruktur
5. Einnehmbare Karrieren
6. Markt

Neben diesen Facetten weisen die Autoren noch auf die Faktoren *individuelle Kreativität, soziale Bedingungen, Geschmacksveränderungen* sowie *Wandel und Reproduktion von Kultur* hin, die ebenfalls einen Einfluss auf die kulturelle Produktion ausüben. Wichtig sind an dieser Stelle die Dynamik der Facetten und ihre gegenseitige Konstituierung. Denn ein Wandel in einer Facette kann wiederum Veränderungen in anderen auslösen, die in Konsequenz das kulturelle Feld wandeln. Allerdings sparen die angeführten Faktoren wichtige soziale Aspekte der Produktion aus, die aber für Produktivität von Szenen signifikant sind. Die Zusammenführung der Kulturfeldtheorie mit den Facetten der kulturellen Produktion bietet die Chance, zu umfassenderen und genaueren Erkenntnissen über die Produktion in Musikszenen zu gelangen. Dafür müssen die Facetten von Peterson und Anand um einige Aspekte erweitert werden, sodass sich folgende Produktionsfaktoren ergeben:

1. Material, Medien und Technologie
2. Gesetze und Vorschriften
3. Industriestruktur
4. Organisationsstruktur
5. Einnehmbare Karrieren und Rollen
6. Markt
7. Kapitalarten
8. Individuelle und kollektive Kreativität
9. Szenestruktur, soziale Bedingungen und Faktoren
10. Geschmacksveränderungen
11. Wandel und Reproduktion von Kultur
12. Momente und Situationen

Die Produktionsfaktoren hängen untereinander zusammen, sind dynamisch und situiert. Veränderungen eines Produktionsfaktors lösen dabei einen Wandel in anderen aus und können auf diese Weise die Produktionen und die Produktivität einer Micro-Indie-Szene verändern. Der Wandel des Produktionsfaktors Medien führte bspw. zu einem Wandel des Produktionsfaktors Markt. Infolgedessen kam es zu divergierenden Produkt-, Programm-, Distributions-, Kommunikations- und Preispolitiken (vgl. Meffert et al. 2012) auf Seiten der Organisationen. Wiederum schuf dies neue Möglichkeiten der Aufführung und damit neue Möglichkeiten individueller sowie kollektiver Kreativität und in Konsequenz neue Rollen und auch Karrieren in einer (Micro-)Indie-Szene. Die Produktionsfaktoren stehen den AkteurInnen, Organisationen sowie lokalen Szenen allerdings in unterschiedlichen Konstituierungen sowie Konfigurationen zur Verfügung und werden in unterschiedlichen Konfigurationen entsprechend der jeweiligen Position auf Basis der Handlungsorientierungen angewandt. Da kollektive Produktion und Kreativität zentral für Micro-Indie-Szenen und deren Produktivität sind, wird im Folgenden intensiver darauf eingegangen.

4 Kollektive Produktion und Kreativität in der Techno-Szene und AMS

Die Veranschaulichung kollektiver Kreativität und Produktion innerhalb von Musikszenen erfolgt anhand von zwei Szenen. Die Untersuchungsgegenstände der Empirie sind die Techno-Szene sowie die avantgardistische Multigenreszene (AMS). Die Daten wurden mittels Interviews und teilnehmender Beobachtung erhoben. Während die Techno-Szene sowie ihre Praktiken und Güter bereits seit Jahren Gegenstände unterschiedlicher wissenschaftlicher Disziplinen sind (vgl. u.a. Thornton 1997; Hitzler und Pfadenhauer 2001; Volkwein 2003; Schwanhäußer 2010; Bürkner und Lange 2010; Mathei 2012; Henschel 2015; Kühn 2017), verhält es sich bei der AMS deutlich anders. Zwar ist die AMS keine Szene im herkömmlichen Sinne, da eine Szene mit solchem Namen nicht existiert. Hierbei handelt es sich um einen Lehnbegriff. Dennoch existiert eine Szene, in der unterschiedliche avantgardistische Genres präsentiert und verhandelt werden. Als Labels können hier *Denovali* und *Ad Noiseam* angeführt werden. Die AMS lässt sich am besten anhand ihrer widerständigen Ästhetik definieren, die in der Regel einen düster destruktiven, extremen und/oder melancholischen Charakter besitzt. Die Musikstücke können vergleichsweise lange dauern, sind oftmals instrumental gehalten und vermeiden herkömmliche Songstrukturen zugunsten repetitiver, trackartiger Strukturen. Das Instrumentarium kann dabei sowohl rock- als auch elektronischgeprägt sein. In der AMS werden vorrangig avantgardistischere VertreterInnen u.a. aus den Genres Post-Rock, Metal (vgl. Wicke und Ziegenrücker 2007, S. 312ff.), Doom (vgl. ebd., S. 314), Industrial (vgl. ebd., S. 340), Noise (vgl. ebd., S. 493), Drone, Breakcore, Dubstep (vgl. ebd., S. 211; Mathei 2012, S. 150), Electronica (vgl. ebd., S. 220) oder Neo-Klassik präsentiert.

Die Auswahl der Techno-Szene und AMS als Untersuchungsgegenstände ist auf die persönliche Involviertheit des Autors in diese Szenen zurückzuführen. Die Ausgangspunkte der Untersuchung waren die spezifischen Charakteristika, Gemeinsamkeiten und Differenzen in punkto der Wertschöpfung und kulturellen wie wirtschaftlichen Praktiken beider Szenen, auf die der Autor im Zuge seines Akteurs- und Partizipanten-Daseins aufmerksam geworden ist. Die Untersuchungsgegenstände unterscheiden sich bspw. in ihrer Größe und Industriestruktur. Des Weiteren weichen sie voneinander in punkto Zielgruppe für den Verkauf von Medienprodukten ab, die im Techno mehrheitlich DJs und in der AMS normale HörerInnen bzw. KäuferInnen sind. Dementsprechend ist der Club in der Techno-Szene die primäre Konfiguration der Wertschöpfung (vgl. Bürkner und Lange 2010), während dies in der AMS der Tonträgerverkauf ist. Zuletzt unterscheiden sich beiden Szenen hinsichtlich ihrer Ästhetiken, wobei Techno stärker einer funktionalen Nutzung als Tanzmusik unterliegt.

Unabhängig von den Gegensätzen basiert in beiden Untersuchungsgegenständen ein großer Anteil der Produktionen auf kollektivem Handeln. Die kulturelle und wirtschaftliche
Janusköpfigkeit der Musikszenen setzt sich in den Handlungen der AkteurInnen fort, die zwischen den unterschiedlichen Handlungsarten und -orientierungen oszillieren und dabei materielle wie immaterielle Werte produzieren. Infolge dessen kommt es zur Hybridisierung des Handelns, in der die kollektive Produktion unter FreundInnen oder Netzwerken in einen kulturellen und/oder ökonomischen Rahmen gestellt wird. Entsprechend der Szeneposition liegen andere Konfigurationen an Handlungsarten und -orientierungen zugrunde, die unterschiedliche Formen kollektiver Kreativität und Produktion zur Folge haben. Dabei nimmt szeneübergreifend der Anteil an DIY oder dessen kollektiver Variante dem Do-it-together (DIT) zu, je mehr sich die Produktionen Richtung Askese und damit spielerischer Orientierung verlagern. Bei stärkerer Gewinnorientierung nimmt dieser Anteil wiederum ab und Arbeiten werden an professionelle DienstleisterInnen ausgelagert. Abseits davon stellt kollektive Produktion oftmals ein taktisches Instrument dar, um Produktionen trotz geringen ökonomischen Kapitals realisieren zu können. Kollektive Produktion erscheint häufig als Prosumerismus, wobei die Szeneposition hierfür nicht signifikant ist. Das Produzieren für sich und andere nimmt in Musikszenen unterschiedliche Gestalten an. Diese reichen von Laien- bis hin zu LiebhaberInnen-Projekten, etwa in Form von *Special Editions* oder Veranstaltungen, die keine Aussicht auf Gewinn haben. Aufgrund der inhärenten Gratifikation solcher Handlungen werden sie dennoch durchgeführt. Insbesondere Special Editions bereiten den ProduzentInnen und KonsumentInnen gleichermaßen Freude, da die ProduzentInnen zum einen selbst LiebhaberInnen oder Fans der Musik

sind, die Reputation solcher Formate zum anderen ein kollektiv (re-)produzierter Fetisch von Musikszenen ist.

„Wobei, das erleben wir auch, dass Leute sagen: ‚Komm, wir machen jetzt 50 Einheiten, die machen wir aber schön verpackt, basteln selber noch ein bisschen rum, dann wird es teurer, aber ist ja auf 50 limitiert, das wollen die Leute'. Kann auch funktionieren, macht wiederum auch ein bisschen mehr Spaß und bringt eventuell auch Label und Konsumenten noch ein bisschen enger zusammen."

(Vertrieb Techno)

An dieser Stelle wird die enge Verzahnung der Bereiche des Sozialkulturellen, der Ökonomie sowie der Ästhetik und Produktion in Micro-Indie-Szenen deutlich. Äquivalent zu den Verzahnungen der jeweiligen Bereiche verhält es sich mit den Handlungsorientierungen von Formen kollektiver Produktion, die zwischen Askese-, Gewinn- und Szeneorientierung changieren. Der folgende Abschnitt widmet sich anhand von Beispielen der kollektiven Kreativität und Produktion in diesen Bereichen. Auf Besonderheiten der jeweiligen Szenen wird gesondert hingewiesen.

4.1 Sozial-Kultur

Im Bereich der kollektiven sozialen und kulturellen Produktion ist die Reproduktion der *illusio* einer Szene maßgeblich, da sich die Szene hierdurch überhaupt erst konstituiert (vgl. Kühn 2017). Dies betrifft auch die Sinnproduktion, die aufgrund der zugrundeliegenden *doxa* ebenfalls kollektiv produzierte Anteile hat. Die *doxa* ist wiederum ein Motor der Distinktion in Musikszenen, welcher bspw. für den Grad an Ablehnung gegenüber dem vermeintlichen Mainstream bestimmend ist. Diese Distinktion fällt in Relation zur Techno-Szene in der AMS höher aus, da in der erstgenannten Szene die l'art-pour-l'art-Ideologie ausgeprägter ist. Infolgedessen herrscht in der AMS eher ein exklusiver und in der Techno-Szene ein inklusiver Habitus vor, der in letzterer stark durch die Ideologie des Miteinanders (vgl. Hitzler 2001b, S. 18ff.; Werner 2001, S.41–49) geprägt wird. Unabhängig davon sind Homologie und Habitus in hohem Maße ausschlaggebend für die kollektive musikalische oder musikbezogene Produktion unter FreundInnen in Musikszenen. Die Konstituierung solcher Beziehungen kann mit der gemeinsamen Partizipation an der Szene beginnen, die in ihrer Folge um zusätzliche szenebezogene Aktivitäten erweitert werden. Dementsprechend haben die kollektiven Produktionen in Musikszenen oftmals eine soziale Dimension neben der ästhetischen und/oder ökonomischen. Anders formuliert: Die AkteurInnen möchten gemeinsam mit

FreundInnen resp. ihnen sympathischen Menschen etwas Musikalisches und/oder Musikwirtschaftliches machen.

> „Also die komplette Labelmaschinerie wird eigentlich nur von Freunden gemacht. Bei den Partys sieht das ganz genauso aus. Unsere Residents [regelmäßig bei einer Veranstaltung oder im selben Club auflegenden DJs] sind halt unsere engsten Freunde. Die anderen Partyveranstalter, mit denen wir zusammenhängen, sind unsere engsten Freunde. Wenn wir jemanden, von dem wir eine Platte rausbringen wollen, noch nie persönlich kennen gelernt haben, laden wir den ein und gucken, dass wir den kennen lernen und dann sind wir sehr enttäuscht, wenn wir uns nicht so gut verstehen, wie wir uns das erhofft haben, was sehr selten passiert."
>
> (Label Techno 2)

In der Techno-Szene existieren weitere Formen kollektiver Produktion, die Aspekte des Prosumerismus abdecken und durch die Szene ausgelöst werden. Die Erfahrungen mit der Szene und ihren Praktiken ist dabei häufig eine Motivation für eigene Produktionen, was von den AkteurInnen als in einem Akt des Zurückgebens an die Szene angesehen wird und diese motiviert.

> „Seit Mitte der 90er bin ich halt in der Szene unterwegs, da hat man auch irgendwann das Bedürfnis der Szene was zurückzugeben und nicht immer nur zu konsumieren, was andere Leute einem geben. Das ist auch eine Motivation dieses Zurückgeben von dem, was man bekommen hat."
>
> (Label Techno 2)

Das Zurückgeben kann dabei wie beim Veröffentlichen von Musik materieller aber auch immaterieller und intrinsischer Natur sein. Oftmals sollen die eigenen Erfahrungen der Vergangenheit, denen häufig ein prägender Charakter sowie soziale Geborgenheit zugesprochen werden, auch anderen und vor allem neuen PartizipantInnen ermöglicht werden.

> „[Ich hatte] eigentlich immer den Anspruch, Menschen zusammenzubringen, eine Basis zu schaffen, einen Ort zu schaffen, an dem sie sich selbst, aber auch Anderen begegnen können. Das war auch für mich immer eine gewisse spirituelle Geschichte, weil ich selber bei meinen ersten Partyerfahrungen auch im weitesten Sinne eine besondere Selbsterfahrung gemacht habe, was das Tanzen, Erleben und Erfühlen anging. Und das zu teilen, war halt eigentlich immer der Anspruch bei allen Veranstaltungen."
>
> (Veranstalter Techno 1)

In Konsequenz sind solche Produktionen prosumerisch, da die AkteurInnen für sich und Gleichgesinnte produzieren. Gleiches gilt für eine andere Praktik kollektiver Produktion in der Techno-Szene: illegale Partys oder Open Airs (vgl. Lange 2012; Busse 2014), die vornehmlich in der Natur durchgeführt werden und Ausdruck des DIT der Techno-Szene sind. Während Open Airs meist tagsüber vonstattengehen und rechtlich durchaus geduldet werden, sind die nächtlichen Äquivalente in der Regel illegal, d.h, sie werden ohne Genehmigung an Orten durchgeführt, die dafür nicht vorgesehen sind. Da vor allem bei illegalen Partys keine materielle Wertschöpfung betrieben wird, ist die persönliche Gratifikation der Umsetzung solcher Partys mit FreundInnen und für FreundInnen sowie andere nette Menschen als Motivation signifikant. Für die Realisierung werden persönliche soziale Netzwerke aktiviert und in die Produktion eingebunden. Beispielsweise übernehmen einige AkteurInnen den technischen Aufbau und die Besorgung des Equipments, während sich andere um die Herrichtung des Tanzplatzes, die Dekoration und ggf. die Theke kümmern.

Zwei Besonderheiten der kollektiven Kreativität und Produktion der Techno-Szene, die im Zusammenhang mit dem Entäußern (vgl. Corsten 2001) der PartizipantInnen stehen, sind das von Teilen der Szene betriebene Schminken mit Glitzer sowie die sog. Feiertotems (Abb. 1) auf Festivals. Feiertotems sind Stangen, an denen Accessoires, Schilder, Stofftiere etc. angebracht werden und die vornehmlich, aber nicht ausschließlich, der Orientierung von Gruppen auf Festivals dienen. Denn beide Praktiken sind sowohl kreativer Ausdruck und Selbstproduktion als auch kulturelle Produktion, die innerhalb der Szene reproduziert und aktualisiert werden.

Szeneproduktivität 149

Abbildung 1 Feiertotems
© Philipp Budde

Das Äquivalent zum Prosumerismus der illegalen Technopartys bilden in der AMS sogenannte Wohnzimmerkonzerte. Gemäß dem Namen handelt es sich hierbei um (meist) illegal, vornehmlich im Wohnzimmer durchgeführte Konzerte im Haus oder der Wohnung der (Hobby-)VeranstalterInnen, die selbst PartizipantInnen und Fans sind. Dabei können diese Konzerte unregelmäßig wie regelmäßig veranstaltet werden und bieten der AMS Orte der Zusammenkunft, die insgesamt weitaus seltener sind als in der Techno-Szene.

4.2 Ökonomie

KonsumentInnen von Gütern von Musikszenen sind innerhalb der Szenen in soziale Relationen eingebunden, die Geschmack und Kaufentscheidung beeinflussen und dadurch den Markt prägen. Diese soziale Einbettung der Märkte von Musikszenen betrifft auch die ProduzentInnen, da sie nicht wie im Bereich der Major-Musikindustrie für einen unbekannten und unkalkulierbaren Markt produzieren, sondern für einen, dessen Güter sie selbst konsumieren. In derlei Perspektive wird der Markt von KonsumentInnen wie ProduzentInnen kollektiv produziert, bewertet und überwacht.

„Da machst du dein Label mit kaputt [Trends aufgreifen]. Wenn ich jetzt anfangen würde, wo wir eben bei Audiolith[3] waren, so eine Mucke rauszubringen, dann würden die Leute uns auslachen und ich würde mich selbst auslachen."

(Labelbetreiber AMS 2)

Ebenfalls stellt der Wandel des Marktes infolge endogener Geschmacksveränderungen in den Musikszenen ein Merkmal kollektiver Produktion dar. Denn diese Dynamik ist letztlich Resultat kollektiver Aushandlungen zwischen ProduzentInnen und KonsumentInnen, an denen Konsekrationsinstanzen wie Presse, renommierte Clubs, MusikerInnen sowie Organisationen und Charts einen Anteil haben. Eine der genannten Parteien reicht nicht aus, um einen Trend zu starten. Dieser muss von Szenegrößen, den PartizipantInnen und den genutzten Medien der Szene inklusive Social Media „untermauert werden" (Vertrieb Techno), was die kollektive Dimension des endogenen Wandels des Szenegeschmacks und damit auch des Markts unterstreicht. Formen kollektiver Produktion reichen aber über die Konstituierung des Marktes hinaus. Da die Produktion unter FreundInnen in Micro-Indie-Szenen zentral ist, existieren entsprechend ökonomisch wirksame Ausprägungen hiervon. Der Wunsch, mit FreundInnen oder Bekannten etwas Musikbezogenes umzusetzen, ist in beiden Untersuchungsgruppen konstitutiv. In vielen Fällen der Empirie entspringen die Aktivitäten einem gemeinsamen Hobby, wie dem Feiern oder Besuchen von Konzerten, welches im weiteren Verlauf bspw. um den Betrieb eines Labels erweitert wird. Dies kann in Form eines entgolteten Hobbys oder auch Berufs betrieben werden. Darüber hinaus wurde ein Label identifiziert, das von einem Ehepaar geführt wird. Ähnlich verhält es sich mit Freundeskreisen oder den privaten sozialen Netzwerken der AkteurInnen, die unabhängig von der jeweiligen Szeneposition in die Aktivitäten eingebunden werden, sei es in der Übernahme des Kassierens bei Veranstaltungen, des Merchandising-Stands, von Fahrdiensten, des Caterings, des Technikaufbaus oder der Gestaltung von Werbematerialien oder Covers. Formen von Arbeitsteilung sind auch bei einigen Labels der Untersuchung vorhanden. Dabei übernimmt in der Regel ein Akteur oder eine Akteurin die betriebswirtschaftlichen Tätigkeiten wie Buchhaltung, PR, Verlagsanmeldung, Bestellung der Pressung etc. Die anderen MitbetreiberInnen bringen sich vorrangig in den kreativen Prozess der Musikrecherche, Musikauswahl und grafischen Gestaltung ein. Die Auswahl wird aber stets kollektiv getroffen, wobei oft ein Vetorecht vorherrscht, sodass Musikstücke bei Ablehnung durch eine beteiligte Person nicht veröffentlicht werden. In Bezug auf Veröffentlichun-

---

3   Audiolith ist ein Indie-Label aus Hamburg, welches Indie und elektronische Musik vertreibt. Ein Schwerpunkt liegt im Electropunk.

gen können kollektive Kreativität und Produktion auch in Form von sog. Split-EPs sichtbar werden. Hierbei handelt es sich meist um Vinyl-Veröffentlichungen, auf denen die jeweiligen Seiten Stücke unterschiedlicher MusikerInnen präsentieren. Dieser Praktik liegen gleichermaßen Aspekte der Wertschätzung und der Taktik zugrunde. Die Arbeit an solchen Formaten bereitet einerseits Freude, andererseits dient sie aber auch der Erhöhung der Aufmerksamkeit durch den Eintritt in andere Szenenetzwerke. Dabei kann die Auswahl sowohl anhand taktischer Erwägungen, bspw. in Form von Kooperation mit reputationsstärkeren MusikerInnen, als auch intrinsisch motiviert sein. Eine andere Form kollektiver Kreativität und Produktion, die in der Techno-Szene und AMS gleichermaßen waltet, ist die Erstellung von Special Editions als DIT. Hierbei bringen sich die MusikerInnen in die Gestaltung der Covers ein oder übernehmen diese in Eigenregie. Die Gestaltungsarten fallen vielfältig aus und können Einritzungen auf dem Vinyl (Gabriel Ananda und Cio d'Or 2006), etwas Gestricktes (Pachanga Boys 2012), Bilder oder individuell gestaltete, bspw. mit Holz verzierte Cover ([BOLT] 2012) umfassen.

„Diese typischen Vinyl-Sleeves sind immer nur weiß. Da haben wir gedacht, wir müssen irgendwas machen, damit der Konsument das Gefühl kriegt, er hält was Besonderes in der Hand. Hat er [Designer] halt so eine Schablone gemacht und wir haben 500 unserer Platten mit diesem Spruch besprüht. Das kam, glaube ich, ganz gut an."

(Musikprojekt Techno 1)

In Bezug auf das A&R (Artist & Repertoire) – das Entdecken und Bewerten von MusikerInnen, Budgetierung von Marketing und Promotion-Maßnahmen, Controlling – erscheint kollektive Produktion in Form von Empfehlungen durch MusikerInnen oder andere Labels. Hierbei sind Aspekte wie Vertrauen, Homologie und Szenekapital von Bedeutung, da sie die Empfehlungen aufwerten. Dies gilt aber auch für Empfehlungen durch PartizipantInnen und KonsumentInnen, die DJs vorschlagen können oder durch ihre Bestellungen die Einkäufe eines Plattenladens als Empfehlung zweiten Grades beeinflussen.

„Der [Mitarbeiter Kompakt-Plattenladen] hat viel auf dem Schirm, der ist natürlich auch viel bei Vertrieben unterwegs, weil er den Laden schmeißt, er kauft die Platten für den Laden ein. Aber ich entdecke dann zum Beispiel die ein oder andere Maxi, die [er] nicht auf dem Schirm hatte, bestelle die bei dem, der hört dann auch mal rein, interessehalber natürlich, und dann gibt es dann auch die ein oder andere Platte, wo er dann sagt: ‚Hey, toll, die ziehe ich auch für den Laden'."

(Partizipant/Plattensammler Techno 4)

Die KonsumentInnen haben hinsichtlich der kollektiven Produktion darüber hinaus einen zunehmenden Anteil an der Kommunikationspolitik (vgl. Meffert et al. 2012, S. 606ff.) von Organisationen von Musikszenen. Diese hat sich um fanbetriebene Blogs oder Kommunikation sowie Produktionen auf Social Media erweitert und bisweilen sogar verlagert. Beispielsweise stellten im Zuge des *Digital Turn* der Techno-Szene (vgl. Mathei i. D.) mehrere Szenemagazine ihre Aktivitäten ein. Dadurch fielen einerseits klassische Werbekanäle, z. B. Anzeigen, weg, andererseits verloren sie durch Social Media aber auch generell an Bedeutung. Organisationen und MusikerInnen bewerben sich daher verstärkt über Social Media und hoffen auf entsprechende Netzwerkeffekte, die die Reichweite steigern. Des Weiteren unterbinden sie selten die Uploads ihrer Musik auf *YouTube*, sondern handeln stattdessen eine Nennung als auch Verlinkung auf die Label-Homepage und/oder die Beatportseite[4] zu dem jeweiligen Stück aus. Durch die Verlagerung der Kommunikationspolitik auf Social Media erhalten die Fans mehr Anteil an der Konsekration (vgl. Bourdieu 1993, S. 38, 50f.) der Musik, der MusikerInnen, Labels und Veranstaltungen neben den üblichen Instanzen wie Reviews oder Chartsysteme (vgl. Kropf in diesem Band).

Ein Aspekt kollektiver Produktion in der Techno-Szene besteht in der Praktik, dass viele MusikerInnen meist auf mehreren Labels veröffentlichen – im Gegensatz zu anderen Bereichen der Tonträgerwirtschaft, in denen Exklusivverträge vorherrschen. In der Musikwirtschaft der Techno-Szene ist es hingegen üblich, Bandübernahmeverträge abzuschließen. In manchen Fällen werden MusikerInnen direkt über ein Label mit anderen vernetzt. Hinter dieser kollektiven Produktion stehen taktische Überlegungen, die der Steigerung von Aufmerksamkeit für Label und MusikerInnen gleichermaßen dienen sollen. Durch den Eintritt in ein anderes Label-Netzwerk versprechen sich MusikerInnen und Labels mehr Reichweite und Rückkopplungseffekte für ältere Veröffentlichungen. Zu den besonderen Merkmalen der Musikwirtschaft der Techno-Szene gehören die szeneeigenen Musikvertriebe wie *Diamond & Pearls*, *Kompakt* oder *wordandsound*. Anhand von Kompakt kann dabei die kollektive Dimension solcher Vertriebe herausgestellt werden. Denn die Gründung von Kompakt als Label und Vertrieb ist auf eine Bündelung von Aktivitäten unterschiedlicher MusikerInnen unter diesem Namen zurückzuführen. Zuvor waren die Gründer bereits musikalisch wie wirtschaftlich in der Techno-Szene aktiv. Wolfgang Voigt (u.a. Mike Ink, GAS, Wassermann) und Jörg Burger (Burger Industries) veröffentlichten unter zahlreichen Pseudonymen und in diversen Kombinationen untereinander mit unterschiedlichen KollaborationspartnerInnen Stücke. Ähnliches gilt für die Labels der AkteurInnen, die teilweise für

---

4   Beatport ist ein großer Online-Musicstore für elektronische Tanzmusik

jedes Projekt ein dazugehöriges Selbstvermarkter-Label gründeten. 1993 erfolgte die Anfrage des Plattenladens *Delirium* aus Frankfurt a.M. an Burger und Voigt, eine Kölner Dependance zu eröffnen. Dabei erhielten sie Unterstützung von Voigts Bruder Reinhard und dem gemeinsamen Freund Jürgen Paape. Im selben Jahr stieß das DJ-Duo Friends Experiment nach Köln, wohinter sich Michael Mayer und Tobias Thomas verbargen. Mayer wurde kurz darauf Mitarbeiter und Teilinhaber von *Delirium* (vgl. Kompakt 2013, S. 5f.). Im Jahr 1998 wurde *Delirium* in *Kompakt* umbenannt und die Labelaktivitäten des Kollektivs gingen darin auf. Unter der Marke *Kompakt* firmieren seitdem der Plattenladen und das Label, aber auch ein Vertrieb sowie ein Verlag. Nicht nur die eigenen Aktivitäten, sondern auch die anderer Kölner Techno-Labels wurden durch den Vertrieb gebündelt. Der Vertrieb übernimmt seitdem für die meisten dieser sowie anderer nationaler und internationaler Labels die weltweite Distribution (ebd., S. 14f.). Abseits davon existieren in der Veranstaltungswirtschaft der Techno-Szene weitere Formen kollektiver Produktion.

„Im Idealfall ist es ein freundschaftliches, kooperatives Verhältnis. Man kennt sich, man würdigt die Leistung des Anderen. Der Gast erkennt die Leistung des Veranstalters an und ist dafür gerne bereit, seinen Preis zu bezahlen. Er erkennt die Leistung des DJs und ist dafür gerne bereit, seinen Preis zu bezahlen. Die DJs und Veranstalter sind aber ihrerseits genauso verpflichtet, dem Besucher ihren Respekt zu zollen, indem sie eine ordentliche Performance bieten. Dass der Veranstalter sich Mühe gibt, einen Ort zu schaffen, in dem sich der Gast wohl fühlt, der DJ sich Mühe gibt, eine Musik zu spielen, die der Gast hören möchte, und eine Stimmung erzeugt, die gut ist. Also ich glaube, das ist ein sehr, sehr wichtiges und auch voneinander abhängiges Verhältnis."

(Veranstalter Techno 1)

Ein Club oder eine Party werden zu großen Anteilen von den PartizipantInnen mitproduziert, da sie zum einen über das Ge- oder Misslingen von Momenten (vgl. Schwanhäußer 2010, S. 101f.) und damit letztlich über die weitere wirtschaftliche Zukunft des Orts oder der Veranstaltung entscheiden.

„Wenn man nur testosterongeladene Boys auf der Tanzfläche hat, die zu viel, vielleicht sogar Amphetamine zu sich genommen haben, das ist anstrengend auf einer Party. Das ist nicht schön. Die sind alle auf Turbo und ‚wir-nehmen-die-Tanzfläche-ein'. Das ist kein gemeinsames Miteinander mehr, sondern ein Egogepushe. Und das kann auch durchaus Partys kaputt machen."

(Partizipantin Techno 2)

Aber auch die VeranstalterInnen und DJs haben ihren jeweiligen Anteil an der kollektiven Produktion. Sollte dabei eine der Parteien nicht ihre Aufgabe erfüllen, sei es durch falsche Musikauswahl, Arroganz oder planerische wie technologische Mängel, löst dies eine Kettenreaktion unter allen Beteiligten aus, was zum Scheitern führen kann. Äquivalent zu der Tonträgerwirtschaft werden zur Umsetzung der Produktionen die persönlichen Netzwerke in die Produktion involviert, um diese in einigen Fällen überhaupt realisieren zu können. VeranstalterInnen können sich aber auch temporär für größere Events mit mehreren Dancefloors zusammenschließen. Hierbei wird ebenfalls bevorzugt auf Netzwerke zurückgegriffen. Dabei handelt es sich um ein taktisches Vorgehen.

Im Gegensatz zu der Techno-Szene existieren in der Wirtschaft der AMS andere taktische Formen kollektiver Produktion: der Mailorder und der Merchandising-Stand. Der Eigenvertrieb ist für Labels der AMS essenziell, da keine vergleichbaren Vertriebsstrukturen wie in der Techno-Szene bestehen. Der Mailorder ermöglicht so die potenzielle Belieferung aller Territorien, sobald diese Zugang zum Internet haben. Was die Praktik des Mailorders in der AMS aber von anderen Musikszenen unterscheidet, ist der gegenseitige Austausch von Veröffentlichungen unter den Labels, um diese im eigenen Online-Versand anzubieten.

„Das hat in kleineren Nischen angefangen. Das war damals mehr als jetzt. Labels haben CDs getauscht und so weiter. Deswegen habe ich meine CDs nach Japan geschickt und dann hat das japanische Label mir seine Sachen geschickt und dann wollte ich sie hier verkaufen. Das hat am Anfang relativ gut funktioniert, weil das Label vor iTunes angefangen hat und die Leute richtig die CDs gesucht haben. Das war dann eine Art, ein bisschen das Label zu finanzieren, und das ist auch immer noch eine Art, das Label zu finanzieren. Es ist auch eine relativ große Arbeit, aber das hilft mir, neue Leute zu erreichen, weil ich dann vielleicht etwas verkaufe, das von jemand gesucht wird, der [Label] bisher noch nicht kennt. Und das ist auch eine Art, meine Hörerschaft zu erziehen und andere Sachen zu bringen."

(Label AMS 1)

Gleiches gilt für den Merchandising-Stand von Labels bei Konzerten, der letztlich die physische Entsprechung des Mailorders ist. Auch hier bieten die Labels neben den eigenen die Veröffentlichungen von MusikerInnen anderer Labels an.

„Es gibt bei Festivals in diesen Genres ganz absurde Situationen, wenn man an den Merchandising-Ständen vorbeiläuft und im Grunde genommen jeder auch das Zeug vom anderen hat. Also man kann ein und dieselbe Platte bei zig verschiedenen Leuten kaufen, ob der eigentliche Hersteller jetzt zwei Tische weiter sitzt oder nicht."

(Label AMS 3)

Eine andere Form kollektiver Produktion in der AMS, die ebenfalls taktisch motiviert ist, besteht im zum Teil durch die Labels eingeforderten DIT unbekannter Bands, um die Produktionskosten für eine Veröffentlichung zu senken. In diesem Zusammenhang kommt es oft zur Aktivierung von Netzwerken der beteiligten MusikerInnen, die sich in der Übernahme von Aufgaben wie Recording, Mastering oder grafischer Gestaltung manifestiert.

4.3 Ästhetik und Produktion

Äquivalent zu den Märkten sind die musikalischen Regeln sozial eingebettet. Die Szenen wachen kollektiv über die Genre-Konventionen, und sie sanktionieren Verstöße dagegen. Dies zeigt sich besonders anschaulich in Szenen elektronischer Tanzmusik anhand der schnellen Leerung der Tanzfläche bei Nichtgefallen. Produktionen und Reproduktionen musikalischer Regeln sind die Folge von Konsekrationsprozessen, die in Szenen walten und an denen diese Anteil haben. Dennoch sind Stile in einem gewissen Rahmen flexibel und unterliegen endogenen Geschmacksveränderungen, die wiederum kollektiv produziert werden, da an der Affirmation und Konsekration von Trends Szenegrößen und PartizipantInnen gleichermaßen beteiligt sind.

> „Es müssen meiner Meinung nach ein paar Keyplayer einen Track zur richtigen Zeit spielen und den unaufhörlich irgendwie nach vorne pushen und wenn der auf fruchtbaren Boden bei den Leuten fällt, dann kann es [Hype/Trend] so weit sein."
> (Vertrieb Techno)

Da der Stil einem Wandel unterliegt, welcher kollektiv produziert wird, führt dies auch zu Veränderungen in den Instanzen und Maßstäben der Konsekration.

In Bezug auf die Techno-Szene können noch weitere Formen kollektiver Kreativität und Produktion identifiziert werden. Relativ offensichtlich zeigt sich dies im Bereich der Ästhetik und Produktion von Techno vor allem in der Arbeitsteilung bei Musikprojekten mit mehreren AkteurInnen. Zwar bringen sich alle Beteiligten in den schöpferischen Prozess der Melodie-, Motiv- oder Patternkreation ein, im weiteren Verlauf werden die Aufgaben aber entsprechend der individuellen Fähigkeiten verteilt. Beispielsweise konzentriert sich eine Person auf die Rhythmen und die Struktur, während die andere Melodien einspielt und das Mischen übernimmt. In einem Fall der Empirie diente der ehemalige Projektpartner nur als Rat- und Ideengeber, sodass alle produktionshandwerklichen Arbeiten vom anderen Partner übernommen wurden. Eine Praktik, an der sich die kollektive Kreativität der Techno-Szene in Bezug auf die Ästhetik zeigt, ist das Feedback von MusikerInnen, LabelmacherInnen und anderen professionellen wie nicht-professionellen AkteurInnen zu Tracks.

„[Mein Dozent] war jahrelang Lehrer an der Robert-Schumann-Schule in Düsseldorf und Tonmeister beim WDR. Dem habe ich mal [Track] und ein anderes Lied vorgespielt und der hat was gehört, was ich seitdem nicht mehr drin habe. Ich habe mit Streichern gearbeitet. ‚Du hast das richtig genau auf die Linie gesetzt, das ist falsch', sagt er. ‚Du weißt, wenn ich eine Gitarre nehme, dann hole ich erstmal aus. Dieses Anstreichen, Arpeggio, dass musst du reinmachen, damit es natürlicher klingt'. Seitdem habe ich dieses Arpeggio drin."

(Musiker Techno 3)

Die Einflussnahme Außenstehender auf den Produktionsprozess reicht aber über derartige BeraterInnen hinaus und umfasst auch die PartizipantInnen sowie deren Reaktionen. In diesem Zusammenhang ist das Antesten von im Produktionsprozess befindlichen Tracks im Club eine typische Handlung in der Techno-Szene, die der Bewertung des Produktionsstands und der Akzeptanz dient.

„Wenn ich denke, ein Track wäre nicht fertig, und ich teste den im Club und die Reaktion ist nicht so gut, dann weiß ich, entweder ich schmeiße ihn weg oder ich muss mich noch mal dransetzen."

(Musiker Techno 4)

Das Entäußern (vgl. Corsten 2001) der TänzerInnen im Club konstituiert die kollektive Kreativität und Produktion noch auf anderen Wegen. Zum einen kann dies als Motivation für weitere Produktionen dienen.

„Wir waren jetzt in letzter Zeit relativ viel unterwegs, da kommt man in so einen gewissen Trott und es kickt einen nicht mehr so. Es ist super, so direktes Feedback zu kriegen, das pusht einen natürlich auch noch, weiter zu produzieren."

(Musikprojekt Techno 1)

Zum anderen haben die TänzerInnen einen direkten kreativen Einfluss auf die DJs einer Clubnacht. Im Idealfall führt das Entäußern durch Jubel, Pfiffe, Schreie oder anderweitige Äußerungen der Anerkennung zu Rückkopplungen zwischen beiden Parteien, infolge derer DJs mit ihrer Selektion kreativ auf die PartizipantInnen reagieren, diese sich wiederum stärker Entäußern, sodass sich alle Beteiligten gegenseitig animieren resp. ‚anstacheln'. Im Negativfall wirkt dies auch als Form kollektiver Kreativität, da die DJs bei mehrmaligem Versagen eines Tracks im Club diesen in Zukunft nicht mehr spielen werden.

Das Endresultat solch kollektiver Aushandlungsprozesse auf dem Dancefloor zwischen VeranstalterInnen, DJs und PartizipantInnen kann ein ästhetischer Kanon sein, der sich um Clubs gruppiert und bei Persistenz zu einem Lokalkolorit führen kann, wie die Parameter-Analyse nahelegt. In Bezug auf die Berliner Techno-Szene können hier der weiter oben bereits erwähnte Berghain- und Bar25-Sound angeführt werden. Beide Clubs präsentier(t)en konträre Ausrichtungen von House und Techno in Bezug auf die Musikauswahl, Innengestaltung und Unternehmensphilosophie, die aber erst kollektiv durch die PartizipantInnen bestätigt werden mussten. Dabei motivierte vor allem die Bar25 die kollektive Produktion durch zusätzliche Aktionen wie kiloweise verteiltes Konfetti, welches einerseits das Entäußern stimulieren, andererseits das Konfetti in Berlin, Deutschland und dank des „Easyjetset" (Rapp 2009, S. 78ff.) in Europa verbreiten sollte (vgl. Mischer und Yuriko 2012, 14:04 Min.). Die Bar25 war auf der einen Seite eher inklusiv orientiert und zelebrierte auch das Feiern bei Tag, auf der anderen Seite ist das Berghain ein Indoor-Club mit exklusiver Türpolitik. Während sich der Bar25-Sound an Tech-House mit vielen analogen Instrumenten orientiert, ist der Berghain-Sound ‚klassischer' monotoner Techno in elektronischem, geräuschhaftem Gewand. Allerdings zeigen sich für das Entstehen der beiden Lokalkolorite nicht nur die Musikselektion der DJs, sondern auch Musikveröffentlichungen auf dazugehörigen und/oder assoziierten Labels verantwortlich. Der Sound eines Techno-Labels bildet eine Marke ähnlich einer Lautmarke (vgl. Schafer 2010, S. 42ff.) in der Soundscape-Forschung oder eines *Corporate Sound* im *Audio Branding*. Diese ist wiederum eine betriebswirtschaftliche Marke (vgl. Meffert et al. 2012, S. 361ff.). Diese Markenbildung ist ebenfalls Folge kollektiver Kreativität und Produktion, die maßgeblich von den Labels gesteuert wird. Denn im Vergleich zu anderen Genres, in denen der Personalstil von MusikerInnen und Gruppen bestimmend ist, müssen sich im Techno die MusikerInnen an den Sound eines Labels anpassen.

> „Für uns muss ein Künstler die Bereitschaft mitbringen, eine [Label]-Platte zu machen. [...] Wenn uns Leute Demos schicken, dann hören wir uns die hier an und sagen: ‚cool, aber wir hätten gerne neu produzierte Musik. Wir möchten, dass du dich hinsetzt und dich mit uns auseinandersetzt, wer wir sind und was für Musik rausbringen und dann guck mal, was du aus diesem Sound machen kannst für uns'."
> (Label Techno 2)

Zwar wird auch im Techno ein Personalstil geschätzt, dieser muss aber in Einklang mit den musikalischen und sonischen Koordinaten des Labels gebracht werden. In Konsequenz ist die Lautmarke eines Labels eine Aushandlung zwischen der kollektiven Kreativität vorheriger Veröffentlichungen und den individuellen Anteilen zukünftiger Veröffentlichungen im Rahmen dieser kollektiven Kreativität.

5 Fazit

Kollektive Kreativität und Produktion sind im Rahmen der hybriden Wertschöpfung und Produktivität von Micro-Indie-Szenen von großer Relevanz. Varianten dieser bewussten oder unbewussten gemeinschaftlichen Handlungen sind in allen Bereichen anzutreffen, die für die hybriden Werte von Musikszenen verantwortlich sind: in Ästhetik, Ökonomie und Sozialem. Die Produktionen weisen oftmals prosumerische Züge auf, die Wirtschaft und persönliche Gratifikation miteinander verquicken (wollen). Die Analyse gemeinschaftlicher Produktion erlaubt detaillierte Einblicke in Szenen im Generellen und ihre hybriden Wertschöpfungen, die oftmals im Kollektiv umgesetzt oder durch dieses bestätigt werden. Daraus erwächst ein anderes Verständnis der ProduzentInnen und des ProduzentInnen-KonsumentInnen-Verhältnisses in Musikszenen, welches oftmals nicht linear ist. Der Vorteil eines hybriden Produktivitätsansatzes, der immaterielle wie materielle Produktion gleichrangig betrachtet, liegt für die Musikwirtschaftsforschung in dessen Perspektiverweiterung. Denn der Blick auf das vermeintlich Unwirtschaftliche bietet einen Erklärungsansatz für wirtschaftliche Erfolge, auf die Kollektive einen deutlichen Einfluss haben. Kollektive Produktionen changieren dabei zwischen Spiel und Taktik, die einerseits Freude bereiten, andererseits die Produktionskosten niedrig halten oder sogar Gewinn erwirtschaften (können). Die engen Verflechtungen, sowohl zwischen ProduzentInnen und PartizipantInnen als auch zwischen kollektiver Kreativität und Produktion, lassen dabei das Ausmaß möglicher Handlungs- und Situationskonfigurationen unter Berücksichtigung der anderen Produktionsfaktoren der Szeneproduktivität erahnen. Diese sind für Produktion, Wertschöpfung und Produktivität von Micro-Indie-Szenen von gleichbedeutender Relevanz. Bereits der Wandel in einem Produktionsfaktor kann eine Kettenreaktion in anderen auslösen und dadurch Wertschöpfung wie Produktivität verändern.

Literatur

Andersson, E. (2011). *Distinctions in cultural production – the case of the Swedish indies.* https://www.inter-disciplinary.net/wp-content/uploads/2011/02/anderssonupaper.pdf. Zugegriffen: 13. Juni 2013.

Barlösius, E. (2011). *Pierre Bourdieu.* 2. Aufl. Frankfurt a.M., New York: Campus.

Becker, H. S. (1982). *Art Worlds.* Berkeley, Los Angeles, London: University of California Press.

Bennett, A. (2004). Consolidating the music scenes perspective. *Poetics 32*, S. 223–234.

Bofinger, P. (2003): *Grundzüge der Volkswirtschaftslehre. Eine Einführung in die Wissenschaft von Märkten.* München: Pearson Studium.

Bourdieu, P. (1987). *Die feinen Unterschiede. Kritik der gesellschaftlichen Urteilskraft.* Frankfurt a.M.: Suhrkamp Taschenbuch.

Bourdieu, P. (1993). *The Field of Cultural Production: essays on art and literature.* Columbia University Press.

Bourdieu, P. (1996). *The Rules of Art. Genesis and Structure of the Literary Field.* Stanford University Press.

Busse, C. (2014). *Freiluftveranstaltungen der Techno-Szene im öffentlichen Raum der Stadt Halle (Saale).* http://berlin-mitte-institut.de/files/Freilufttanzveranstaltungen der Techno_Szene im öffentlichen Raum der Stadt Halle_Saale.pdf. Zugegriffen: 25. Januar 2016.

Butler, M. J. (2006). *Unlocking the Groove. Rhythm, Meter, and Musical Design in Electronic Dance Music.* Bloomington/Indianapolis: Indiana University Press.

Bürkner, H.-J. & Lange, B. (2010). Wertschöpfung in der Kreativwirtschaft. Der Fall der elektronischen Klubmusik. *Zeitschrift für Wirtschaftsgeographie 1*, S. 46–68.

Büsser, M. (2010). Das Ende der Pop-Relevanz und das Wuchern der Nischen. In: A. Athens, R. Behrens, M. Büsser, J. Engelmann & J. Ullmaier (Hrsg.), *testcard Beiträge zur Popgeschichte #19. Blühende Nischen.* Mainz: Ventil Verlag, S. 6–10.

Castells, M. (2001). *Der Aufstieg der Netzwerkgesellschaft: Das Informationszeitalter.* Opladen: Leske + Budrich.

Corsten, M. (2001). Was hält Event-Szenen in Schwung? In: R. Hitzler & M. Pfadenhauer (Hrsg.), *Techno-Soziologie.* Opladen: Leske + Budrich, S. 97–118.

de Certeau, Michel (1980/ 1988). *Kunst des Handelns.* Berlin: Merve.

Denk, F. & von Thülen, S. (2012). *Der Klang der Familie. Berlin, Techno und die Wende.* 3. Aufl. Berlin: Suhrkamp.

Deutscher Bundestag (Hrsg.). (2007). *Schlussbericht der Enquete-Kommission ‚Kultur in Deutschland'.* Bonn: bpb.

Duden (2013a). Produktivität. http://www.duden.de/rechtschreibung/Produktivitaet. Zugegriffen: 20. November 2013.

Duden (2013b). Produktiv. http://www.duden.de/rechtschreibung/produktiv. Zugegriffen: 20. November 2013.

Eco, U. (1984 [1964]). *Apokalyptiker und Integrierte. Zur kritischen Kritik der Massenkultur.* Frankfurt a.M.: S. Fischer.

Elflein, D. (2007). Willkommen im Dschungel – Glam, Hardcore und Metal in Los Angeles. In: D. Helms & T. Phleps (Hrsg.), *Sound and the city. Populäre Musik im urbanen Kontext.* Bielefeld: transcript, S. 125–140.

Elflein, D. (2012). Riff, Beats und der Reiz der variierten Wiederholung. Zur musikalischen Analyse populärer Musik und ihrem transdisziplinären Nutzen. In: M. S. Kleiner & M. Rappe (Hrsg.), *Methoden der Populärkulturforschung*. Münster: LIT Verlag, S. 247 – 271.

Engel, G. (1990). *Zur Logik der Musiksoziologie. Ein Beitrag zur Philosophie der Musikwissenschaft*. Tübingen: J.C.B. Mohr (Paul Siebeck).

Fiske, J. (1992). The Cultural Economy of Fandom. In: L. Lewis (Hrsg.), *The adoring audience: fan culture and popular media*. London: Routledge, S. 30–49.

Florida, R. (2002). *The Rise of the Creative Class: And How It's Transforming Work, Leisure, Community and Everday Life*. New York: Basic Books.

Gebesmair, A. (2008). *Die Fabrikation globaler Vielfalt: Struktur und Logik der transnationalen Popmusikindustrie*. Erste Aufl. Bielefeld: transcript.

Gläser, J. & Laudel, G. (2004). *Experteninterviews und qualitative Inhaltsanalyse als Instrumente rekonstruierender Untersuchungen*. Wiesbaden: VS Verlag für Sozialwissenschaften.

Gottschalk, I. (2006). *Kulturökonomik: Probleme, Fragestellungen und Antworten*. Wiesbaden: VS Verlag für Sozialwissenschaften.

Granovetter, M. (1985). Economic Action and Social Structure: The Problem of Embeddedness. *American Journal of Sociology 91*(3), 481–510.

Großmann, R. (2013). 303, MPC, A/D: Popmusik und die Ästhetik digitaler Gestaltung. In: M. S. Kleiner & T. Wilke (Hrsg.), *Performativität und Medialität Populärer Kulturen. Theorien, Ästhetiken, Praktiken*. Wiesbaden: Springer, S. 299–319.

Groys, B. (1992). *Über das Neue. Versuch einer Kulturökonomie*. München: Carl Hanser Verlag.

Halfacree, K., Kitchin, R. M. (1996). ‚Madchester Rave On': placing the fragments of popular music. *Area 28* (1), 47–55.

Hennion, A. (1983). The Production of Success: An Anti-Musicology of the Pop Song. *Popular Music, Vol. 3, Producers and Markets*, S. 159–193.

Hennion, A. (2003). Music and Mediation: Towards a new Sociology of Music. In: M. Clayton, T. Herbert & R. Middleton (Hrsg.), *The Cultural Study of Music: A Critical Introduction*. London: Routledge, S. 80–91.

Henschel, R. (2015). Andere Orte. Andere Körper. Zum Verhältnis von Affekt, Heterotopie und Techno im Berghain. *Samples, Jahrgang 13*. www.gfpm-samples.de/Samples13/henschel.pdf. Zugegriffen: 1. Oktober 2015.

Hesmondhalgh, D. (1999). Indie: The Institutional Politics and Aesthetics of a Popular Music Genre. *Cultural Studies 13* (1), 34–61.

Hitzler, R. (2001a). Pioniere der Moderne? Existenzbasteln als Innovationsmanagement. *Sozialwissenschaften und Berufspraxis 2*, 177–191.

Hitzler, R. (2001b). Erlebniswelt Techno. Aspekte einer Jugendkultur. In: R. Hitzler & M. Pfadenhauer (Hrsg.), *Techno-Soziologie*. Opladen: Leske + Budrich, S. 11–27.

Hitzler, R. & Niederbacher, A. (2010). *Leben in Szenen. Formen juveniler Vergemeinschaftung heute*. 3. überarbeitete Fassung. Wiesbaden: VS Verlag für Sozialwissenschaften.

Hitzler, R. & Pfadenhauer, M. (Hrsg.). (2001). *Techno-Soziologie. Erkundungen einer Jugendkultur*. Opladen: Leske + Budrich.

Hoffmann, N. F. (2015). *Szene und soziale Ungleichheit. Habituelle Stile in der Techno/Elektro-Szene*. Wiesbaden: Springer Fachmedien Wiesbaden.

Horkheimer, M. & Adorno, T. W. (2008 [1947]). *Dialektik der Aufklärung*. 17. ungekürzte Aufl. Frankfurt: Fischer.
Hutter, M. (1992). Art Productivity in the Information Age. In: R. Towse & A. Khakee (Hrsg.), *Cultural Economics*. Berlin: Springer, S. 115–124.
Hutter, M. (2006). *Neue Medienökonomik*. München: Wilhelm Fink.
Hutter, M. & Shusterman, R. (2006). Value and the Evaluation of Art in Economic and Aesthetic Theory. In: V. A. Ginsburgh & D. Throsby (Hrsg.), *Handbook of the Economics of Art and Culture, Volume 1*, S. 170–208.
Jacke, C. (2004). *Medien(sub)kultur. Geschichten – Diskurse – Entwürfe*. Bielefeld: transcript.
Kleinaltenkamp, M. (1997). Kundenintegration. *Wirtschaftswissenschaftliches Studium 7*, 350–354.
Kleinaltenkamp, M. & Haase, M. (1999). Externe Faktoren in der Theorie der Unternehmung. *Kontakte, Geschäftsbeziehungen, Netzwerke – Marketing und Neue Institutionenökonomik", Sonderheft Nr. 35*, 101–117.
Kleiner, M. S. (2011). Pop-Theorie. Ein deutscher Sonderweg. In: C. Jacke, J. Ruchatz & M. Zierold (Hrsg.), *Pop, Populäres und Theorien. Forschungsansätze und Perspektiven zu einem prekären Verhältnis in der Medienkulturgesellschaft*, Münster: LIT Verlag, S. 45–63.
Kompakt (2013). *20 Jahre Kompakt Fanzine*. Eigenvertrieb.
Kopp, M. (2004). Love-Parade: Lärm, Müll und immense Kosten. https://www.welt.de/print-welt/article307312/Love-Parade-Laerm-Muell-und-immense-Kosten.html. Zugegriffen: 20. März 2017.
Kühn, J.-M. (2013). Underground und Kulturproduktion. Die Rolle von Distinktionen beim Veranstalten Berliner Techno-Partys. In: B. Lange, H.-J. Bürkner & E. Schüßler (Hrsg.), *Akustisches Kapital. Wertschöpfung in der Musikwirtschaft*. Bielefeld: transcript, S. 161–184.
Kühn, J.-M. (2017). *Die Wirtschaft der Techno-Szene. Arbeiten in einer subkulturellen Ökonomie*. Wiesbaden: Springer VS.
Lange, M. (2012). *Tanzen mit Taktik. Eine Analyse ausgewählter Open Airs in der Berliner Technoszene*. http://berlin-mitte-institut.de/files/marc_lange_2012_OpenAirs_Berlin.pdf. Zugegriffen: 14. November 2015
Lange, B., Bürkner, H.-J. & Schüßler, E. (2013). *Akustisches Kapital. Wertschöpfung in der Musikwirtschaft*. Bielefeld: transcript.
Lorig, P. & Vogelsang, W. (2011). Jugendkulturen und Globalisierung. Die Hardcore-Szene als Prototyp ethisch-translokaler Vergemeinschaftung. *Diskurs Kindheits- und Jugendforschung 4*, 369–386.
Mathei, D. (2012). *„Oh my god – it's techno music!" Definition und Abgrenzung des Technostils unter Berücksichtigung historischer, stilistischer und soziologischer Aspekte*. Osnabrück: epos.
Mathei, D. (i. D.). Vom Dancefloor nach SoundCloud: Der digital turn der Technoszene und die Produktivität der daraus resultierenden Distinktionen. In: M. Rauch, L. Grünewald, M. Lücke & C. Winter (Hrsg.), *Musik und Stadt – Entwicklung, Profilierung und Positionierung*. Wiesbaden: Springer VS.
Meffert, H., Burmann, C. & Kirchgeorg, M. (2012). *Marketing. Grundlagen marktorientierter Unternehmensführung*. 11., überarbeitete und erweiterte Aufl. Wiesbaden: Gabler.

Moore, R. (2007). Friends Don't Let Friends Listen to Corporate Rock: Punk as a Field of Cultural Production. *Journal of Contemporary Ethnography 36*, 438–474.

Peterson, R. & Anand, N. (2004). The Production of Culture Perspective. *Annual Reviews of Sociology 30*, S. 311–334.

Poschardt, U. (1997). *DJ Culture. Diskjockeys und Popkultur*. 1. Aufl. Reinbek: Rowohlt.

Potts, J., Cunningham, S., Hartley, J. & Ormerod, P. (2008). Social network markets: a new definition of the creative industries. *Journal of Cultural Economics 32*, 459–474.

Quenzel, G., Lottermann, A. & Koch, G. (2010). *Entwicklungsfaktor Kultur. Über die Bedingungen kultureller Produktivität.* http://www.kulturwissenschaften.de/images/text_material-818.img. Zugegriffen: 30. Juli 2015.

Rapp, T. (2009). *Lost and Sound: Berlin, Techno und der Easyjetset*. Frankfurt a. M.: Suhrkamp.

Schafer, R. M. (1977/ 2010). *Die Ordnung der Klänge. Eine Kulturgeschichte des Hörens*. Ergänzte deutsche Fassung. Mainz: Schott.

Schäfer, S., Schäfers, J. & Waltmann, D. (Hrsg). (1998). *Techno-Lexikon*. Berlin: Schwarzkopf & Schwarzkopf.

Schmidt, A. & Neumann-Braun, K. (2008). *Die Welt der Gothics. Spielräume düster konnotierter Transzendenz.* 2. Aufl. Wiesbaden: Verlag für Sozialwissenschaften.

Schuler, M. (1995). Hardcore + Gabber. In: P. Anz & P. Walder (Hrsg.), *Techno*. Zürich: Ricco Bilger, S. 92–99.

Schulze, G. (1995/ 2005). *Die Erlebnisgesellschaft. Kultursoziologie der Gegenwart.* Frankfurt a.M.: Campus.

Schumpeter, J. (1952 [1912]). *Theorie der wirtschaftlichen Entwicklung. Eine Untersuchung über Unternehmergewinn, Kapital, Kredit, Zins und den Konjunkturzyklus.* 5. Aufl. Berlin: Duncker & Humblot.

Schwanhäußer, A. (2010). *Kosmonauten des Underground. Ethnografie einer Berliner Szene*. Frankfurt, New York: Campus.

Schyma, B. (2002). *Neue Elektronische Musik in Köln: Szenen, Ströme und Kulturen*. Magisterarbeit, Geographisches Institut, Universität Köln.

Söndermann, M. (2010). *Monitoring zu ausgewählten wirtschaftlichen Eckdaten der Kultur- und Kreativwirtschaft 2009*. Kurzfassung. Berlin: Bundesministerium für Wirtschaft und Technologie.

Stahl, G. (2007). Musicmaking and the City. Making Sense of the Montreal Scene. In: D. Helms & T. Phleps (Hrsg.), *Sound and the city. Populäre Musik im urbanen Kontext*. Bielefeld: transcript, S. 141–159.

Strachan, R. (2007). Micro-independent record labels in the UK. Discourse, DIY Cultural Production and the Music Industry. *European Journal of Cultural Studies 10*, 245–265.

Tapscott, D. & Williams, A. (2006). *Wikinomics: How Mass Collaboration Changes Everything*. New York: Portfolio.

Thornton, S. (1997). *Club cultures: music, media and subcultural capital*. 3. Aufl. Cambridge: Polity Press.

Tschmuck, P. (2003). *Kreativität und Innovation in der Musikindustrie*. Innsbruck: Studien-Verlag.

Vogelsang, W. (2012). *Jugend in Trier – Ergebnispräsentation der Studie „Jugend in der Region" – Jugendhilfeausschuss Trier*. http://www.waldemar-vogelgesang.de. Zugegriffen: 13. Juni 2016.

Volkwein, B. (2003). *What's Techno? That's Techno!* Osnabrück: epos.
Werner, J. (2001). Die Club-Party. Eine Ethnographie der Berliner Techno-Szene. In: R. Hitzler & M. Pfadenhauer (Hrsg.), *Techno-Soziologie*. Opladen: Leske + Budrich, S. 31–50.
Wicke, P., Ziegenrücker, W. & Ziegenrücker, K. (Hrsg.). (2007). *Handbuch der populären Musik: Geschichte, Stile, Praxis, Industrie*. Mainz: Schott.
Winter, R. (2010). *Der produktive Zuschauer. Medienaneignung als kultureller und ästhetischer Prozess*. Köln: Herbert von Halem.

Dokumentation

Mischer, B. & Yuriko, N. (2012). *Bar 25 – Tage außerhalb der Zeit*. 25films/Arden Film.

Diskografie

[BOLT] (2012). *(02)*. Aentitainment: AENT.015.
Gabriel Ananda & Cio D'or (2006). *Lauschgoldengel*. Treibstoff: Treibstoff 62.
Pachanga Boys (2012). *Girlcatcher*. Hippie Dance: Best 92.6.

Teil II
Die Produktivität der Bewertung

Musikalische Produktion 2.0

Über die widerstreitende Rolle von digitalen Empfehlungssystemen, Journalisten und dezentralen Bewertungsalternativen

Bastian Lange

Zusammenfassung

Der folgende Text reflektiert das Spannungsfeld zwischen Professionen in der Musik- und Kreativökonomie auf der einen und digitalen Bewertungs- und Empfehlungssystemen auf der anderen Seite. Er stellt einerseits technische sowie andererseits professionsspezifische Entwicklungen vor und diskutiert die dadurch aufgeworfene Frage, inwiefern digitale Bewertungssysteme zu einer De-Professionalisierung führen oder eine neue Form der Professionalisierung im Feld der Experten, Journalisten und Kritiker[1] ermöglichen.

Schlüsselbegriffe

Musik-Journalismus, Bewertung, Algorithmen, Netzwerke

---

[1] Aus Gründen der besseren Lesbarkeit ist in dem Text überwiegend von Kritikern, Journalisten und Empfehlern, Musikern und Bewertern u.a. die Rede. Die jeweiligen weiblichen Personenkreise sind hierin ausdrücklich eingeschlossen.

1 Musikalische Produktion als Wertschöpfungskonfiguration

Ökonomische Ansätze müssen zur Erklärung von Wertschöpfungsketten an den entscheidenden Punkten der Erklärung auf abstrakte Kategorien, logische *black boxes* und unhinterfragte Axiome zurückgreifen – auch dann, wenn sie in dezidierter Weise relationale Dimensionen erschließen, wie dies in den Ansätzen *global commodity chains* und *global value chains* der Fall ist (vgl. Lange und Bürkner 2013).

Der Versuch, Prozesse der Wertschöpfung innerhalb kreativer Ökonomien mit ihrer wesentlich stärkeren Verankerung in Alltagskulturen und besonderen Sozialitätsformen (z.B. Milieus und Szenen) zu erfassen, muss eine Antwort auf das Dilemma abstrakter Kategorien finden, um nicht Gefahr zu laufen, in der Analyse formell korrekter, aber unrealistischer Strukturen steckenzubleiben und den Zusammenhang von Sinnkonstruktion und sozialer Interaktion auszublenden.

Erste Überlegungen in Richtung einer Erfassung und Konzeptualisierung sozialer Bedeutungskonstruktion in der Kreativwirtschaft orientieren sich an der Beobachtung, dass die Hervorbringung kultureller Güter und die Schöpfung neuer Werte im Unterschied zur industriellen Warenproduktion wesentlich stärker auf die Existenz kollektiv geteilter Normen, Geschmacksurteile, Präferenzen, Symbole und Realitätsdeutungen angewiesen sind: sowohl aufseiten der Konsumenten als auch aufseiten der Produzenten beziehungsweise Künstler (vgl. Bürkner et al. 2013; Lange und Bürkner 2010, 2013; Winter 2012).

Damit erweitert sich das Verständnis von wertschöpfungsbildenden Prozessen erheblich (vgl. Bürkner 2013). Zweifelsohne werden dann ökonomische Werte gebildet, wenn die Akteure aufgrund ihrer besonderen Fähigkeiten in die Lage versetzt werden, Waren und musikalische Erlebnisse gegen Geld auf einem Markt zu verkaufen. Relevante Fähigkeiten sind die Fähigkeit zur Erzeugung von musikalischen Artefakten, insbesondere die Verfügbarkeit des dazu benötigten impliziten Wissens, die Fähigkeit zur Professionalisierung kreativer Tätigkeiten, die Fähigkeit zur Erzeugung von musikalischen Geschmacksurteilen und die Fähigkeit zur Beeinflussung von Freizeitformen, Geschmacksurteilen und Konsummustern innerhalb von sozialen Milieus und Szenen (vgl. Fasel 2012).

Im Unterschied zur industriellen Warenproduktion zeigt sich in den Musikproduktionsprozessen eine flexibilisierte Wertbildung, die eine intensive Kommunikation und Interaktion zwischen Produzenten und Konsumenten voraussetzt. Dabei kommt es zu rekursiven Schleifen der Bedeutungskonstruktion und der wiederholten Interpretation dieser durch Produzenten und Konsumenten an unterschiedlichen „Übergabestellen" (Wellmann 2009, S. 190). Dies können temporäre Anlässe, soziale Verdichtungen oder Live-Auftritte sein.

2 Wer empfiehlt Musik? Experten oder Techniksysteme?

Der Bedeutungsverlust von Großkonzernen in der Musikwirtschaft, den sogenannten *Majors*, als dominante Einheit zur Herauspräparierung neuer Genres, Stilformen und damit einhergehender Wertschöpfungsprozesse geht einher mit der ebenso sinkenden Bedeutung von alten, etablierten, aber lange Zeit wirkmächtigen Bewertungsinstanzen wie Radio, Hitparaden und anderen geschmacksorientierten Empfehlungssystemen (vgl. Hauge und Hracs 2010; Hracs 2012, 2015; Renner und Renner 2011; Winter 2012).

In jüngster Zeit erlangen viele Musikwebsites und digitale Shops mit Social-Media-Funktionen den Status eines nicht mehr zentralistischen oder personalisierten, sondern eines netzbasierten kollaborativen Empfehlungssystems (vgl. Coulson 2012; Hauge und Hracs 2010; Winter 2012). Während Bewertungen durch Hitparaden und Charts anhand von Verkaufszahlen ermittelt werden, erfolgen Bewertungen in den Social-Media-Netzwerken durch das Wissen einer bestimmten sozialen ‚Masse', der *crowd*. Aufgrund der exponentiell gestiegenen Menge verfügbarer akustischer Artefakte versprechen Bewertungssysteme generell eine Orientierung der Nutzer, die ihren individuellen Geschmacksbedürfnissen entgegenkommt; zugleich bereiten sie eine Hierarchisierung akustischer Artefakte resp. deren Produzenten, Musiker und Bands vor.

Dabei kam lange Zeit traditionellen Musikkommunikatoren (vgl. Döhring 2011, S. 163) oder Musikempfehlern wie zum Beispiel Musikjournalisten, Radiomoderatoren und weiteren professionellen Veranstaltern, Programmgestaltern, Festivalleitern usw. eine Rolle als *boundary spanner* (vgl. Noble und Jones 2006) oder *cultural broker* (vgl. Welz 1996) oder Intermediäre (vgl. Hracs 2015; Vinodrai 2006; Wellmann 2009) zu. Sie agierten als Scharniere, Selektierer, aber auch Kontextualisierer musikalischer Artefakte, die die Ergebnisse ihrer Arbeit einer Öffentlichkeit zur Verfügung stellten. Dagegen wächst jedoch die Zahl differenzierter digitaler Bewertungssysteme, die der professionellen Elite von Musikjournalisten, Radiomoderatoren, Veranstaltern und Clubprogrammgestaltern extreme Konkurrenz bereiten. Diese digitalen Bewertungssysteme – in den Anfangsjahren des Internets z. B. Online-Gästebücher, heute namenlose aber allgegenwärtige Online-Bewertungstools – basieren zunächst auf Algorithmen und bereiten entlang von Sortier-, Bewertungs- und Selektionslogiken die Verbreitung und Akzeptanz von automatisch generierten Geschmacksempfehlungen vor. Dadurch ist eine breite Flut einer fast nicht mehr navigierbaren Bewertungsmasse musikalischer Artefakte erfolgt, die die Majors und unabhängige Musiker vor die unternehmerischen Herausforderungen stellt, wie sie damit umgehen und ‚Ordnung' im Sinne von Sichtbarkeit und Selektionsfähigkeit anbieten. Damit geht auch die Frage einher, wie in diesem Grundrauschen musikalischer Artefakte Neues und Relevantes entdeckt werden kann.

Dieses Momentum bringt zum einen den Widerstreit zwischen auf kognitiven Fähigkeiten beruhender professioneller Expertise und dem wachsenden Einsatz von sozio-technischen Systemen zur Sortierung musikalischer Artefakte zum Ausdruck. Andererseits zeigt sich ein Ringen um die Frage, wer sich alles an der Bewertung von musikalischen Artefakten beteiligt. Dabei steht die Frage im Vordergrund, mit welchem professionellen Status und mit welcher Deutungshoheit professionelle Eliten ausgestattet sind oder sein sollten, um in dem Segment Musik Qualitätsstandards zu gewährleisten und zu sichern. Kurz gesagt: Vertrauen wir den in den sozialen Medien aggregierten Selektionsprinzipien und destillierten Meinungen der breiten Masse oder der kontextualisierenden Kraft der etablierten Expertenmeinung?

3 Diskussionskontext

Der Artikel baut auf der Leitthese auf, dass sich neue Empfehlungskonfigurationen zu erkennen geben, bei denen sich die etablierten Deutungshoheiten zugunsten von sich neu formierenden Experten-Laien-Konstellationen (neue Communitys) auflösen. Der Beitrag zeichnet mediale sowie ‚traditionelle' Wege der Bewertung nach und fragt, wie sich die Funktion der etablierten ‚musikalischen Vorkoster' – der Journalisten – verändert hat. Agieren sie als Kuratoren, als *gatekeeper*, als *tastemaker*, als Experten oder als Freunde des guten Musikgeschmacks? Wie verhalten sie sich gegenüber dem wachsenden Einfluss digitaler Selektionsmechanismen?

Darauf folgend reflektiert der Text das Spannungsfeld zwischen Professionen und digitalen Bewertungs- und Empfehlungssystemen. Er stellt einerseits technische sowie andererseits professionsspezifische Entwicklungen vor und diskutiert die dadurch aufgeworfene Frage, inwiefern digitale Bewertungssysteme zu einer De-Professionalisierung führen oder eine neue Form der Professionalisierung im Feld der Experten, Journalisten und Kritiker ermöglichen.

Ziel des Beitrags ist es, den schwindenden Einfluss professioneller Vermittler im Bereich traditioneller Empfehlungssysteme musikalischer Artefakte aufzugreifen und zu zeigen, wie im Zuge der Digitalisierung die parallel erfolgende Dezentrierung von unterschiedlichen musikalischen Genres, Stilen und Artefakten auch immer neue verfeinerte Bewertungskompetenzen erzeugt.

Dabei – so die Leitthese – zeigt sich, dass bezüglich der Funktion von Empfehlern, Kritikern und Musikjournalisten für die Wertermittlung in Kreativ- und Musikbranchen weniger von einer De-Professionalisierung im institutionellen Sinn als von De-Professionalität im Sinne eines Leistungsversprechens gesprochen werden kann. Das bedeutet, dass anders als beim Tausch materieller Güter bei personenbezogenen Dienstleistungen nicht fertige Produkte, sondern Leistungsversprechen auf der Basis eines unvollständigen Vertrags und wechselseitiger Erwartungen angeboten werden und dass personenbezogene Dienstleistungen ko-produktiv vom Leistungsnehmer und Leistungsgeber erstellt werden. Kurz gesagt: Algorithmen entwerten die Profession der Empfehler, Kritiker und Musikjournalisten nicht, sie – und die mit ihnen verbundenen Konzernstrukturen – erwirken aber eine neue Positionierung der Empfehler, Kritiker und Musikjournalisten in der Wertkette der Musikproduktion und den damit verbundenen Empfehlungen.

Musikjournalisten ‚versprechen' auf der Basis ihrer individuellen Kompetenz übergeordnete Beobachtungsfähigkeiten in unterschiedlichen Stilrichtungen, Trendbeobachtungen und Kontextualisierungen von neuen musikalischen Ausdrucksformen. Mieg (2005, S. 1) stellt ein Verständnis von Professionalisierung vor, das im Kern auf der „Autonomie in der Leistungskontrolle" der vollzogenen (Dienstleistungs-)Tätigkeiten beruht. In einem weiten Sinn bedeutet Professionalisierung den „Übergang von Tätigkeiten zu bezahlter Arbeit, die gewissen einklagbaren Qualitätsstandards unterliegt" (Mieg 2005, S. 3f.). Gerade dies aber stellt sich in den jungen, digital basierten Märkten der Kreativwirtschaft als schwierig heraus, da es derartige unabhängige Instanzen der Sicherung und Wahrung von Qualitätsstandards noch nicht hinreichend gibt.

Zugespitzt formuliert bedeutet dies, dass nicht nur ein hohes Maß an Freiheit hinsichtlich der Herstellung von Meinungsführerschaften in diesen Bedeutungsmärkten existiert; der Einzug der Social-Media-Netzwerke befördert auch junge und unabhängige Netzstrukturen wie Blogs, Webseiten und Newsforen zu neuen Meinungsplattformen. Sie werden von neuen Autoren gestaltet, die den professionellen Musikjournalisten in etablierten Zeitschriften und Verbänden Konkurrenz machen. Weil die jungen Autoren eine größere Nähe zu Neuentwicklungen in der Musik haben (müssen), gelingt es ihnen oftmals, einen innovativen Blick auf noch nicht etablierte Wertbildungen und Stilrichtungen zu gewinnen und diesen kundzutun.

Auf neuen netzbasierten Plattformen werden zwei Stränge der Meinungsartikulation und Bewertung von musikalischen Artefakten zusammengeführt (vgl. Schüßler und Dobusch 2013). Zum einen stellen neue selbsternannte wie auch etablierte Musikbewerter und Musikjournalisten ihre Positionen vor, zum anderen generiert die Masse an unbekannten Bewertern mithilfe von Online-Bewertungsoptionen im Netz aus der stetig wachsenden Masse musikalischer Artefakte eine Art Vorstrukturierung und Vorsortierung aus fast unübersichtlichen Materialien. Darauf bauen viele neue Bewerter und Journalisten auf, um weitere Verfeinerungen und Kontextualisierungen der Herkunft, der musikalischen Aussage, der individuellen Qualität sowie der Einbindung in Stil- und Diskursgruppen vorzunehmen.

Dieser Vorgang ist mehrheitlich einer nicht-institutionalisierten Gruppe von Empfehlern, Kritikern und Musikjournalisten geschuldet, die als relativ anonyme Nutzermasse (*crowd*) Vorstrukturierungen eines musikalischen Artefakts vornimmt und versucht, wenigen etablierten Journalisten und Radiomoderatoren ihre Meinungsführerschaft und Deutungshoheit streitig zu machen. Erst langsam und in jüngster Zeit formiert sich um bestimmte Musikgattungen und Subgenres eine kleinteilige, in unabhängigen Netzwerken agierende nicht-institutionalisierte Gruppe von Empfehlern, Kritikern und Musikjournalisten, die ihr Leistungsversprechen einer spezialisierten *web community* anbietet. Dieses Versprechen besteht im Wesentlichen darin, Orientierungs- und Erfahrungswissen direkt und nicht redaktionell gefiltert an Interessierte weiterzugeben.

Erst diese Bereitschaft zur konkreten Beteiligung stellt eine Grundbedingung her, wie im Netz Bedeutungen überhaupt hergestellt werden können: Durch das Hinterlegen sprachlicher und codierbarer semantischer Spuren im Netz wird das Internet sprachlich und kulturtechnisch navigierbar. Dies – so die Quintessenz der Argumentation – artikuliert ein Professionalisierungsparadoxon in der Gestalt, dass diese zumeist junge Gruppe von Empfehlern, Kritikern und Musikjournalisten einerseits soziale Nähe zu den Quellen musikalischer Artefakte, ihren Akteuren, Szenen, Aufführungsorten und Produktionskontexten haben muss, andererseits aber unter Professionalisierungskriterien nicht professionell agieren kann. Anders ausgedrückt: Die Notwendigkeit sozialer Nähe konterkariert Professionalisierung. Unsortierte Meinungen und nur schwach kontextualisierter oder hochgradig unsortierter Meinungsüberschuss dominieren.

Die Fähigkeit, musikalische Artefakte entlang unterschiedlicher Musikgenres, Sozialer Netzwerke und Stilgattungen zu sortieren und kritisch zu bewältigen, bedarf einer neuen professionellen Elite an Empfehlern, die eher mit dem Digitalen als gegen das Digitale arbeiten, die in der Mannigfaltigkeit von musikalischen Artefakten nicht primär Niveaulosigkeit und kulturellen Verfall sehen. Vielmehr müssen diese Empfehler in der Lage sein, mit einem zeitgemäßen Begriff von „Musik unter Globalisierungsbedingungen" (Binas-Preisendörfer 2012, S. 24) feine und überraschende Bedeutungsnuancen zu unterscheiden.

4 Bewertung als Vorstufe des Wissens über Produktion

Mit unmissverständlichen Zuspitzungen wird seit einigen Jahren das Ende des Journalismus, wie wir ihn kennen, diagnostiziert, so der Betreiber der Webplattform www.netzpolitik.org, Markus Beckedahl, auf dem Frankfurter Tag des Online-Journalismus am 14. Mai 2012. Algorithmen seien, so die von Beckedahl auf der Frankfurter Tagung widerlegte Annahme, nicht in der Lage, die Leistungen eines Berufsstandes zu ersetzen. Mit der Tatsache ihres Urteilsvermögens, ihrer Kritik, ihrer Kontextualisierung und ihren Empfehlungen verbindet sich die Erwartung, dass Journalisten in der Lage sind, aus der Mannigfaltigkeit musikalischer Positionen überhaupt erst ein Bild derartiger Artefakte generieren zu können. Es herrscht die Sorge, dass die digitale Technologie einen traditionellen Berufsstand zersetzt und überflüssig macht. Zweifelsohne hat die Digitalisierung nicht nur die Verfügbarkeit von Wissen und Information radikal geändert; auch die Algorithmen selbst haben auf der Basis von Profilaktivitäten (der Nutzer) die Fähigkeit entwickelt, ‚selbstständig' Neigungen, Präferenzen und Gewohnheiten aus dem Schwarm der Nutzer und Hörer herauszufiltern.

Bunz weist in ihrem Buch *Die stille Revolution* darauf hin, dass Algorithmen zwar technisch gesehen „Handlungsvorschriften [sind, B. L.], die nach einem bestimmten Schema Zeichen umformen" (Bunz 2012, S. 9). Algorithmen sind aber nicht nur informatische Anweisungen, sondern aus der Sicht ihrer Anwendung heraus als Kulturtechnik anzusprechen, die laut Bunz still daran wirkt, unsere Gesellschaft massiv umzuformen (vgl. ebd.). Aus technologischer Sicht ist ein Algorithmus erst einmal eine Verarbeitungsvorschrift, die aus einer endlichen Folge von eindeutig ausführbaren Anweisungen besteht, mit der man eine Vielzahl gleichartiger Aufgaben lösen kann. Ein Algorithmus gibt an, wie Eingabegrößen schrittweise in Ausgabegrößen umgewandelt werden.

Die selektierende Wirkung von Webinhalten durch die Digitalisierung tritt dann zutage, wenn unternehmerische Schaltstellen (z.B. Google und Facebook etc.) sowie Provider Webinhalte mit Kalkül vorselektieren und eigenwillige Zuordnungen vollziehen. Darüber hinaus werden immer komplexere Programmieroptionen erkennbar, wodurch vorhandene Webinhalte nach bestimmten Neigungen, Profilen und Nutzungsformen strukturiert werden können. Immer komplexere Algorithmen sind dazu fähig, durch ihre Selektion originär neue Inhalte und neue Kombinatoriken von semantischen Inhalten zu ‚programmieren'. Sie beziehen dabei in ihrer Selektion immer stärker Kontextinformationen bestimmter kultureller, politischer, sozialer und ökonomischer Sachverhalte in die Produktion neuer Inhalte mit ein. Gerade diese Fähigkeit markiert im Kern die originäre Kompetenz professioneller Intermediärer zwischen kultureller Produktion und Publikum: Kritiker sind ganz wesentlich für das Verständnis musikalischer Artefakte verantwortlich. Während die großen Erzählungen vom strukturellen Wandel der Musikindustrie mehrheitlich industrielle Strukturen und deren raumzeitliche Umorganisationen in den Fokus nehmen, so sind bis dato eher wenige Ansätze vorgestellt worden, die erklären, wie sich in dem Feld der Musikindustrie der Status des Journalisten geändert hat (vgl. Döhring 2011). Ebenso oft wird, wie dies die Autoren Döhring (2011) und Fasel (2012) vorstellen, die Reduzierung von festangestellten Musikjournalisten in Radio, Print und Medien beklagt. Dagegen fragt dieser Beitrag, wie sich ein Versprechen von Professionalisierung aufrechterhalten lässt. Anders ausgedrückt: De-professionalisieren Algorithmen?

5 Musik-Empfehlungssysteme durch Algorithmen und das *Semantic Web*

5.1 Algorithmen

In den letzten Jahren hat sich das Konsumverhalten bezüglich Musik dramatisch verändert. Persönliche Musiksammlungen sind gewachsen, was durch technologische Verbesserungen im Bereich von digitalen Netzwerken, immer umfangreichere Speichersysteme, die Portabilität der Geräte und weitere Internetdienste (wie z. B. Apps und andere Webtools) unterstützt wird (vgl. Bürkner et al. 2013). Die Verfügbarkeit von enormen Mengen von Musikdateien führt mich zu der Frage, wie derartige Musik systematisiert und verfügbar gemacht wird. Die existierende Vielfalt musikalischer Artefakte geht mit der Frage einher, inwiefern effiziente Bewertungs- und Sortiermöglichkeiten vonnöten sind, um eine personalisierte Bewertungs- und Sortiermöglichkeit der Musikdateien zu ermöglichen.

Ein Einblick in verändertes Kauf- und Konsumverhalten belegt dies: Soundscan (2012, S. 9) berichtet in ihrem jährlichen Weltbericht: „Digital Tracks reached an all-time high with 1.34 billion units sold in 2012, up 5.1 % vs. 2011". „Digital album sales accounted for 37 % of all album purchases in 2012 compared to 31 % in 2011, 26 % in 2010, 20 % in 2009, 15 % in 2008, 10 % in 2007 and 5.5 % in 2006."

Der Nutzer hat Zugriff auf digitale Musiksammlungen, die aber nur durch eine fachgerechte Organisation und Kennzeichnung navigierbar werden. Mit Blick auf die enorme Summe musikalischer Inhalte stellt sich die Frage, wie die 99 % gefunden und sortiert werden, die für Musikkonzerne und Produzenten nicht umsatzrelevant sind: Beispielsweise machen nur 1 % der Interpreten im Jahr 2012 im US-amerikanischen Musikmarkt zwischen 80 und 90 % des Jahresumsatzes aus (vgl. Soundscan 2012).

In der Entwicklung von Sortier- und Ordnungsformaten für derartige digitale Sammlungen sind neue Methoden für den Zugriff auf und das Abrufen von Daten entstanden. Dabei sind Interpret, Titel und Genre-Informationen möglicherweise nicht die einzigen Kriterien, mithilfe derer Musikkonsumenten Musik finden, die sie mögen.

Über die Auffindbarkeit dieser wenigen Superstars muss man sich keine Sorgen machen, wie aber findet der Zuhörer und das Publikum in den 99 % der übrigen Masse Geschmackvolles, Interessantes und musikalisch Wegweisendes? Da 80 % aller verkauften Alben weniger als 100-mal gekauft werden, besteht ein originäres musikwirtschaftliches Interesse, Menschen Techniken zur Seite zu stellen, mit deren Hilfe sie aus der riesigen Menge an Musikangeboten entsprechende Inhalte filtern, entdecken, personalisieren und empfehlen können. Wie kann aber von technischer Seite aus diese riesige Menge an musikalischen Inhalten organisiert werden? Seit einigen Jahren versuchen Softwareentwickler und Programmierer Empfehlungs- und Bewertungsalgorithmen einzuführen, die es erlauben, genauer vorherzusagen, wie das Publikum Musik nachfragt.

Im Musikbereich stellen Algorithmen Suchergebnisse bereit, die Aufschluss darüber geben, was ein Benutzer aufgrund seiner Eingaben, Profildarstellungen und Präferenzen hören könnte, unabhängig davon, wie nützlich die für den Anwender vorgesehenen Empfehlungen sind. Wesentlich verfeinert werden diese Empfehlungen durch direkte Musikhörer-zentrierte Bewertungen auf vorhergehende Empfehlungen. Bewertet wird also nicht das Musikstück als solches, sondern die Stimmigkeit (oder nicht) der bereits existierenden Bewertungen über dieses Musikstück und die dabei ausgesprochenen Empfehlungen zu einer Mehrheitsmeinung.

Somit wird ein dezentrales und netzwerkartiges Feld von Bewertungen eröffnet, bei denen die durch zentrale Institutionen vorgegebenen Wert- und Empfehlungspräferenzen – Charts, Hitparaden und anderen Rankings – ihre Gültigkeit hinsichtlich der Vorgabe von Geschmackspräferenzen weitgehend eingebüßt haben. An deren Stelle sind neue Bewertungs- und Empfehlungsformate getreten, die durch verändertes Verhalten der breiten Masse an Musikhörern an Bedeutung gewinnen. Diese Formate orientieren sich zweifelsohne weniger an dem ‚breiten' Geschmack als an engeren genrespezifischen Hör- und musikalischen Nutzerprofilen. Ermöglicht wird die Herausbildung von kleinteilig strukturierten genrespezifischen Nutzerprofilen durch komplexe Musik-Empfehlungssysteme.

5.2 Semantic Web

Das Semantische Web (deutsch für *Semantic Web*) ist zu einem umgangssprachlichen Fachterminus avanciert, der generell die Weiterentwicklung des World Wide Web und des Internets anspricht. Im Rahmen der Weiterentwicklung zum *Internet der Dinge* und *ubiquitous computing* (vgl. Bunz 2012) wird von technologischer Seite sowie vonseiten der Technologieforschung daran gearbeitet, dass Maschinen die von Menschen zusammengetragenen Informationen verarbeiten können. All die in menschlicher Sprache ausgedrückten Informationen im Internet sollen mit einer eindeutigen Beschreibung ihrer Bedeutung (Semantik) versehen werden, die auch von Computern interpretiert und verarbeitet werden kann. Die maschinelle Umsetzung und konkrete Handhabung der Daten aus dem von Menschen generierten Datennetz ist aber nur möglich, wenn Maschinen deren Bedeutung eindeutig zuordnen können.

Im Kern stellt das World Wide Web eine Option dar, digitale Daten miteinander zu vernetzen. Dagegen erweitert das sogenannte *Semantic Web* diese Kombinationsarbeit dergestalt, dass es versucht, Informationen auf der Ebene ihres semantischen Gehalts miteinander zu verknüpfen. Während rohe Informationen im World Wide Web lange Zeit nur vom Menschen verstanden, gedeutet und in einen adäquaten Kontext gebracht werden konnten, beginnen komplexe Algorithmen diese Interpretationsleistung zu übernehmen. Ob es sich dabei um ein Textstück oder einen Vornamen, einen Nachnamen, den Namen einer Stadt, den Namen eines Unternehmens oder eine Adresse handelt, ist der Struktur der Internetseiten nicht zu entnehmen. Das behindert die maschinelle Verarbeitung der Inhalte.

Das Semantische Web soll die Lösung für diese Probleme darstellen. Die Daten in einem Semantischen Web sind selektiv strukturiert und in einer Form aufbereitet, welche es Computern ermöglicht, sie entsprechend ihrer inhaltlichen Bedeutung zu verarbeiten. Zudem erlaubt ein Semantisches Web Computern (bei Realisierung des Konzeptes), aus den vielen Einzelinformationen neue Informationskombinationen zu generieren.

Foafing – Friend of a Friend (FOAF) – ist eines dieser Musik-Empfehlungssysteme, die *rich site summary* (RSS)-Verfahren verwenden, um Musik je nach Musikgeschmack Benutzern passgenauer anzubieten. Dabei werden musikbezogene Informationen (z.B. ein neu veröffentlichtes Album, künstlerbezogene Nachrichten oder verfügbare Audiodateien) mithilfe von sog. RSS-feed-XML-Formaten für die Inhalts-Syndizierung (d.h. die Herstellung von Verbindungen mit Inhalten verschiedener Websites zu einem Themenkomplex) gesammelt. Auf der anderen Seite werden FOAF-Dokumente verwendet, um Präferenzen zu definieren. *Foa-*

fing bietet somit Benutzern an, mittels FOAF-Profilen zu Musik weiterführende beschreibungs- und kontextbasierte Informationen zu extrahieren.

Foafing ermöglicht es nun, anderen Hörern Musik auf der Basis bestimmter Benutzer-Einstellungen und spezieller Hörgewohnheiten zu empfehlen. Einer der wichtigsten Vorteile der Schaffung von sozialen Nachbarschaften ist es, dass ein Benutzer ähnliche Nutzer erschließen kann und somit soziale Netzwerke um ähnliche Interessen herum organisiert werden können. Das Hauptziel des *foafing* ist es, dass Menschen anderen Menschen Musik empfehlen können. Somit besteht die Möglichkeit, Musik neu zu entdecken und musikalische Inhalte zu erkunden, basierend auf den entsprechenden Benutzereinstellungen, kontextbasierten Informationssystemen (extrahiert aus verwendeten RSS-Feeds) und contentbasierten Beschreibungen (automatisch aus den Audioinformationen extrahiert). *Foafing* ermöglicht es dem Nutzer, Informationen zu Neuerscheinungen musikalischer Artefakte von iTunes, Amazon, Yahoo Shopping etc. zu erhalten, Download-Angebote von MP3-Blogs und Podcast-Sessions sowie personalisierte *playlists* angeboten zu bekommen. Außerdem werden Angebote von anstehenden Konzerten in geografischer Nähe des Hörers präsentiert.

Wichtig sind darüber hinaus sogenannte communitybasierte Ansätze, auch als *demographic filtering* bekannt sind: Sie können genutzt werden, um die musikalischen Hörgewohnheiten und Präferenzen des Nutzers zu identifizieren. Dabei geht es darum, anhand von bestimmten Musikpräferenzen soziale Beziehungen zwischen Nutzern über ihre spezifischen Musikgewohnheiten herzustellen. Dies setzt sich auch im sogenannten *collaborative filtering* fort, das anhand von Benutzereinstellungen für durchgeführte Bewertungen wiederum auf der Basis des Erlernten Vorhersagen für andere Benutzer anbietet.

Daran lagert sich auch die Praxis der sog. *item-based neighbourhood* an, bei der ähnliche Bewertungen betrachtet werden und diese wiederum anderen mit ähnlichen Profilmatrizen angeboten werden. Während derartige webbasierte Angebote auf verschiedenen Social-Media-Plattformen Alltag sind, drängt sich die Frage auf, inwiefern relevante Kontexte als Erklärungsrahmen durch Algorithmen generiert werden können, um musikalische Artefakte jenseits des Hörens zu erschließen.

Zusammenfassend heißt dies, dass musikalische Artefakte zu einem wichtigen Instrument und Medium für die Herstellung von Kommunikation zwischen musikalisch interessierten Internetnutzern avanciert sind. Dabei sind personenbezogene Attribute, Geschichten, Bilder und Nutzerprofile immer wichtiger geworden. Es zeigt sich, dass das *Semantic Web* darauf abzielt, auf der Basis maschinenlesbarer Webseiten Personenprofile zu skizzieren, die wiederum imstande sind, weitere Verbindungen zwischen Profilen herzustellen. FOAF generiert exemplarisch Konventionen und eine digitale Sprache, um webseitenbezogene Inhalte zu beschreiben und in Soziale Netzwerke hin zu vermitteln. Derartige Systeme syndizieren Inhalte, die Daten wie z.B. Nachrichten, Veranstaltungen, Listen, Schlagzeilen, Projekt-Updates sowie Musikinformationen enthalten. Ebenso werden *contents* wie z.B. neue Musik-Releases, Albumrezensionen, Podcast-Sessions, Informationen über kommende Veranstaltungen etc. erfasst. Auf dieser algorithmischen Basis generiert dieses System weiterreichende Informationen, indem es bestimmte Benutzerprofile filtert. Derartige Systeme sind in der Lage, Benutzerhörgewohnheiten zu ‚verstehen', indem sie psychologische Faktoren, ökonomisches Verhalten, soziale Beziehungen und musikalische Vorlieben zueinander in Beziehung setzen. In der Musikbranche vollziehen sich derartige Anstrengungen immer mit dem Ziel der Herstellung passgenauer Empfehlungssysteme: Originäre Motivation ist die Herstellung des Zugangs zu 95 % der verfügbaren Musik – zum sogenannten „Long Tail" (Anderson 2013, S. 8) der weitestgehend unbekannten Musikproduzenten.

In diesem Zusammenhang zeigt sich, dass derartige Filterungsinformationen über neue Musik-Releases, Künstlerinterviews, Albumrezensionen etc. mithilfe der Partizipation der Nutzer dynamisch verbessert werden. Dabei sind die Algorithmen immer geschickter in der Lage, generische Kontexte anhand von Informationen über musikalische Artefakte herzustellen. Dies ist die eigentliche Herausforderung für die Gruppe der Journalisten, Empfehler und Kritiker, die bis dato qua ihrer kognitiven, assoziativen und professionellen Leistung für die weiterführende Kontextualisierung musikalischer Artefakte Sorge trugen.

6 Stellenwert von professionellen Bewertern und deren Praxis

Zusammengefasst ist Professionalisierung als ein Prozess zu betrachten, in dem sich Vertrauen in einzelne Experten bis hin zu weiterreichenden Qualifikationsstandards entwickelt (vgl. Lange und Mieg 2008; Mieg 2008a, b). Die Anwendung dieses Verständnisses auf den Fall der Musikindustrie wirft mehrere Fragen nach den spezifischen Legitimationsprozessen individueller und kollektiver Expertise (1), nach den Ausprägungen von translokalen Standards im Verhältnis zu lokal gebundener Expertise (2) und der Abhängigkeit von sowie der Distanz zu den Produktionsquellen musikalischer Artefakte auf (3). Die folgenden Diskussionen zeigen anhand der drei skizzierten Dimensionen, dass Professionalisierung in der Musikindustrie zu einem Paradoxon avanciert ist. Zum einen ist der professionelle Status der Bewerter, Empfehler, Kritiker und Selektierer erheblich unter Druck geraten und hat zu einer Aufweichung der professionellen Definitionshoheit des Musikjournalisten geführt. Zum anderen wird das Paradoxon der Professionalisierung dieser Akteursgruppe zeigen, dass die Kritik an der digitalen Wende und dem vermeintlichen Bedeutungsgewinn der Algorithmen als Kontextgeneratoren weniger zu einer De-Professionalisierung als zu einer Freisetzung dieser Berufsgruppe in nicht-institutionalisierte Strukturen führt: Journalisten arbeiten immer öfter selbstständig und in ungebundenen Strukturen und haben demzufolge vordergründig freiere Handhabe in der Ausübung ihrer professionellen Praxis, gleichzeitig aber eine höhere Abhängigkeit zu denen, die ihnen Informationen bereitstellen. Bis dato, so meine Beobachtung, hat diese Berufsgruppe nur partielle Alternativen entwickelt und hat bisher nur punktuell durch die Ausrufung des ‚Qualitäts- und Fachjournalismus' am Aufbau neuer Arbeitsorganisationsstrukturen und deren Institutionen mitgewirkt.

1. Die enorm gewachsene Zahl von bewertenden Mitmachern im webbasierten Musikbewertungsbereich wirkt sich in paradoxer Weise auf den Status des Musikjournalisten aus: Zum einen wird seine Aufgabe als professioneller Selektierer von existierenden kontextgenerierenden Bewertungen und Empfehlungen (1. Ordnung) wichtiger, um anhand seiner sich anschließenden individuellen Expertise (2. Ordnung) diese wiederum neu einzuschätzen. Zum anderen wird sein professioneller Status durch die kontextgenerierende Kraft des *Semantic Web* sowie die Bewertungstätigkeiten des sozialen Schwarms im Netz infrage gestellt.
2. Die niedrigen Beteiligungshürden bei der Bewertung von musikalischen Artefakten durch eine immer breiter und diffuser werdende soziale *crowd* hat zu einer unerwartet hohen Zahl semi-professioneller musikalischer Artefakte geführt. Auch haben sich Hörgewohnheiten und Konsumpraktiken radikal geändert, wie sich ebenso die Ausdifferenzierung von musikalischen Genres mit neuen lokalen Stilausprägungen (sogenannten *local divisions*) einstellt (vgl. Pfadenhauer 2005). Die gewachsene Kleinteiligkeit und Szeneabhängigkeit (Lange und Bürkner 2013) derartiger Produktionskontexte bringt es mit sich, dass lokal agierende Empfehler zwar ihre lokale Szene zu bewerten wissen, diese aber nur bedingt mit translokalen Strukturen der Bewertung in Verbindung setzen können. Die lokale Bindung von Expertise im Bereich dieser Bewerter lässt sich – so die These – aufgrund der lokal-stilistischen Eigenheiten nur bedingt einheitlich bewerten. Während rückblickend in der Epoche der Klassik bestimmte kompositorische Standards identifiziert werden können, erscheint dies im Zuge der Herausbildung eigensinniger lokal-regionaler Stile und deren Bewertungskulturen als wenig wahrscheinlich (vgl. Hracs 2012,

2015; Kühn 2013). Dies zeigt sich an den Anstrengungen von Majors, *local divisions* aufzubauen, die spezifische lokal-regionale Stilrichtungen identifizieren. Anders ausgedrückt: Könnte man die Musikzeitschrift *Spex* in Shanghai oder im Großraum Istanbul einführen?

3. Folgt man der Idee lokal-regionaler Stilrichtungen, so zeigt sich, dass professionelle Produktionskontexte gerade im elektronischen Musikbereich extrem kleinteilig, klientilistisch und vertrauensorientiert sind. Musikalische Szenezughörigkeit geht mit spezifischen sozialen Geltungsformen wie Vertrauen, Kennerschaft und Erfahrungen einher (vgl. Kühn 2013). Das erfordert von Empfehlern wiederum die Fähigkeit, soziale Nähe zu diesen Produktionskontexten zu haben. Oft erwachsen nur aus dieser Kennerschaft und sozialen Vertrauensbasis weiterführende Vermittlungs- und Bewertungsstrukturen. Daher werden Empfehler in die Lage versetzt, nahe an den sozialen Quellgrund musikalischer Artefaktenproduktion heranzukommen. Parallel dazu zeigen sich aber auch diametrale Prozesse, die durch den ökonomischen Einkommensdruck zu erklären sind: Bands bieten ihre Artefakte und Produkte den Fans auf direktem Wege im Web an. Die Vermittlung musikalischer Artefakte durch das World Wide Web geht zum einen tendenziell mit einem Ausschluss und der Bildung sozialer Distanz zu lokalen Kritikern und Empfehlern einher. Zum anderen adressiert es Kritiker und Empfehler in anderen Absatzregionen und deren jeweiligen Zugängen zu Vermittlungsinstanzen. Zugespitzt gesprochen, verbauen diese translokal und global ausgerichteten Vertriebswege somit lokalen Kritikern und Empfehlern den Zugang zu essenziellen Informationen und Quellen, mithilfe derer sie die ihrem Berufsstand zugeschriebene Fähigkeit zur Kontextbeschreibung derartiger musikalischer Artefakte umzusetzen imstande sind. Soziale Nähe und Distanz werden somit zu zentralen Determinanten im Feld der Musikbewertung, deren Vorhandensein das Leistungsversprechen des Musikjournalisten ermöglicht.

Zusammenfassend bedeutet dies, dass Professionalisierung zu einem großen Teil zunächst von informellen sozialen Bindungen sowie Netzwerkallianzen abhängig ist. Diese erklären zum einen das Aufkommen von neuen kreativen Musikmilieus; zum anderen stehen sie jedoch anderen Professionalisierungsprozessen diametral gegenüber. Dazu gehört auch, dass die temporäre Organisation von Musikprojekten mit wandelnden Produktionsorten und wechselnden Akteurskonstellationen den nachhaltigen Austausch von Erfahrungen, Wissen und Know-how zwischen Musikjournalisten und Musikproduzenten eher einschränkt, als dass ein längerfristiges und qualitatives Begleiten ermöglicht wird. Das erschwert Professionalisierung nicht nur, es macht sie geradezu unmöglich. Das Paradox der Professionalisierung von Musikjournalismus im Bereich der Musikindustrie erfasst daher das Spannungsverhältnis zwischen der im Kern auf Autonomie bedachten kreativen Produktion auf der einen Seite und den Notwendigkeiten der Professionalisierung auf der anderen. Lokale *communities of practice* – so meine These – avancieren zu relevanten Qualitätsbewertungskontexten von Kreativität und Innovation im Feld der Musikproduktion.

7 Fazit

Der Status des Musikjournalisten als einer zentralen Bewertungsinstanz, die zwischen Musikproduzenten und Fans angesiedelt ist, ist durch die Zunahme von sogenannten Social-Media-Bewertungsplattformen unter Druck geraten. Während sich der Niedergang des klassischen Berufsstandes durch Verkleinerungen von Kultur- und Musikredaktionen sowie durch das Outsourcen von vormals dauerhaft angestellten Musik- und Kulturjournalisten vollzieht, geben die vorangegangenen Ausführungen bezogen auf den professionellen Status der Journalisten, Kritiker und Empfehler im Kultur- und Musikbereich höchst ambivalente Merkmale zu erkennen: Das Mehr an kleinteiligen und spezialisierten Meinungen, Empfehlungen und Kritiken aus der Gemeinschaft der Netznutzer drückt zum einen die individuelle Chance aus, die eigene Meinung neben dem Chor der Meinungsführerschaften zu platzieren. Im Web konzentrieren sich in Foren, Blogs und Online-Special-Interest-Bereichen vielfältige Meinungen und Positionen für kleine Leserschaften. Diese Diversifizierung subprofessioneller Expertise liefert aber der Professionalisierung der Musikindustrie (z.B. durch stilistisch, medial und geografisch verstreut agierende Musikproduzenten, v.a. im Bereich des *long tail*) in zweifacher Hinsicht keine Impulse. Die Gemeinschaft der *crowd*-basierten Meinungsmacher kann kein Leistungsversprechen beibringen, so wie es dem Berufsstand des Musikjournalisten zugewiesen wurde. Dennoch werden Algorithmen immer besser in der Lage sein, bedeutungsgenerierende Kontexte in die Bewertung musikalischer Artefakte mit einzubeziehen.

Das *Semantic Web* beginnt, nicht nur Meistbewertungen von musikalischen Artefakten in Betracht zu ziehen, sondern aus verfügbaren Bedeutungszuweisungen neue Kontexte und Querverbindungen zu generieren. Auch diese Entwicklung konterkariert das Leistungsversprechen der Musikjournalisten. Beide Trends wirken sich de-professionalisierend auf den Berufsstand des Musikjournalisten aus. Ausschlaggebend für den institutionellen Niedergang des fest angestellten Musikjournalisten ist zweifelsohne nicht die Digitalisierung, ebenso wenig die Bereitschaft der Netzgemeinschaft, in dem mannigfaltigen musikalischen Grundrauschen des *long tail* ein Mindestmaß an Bewertungen und Deutungen vorzunehmen. Ausschlaggebend ist vielmehr, dass sich abseits formalisierter Professionalisierungsprozesse jeweils individuelles, relativ voraussetzungsloses ‚Schreibtalent' seinen Weg an die Spitze musikalischer Bewerter und Kritiker bahnen kann.

Der wohlmeinende Hinweis staatlich geförderter Medienanstalten, mit Qualitätsjournalismus in den Nischen der Medienproduktion neue Themen aufzufinden und die verloren gegangene gesellschaftliche Relevanz des Journalismus erneut herzustellen, stellt für manche sicherlich eine Option dar, z.b. dann, wenn die Geschäftsgrundlage und das Betreibermodell funktionieren, organisatorische bzw. institutionelle Unabhängigkeit gegeben ist und professionelle Alleinstellungsmerkmale herausgearbeitet wurden – wie bei dem Journalistennetzwerk *Blockfrei* in Berlin (http://blockfrei.net), das als kleines Netzwerk Unabhängigkeit und Professionalität zu vereinen versucht. Der stetige Zuzug von jungen selbsternannten Journalisten wird durch die neuen Medien sehr erleichtert.

Begrüßt man dies, so muss man im Gegenzug auch die fehlende Kontrollfunktion professionalisierter Standards, ihrer Leistungsversprechen und Qualitätsstandards in Kauf nehmen. Die ‚Kannibalisierung' im Musikmarkt schreitet somit auch in journalistischer Hinsicht voran. Hören wir somit auf Dauer Musik undifferenzierter und weniger kenntnisreich?

Literatur

Abbott, A. (1988). *The system of professions*. Chicago: The University of Chicago Press.
Abbott, A. (1991). The order of professionalization. *Work and Occupations 18* (4), 355–384.
Anderson, C. (2013). *Makers. Das Internet der Dinge: die nächste industrielle Revolution*. München: Hanser.
Binas-Preisendörfer, S. (2010). *Klänge im Zeitalter ihrer medialen Verfügbarkeit: Popmusik auf globalen Märkten und in lokalen Kontexten*. Bielefeld: transcript.
Binas-Preisendörfer, S. & Arenhövel, S. (2012). *Transkulturalität und Musikvermittlung: Möglichkeiten und Herausforderungen in Forschung, Kulturpolitik und musikpädagogischer Praxis*. Frankfurt a.M.: Lang.
Bunz, M. (2012). *Die stille Revolution: wie Algorithmen Wissen, Arbeit, Öffentlichkeit und Politik verändern, ohne dabei viel Lärm zu machen*. Berlin: Suhrkamp.
Bürkner, H.-J. (2013). Trackproduktion als Trial and error? Wertschöpfungsvarianten in der elektronischen Clubmusikproduktion zwischen Digitalisierung, Internet und lokalen Szenen. In: B. Lange, H.-J. Bürkner & E. Schüßler (Hrsg.), *Akustisches Kapital. Wertschöpfung in der Musikwirtschaft* (S. 45–98). (Kultur- und Medientheorie). Bielefeld: transcript.
Bürkner, H.-J, Lange, B. & Schüßler, E. (2013). Perspektiven auf veränderte Wertschöpfungskonfigurationen in der Musikwirtschaft. In: B. Lange, H.-J. Bürkner & E. Schüßler (Hrsg.), *Akustisches Kapital. Wertschöpfung in der Musikwirtschaft* (S. 9–44). (Kultur- und Medientheorie). Bielefeld: transcript.
Caves, R. E. (2001). *Creative industries. Contracts between art and commerce*. Cambridge: Harvard Univ. Press.
Celma, O. & Serra, X. (2008). Foafing the music: Bridging the semantic gap in music recommendation. *Web Semantics: Science, Services and Agents on the World Wide Web* 6 (4), 250–256.
Coulson, S. (2012). Collaborating in a competitive world: musicians' working lives and understandings of entrepreneurship. *Work, Employment and Society 26*, 246–261.
Denk, F. & Thülen, S. v. (2012). *Der Klang der Familie: Berlin, Techno und die Wende*. Berlin: Suhrkamp.
Döhring, A. (2011). *Musikkommunikatoren: Berufsrollen, Organisationsstrukturen und Handlungsspielräume im Popmusikjournalismus*. Bielefeld: transcript.
Evetts, J. (2003). The sociological analysis of professionalism. *International Sociology 18* (1), 395–415.
Fasel, C. (2012). Zwischen Infotainment und De-Professionalisierung: Welcher Journalismus in Zukunft unersetzbar bleibt. In: U. Rußmann, A. Beinsteiner, H. Ortner & T. Hug (Hrsg.), *Grenzenlose Enthüllungen? Medien zwischen Öffnung und Schließung* (S. 153–162). Innsbruck: innsbruck university press.
Fournier, V. (1999). The appeal to „professionalism" as a disciplinary mechanism. *Social Review 47* (2), 280–307.
Freidson, E. (2001). *Professionalism: The third logic*. Cambridge: Polity.
Hauge, A. & Hracs, B. (2010): See the Sound, Hear the Style: Collaborative Linkages between Indie Musicians and Fashion Designers in Local Scenes. *Industry and Innovation 17* (1), 113–129.
Hracs, B. (2012). A Creative Industry in Transition: The Rise of Digitally Driven Independent Music Production. *Growth and change 43* (3), 442–461.

Hracs, Brian (2015). Cultural Intermediaries in the Digital Age: The Case of Independent Musicians and Managers in Toronto. *Regional Studies 49* (3), 461–475.

Kühn, J.-M. (2013). „Underground" und Kulturproduktion. Die Rolle von Distinktion beim Veranstalten Berliner Techno-Partys. In: B. Lange, H.-J. Bürkner & E. Schüßler (Hrsg.), *Akustisches Kapital. Wertschöpfung in der Musikwirtschaft* (S. 161–184). (Kultur- und Medientheorie). Bielefeld: transcript.

Lange, B. & Bürkner, H.-J. (2010). Wertschöpfungen in der Kreativwirtschaft: Der Fall der elektronischen Clubmusik. *Zeitschrift für Wirtschaftsgeographie 54* (1), 46–68.

Lange, B. & Bürkner, H.-J. (2013). Value-creation in the creative economy – The case of electronic club music in Germany. *Economic Geography 82* (2), 149–169.

Lange, B., Bürkner, H.-J & Schüßler, E. (Hrsg.). (2013). *Akustisches Kapital – Wertschöpfung in der Musikwirtschaft*. Bielefeld: transcript.

Lange, B. & Mieg, H. A. (2008). Professionalisierungswege und Konstituierungen von „Märkten" in den Creative Industries. *Geographische Zeitschrift 94* (4), 225–242.

Lindner, R. & Musner, L. (2005). Kulturelle Ökonomien, urbane „Geschmackslandschaften" und Metropolenkonkurrenz. *Informationen zur modernen Stadtgeschichte 1*, 26–37.

Mieg, H. A. (2008a). Professionalization and professional identities of environmental experts: The Case of Switzerland. *Environmental Sciences 5* (1), 41–51.

Mieg, H. A. (2005). Professionalisierung. In: F. Rauner (Hrsg.), *Handbuch der Berufsbildungsforschung* (S. 342–349). Bielefeld: Bertelsmann.

Mieg, H. A. (2008b). Professionalisation. In: F. Rauner & R. Maclean (Hrsg.), *Handbook of technical and vocational education research* (S. 502–508). Dordrecht: Springer.

Noble, G. & Jones, R. (2006). The Role Of Boundary-Spanning Managers in the Establishment of Public-Private Partnerships. *Public administration 84* (4), 891–917.

Pfadenhauer, M. (2005). Ethnography of Scenes. Towards a Sociological Life-world Analysis of (Post-traditional) Community-building (31 paragraphs). *Journal Volume*. http://www.qualitative-research.net/fqs-texte/3–05/05–3-43-e.htm. Zugegriffen: 25. Oktober 2005.

Pfadenhauer, M. (2005a). Die Definition des Problems aus der Verwaltung der Lösung: Professionelles Handeln revisited. In: M. Pfadenhauer (Hrsg.), *Professionelles Handeln* (S. 9–22). Wiesbaden: VS.

Renner, K.-H. & Renner, T. (2011): *Digital ist besser: warum das Abendland auch durch das Internet nicht untergehen wird*. Frankfurt a.M.: Campus.

Scholl, A. & Weischenberg, S. (1998). *Journalismus in der Gesellschaft: Theorie, Methodologie und Empirie*. Opladen: Westdt. Verlag.

Schüßler, A. & Dobusch, L. (2013). Musikevents als Bühnen für den Urheberrechtsdiskurs. In: B. Lange, H.-J. Bürkner & E. Schüßler (Hrsg.), *Akustisches Kapital – Perspektiven auf veränderte Wertschöpfungskonfigurationen* (S. 247–276). Bielefeld: transcript.

Soundscan (2012). *The Nielsen Company & Billboard's 2012 Music Industry Report*. Nielsen SoundScan. New York.

Vinodrai, T. (2006). Reproducing Toronto's design ecology: career paths, intermediaries, and local labor markets. *Economic Geography 82* (2), 237–263.

Wellmann, I. (2009). Schnittstellenkulturen – Hybride Akteure, Patchworkökonomien, Intermediäre Institutionen. In: B. Lange, A. Kalandides, B. Stöber & I. Wellmann (Hrsg.), *Governance der Kreativwirtschaft* (S. 183–198). Bielefeld: transcript.

Welz, G. (1996). *Inszenierungen kultureller Vielfalt: Frankfurt a.M. und New York City*. Berlin: Akademischer Verlag.

Winter, C. (2012). How media prosumers contribute to social innovation in today's new networked music culture and economy. *International Journal of Music Business Research 1* (2), 46–73.

Bewertungsformen und ihre Strukturdynamiken in sozialen Feldern

Eine Neubetrachtung der Feldtheorie im Hinblick auf die Rolle von Konsekrationsinstanzen

Jonathan Kropf

Zusammenfassung

Der vorliegende Beitrag greift das Thema der Produktivität von Musikkulturen mittels eines gezielt erweiterten feldanalytischen Zugriffs im Sinne Pierre Bourdieus auf. Im Zentrum steht dabei die über Bourdieu hinausgehende Ausarbeitung des Begriffs der Konsekrationsinstanz, der den Blick auf die Hervorbringung von Wert und Glauben in künstlerischen Produktionszusammenhängen lenkt. Die Feldanalyse erlaubt es, diese Instanzen der Bewertung wiederum im Hinblick auf die Strukturdynamiken zu untersuchen, die sie innerhalb des feldtheoretisch konzipierten Klassifikationsraums entfalten. Der Beitrag formuliert dafür zunächst eine Kritik an der mangelnden Ausarbeitung des Begriffs der Konsekrationsinstanz durch Bourdieu. Die Ansätze von Grant Blank (2007) und Lucien Karpik (2011) dienen hier als Korrektiv. Letztere weisen jedoch bestimmte Schwächen auf, die wiederum durch einen feldanalytischen Zugriff behoben werden können. Die Vorteile einer solchen Perspektive werden abschließend am Beispiel digitaler Bewertungsinstanzen (Laienrezensionen und Empfehlungsalgorithmen auf Amazon) aufgezeigt.

Schlüsselbegriffe

Feldtheorie, Pierre Bourdieu, Konsekrationsinstanzen, Digitalisierung, Soziologie der Bewertung

1 Einleitung

In seinem Buch *Die Regeln der Kunst* untersucht Pierre Bourdieu (2001) die Genese und die relativ autonomen Spielregeln des literarischen Feldes. Bourdieu entwickelt hier ein Modell, das durch eine dualistische Struktur gekennzeichnet ist und das beansprucht, prinzipiell in allen Feldern der künstlerischen Produktion Gültigkeit zu besitzen. Diese Felder zeichnen sich demnach durch den doppelten Gegensatz von Kunst (autonomer Pol) und Geld (heteronomer Pol) sowie aufstrebender und arrivierter Avantgarde aus. Der primäre Gegensatz zwischen einem „Subfeld der eingeschränkten Produktion", das Bewertungen nach rein feldinternästhetischen Gesichtspunkten hervorbringt, und dem „Subfeld der Massenproduktion", das an „weltlichem Erfolg" orientiert ist (vgl. ebd., S. 344f.), wird demnach ergänzt durch einen permanenten symbolischen Kampf zwischen Neulingen und Arrivierten, die Auseinandersetzungen um „das Monopol auf die für das betreffende Feld charakteristische legitime Gewalt" (Bourdieu 1993, S. 108) austragen. Auf dem Spiel steht letztlich die Frage der „*Konsekration* von Produzent_innen und Produkten. Genauer gesagt: Der Kampf zwischen den Inhaber_innen der polar einander entgegengesetzten Positionen des Feldes der Kulturproduktion dreht sich um das Monopol auf die Durchsetzung der legitimen Definition des Schriftstellers [oder Künstlers im Allgemeinen; J. K.]" (Bourdieu 2001, S. 354, Herv. i. Org.). Produktion in sozialen Feldern ist daher immer auch „Produktion von Wert (und Glauben)" (Bourdieu 1993, S. 197). Dabei gilt: „Der Produktionsprozess lässt sich [...] nicht auf den materiellen Herstellungsakt des Künstlers reduzieren, sondern muss insbesondere um das ganze Gefolge von Kommentaren und Kommentatoren erweitert werden, welche das Werk wesentlich mit produzieren" (Schumacher 2011, S. 119). Eine besondere Rolle bei diesem Prozess spielen sogenannte Legitimierungs- oder Konsekrationsinstanzen, wie Universitäten, Akademien, Kritiker_innen oder diverse Bestenlisten (vgl. Bourdieu et al. 2006, S. 106f.). Ein feldanalytischer Zugriff öffnet somit den Blick auf die *Produktivität von Musikkulturen* für die zahlreichen „Konsekrationsakte", die den „Wert des Kunstwerks" und den „Glaube[n], auf dem er gründet" (Bourdieu 2011, S. 105) hervorbringen. In mitunter konflikthaften Aushandlungen werden je spezifische Antworten darauf gegeben, was musikalische Erzeugnisse wertvoll macht und wie sie in Relation zueinander zu klassifizieren sind. Im vorliegenden Beitrag wird dabei die These vertreten, dass das „Wirkungsprinzip aller Konsekrationsakte", das nach Bourdieu „nichts anderes als das Feld selbst" (ebd.) ist, wesentlich von der Ausgestaltung der bewertenden Instanzen abhängt. Es gilt daher zu untersuchen, welche Strukturdynamiken bestimmte Bewertungsformen jeweils im Hinblick auf den gesamten Klassifikationsraum bzw. den ‚Zustand' des Feldes im Ganzen entfalten.

Lamont et al. (2015) weisen darauf hin, dass dieses von Bourdieu als historisch variabel konstruierte und als ‚Denkwerkzeug' für die konkrete Analyse empirischer Gegenstände entwickelte Modell kultureller Produktionsfelder in der Rezeption häufig als „ready-made theoretical framework to be transposed to an ever-larger set of empirical settings" (ebd., S. 40) aufgefasst wurde. Dieses Vorgehen wird Bourdieus eigenem Anspruch jedoch nicht gerecht: „Diejenigen, die kritisieren, daß meine Forschungsergebnisse ‚zu französisch' sind, haben nicht begriffen, daß das Wichtige nicht die Ergebnisse sind, sondern der Prozeß, in dem sie erarbeitet werden. ‚Theorien' sind Forschungsprogramme, die nicht zur ‚theoretischen Diskussion' anregen sollen, sondern zur praktischen Umsetzung, über die sie dann widerlegt oder verallgemeinert werden können" (Bourdieu und Krais 1991, S. 278). Verloren geht bei einem zu rigiden Theorieverständnis vor allem die notwendige Flexibilität eines Modells, das unter dem Eindruck veränderlicher empirischer Gegenstände genügend Offenheit bewahren sollte, um gezielten Weiterentwicklungen zugeführt werden zu können. Eine solche Weiterentwicklung, wie sie hier in einigen Grundzügen entworfen werden soll, kann an den kritischen Einlassungen ansetzen, denen das Modell ausgesetzt ist. Dabei sollen zwei Punkte hervorgehoben werden: Erstens gibt es bei Bourdieu die Tendenz, die Polaritäten des Feldes unilinear zu deuten. Demnach sei zum einen davon auszugehen, dass es eine klare Stufenleiter symbolischer Anerkennung gibt: „Die kulturellen Ausdruckssysteme, vom Theater bis zum Fernsehen, strukturieren sich objektiv zu einer Hierarchie, die von den Meinungen der Einzelnen unabhängig ist und die *kulturelle Legitimität* samt deren Abstufungen definiert" (Bourdieu et al. 2006, S. 106, Herv. i. Org.). Dem ist entgegengehalten worden, dass Bewertungsformen häufig wesentlich pluraler sind als in diesem Zitat suggeriert und sich nicht ohne Weiteres in eine klare Hierarchie bringen lassen (vgl. Blank 2007, S. 157ff.). Zum anderen ist infrage gestellt worden, ob der pauschale Gegensatz von künstlerischer und ökonomischer Logik tragbar ist (vgl. Lamont et al. 2015, S. 40f.). Zweitens hat Bourdieu zwar die Wichtigkeit von Konsekrationsinstanzen im Bewertungsprozess betont, ihrer inneren Beschaffenheit hat er sich jedoch kaum gewidmet. Dadurch wirken sie wie „Zwischenglieder", deren Einfluss auf die sozial vorstrukturierten Statushierarchien entweder unklar bleibt oder marginalisiert wird. Es ist stattdessen anzustreben, Konsekrationsinstanzen in ihrer Beschaffenheit als „Mittler" (Latour 2007, S. 70) oder „Intermediäre" (Negus 2002) und in ihren jeweiligen Wirkungen auf das Feld zu analysieren. Im Folgenden sollen zunächst zwei neuere Vorschläge zur Systematisierung von Bewertungsinstanzen vorgestellt und diskutiert werden: Grant Blanks „Sociology of Reviews" (2007) sowie Lucien Karpiks „Ökonomie des Einzigartigen" (2011). Die immanenten Probleme dieser Vorschläge können im Anschluss selbst wieder feldanalytisch eingefangen werden. Das Ziel des vorliegenden Beitrags ist es, vor diesem Hintergrund (in Anknüpfung und Ergänzung meiner Überlegungen in Kropf (2016)) einen erweiterten feldtheoretischen Analyserahmen zu präsentieren, der auf die genannten Kritiken reagiert. Dabei soll in einer Schlussbetrachtung argumentiert werden, dass gerade die Digitalisierung von Bewertungsformen Anlass gibt, über die Neukonzeptualisierung oder Ausarbeitung des Begriffs der Konsekrationsinstanz nachzudenken. Hier werden in explorativer Absicht einige Überlegungen zu solchen neuen, digitalen Bewertungsformen präsentiert.

2 Vorschläge zur Differenzierung des Begriffs der Konsekrationsinstanz

2.1 Grant Blank: Sociology of Reviews

Grant Blank (2007) untersucht in dem Buch *Critics, Ratings, and Society* vor allem Restaurantkritiken und Rezensionen in Computerzeitschriften, um eine *Sociology of Reviews* zu formulieren. Rezensionen oder „reviews" versteht er dabei als „public summaries and evaluations that assist readers to be more knowledgeable in their choice, understanding, or appreciation of products or performances. Although reviews take many forms, what matters is that there is a summary and an evaluation. Reviews answer two questions: What is it? Is it any good?" (ebd., S. 7). Blanks zentrale These ist in diesem Zusammenhang, dass Rezensent_innen stets vor dem Problem stehen, ihre Leser_innen zu überzeugen, da sie über keine formale Autorität verfügen, um deren Entscheidung direkt zu beeinflussen (vgl. ebd., S. 4). Für Blank ergibt sich daraus die Frage, wie die Glaubwürdigkeit („credibility") von Rezensionen hergestellt wird (vgl. ebd., S. 4f.). Der Schlüssel dazu sei ihre Einbettung in größere institutionelle und organisationale Kontexte (vgl. ebd., S. 7), die Blank als „rating systems" (ebd.) bezeichnet. In diesen spezifischen Zusammenhängen werden prozesshaft je eigene Antworten auf die Frage nach der Glaubwürdigkeit von öffentlichen Bewertungen hervorgebracht, wobei Blank zwei Haupttypen von „rating systems" unterscheidet:

> „I found two distinct sets of organizational practices by which reviewers produce credible knowledge. Connoisseurial reviews invoke the experience, talent, and personal sensitivity of the expert reviewer. Procedural reviews point to their explicit procedures and add that anyone could, in principle, follow the procedures and duplicate the results. Connoisseurial and procedural reviews are different answers to the question, ‚Why do you believe this is true?'"
>
> (Ebd., S. 151ff.)

Die sogenannten „connoisseurial reviews", die Blank am Beispiel von Restaurantkritiken untersucht, sind demnach stark an die Person des/der Expertenkritiker_in gebunden (vgl. ebd., S. 29). Einen anderen Weg verfolgen die sogenannten „procedural reviews":

> „Procedural reviews are an alternative method for producing credible knowledge. The key to this method is the procedures. They are a set of mechanical operations that are applied to the product. Mechanical, in this sense, means that the operations are designed to reveal the performance of a product automatically, uninfluenced by people's perceptions, emotions, or biases."
>
> (Ebd., S. 35)

Auch wenn Blank davon ausgeht, dass es eine Tendenz gibt, eine der beiden Wege, „connoisseurial" oder „procedural", einzuschlagen, denkt er die Gegenüberstellung doch als ein Kontinuum (ebd., S. 142f.). Dabei stellt er die Frage, ob es möglich ist, die technischen Verfahren prozeduraler Rezensionen auf andere als rein technische Produktbereiche zu übertragen (vgl. ebd., S. 103). Grundsätzlich meint Blank, diese Frage verneinen zu können: „The performance testing that *PC Magazine* performs on computer hardware cannot be done on products like restaurant meals, mutual funds, music, or movies" (ebd., S. 113f., Herv. i. Org.). Dennoch beobachtet Blank das Aufkommen einer neuen Form des Reviews, die mit dem erstmals in New York im Jahre 1983 eingeführten Restaurantführer von Tim und Nina Zagat (kurz: „Zagat's") Gestalt annimmt (ebd.). Das Besondere dieses Restaurantführers bestehe darin, dass er auf einem „review-by-public-opinion-survey" (ebd., S. 104) beruht, das heißt, auf einer Fragebogenumfrage unter Restaurantgästen, die das besuchte Restaurant nach bestimmten vorgegebenen Kategorien anhand eines Punktesystems bewerten sollen. Blank interpretiert diese Form des Reviews als eine Mischung aus den beiden zuvor genannten Grundtypen, die er als „survey reviews" bezeichnet:

> „Survey reviews may seem to be connoisseurial in the sense that they depend on opinions of individuals. However, they do not depend on the opinions of a single

reviewer, a fact of major importance to their proponents. Survey reviews are procedural in the sense that the organization that assembles the results has no stake in particular outcome. It only reports a summary such as total votes or average ratings. These reviews are procedural because they are based on purely mechanical, formal procedures. There is no human judgment involved."

(Ebd., S. 117)

Ein Beispiel für „connoisseurial reviews" im Feld der Popmusik wären klassische Expert_innenrezensionen in Musikzeitschriften sowie im Zeitungsfeuilleton. Teilweise sind hier auch Elemente von „survey reviews" in Form von Leser_innenbefragungen („Leser polls") enthalten. Eine weitere Form der Übertragung einer prozeduralen Logik auf Produktbereiche, die traditionell von Expert_innenrezensionen dominiert werden, sind für Blank sogenannte „popularity reviews", die primär auf Verkaufszahlen beruhen. Im Feld der Popmusik ist hier vor allem an (Verkaufs-)Charts zu denken. Diese sind wiederum nicht mit „survey reviews" zu verwechseln: „Survey reviews differ from popularity reviews in that they attempt to assess the quality of a product directly, not indirectly through its popularity" (ebd., S. 115).

2.2 Lucien Karpik: Ökonomie des Einzigartigen

Während Blank eher organisationssoziologisch argumentiert[1] und die Frage der Glaubwürdigkeit von Rezensionen in den Mittelpunkt stellt, entsteht das Interesse Lucien Karpiks (2011) an Bewertungsinstanzen vor dem Hintergrund wirtschaftssoziologischer Fragestellungen. Karpik (vgl. ebd., S. 133ff.) selbst ordnet sich dabei in die Tradition einer heterodoxen Wirtschaftstheorie ein, die von Karl Polanyi (2013) bis zur Ökonomie der Konventionen (Diaz-Bone 2011) reicht. Diese Ansätze stellen, mit Jens Beckert gesprochen, im Wesentlichen die Frage in den Mittelpunkt, „[w]ie [...] die Steuerung wirtschaftlicher Prozesse über Märkte gelingen [kann]" (Beckert 2007, S. 45). Was in der neoklassischen Wirtschaftstheorie als Selbstverständlichkeit gilt – nämlich, dass es Märkte gibt – wird hier zu einer höchst voraussetzungsvollen Angelegenheit. Märkte sind nicht einfach da, sondern müssen sozial *eingebettet* sein (vgl. Granovetter 2000), um existieren zu können. Nach Akerlof (1970) werden vermittelnde Instanzen bei Märkten notwendig, auf denen eine bestimmte Art von Gütern gehandelt wird, die als *Erfahrungsgüter*

---

1 In Anlehnung an die Production-of-Culture-Perspektive (vgl. u.a. Crane 1992; Parzer 2004; Peterson 2000) bezeichnet Blank seinen eigenen Ansatz als „‚production of knowledge' perspective" (Blank 2007, S. 151).

bezeichnet werden können (vgl. auch Blank 2007, S. 190ff.; Karpik 2011, S. 40ff.; Rössel 2007; Wikström 2013, S. 21f.). Erfahrungsgüter sind solche, deren Qualität vor dem Kauf grundsätzlich unsicher ist, da eine Beurteilung immer erst retrospektiv erfolgen kann (vgl. Wikström 2013, S. 21). Die Signalfunktion von Preisen, die in der orthodoxen Wirtschaftstheorie der Dreh- und Angelpunkt von Märkten ist (vgl. bspw. Friedman und Friedman 2014), wird so unterminiert. Patrik Wikström hält vor diesem Hintergrund fest:

> „This is why marketing mechanisms such as reviews and ratings play important roles in the media consumers' purchasing process. Reviews and ratings provide some guidance that allows the consumer to make an informed decision even when it is difficult or impossible to get full access to the product before the actual purchase."
> (Ebd., S. 181)

Lucien Karpiks (2011) Analyse der „Ökonomie des Besonderen", in der „singuläre Produkte" gehandelt werden, kann als Radikalisierung dieser These verstanden werden. Singuläre Produkte zeichnen sich demnach durch ihre Mehrdimensionalität, prinzipielle Ungewissheit, die nicht mit Informationsasymmetrie zu verwechseln ist, sowie ihre Unvergleichlichkeit aus (ebd., S. 20–24; vgl. auch Rössel 2007, S. 167–170). Es gibt hier „auch auf lange Sicht keine Garantie, dass die Einschätzung richtig ist – weil [der/die Verbraucher_in] nicht nur nicht weiß, worauf man achten muss, um das Produkt richtig beurteilen zu können, sondern weil die Realität letztlich sogar für Experten unklar sein kann" (Karpik 2011, S. 22). Die zentrale These Karpiks ist dabei, dass der Markt für singuläre Produkte auf spezifische Koordinierungsinstanzen angewiesen ist:

> „Dass Angebot und Nachfrage spontan übereinstimmen, kann bei der Vielfältigkeit singulärer Produkte und subjektiver Präferenzen nur Glückssache sein. Die erforderlichen Kenntnisse sind so umfangreich und differenziert, dass es nicht ausreicht, wenn die Verbraucher aktiv, neugierig, intelligent und motiviert sind. Sie brauchen Hilfe von außen. Angeboten wird sie ihnen durch *persönliche und unpersönliche Instanzen der Urteilsbildung*. Beide zusammen stellen eine vielfältige und reichhaltige Welt dar, die den Verbrauchern das nötige Wissen verschaffen soll, um eine begründete Wahl zu treffen."
> (Ebd., S. 25, Herv. i. Org.)

Diese als Dispositive bzw. als „Mischmasch von Bildern, Tönen, Zeichen, Kenntnissen, Werbebotschaften, Weltanschauungen, Objekten und Personen" (ebd., S. 61) gefassten Instanzen haben die (niemals vollständig realisierbare) Aufgabe, „dem Markt seine Intransparenz zu nehmen" (ebd.). Urteilsbildende Instanzen sind dabei ihrerseits in sogenannte „ökonomische Koordinationsregime" eingebettet, die sich um sie herum konstituieren, wobei „jedes Modell ein *System von Beziehungen zwischen bestimmten qualifizierten Produkten, bestimmten Beurteilungsinstanzen und bestimmten Formen des Verbraucherverhaltens*" (ebd., S. 121f., Herv. i. Org.) beinhaltet. Insgesamt nennt Karpik sieben Koordinationsregime, die in drei Schritten voneinander unterschieden werden (vgl. ebd., S. 123 sowie zum Überblick: Abb. 1, S. 125). Die allgemeinste Unterscheidung ist die zwischen persönlichen und unpersönlichen Beurteilungsinstanzen. Unpersönliche Instanzen sind bspw. Ratgeber, Kennzeichnungen etc., während persönliche Instanzen auf zwischenmenschlichen Netzwerken beruhen (vgl. ebd., S. 123f.): „Unpersönliche Instanzen verbreiten für alle denselben Diskurs und dasselbe Wissen (das aber individuell interpretiert und uminterpretiert werden kann), während das Netzwerk aus Einzelpersonen besteht und sein Diskurs durch das Wechselverhältnis individueller Eigenarten geprägt wird" (ebd., S. 124). Darüber hinaus werden die unpersönlichen Instanzen „aufgrund der Art des Wissens, das dem Verbraucher geliefert wird, und aufgrund der Marktgröße [unterschieden], woraus sich gleichzeitig ergibt, in welchem Maße der Markt gewinnorientiert ist" (ebd., S. 123). Die Typen des Wissens unterteilt Karpik anhand der Unterscheidung von substanziellen und formellen Instanzen. Erstere zielen auf die „absolute Qualifizierung des Produkts" (ebd., S. 126), während letztere eine „relative Qualifizierung" (ebd.) bzw. eine Rangordnung zwischen den Gütern beinhalten. Die vier daraus resultierenden Regime sind das Authentizitätsregime (substanzielles Wissen, kleiner Markt), das Mega-Regime (substanzielles Wissen, großer Markt), das Expertenmeinungsregime (formelles Wissen, kleiner Markt) und das Popularitätsregime (formelles Wissen, großer Markt) (vgl. ebd., S. 127). Karpik führt für jedes Koordinationsregime exemplarische Untersuchungsgegenstände an: Beim Authentizitätsregime ist es der Markt für Qualitätsweine (vgl. ebd., S. 163ff.), beim Mega-Regime der Markt für Blockbuster-Filme und Megamarken (vgl. ebd., S. 180ff.), das Expertenmeinungsregime verdeutlicht er anhand von Literaturpreisen (vgl. ebd., S. 202ff.) und das Popularitätsregime anhand der Popmusik-Charts (vgl. ebd., S. 210ff.). Die „Verbraucheraktivität" kennzeichnet Karpik (ebd., S. 129–132) darüber hinaus durch die Gegensätze von Aktivität und Passivität sowie Autonomie und Heteronomie:

> „Wenn man diese Dimensionen verbindet, ergeben sich vier Formen des Verbraucherverhaltens: (1) Aktivität und Autonomie; (2) Aktivität und Heteronomie; (3) Passivität und Autonomie; (4) Passivität und Heteronomie. Unsere Annahme ist, dass die erste Form mit dem Authentizitätsregime zusammenhängt, die zweite mit dem Mega-Regime, die dritte mit dem Expertenmeinungsregime und die vierte mit dem Popularitätsregime."
>
> (Ebd., S. 131).

Musikzeitschriften wären hier zum Beispiel primär dem Authentizitätsregime zuzuordnen, auch wenn bspw. mit den regelmäßig am Ende des Jahres veröffentlichten Listen nach dem Typ *Beste Alben des Jahres* auch Elemente des Expertenmeinungsregimes zu finden sind. In das Expertenmeinungsregime fallen ebenfalls Musikpreise, die durch eine Expert_innenjury vergeben werden (z.b. Grammy Awards, Mercury Prize etc.). Davon zu unterscheiden sind Musikpreise, die sich lediglich nach Verkaufszahlen richten (z.B. Echo). Letztere sind, genauso wie die Verkaufscharts, dem Popularitätsregime zuzuordnen. Aufseiten der persönlichen Instanzen werden zudem verschiedene Grade der formellen Reguliertheit von Beziehungen differenziert, sodass Karpik hier zwischen dem Beziehungs-, Professions- und Unternehmensbeziehungs-Regime unterscheiden kann (vgl. Karpik 2011, S. 125 sowie S. 218ff.): „Das erste besteht aus Verwandten, Freunden und Kollegen, das zweite aus Anbietern und Käufern, das dritte aus professionellen Praktikern" (ebd., S. 128).

Die Gemeinsamkeit zwischen Blank und Karpik besteht darin, dass sie die Aufmerksamkeit auf eine Pluralität von Bewertungsformen richten, die dennoch systematischen Charakter aufweisen, indem sie Teile spezifisch strukturierter „rating systems" (Blank) oder „ökonomischer Koordinationsregime" (Karpik) sind. Die Autoren richten sich damit explizit gegen die Vorstellung unidimensionaler Hierarchien in der Bewertung kultureller Produkte, wie sie in Bourdieus ursprünglichem Feldkonzept vorgesehen sind. Demnach sind die verschiedenen infrage stehenden Produkte weder auf einer Hierarchie des „Oben" und „Unten" eindeutig zu verorten noch im Sinne autonomer und heteronomer Logiken (vgl. Blank 2007, S. 160ff.). Die Stärke eines solchen Ansatzes liegt darin, die spezifischen Instanzen in ihrer jeweiligen Eigenlogik und Vielfalt in den Blick zu nehmen (vgl. Florian 2015). Darüber hinaus schenken sie auch der inneren Logik der Bewertungsinstanzen eine größere Aufmerksamkeit als Bourdieu. Die Betonung der Pluralität birgt aber auch die Gefahr, Bewertungsformen als autonome Entitäten aufzufassen und ein tendenziell harmonistisches Bild der Bewertungslandschaft zu entwerfen. Die Feldperspektive kann an dieser Stelle als Korrektiv dienen. Indem sie den Fokus auf die Totalität struktureller Relationen im Feld richtet und die symbolischen Kämpfe zwischen Bewertungsformen betont, lenkt sie den Blick auf die spezifischen Strukturdynamiken und Wirkungen von Bewertungsinstanzen auf das Feld als Ganzes.

2.3 Strukturelle Relationen, symbolische Kämpfe und Strukturdynamiken

Hans van Maanen (2009) bringt die wichtigsten Charakteristika der Feldperspektive auf den Punkt: „An artistic field is a structure of relations between positions which, with the help of several forms of capital, on the one hand, and based on a joint *illusio* and their own *doxa*, on the other, struggle for specific symbolic capital (prestige)" (ebd., S. 55, Herv. i. Org.). An dieser Stelle sollen vor allem zwei Punkte dieser Definition aufgegriffen werden: Erstens bestehen soziale Felder aus strukturellen Relationen. Der Kern eines Denkens in Relationen, wie Bourdieu es aus dem Strukturalismus (vgl. exemplarisch Lévi-Strauss 1978, S. 45) und von Ernst Cassirer (2000) übernimmt, besteht darin, nicht mehr nach intrinsischen Eigenschaften bestimmter Entitäten zu suchen, die unmittelbar beobachtbar sind, sondern Wirkungsbeziehungen zwischen diesen Entitäten wissenschaftlich zu konstruieren, die nicht vom Einzelfall ausgehen, um zum Allgemeinen voranzuschreiten, sondern die Funktionsgesetze bilden, die das Auftreten des Einzelfalls aus dem System von Beziehungen erklären:

> „In this relational conception the particular is no longer subsumed under the general, as it is the case in the Aristotelian syllogism, but a functional or dialectical interrelation is established between both in such a way that the particular, which is overdetermined by theory, appears as the concrete synthesis of a bunch of general relations."
> (Vandenberghe 1999, S. 43)

Die zentrale Analyseeinheit ist dann nicht mehr das einzelne Individuum, die einzelne Organisation oder Bewertungsinstanz, sondern das Feld als Ensemble von Relationen (vgl. Bourdieu und Wacquant 2006, S. 138f.). Eine Analyse, die beim/bei der einzelnen Akteur_in ansetzt, ohne zu berücksichtigen, was diese/r den Relationen des Feldes verdankt, führt demnach zu fehlerhaften, essenzialistischen bzw. substanzialistischen Ergebnissen. Für die Analyse von Bewertungsformen folgt daraus, dass diese nicht einfach nur als unabhängige Entitäten aufzufassen sind, die sich in ein Klassifikationsschema einfügen lassen, sondern sich wesentlich auch in Beziehung zueinander konstituieren und verändern. Mellet et al. (2014) zeigen zum Beispiel, dass sich die Betreiber_innen von Restaurantbewertungsplattformen im Internet explizit als Gegenmodell zu als ‚elitär' wahrgenommenen Restaurantführern, wie dem *Guide Michelin* oder dem *Gault Millau*, positionieren. Ich habe an anderer Stelle auf die Umstellungsstrategien des Popmusikjournalismus als Reaktion auf die Herausforderung durch Laienrezensionen im Web 2.0 hingewiesen (vgl. Kropf 2016). Die hier vertretene These ist mit anderen Worten, dass die einzelnen Bewertungsinstanzen in ihrer jeweiligen Ausprägung und ihren Transformationsdynamiken nicht (vollständig) zu verstehen sind, wenn sie nicht als Teil eines Relationssystems begriffen werden. Dies beinhaltet umgekehrt auch, dass die Bewertungsinstanzen in ihrer Wirkung auf die Relationen des Feldes zu betrachten sind: „Diese ‚agents' konstituieren sich dadurch als aktive und im Feld handelnde Akteure, daß sie die Eigenschaften besitzen, die erforderlich sind, um im Feld Wirkungen zu entfalten" (Bourdieu und Wacquant 2006, S. 139).

Zweitens sind soziale Felder Kampfplätze: Die verschiedenen Positionsinhaber_innen innerhalb des Feldes tragen einen objektiven, aber nicht notwendig bewussten Kampf um die legitime Definitionsmacht bzw. um die Veränderung oder Aufrechterhaltung der jeweiligen Mechanismen der Kapitalverteilung aus (vgl. Bourdieu 1993, S. 108f.). Jeder Modus der Klassifikation ist deshalb auch ein Einsatz im System der Klassifikationen und nicht einfach ‚unschuldig' und objektiv. Bourdieu knüpft hier wissenschaftstheoretisch an die Epistemologie Gaston Bachelards an (vgl. dazu Moebius und Peter 2009 sowie Vandenberghe 1999), indem er davon ausgeht, dass es keine „unbefleckte Erkenntnis" gibt, wie er in *Soziologie als Beruf* (Bourdieu et al. 1991) in Anlehnung an Nietzsche mehrfach betont. Bourdieu warnt in diesem Zusammenhang vor zwei Formen der „Spontansoziologie", die einen „doppelten Bruch" (Bourdieu 1998, S. 83ff.) erfordern: der des Wissenschaftlers und der des Untersuchungsobjekts (vgl. Bourdieu et al. 1991, S. 43). Einerseits gilt es demnach, mit den aus der sozialen Welt stammenden Vorannahmen zu brechen, die sich in der Soziologie besonders aufdrängen, weil die Soziologie Teil einer (sprachlich) vorinterpretierten Welt ist und es mit einer „Illusion der Transparenz" und einem „spontanen Substanzialismus" des Alltagsverständnisses zu tun hat (ebd., S. 15ff.). Andererseits warnt Bourdieu jedoch auch vor den Präkonstruktionen der Wissenschaft:

> „Denn jeder Soziologe muß mit wissenschaftlichen Vorannahmen rechnen, die ihm seine Problemstellungen, Thematiken und Denkmuster vorgeben. [...] Desgleichen gibt es eine rituelle Kritik alltäglicher Vorbegriffe, die selbst zu einem akademischen Vorbegriff verkommt, der sich prächtig dazu eignet, von der Infragestellung der wissenschaftlichen Vorbegriffe abzulenken."
>
> (Ebd., S. 33)

Die „Konstruktion des Objekts" (ebd., S. 37ff.) ist für Bourdieu unvermeidbar, weil es prinzipiell, sowohl im Alltag als auch in der Wissenschaft, keine Erkenntnis gibt, die nicht schon vorstrukturiert wäre:

„Es ließe sich leicht zeigen, daß in jede wissenschaftliche Praxis, selbst und vor allem dann, wenn sie sich blind auf den blindesten Empirismus beruft, theoretische Prämissen eingehen und der Soziologe keine Alternative hat als die zwischen nichtbewußten, folglich unkontrollierten und unzusammenhängenden Fragestellungen und einem Korpus von methodisch konstruierten, auf die empirische Überprüfung hin entwickelten Hypothesen."

(Ebd., S. 44)

Was für die alltägliche Wahrnehmung und für wissenschaftliche Erhebungsinstrumente gilt, gilt genauso für Instanzen der Bewertung: Sie besitzen eine spezifische Art und Weise der Konstruktion des Objekts bzw. „implizite Philosophien des Sozialen" (Bourdieu und Krais 1991, S. 277), die niemals einfach nur neutrale Abbilder der Realität sein können, sondern ihrerseits in einem objektiven Widerstreit[2] um eben jene Konstruktion der Realität stehen und damit reale Wirkungen zeitigen. In diesem Sinne drängen Klassifikationen immer auch auf ihre eigene Legitimierung (vgl. Lamont 2012, S. 216f.; Florian 2015). Dabei sind zwei Aspekte auseinanderzuhalten: erstens die konkrete Bewertung und Klassifikation kultureller Güter (z.b. „Die Beatles sind besser als die Rolling Stones" oder „Band x klingt wie Band y") und zweitens die Logik eines Bewertungs- oder Klassifikationssystems, in dem konkrete Bewertungen vorgenommen werden (z.B. Bewertung durch Expertenkritiker_innen, Laienrezensionen im Internet, algorithmische Klassifikations- oder Empfehlungssysteme, Empfehlungen in persönlichen (Freundschafts-)Netzwerken etc.). Während sich der erste Aspekt vor allem über die Analyse einzelner Urteile erschließt, lenkt der zweite Aspekt den Blick stärker auf das soziale (und materielle) Setting bzw. die ‚Instanzen' der Bewertung. Gerade auf dieser zweiten Ebene wird deutlich, dass Bewertungsformen immer auch andere Werte affizieren als die in ihnen unmittelbar artikulierten. Mit anderen Worten kann ihre jeweilige Beschaffenheit Wirkungen entfalten, die sich auf die grundlegenden Funktionsmechanismen oder den ‚Zustand' des Feldes auswirken. Diese (sekundären) Wirkungen sollen hier als *Strukturdynamiken* bezeichnet werden. Eine Idee solcher Strukturdynamiken findet sich bereits bei Bourdieu selbst: In *Homo academicus* (2014) zeigt er anhand der „Hitparade der französischen

---

2 Die Rede von einem *objektiven Widerstreit* soll verdeutlichen, dass keine explizite Distinktionsabsicht vorliegen muss, um Praktiken eine distinktive Wirkung zuzuschreiben (vgl. u.a. Bourdieu 1992, S. 146): „Jedes Individuum, mag es das wissen oder nicht, wollen oder nicht, ist Produzent und Reproduzent objektiven Sinns: Da seine Handlungen und Werke Produkt eines *modus operandi* sind, dessen Produzent es nicht ist und die es bewußt nicht beherrscht, schließen sie, einem Begriff der Scholastik folgend, eine ‚objektive Intention' ein, die dessen bewußte Absichten stets übersteigt" (Bourdieu 2009, S. 178f.; Herv. i. Org.).

Intellektuellen" der Zeitschrift *Lire*, dass spezifische Formen oder Verfahren der Konsekration Feldeffekte, wie die der *Intrusion*, erzeugen (vgl. ebd., S. 332ff.):

> „Nicht zufällig [...] besteht einer der wesentlichen Effekte dieser scheinbar auf Errichtung von Hierarchien zielenden ‚Bestenliste' in der Aufhebung der stets unsicheren und gefährdeten Grenzen zwischen den Produzenten, die der direkten Nachfrage unterworfen, ihre Probleme und Fragestellungen von außen aufgezwungen bekommen, und jenen anderen, die aufgrund der besonderen Konkurrenzsituation innerhalb ihres Feldes in der Lage sind, eine Form der ‚Nachfrage' zu erzeugen, die aller gesellschaftlichen Nachfrage immer schon voraus ist."
>
> (Ebd., S. 346f.)

Der „Anschlag" auf die Autonomie des Feldes (ebd., S. 346) vollzieht sich hier nach Bourdieu durch „*Anerkennung qua Ansteckung*" (ebd., S. 337, Herv. i. Org.), indem Journalist_innen und Intellektuelle einander symbolisch angeglichen werden, sowie „im Namen der Ausweitung des Kreises der ‚Richter'" (ebd., S. 346), die legitimerweise über die Hierarchie der Intellektuellen urteilen dürfen. Wird der beschriebene Mechanismus auf einer abstrakteren Ebene gefasst, geht es Bourdieu darum, dass das Aufkommen spezifischer Bewertungsformen als „Einfallstor" (Kropf 2016) für heteronome Logiken im Feld dienen kann: Das Verhältnis zwischen dem ökonomischen und dem kulturellen Pol im Feld verschiebt sich zugunsten der Ökonomie.

Weiter oben ist gesagt worden, dass der Einwand von Blank und Karpik gegenüber Bourdieu wesentlich darin besteht, die Unilinearität der durch die Feldtheorie implizierten Antagonismen (oben vs. unten; autonom vs. heteronom) infrage zu stellen. Es ist möglich zu versuchen, diesem Einwand gerecht zu werden und trotzdem auf der Ebene der Wirkung von Bewertungsformen auf den Zustand des Feldes im Ganzen zu argumentieren, eine Ebene, die bei Blank und Karpik nicht ausreichend thematisiert wird. Dies erfordert, Kultur und Ökonomie nicht mehr als absolute Gegensätze im Sinne eines Nullsummenspiels zu fassen, bei dem mehr vom einen weniger vom anderen bedeutet, sondern verschiedene Strukturdynamiken im Verhältnis der beiden idealtypischen Pole in den Blick zu nehmen. Einen möglichen Ansatz hierfür bieten die Überlegungen Jörn Lamlas (2013, S. 306ff.) zum *kulturellen Kapitalismus* (vgl. Kropf 2016, S. 439ff.): Lamla unterscheidet in Form einer flexiblen, forschungsleitenden Heuristik vier solcher Strukturdynamiken im Verhältnis von Kultur und Kapitalismus: Die *Homologiethese* betrifft die „Homologie von Formprinzipien ökonomischer Institutionen einerseits und habitueller Dispositionen der Wirtschaftsbürgerinnen andererseits" (Lamla 2013, S. 312). Dabei ist an die klassischen Studien Bourdieus zur Rezeption (Bourdieu 1997; Bourdieu et al. 2006) und Produktion (Bourdieu 2001) von Kunst und Kultur zu denken, bei denen qua Habitus ‚jede/r das seine/ihre findet'. Hier können sich entsprechende Distinktionspraktiken entfalten, da Geschmacksvorlieben im Modus des Selbstverständlichen prozessieren und sich somit den Anstrich des Natürlichen geben. *Fragmentierung* meint ein Übergreifen ökonomischer Logiken auf Kunst und Kultur, wie es auch in Bourdieus Begriff der Intrusion zum Ausdruck kommt (vgl. Lamla 2013, S. 315ff.).

> „Die *Kopplungsthese* nimmt eine Figur der funktionalen Differenzierungstheorie auf und bezieht sie auf das Verhältnis der unterschiedlichen sozialen Welten im ‚kulturellen Kapitalismus'. Wiederum nutzen sie die von der jeweils anderen Seite bereitgestellten Leistungen und Wertschöpfungen für sich aus, im Unterschied zur Fragmentierungsthese jedoch ohne deren Autonomie dabei einzuschränken. Im Gegenteil steigern sie diese und differenzieren sich damit stärker voneinander."
> (Ebd., S. 320f.)[3]

Die *Aushandlungsthese* meint schließlich, dass differente Logiken nicht mehr „strukturell überbrückt" werden können, sondern sich in „konfliktförmigen" Aushandlungen unterschiedlicher Akteure manifestieren (ebd., S. 325ff.). Dem Dualismus von „oben" und „unten" ist damit darüber hinaus zu entgehen, wenn man auf der Ebene pluraler Bewertungsformen verbleibt und diese im Hinblick auf die Strukturdynamiken, die sie entfalten, analysiert. Es ist dann nicht von vornherein klar, dass die Bewertungsinstanzen Teile einer unilinearen Stufenleiter der Legitimität sind, vielmehr wäre im Einzelfall zu fragen, welches Prinzip der Hierarchisierung sie jeweils begünstigen.

3 Schlussbetrachtung: Konsekrationsinstanzen im Feld der Popmusik in Zeiten der Digitalisierung

Weiter oben ist gesagt worden, dass eine feldtheoretische Perspektive den Blick vor allem auf die Produktion von Wert und Glauben in künstlerischen Bereichen lenkt: Die Produktion von Kunstwerken, d.h., auch von Musik, ist nicht auf den Akt der

---

3   Lamla bezieht sich mit seinem Verweis auf die „funktionale Differenzierungstheorie" vor allem auf die Systemtheorie Niklas Luhmanns (1997, 2008), nach der die moderne Gesellschaft in autonome, nicht mehr hierarchisch anzuordnende Funktionssysteme (Wirtschaft, Wissenschaft, Kunst, Politik etc.) differenziert ist, deren Operationen auf je eigenen binären Codes beruhen. Entscheidend ist hier, dass die Autonomie der Systeme stets absolut verstanden wird: Es gibt eine *strukturelle Kopplung* zwischen Systemen, aber keine abgestufte Autonomie (vgl. auch Schimank und Volkmann 1999, S. 6ff.).

Herstellung materieller oder klanglicher Artefakte zu beschränken, sondern beinhaltet immer auch ein Moment der Bedeutungsproduktion. Einen wesentlichen Anteil daran haben spezifische Bewertungs- oder Konsekrationsinstanzen. In diesem Zusammenhang wurde die Kritik aufgegriffen, dass Bourdieu der inneren Beschaffenheit und Pluralität von Bewertungsformen in seinem Modell des künstlerischen Produktionsfeldes nicht gerecht wird und daher zu simplifizierenden, unilinearen Antagonismen neigt. Einen möglichen Ausweg weisen hier die Ansätze von Blank (2007) und Karpik (2011), da sie differenziertere Klassifikationsschemata von Bewertungsinstanzen zur Verfügung stellen. Dabei wurde jedoch darauf hingewiesen, dass diese Klassifikationsschemata bestimmte Probleme aufweisen, denen mittels eines feldtheoretischen Zugangs begegnet werden kann. Das feldanalytische Forschungsprogramm entgeht der Gefahr, eine bloß summarische und tendenziell harmonistische Auflistung von Bewertungsinstanzen zu liefern, indem es den Blick auf die strukturellen Relationen und symbolischen Kämpfe zwischen Klassifikationsmechanismen lenkt. Auf dieser Ebene der Argumentation entsteht dann die Frage nach den jeweiligen Strukturdynamiken im Feld, die durch neue Formen der Bewertung und Klassifikation initiiert werden. Die je spezifische Beschaffenheit der Bewertungsinstanzen begünstigt Veränderungen des ‚Feldzustands', der nicht mehr in dem einfachen Gegensatz von Autonomie und Heteronomie oder Kunst und Geld eingefangen werden kann, sondern verschiedene Verknüpfungen von kulturellen und ökomischen Logiken kennt, die über die oben präsentierte Heuristik Jörn Lamlas abgebildet werden können.

An dieser Stelle setzt die These dieses Artikels ein, dass es gerade im Zuge der Digitalisierung zur Neuausrichtung von Bewertungsformen kommt. Zwei Haupttrends können hier unterschieden werden: Erstens gibt es eine Tendenz zur Verbreitung von stärker partizipativen Bewertungen. Im Zusammenhang des sogenannten *Web 2.0* wird es Laienkritiker_innen zunehmend möglich, selbst am Bewertungs- und Klassifikationsprozess teilzunehmen. Zweitens kommt es gerade im Umfeld von Musikstreamingdiensten zu einer Ausbreitung algorithmischer Empfehlungssysteme, die auf der Basis der Erfassung des Nutzungsverhaltens von Verbraucher_innen zielgerichtete, personalisierte Empfehlungen bieten (häufig nach dem Muster: ‚Wenn dir x gefallen hat, gefällt dir wahrscheinlich auch y') (vgl. dazu ausführlicher Kropf 2016). Die oben dargestellten Überlegungen können einen Ansatz liefern, um diese neuen Bewertungsformen zu analysieren, und damit auch eine theoretisch fundierte Antwort darauf geben, welche Art von Transformationsdynamiken sich im Feld der musikalischen Produktion in Bezug auf Konsekrationsinstanzen in Zeiten der Digitalisierung abspielen.

Mellet et al. (2014, S. 8) weisen darauf hin, dass die Klassifikationen von Blank und Karpik primär auf die analoge Welt bezogen sind. Dennoch bieten sie einen guten Ansatzpunkt, um das Neue der genannten digitalen Bewertungsformen herauszustellen. Tab. 1 stellt exemplarisch zwei klassische und zwei neue Bewertungsinstanzen im musikalischen Feld anhand der zuvor diskutierten Unterscheidungskriterien gegenüber. Während sich Albumrezensionen in Musikzeitschriften und (Verkaufs-)Charts relativ eindeutig in die Typologien von Blank und Karpik einfügen lassen, gestaltet sich die Zuordnung bei Laienrezensionen und algorithmischen Empfehlungen auf Amazon (‚Kunden, die diesen Artikel gekauft haben, kauften auch …') deutlich schwieriger (Zeilen eins bis vier von Tab. 1).[4] Laienrezensionen fordern zwar gerade *persönliche* Erfahrungsberichte und ermöglichen tendenziell auch persönliche Kontakte zwischen Rezensierenden. Im Sinne Karpiks sind sie aber *unpersönlich*, insofern sie *für alle den gleichen Diskurs verbreiten* (siehe oben, vgl. Karpik 2011, S. 124). Algorithmische Empfehlungssysteme sind dagegen nicht in diesem Sinne ‚unpersönlich', sie können allerdings auch nicht als ‚persönlich' im Sinne zwischenmenschlicher Netzwerke oder Kontakte gelten. Vielmehr sind sie auf ‚prozeduralem' Wege ‚personalisiert'. Auch die Gegenüberstellung von großem und kleinem Markt scheint hier unterlaufen zu werden, da sowohl Laienrezensionen als auch Empfehlungssysteme stärker am *long tail* (vgl. Anderson 2011) denn am ‚Massenmarkt' orientiert zu sein scheinen, trotzdem aber (im Falle Amazons) in einem hochkommerzialisierten Umfeld positioniert sind, das einen grundsätzlich anderen Rahmen bietet als der „Independentdiskurs" (Doehring 2013) in spezialisierten Musikzeitschriften: Ob ein Staubsaugerbeutel oder das neue Radiohead-Album rezensiert wird, macht der äußeren Form nach hier keinen Unterschied. Während Laienrezensionen zwar in erster Linie *substanzielles Wissen* im Sinne Karpiks bereitstellen, scheint das Wissen bei Empfehlungssystemen weder substanziell noch formell zu sein: Es liefert weder eine inhaltliche Bewertung von kulturellen Gütern anhand mehr oder weniger expliziter Kriterien, noch stellt es eine eindeutige Reihenfolge wie im Falle von Bestenlisten und Jurypreisen zur Verfügung. Das Wissen ist eher als *netzwerkartig und flexibel* zu beschreiben, da es ähnlichkeitsbasierte Verknüpfungen herstellt, die in der Regel an das je eigene Nutzungsverhalten sowie das Nutzungsverhalten anderer geknüpft sind.[5] Auf dem Kontinuum von *procedural*

---

4   Bisher liegen keine empirischen Untersuchungen zur Rolle von Laienrezensionen in der populären Musik vor. Eine Ausnahme ist die Studie von Ralf von Appen (2007), die sich allerdings nicht mit dem Phänomen der Online-Rezension als solchem beschäftigt, sondern diese Rezensionen als Material nutzt, um die Kriterien einer *popmusikalischen Ästhetik* zu identifizieren.

5   Letzteres gilt wenigstens bei sogenannten *kollaborativen Empfehlungssystemen*. Hier basieren Empfehlungen auf dem Nutzungsverhalten (vermeintlich) ähnlicher Konsumenten (vgl. Klahold 2009, S. 42ff.; Stenzel und Kamps 2005, S. 376).

und *connoisseurial reviews* im Sinne Blanks (mit den Mischformen von *survey* und *popularity reviews*) sind die neuen Bewertungsformen ebenfalls nur schwierig zu verorten. Laienrezensionen scheinen zunächst dem Modell des *survey review* zu entsprechen, insofern sie auf Kund_innenbefragungen basieren. Diese erfolgt aber nicht über Fragebogenauswertungen, sondern über Laienrezensierende, die selbst wieder einen Expert_innenstatus erhalten können (*Top Rezensenten*). Über die Bewertungen kann zudem im Hinblick auf ihre Nützlichkeit abgestimmt werden, was als ein Moment von *popularity review* gedeutet werden könnte (vgl. dazu auch Mellet et al. 2014, S. 8). Empfehlungssysteme sind zwar „prozedural" im Sinne Blanks, folgen aber dennoch einer anderen Logik als die prozeduralen Rezensionen in Computerzeitschriften, die der Autor untersucht. In den Performanztests von Computerzeitschriften geht es darum, verfahrensbasiert vermeintlich objektive Leistungen zu erheben. Letztlich bleibt die Qualität der Produkte im Hinblick auf festgelegte Kriterien der entscheidende Orientierungspunkt. Bei Empfehlungssystemen geht es dagegen nicht um ‚objektive' Qualität, sondern um subjektive Passung: Jeder soll finden, was zu ihr oder ihm ‚passt' (vgl. Morris 2015, S. 456; Kropf 2016). Darüber hinaus sind die verwendeten Algorithmen in der Regel proprietär, wodurch die Nachvollziehbarkeit und Reproduzierbarkeit der Prozeduren verunmöglicht wird.

Die Zuordnung von Strukturdynamiken kann hier abschließend nur spekulativ erfolgen, da hierfür umfassendere empirische Arbeiten notwendig wären. Relativ gut erforscht sind jedoch auch hier die beiden klassischen Formen der Bewertung: Bei Albumrezensionen in Musikzeitschriften ist vor allem herausgestellt worden, dass sie zur Erzeugung abgeschlossener Milieus und zur Legitimierung von symbolischen Hierarchien im Sinne der *Homologiethese* beitragen (oder beigetragen haben) (vgl. Regev 1994). Gleichzeitig ist immer wieder die Abhängigkeit von Zeitschriften gegenüber der Musikindustrie betont worden, wodurch auch Dynamiken der *Fragmentierung* möglich werden (vgl. Doehring 2011). Die an den Charts orientierte Popmusik stellt zudem das Paradebeispiel für Karpiks Begriff der „Entsingularisierung" dar, der als das Pendant zu Bourdieus Intrusionsthese gelten kann: Karpik (2011, S. 271) meint mit Entsingularisierung „einen mehr oder weniger unsichtbaren, das heißt mehr oder minder schwer fassbaren Prozess [...], in dem das singuläre Produkt seine Originalität gegen Uniformität eintauscht und zu einem differenzierten oder sogar standardisierten Produkt wird" (ebd.). Die „Ökonomie des Besonderen" gleicht sich in diesem Prozess somit zunehmend dem Modell an, von dem die neoklassische Wirtschaftswissenschaft immer schon ausgeht, woraus auch folgt, dass „urteilsbildende Instanzen" an „symbolischer Autorität" verlieren (ebd., S. 285). Dabei geht Karpik davon aus, dass die unterschiedlichen ökonomischen Koordinationsregime auch unterschiedlich resistent gegen diese Entwicklung sind: „Die Wahrscheinlichkeit der Entsingularisierung ist bei großen Märkten größer als bei kleinen und bei formalen Instanzen größer als bei substanziellen oder bei Netzwerken. Sie ist also am größten im Falle des Popularitätsregimes, das beide Merkmale aufweist" (ebd., S. 283). Nach Karpik ist deshalb der an den Charts orientierte Markt für Popmusik in besonderem Maße von *„Verarmung, Standardisierung und Entqualifizierung"* (ebd., S. 285, Herv. i. Org.) bedroht:

> „Der erste Begriff verweist auf eine kollektive Praxis der Verminderung von Originalität, die zu immer mehr Trivialität, Konformität, Formatierung und Klischees führt. Der zweite ist ein von Kritikern häufig benutztes Bild, das gleichbedeutend ist mit Vereinheitlichung, Redundanz, Imitation, Wiederholung und Einförmigkeit – all dem, was zu Austauschbarkeit führt. […] Der dritte Begriff bezeichnet eine Produktveränderung, die einem Verlust an Identität gleichkommt und die Voraussetzung für die beiden zuvor genannten Vorgänge schafft." (Ebd.)

Je nachdem, wie das Verhältnis von Massenmarkt und Nischen im Falle der Popmusik ausgestaltet ist, könnte jedoch auch von einer *Kopplung* beider Bereiche ausgegangen werden, die keine Bedrohung der jeweiligen Autonomie beinhalten muss. Die neuen Bewertungsformen scheinen schließlich insgesamt einen Schritt in Richtung *Aushandlung* zu bedeuten, da sie prinzipiell partizipativer sind.[6] Laienrezensionen haben jedoch auch die Kritik hervorgerufen, dass hier Demokratie und Gemeinschaft lediglich im Sinne einer Ausnutzung von kostenlosen Verbraucher_innenleistungen zu Werbezwecken simuliert werden (vgl. Lamla 2008), sodass von einer Tendenz zur *Fragmentierung* zu sprechen wäre. Die Tatsache, dass Empfehlungssysteme, wie oben erwähnt, ähnlichkeitsbasierte Empfehlungen aufgrund subjektiver Passung erzeugen, spricht dafür, dass sie eine reproduktive Dynamik entfalten, bei der jede und jeder lediglich das findet, was zu ohnehin schon bestehenden Präferenzen passt, sodass mögliche ‚produktive' Diskrepanzerfahrungen tendenziell ausgeschlossen werden (*Homologie*).

An dieser Stelle konnte lediglich eine Erweiterung des feldanalytischen Forschungsprogramms präsentiert und in ihren Grundzügen exemplifiziert werden. Auf der Linie der hier vorgezeichneten Argumentation müssten die nur explorativ umrissenen Veränderungen im Bereich der Bewertung und Bedeutungsproduktion

---

6 Interessante Formen der Aushandlung im Kontext von Empfehlungssystemen stellen kreative Formen der Auswertung und Deutung der Ergebnisse von Algorithmen dar, wie sie etwa auf folgenden Internetseiten praktiziert werden: https://musicmachinery.com/ sowie http://www.decibelsanddecimals.com/dbdblog/2016/6/13/spotify-related-artists (beide zuletzt abgerufen am 2. Juli 2016).

im musikalischen Feld zukünftig weiter untersucht werden. Eine entsprechend erweiterte Feldtheorie stellt jedoch einen vielversprechenden Ansatz für eine solche Untersuchung dar.

Tabelle 1 Klassifikation von Bewertungsformen

	Albumrezensionen in Musikzeitschriften	(Verkaufs-)Charts	Laienrezensionen auf Amazon	Empfehlungssystem auf Amazon
Persönlich vs. unpersönlich	Unpersönlich	Unpersönlich	Persönlicher Erfahrungsbericht, aber (eher) unpersönliche Verbreitungsform	Weder persönlich noch unpersönlich, sondern personalisiert
Großer vs. kleiner Markt	Kleiner Markt	Großer Markt	Hochkommerziell, aber am *long tail* orientiert	Hochkommerziell, aber am *long tail* orientiert
Substanzielles vs. formelles Wissen	Substanzielles Wissen	Formelles Wissen	Substanzielles Wissen	Weder substanziell noch formell, sondern netzwerkartig und flexibel
Procedural vs. *connoisseurial*	*Connoisseurial*	*Popularity review*	Enthält Elemente von *survey*, *connoisseurial* und *popularity reviews*	Prozedural, aber nicht an ‚objektiver' Qualität, sondern an subjektiver Passung orientiert
Strukturdynamik	Zwischen Homologie und Fragmentierung	Zwischen Fragmentierung und Kopplung	Zwischen Aushandlung und Fragmentierung	Zwischen Homologie und Aushandlung

Literatur

Akerlof, G. A. (1970). The Market for Lemons: Quality Uncertainty and the Market Mechanism. *Quarterly Journal of Economics 84* (3), 488–500.
Anderson, C. (2011). *The long tail. Nischenprodukte statt Massenmarkt; das Geschäft der Zukunft.* München: Dt. Taschenbuch.
Appen, R. v. (2007). *Der Wert der Musik. Zur Ästhetik des Populären.* Bielefeld: transcript.
Beckert, J. (2007). Die soziale Ordnung von Märkten. In: J. Beckert (Hrsg.), *Märkte als soziale Strukturen* (S. 43–62). Frankfurt a.M.: Campus.
Blank, G. (2007). *Critics, ratings, and society. The sociology of reviews.* Lanham: Rowman & Littlefield.
Bourdieu, P. (1993). *Soziologische Fragen.* Frankfurt a.M.: Suhrkamp.
Bourdieu, P. (1997). *Die feinen Unterschiede. Kritik der gesellschaftlichen Urteilskraft.* Frankfurt a.M.: Suhrkamp.
Bourdieu, P. (1998). *Praktische Vernunft. Zur Theorie des Handelns.* Frankfurt a.M.: Suhrkamp.
Bourdieu, P. (2001). *Die Regeln der Kunst. Genese und Struktur des literarischen Feldes.* Frankfurt a.M.: Suhrkamp.
Bourdieu, P. (2009). *Entwurf einer Theorie der Praxis auf der ethnologischen Grundlage der kabylischen Gesellschaft.* Frankfurt a.M.: Suhrkamp.
Bourdieu, P. (2011). Die Produktion des Glaubens. Beitrag zu einer Ökonomie der symbolischen Güter. In: P. Bourdieu: *Kunst und Kultur. Zur Ökonomie symbolischer Güter. Schriften zur Kultursoziologie 4.* (S. 97–186). Konstanz: UVK.
Bourdieu, P. (2014). *Homo academicus.* Berlin: Suhrkamp.
Bourdieu, P., Boltanski, L. & Castel, R. (2006). *Eine illegitime Kunst. Die sozialen Gebrauchsweisen der Fotografie.* Hamburg: CEP Europäische Verlagsanstalt.
Bourdieu, P., Chamboredon, J.-C. & Passeron, J.-C. (1991). *Soziologie als Beruf. Wissenschaftstheoretische Voraussetzungen soziologischer Erkenntnis.* Berlin: De Gruyter.
Bourdieu, P. & Krais, B. (1991). „Inzwischen kenne ich alle Krankheiten der soziologischen Vernunft." Pierre Bourdieu im Gespräch mit Beate Krais. In: P. Bourdieu, J.-C. Chamboredon & J. C. Passeron (Hrsg.), *Soziologie als Beruf. Wissenschaftstheoretische Voraussetzungen soziologischer Erkenntnis* (S. 269–283). Berlin: De Gruyter.
Bourdieu, P. & Wacquant, L. J. D. (2006). *Reflexive Anthropologie.* Frankfurt a.M.: Suhrkamp.
Cassirer, E. (2000). *Substanzbegriff und Funktionsbegriff: Untersuchungen über die Grundfragen der Erkenntniskritik.* Darmstadt: Wissenschaftliche Buchgesellschaft.
Crane, D. (1992). *The production of culture: media and the urban arts.* Newbury Park: SAGE.
Diaz-Bone, R. (Hrsg.). (2011). *Soziologie der Konventionen: Grundlagen einer pragmatischen Anthropologie.* Frankfurt a.M.: Campus.
Doehring, A. (2011). *Musikkommunikatoren. Berufsrollen, Organisationsstrukturen und Handlungsspielräume im Popmusikjournalismus.* Bielefeld: transcript.
Doehring, A. (2013). Abhängige Inszenierungen der Unabhängigkeit. Der Independent-Diskurs in Musikzeitschriften. In: D. Helms & T. Phleps (Hrsg.), *Ware Inszenierungen. Performance, Vermarktung und Authentizität in der populären Musik* (S. 97–118). Bielefeld: transcript.

Florian, M. (2015). Die Bewertung des Einzigartigen. „Business Pitches" als interaktive Instanz für die Beurteilung von Innovationen. Workshop „Soziologie der Bewertung", 10.–11.12.2015, SOCIUM, Universität Bremen (unveröff.).

Friedman, R. & Friedmann, M. (2014). Chancen, die ich meine. Ein persönliches Bekenntnis (Auszug). In: L. Herzog & A. Honneth (Hrsg.), *Der Wert des Marktes. Ein ökonomisch-philosophischer Diskurs vom 18. Jahrhundert bis zur Gegenwart* (S. 130–151). Berlin: Suhrkamp.

Granovetter, M. (2000). Ökonomisches Handeln und soziale Struktur: Das Problem der Einbettung. In: H.-P. Müller (Hrsg.), *Zeitgenössische amerikanische Soziologie* (S. 175–208). Opladen: Leske + Budrich.

Karpik, L. (2011). *Mehr Wert. Die Ökonomie des Einzigartigen*. Frankfurt a.M.: Campus.

Klahold, A. (2009). *Empfehlungssysteme. Grundlagen, Konzepte und Systeme*. Wiesbaden: Vieweg + Teubner in GWV Fachverlage (Studium).

Kropf, J. (2016). Konsekrationsinstanzen im digitalen Wandel. Beiträge zur Erweiterung des feldanalytischen Forschungsprogramms am Beispiel populärer Musik. *Berliner Journal für Soziologie 25* (4), 429–458.

Lamla, J. (2008). Markt-Vergemeinschaftung im Internet. Das Fallbeispiel einer Shopping- und Meinungsplattform. In: R. Hitzler, A. Honer & M. Pfadenhauer (Hrsg.), *Posttraditionale Gemeinschaften. Theoretische und ethnografische Erkundungen* (S. 170–185). Wiesbaden: VS.

Lamla, J. (2013). *Verbraucherdemokratie. Politische Soziologie der Konsumgesellschaft*. Berlin: Suhrkamp.

Lamont, M. (2012). Toward a Comparative Sociology of Valuation and Evaluation. *Annual Review of Sociology 38* (1), 201–221.

Lamont, M., Beljean, S. & Chong, P. (2015). A Post-Bourdieusian Sociology of Valuation and Evaluation for the Field of Cultural Production. In: L. Hanquinet & M. Savage (Hrsg.), *Routledge international handbook of the sociology of art and culture* (S. 38–48). London, New York: Routledge.

Latour, B. (2007). *Eine neue Soziologie für eine neue Gesellschaft. Einführung in die Akteur-Netzwerk-Theorie*. Frankfurt a.M.: Suhrkamp.

Lévi-Strauss, C. (1978). *Strukturale Anthropologie I*. Frankfurt a.M.: Suhrkamp.

Luhmann, N. (1997). *Die Gesellschaft der Gesellschaft*. Zwei Bände. Frankfurt a.M.: Suhrkamp.

Luhmann, N. (2008). *Soziale Systeme: Grundriß einer allgemeinen Theorie*. Frankfurt a.M.: Suhrkamp.

Maanen, H. v. (2009). *How to study art worlds. On the societal functioning of aesthetic values*. Amsterdam: University Press.

Mellet, K., Beauvisage, T., Beuscart, J.-S. & Trespeuch, M. (2014). A „Democratization" of Markets? Online Consumer Reviews in the Restaurant Industry. *Valuation Studies 2* (1), 125–146.

Moebius, S. & Peter, L. (2009). Die französische Epistemologie. In: G. Fröhlich & B. Rehbein (Hrsg.), *Bourdieu Handbuch. Leben – Werk – Wirkung* (S. 10–15). Stuttgart, Weimar: Metzler.

Morris, J. W. (2015). Curation by code: Infomediaries and the data mining of taste. *European Journal of Cultural Studies 18* (4–5), 446–463.

Negus, K. (2002). The work of cultural intermediaries and the enduring distance between production and consumption. *Cultural Studies 16* (4), 501–515.

Parzer, M. (2004). Der Musikproduktion auf der Spur. Die Production-of-culture-Perspektive. In: M. Parzer (Hrsg.), *Musiksoziologie remixed. Impulse aus dem aktuellen kulturwissenschaftlichen Diskurs* (S. 121–141). Wien: Institut für Musiksoziologie. Universität für Musik und darstellende Kunst Wien.

Peterson, R. A. (2000). Kultursoziologie aus Sicht der Produktionsperspektive: Fortschritte und Ausblick. In: H.-P. Müller (Hrsg.), *Zeitgenössische amerikanische Soziologie* (S. 281–312). Opladen: Leske + Budrich.

Polanyi, K. (2013). *The great transformation: politische und ökonomische Ursprünge von Gesellschaften und Wirtschaftssystemen.* Berlin: Suhrkamp.

Regev, M. (1994). Producing artistic value: The case of rock music. *Sociological Quarterly 35* (1), 85–102.

Rössel, J. (2007). Ästhetisierung, Unsicherheit und die Entwicklung von Märkten. In: J. Beckert (Hrsg.), *Märkte als soziale Strukturen* (S. 167–182). Frankfurt a.M.: Campus.

Schimank, U. & Volkmann, U. (1999). *Gesellschaftliche Differenzierung.* Bielefeld: transcript.

Schumacher, F. (2011). *Bourdieus Kunstsoziologie.* Konstanz: UVK.

Stenzel, R. & Kamps, T. (2005). Ähnlichkeitsbestimmung für Musik Vergleiche und Kombinationen von Systemen. *Informatik Spektrum 28* (5), 375–380.

Vanderberghe, F. (1999). „The Real is Relational": An Epistemological Analysis of Pierre Bourdieu's Generative Structuralism. *Sociological Theory 17* (1), 32–67.

Wikström, P. (2013). *The Music Industry: Music in the Cloud.* Cambridge, Malden: Polity Press.

Teil III
Rahmenbedingungen: Musikförderung und Urheberrecht

Die Verwicklung von Urheberrecht und Kreativität in der digitalen Musikproduktion

Georg Fischer

Zusammenfassung

Der Beitrag betrachtet das Verhältnis von Urheberrecht und Kreativität in der digitalen Musikproduktion aus soziologischer Perspektive. Der Begriff der Kreativität bietet sich an, da sich mit ihm verschiedene Aspekte des Produzierens zusammenfassen lassen. Kreativität wird auf drei analytischen Ebenen unterschieden, um die Diskussion über urheberrechtliche Anreize und Hemmnisse schöpferischer Produktion zu differenzieren. Als Fall aus der Musikproduktion werden Praktiken der Versionierung herangezogen: Musikstücke werden neu eingespielt (Covering) oder Klangpartikel daraus werden für neue Stücke übernommen (Sampling). Beide Praktiken dienen dazu, aus dem Fundus des Vorhandenen musikalische Neuerungen zu erschaffen, die gleichermaßen erfrischend wie anschlussfähig erscheinen. Covering und Sampling werden allerdings urheberrechtlich vollkommen unterschiedlich gewertet, was zu diversen Verwicklungen führt. Der Beitrag schließt mit der Überlegung dazu, welchen Status die Strategien zur Umgehung urheberrechtlicher Probleme in der Popmusik einnehmen können. Entgegen der Meinung, dass die Restriktivität des Urheberrechts alleinig zu einer Verhinderung von Kreativität führt, wird eine spezifische Umgehungskreativität vermutet, die an verschiedenen Orten der Musikproduktion beobachtet werden kann.

> **Schlüsselbegriffe**

Urheberrecht, Copyright, Sampling, Remix, Cover, Kreativität, Innovation, Umgehung, Musikindustrie.

1 Vom Copy-and-Paste-Prinzip in der ‚Generation Remix'

Wer Produktivität in der Musikwirtschaft erforscht, wird früher oder später auf die Frage stoßen, unter welchen Bedingungen heute Musik eigentlich hergestellt wird. Eine dieser Bedingungen stellt das Urheberrecht dar. Es ist dazu konzipiert worden, den kreativen Produktionsprozess der Künstler zu regulieren. Dabei folgt es einem Ausgleichsprinzip: Bestehende kreative Arbeiten sollen geschützt, die Produktion neuer kreativer Werke soll gefördert werden (vgl. Peifer 2008). Diese Konzeption des Urheberrechts, die die Kreativität in den Mittelpunkt rückt, führt direkt zu der Frage, wie Kreativität definiert wird. In welchem Verhältnis steht die urheberrechtlich geforderte Kreativität zu der Kreativität, die in Musikkulturen am Werke ist? Kann das Urheberrecht seiner Funktion als Regulierungsinstrument von Kreativität in der modernen, digitalen Produktion von Popmusik nachkommen? Wer diese Fragen aufwirft, benötigt zur Beantwortung ein tragfähiges theoretisches Konzept und ein geeignetes empirisches Feld zur Analyse. Beiden Anliegen kommt dieser Beitrag nach. Zuerst wird der Begriff der Kreativität theoretisch diskutiert. Anschließend wird am Beispiel der musikalischen Produktionspraktiken Sampling und Covering das Verhältnis von Urheberrecht und Kreativität in der Musikproduktion skizziert.

Das Pikante hierbei: Sampling und Covering sind beides Praktiken, die vorhandene Musik kopieren und darauf aufbauend Neues schaffen, wenn auch in unterschiedlichem Maße und mit jeweils eigenen Methoden. Dieses Copy-and-Paste-Prinzip, also die Verwendung bereits existierender Werke, ist nicht nur in der Musikproduktion gang und gäbe. In der heutigen ‚Generation Remix' gehört es zum Alltag junger Menschen (vgl. Djordjevic und Dobusch 2014). Ausschnitte aus Filmen, Bildern, Texten oder Musik werden zum gefügigen Material, das an Computern, Smartphones oder Tablets bearbeitet, variiert und rekombiniert werden kann. Auf digitalen Plattformen wie Instagram oder Flickr können die neuesten Fotografien, nachdem sie mit Smartphones und Digitalkameras geschossen und anschließend mit vielfältigen Techniken der Bildbearbeitung angepasst oder zusammengefügt worden sind, kinderleicht, in Sekundenschnelle und für ein großes Publikum veröffentlicht werden. Das Gleiche gilt für Videoaufnahmen und Musikstücke, die auf beliebten Plattformen wie YouTube oder SoundCloud genauso mühelos publiziert werden können.

So leicht und zugänglich diese Technologien zu handhaben sind, so mühselig und kleinteilig sind allerdings Fragen der Urheberschaft und Vergütung, wenn nicht nur eigene, sondern auch Werke von Dritten betroffen sind. Hier werden Schnittpunkte zur Produktivität von Musikkulturen sichtbar. In verschiedenen Genres der Popmusik stellt die Referenz auf oder die ausschnittsweise Verwendung von Werken Dritter dabei nicht die Ausnahme, sondern sogar den Regelfall dar. Bei diversen musikalischen Praktiken wie Sampling, Remixing, DJing, Interpolation und Covering geht es ganz explizit darum, sich auf existierende Musik und Klänge zu stützen, diese nach eigenen Vorstellungen und auf unterschiedliche Weisen zu bearbeiten, um sie anschließend in neuen, abgewandelten Versionen zu veröffentlichen. Die Praktiken können daher unter dem Stichwort der *Versionierung* zusammengefasst werden.[1] Die digitale Produktion zeitgenössischer Popmusik in Genres wie HipHop, House, Techno, Drum'n'Bass und weiteren kann als ein Feld betrachtet werden, in dem tradierte Konzepte der Originalität, Autorschaft und des geistigen Eigentums herausgefordert werden.

Entgegen kulturpessimistischen Auffassungen kommt es durch den fortlaufenden Zugriff auf die Werke Dritter nicht zu einer Situation des kreativen Matts, in der künstlerische Originalität nicht mehr vorhanden ist und nur noch voneinander ‚abgekupfert' wird (vgl. Willis 1981). Vielmehr scheinen sich Verschiebungen und andere Ausprägungen von Kreativität zu ergeben, die sich mithilfe des bisherigen urheberrechtlichen Schöpferverständnisses nur ungenügend abbilden lassen und daher eine ganze Reihe von urheberrechtlichen Verwicklungen nach sich ziehen. Nicht selten wird derartige Musik, die aus Teilen von bereits existierender Musik besteht, abgemahnt oder vor Gericht verhandelt, wenn Urheberrechte vor der Veröffentlichung nicht ausreichend geklärt und stattdessen verletzt werden. Die urheberrechtlichen Gründe für Rechtsverletzungen dieser Art sind dabei vielfältig, komplex und teilweise rechtlich unterschiedlich gelagert: So gibt es beim Covering, dem Neueinspielen existierender Titel, andere Zustimmungserfordernisse der Urheber als beim Sampling, der Entnahme eines kurzen Klangpartikels. Ziel dieses Beitrags soll es daher sein, den Themenkomplex von Produktion und Reproduktion populärer Musik in Bezug auf das Spannungsverhältnis von kreativen

---

1   Der Begriff der Versionierung wird vor allem in der Software-Herstellung verwendet. Je nach Entwicklungsstadium einer Software erhält diese eine bestimmte Versionsnummer, bspw. 1.2.1 oder 3.0. So wird gekennzeichnet, dass es sich im Kern um die gleiche Software handelt, an dieser aber bestimmte Änderungen, Aktualisierungen oder Fehlerbehebungen vorgenommen wurden. Durch die Anlehnung an diesen Begriff soll das derivative Moment des Samplings und Coverings betont werden.

Praktiken und urheberrechtlichen Verwicklungen zu erörtern. Wie ich zeigen möchte, legt das deutsche Urheberrecht besonderes Gewicht auf die kreative Herstellung von Neuerungen, bleibt dabei aber einem einseitigen Kreativitätsverständnis verhaftet. Im Fall der samplingbasierten Musikproduktion führt diese urheberrechtliche Situation dazu, dass Samples zwar leicht für ein neues Stück verwendet werden können, ihre rechtlich einwandfreie Lizenzierung aber besonders ressourcenraubend ist. Die Transaktionskosten für die Rechteklärung sind nicht selten so hoch, dass dadurch viele Stücke gar nicht, nur nach langer Wartezeit oder mit empfindlichen finanziellen Einbußen erscheinen können. Um dieses Problem zu vertiefen, plädiere ich im ersten Teil des Beitrags für ein sozialwissenschaftliches Kreativitätsverständnis, in dessen Zentrum die Konfiguration verschiedener Seiten von Kreativität steht. Der zweite Teil fragt dann genauer nach dem Verhältnis von kreativen Praktiken der Musikproduktion und urheberrechtlichen Restriktionen. Dabei werden die theoretischen Überlegungen mit juristischen, musik- und sozialwissenschaftlichen Forschungen zusammengeführt. Der Beitrag schließt mit der Frage, ob die urheberrechtliche Situation eine *Umgehungskreativität* in der Musikproduktion induziert.

2 Die drei Seiten der Kreativität: Kontribution, Exploration und Symbol

In diesem Abschnitt möchte ich in Auseinandersetzung mit theoretischen Konzepten versuchen, dem vielschichtigen Phänomen der Kreativität auf die Spur zu kommen. Zu diesem Zweck möchte ich die drei Seiten der Kreativität als *Kontribution*, *Exploration* und *Symbol* zergliedern, um anschließend untersuchen zu können, wie diese sich für eine Untersuchung der Musikproduktion schärfen lassen. Die drei Seiten der Kreativität sind als analytische Kategorien zu verstehen, die in der Theorie vermutlich trennschärfer erscheinen, als sie in der Produktionspraxis auftauchen. Trotzdem lohnt es sich, eine Zergliederung dieser Schichten vorzunehmen, um den Kreativitätsbegriff zu schärfen. Denn Kreativität ist in den momentanen Debatten ein schillernder Begriff, mit dem zahlreiche Assoziationen und Botschaften verknüpft sind (vgl. Joas 1996). Es ist zweifelhaft, ob überhaupt eine einzige allgemeingültige Definition von Kreativität möglich ist, oder ob es nicht angemessener ist, von einer Verschränkung von verschiedenen Formen von Kreativität zu sprechen, die je nach Phänomen spezifische Gewichtungen und Überschneidungen nach sich zieht. Ein theoretisches Konzept der Kreativität, das diesen Zweifel ernst nimmt, müsste es leisten können, die spezifischen Ausprägungen zu erkennen, einzufangen und miteinander in ein Verhältnis zu bringen.

Kreativität und Neuheit stehen offenbar in einem engen Verhältnis zueinander. Kreativität verweist dabei auf das menschliche Vermögen, Neues hervorzubringen. Das Neue zerfällt selbst in verschiedene, sich gegenseitig überlagernde Dimensionen. Mit Werner Rammert (vgl. 2010, S. 29) bspw. lassen sich bei Neuerungen eine sachliche Dimension (neuartig vs. gleichartig), eine zeitliche Dimension (neu vs. alt) sowie eine soziale Dimension (normal vs. deviant) unterscheiden. Neu können Objekte wie auch Bedeutungen oder Handlungsweisen sein. Neue Objekte wiederum können nach neuen Bedeutungen und Handlungsweisen verlangen, neue Handlungsweisen ihrerseits nach neuen Bedeutungen und so weiter. Daneben ist klar, dass Kreativität nicht nur mit dem Neuen, sondern auch mit dem Alten zu tun hat. Das Neue ist dem Alten gegenüber zweifach voraussetzungsvoll. Es kann einerseits niemals *ex nihilo,* das heißt ohne Ursprung entstehen, sondern muss stets aus dem Vorhandenen abgeleitet werden. Andererseits können Neuerungen aber auch nicht verstanden werden, wenn sie zu viel Neuheit in sich tragen (vgl. Hutter 2011). Solche Neuerungen würden zu fern und fremd erscheinen, da sie nicht mehr mit den existierenden Maßstäben zusammengebracht werden könnten (vgl. Deines 2012, S. 121). Voraussetzung für die Anerkennung des Neuen ist daher, dass mit ihm eine Verbindung zum Alten hergestellt werden kann.

2.1 Kreativität als Kontribution

Die erste Seite der Kreativität widmet der Differenz zwischen neu/nicht-neu sowie dem sozialen Prozess der Validierung, innerhalb dessen diese Zuschreibungen entstehen, besondere Aufmerksamkeit. Hier wird Kreativität als gelungene *Kontribution* auf eine existierende Kultur theoretisiert. Begeben wir uns zuerst mit Boris Groys ins Museum, also an einen Ort, in dem das Verhältnis von Kunst und Nicht-Kunst verhandelt wird (vgl. 1997, S. 10). Groys ist der Ansicht, dass die kulturelle Institution des modernen Museums eine spezifische Logik in sich trägt, nach der Kunstwerke in eine Museumssammlung aufgenommen oder abgelehnt werden. Diese *Logik der Sammlung* ist vor allem dem materiellen Ort des modernen Museums geschuldet. Hier werden Kunstwerke nebeneinander an die Wand gehängt und damit hinsichtlich ihres Stils, ihrer Technik oder Historizität vergleichbar gemacht. Durch Gemeinsamkeiten und Unterschiede der Kunstwerke erwächst eine Spannung, die zum dominanten Prinzip der Musealisierung avanciert. Denn der begrenzte Platz an den Museumswänden führt dazu, dass eine Auswahl getroffen werden muss. Um zu vermeiden, dass zu viele ähnliche, gleiche und damit die Tradition wiederholende Kunstwerke den Platz des Museums beanspruchen, sind die Kuratoren dazu angehalten, nur bestimmte Kunstwerke für den Kanon zu selektieren. Durch bestimmte Kriterien wie Stil, Inhalt oder Technik wird der Blick auf originelle, überraschende oder anderweitig auffallende Kunstwerke gelenkt, also auf solche, die einen bisher ungekannten Aspekt zur Geltung bringen. Erfolgreich sind Kunstwerke in diesem Sinne also, wenn sie sich durch wohldosierte Neuheit auszeichnen und in der Selektion für das Museum bewähren. Groys folgert aus der Logik der Sammlung allerdings weniger eine künstlerische Freiheit, sondern vielmehr einen Zwang zur Neuheit:

> „Die künstlerische Innovation entsteht also von Anfang an nicht als Ausdruck einer lebendigen künstlerischen Freiheit, die der gesellschaftlichen Aktualität ihrer Zeit einen Ausdruck geben will, sondern unter dem Zwang, anders und neu zu sein, der von der Sammlung auferlegt wird. Der Künstler muss das Neue produzieren, um in die Sammlung aufgenommen zu werden. Dieser Zwang wird besonders in der Moderne oft durch die Rhetorik der künstlerischen Freiheit verdeckt. [...] Die wahre Freiheit des Künstlers bestünde eigentlich darin, sowohl das Alte wie auch das Neue produzieren zu dürfen. Solche Freiheit aber hat es in der Moderne nie gegeben. Die Wiederholung des Alten wurde vielmehr als Epigonentum, als Kitsch oder, wie man heute sagt, als Kaufhauskunst bezeichnet – und damit des Museums verwiesen."
> (Groys 1997, S. 30f.)

Die besondere Dynamik der Musealisierung bedingt eine Kreativität der Kontribution, die sich vor allem durch die Begutachtung des *state of the art* und die daraus abgeleitete Identifizierung einer künstlerischen Leerstelle auszeichnet. Daraus ergeben sich die Verortung innerhalb eines künstlerischen Zusammenhangs und die bestenfalls geschickt erfolgte Platzierung innerhalb des adressierten Kanons. Groys lenkt damit den Blick auf das Verhältnis von Abweichung und Wiederholung, innerhalb dessen sich das Kunstwerk unter den prüfenden Augen der Kuratoren bewähren muss. Das an ein Museum adressierte Kunstwerk wird damit weder *ex nihilo* geschaffen noch begutachtet. Beide Prozesse finden vor dem Hintergrund des bereits Musealisierten statt.

Groys bereitet damit ein erstes Argument für die soziale Seite der Kreativität vor, die sich bei ihm in einem reziproken Verhältnis von Kanon und Kontribution niederschlägt. In etwas abstrahierter Weise konzipiert auch Mihályi Csíkszentmihályi das systemische „DIFI"-Modell (Miettinen 2006, S. 174) der Kreativität. Der ungarische Sozialpsychologe stellt dafür das Zusammenspiel (*interaction*) von kultureller Domäne (*domain*), den Beiträgen von Individuen (*individuals*) und Expertenfeld (*field*) ins Zentrum seiner Überlegungen. Beiträge von individuellen Personen auf eine bestimmte Domäne werden demnach entlang der Bewertungskriterien von Experten aus dem Feld begutachtet, auf ihre Originalität hin untersucht und auf diese Weise bestätigt oder negiert:

> „Original thought does not exist in a vacuum. It must operate on a set of already existing objects, rules, representations, or notations. One can be a creative carpenter, cook, composer, chemist, or clergyman because the domains of woodworking, gastronomy, music, chemistry, and religion exist, and one can evaluate performance by reference to traditions. Without rules there cannot be exceptions, and without tradition there can be no novelty."
>
> (Csíkszentmihályi 1999, S. 315)

Diese Konstellation bedingt die soziale Wechselseitigkeit, die zwischen Domäne, Experten und individuellen Neuerungen herrscht und die kreative Hervorbringungen im Sinne gelungener Kontributionen bewertet. Regeln und Entscheidungsbefugnisse einer Domäne sind demnach institutionell bei Experten gebündelt, deren Rolle auch treffend als „Türsteher" (*gatekeepers*) beschrieben wird. Csíkszentmihályi (vgl. 1999, S. 324) hat dabei alle Entscheidungsträger einer Domäne im Blick, die deren Entwicklung im Sinne eines Kanons steuern und verwalten. Im Groys'schen Museum zählen dazu Kuratoren und Museumsdirektoren; wird allerdings die gesamte kulturelle Domäne der Kunst betrachtet, so wären auch Kritikern und Journalisten, Kunstpädagogen, Gutachtern, Mitarbeitern von Behörden und Stiftungen, wissenschaftlichen Beobachtern usw. Befugnisse über die Bewertung und Selektion von künstlerischen Aktivitäten zuzuschreiben. Darüber hinaus müssten auch die Werturteile von Laien und Kunstsammlern in dieses Konzept mit einbezogen werden, wenn sie bspw. als Konsumenten in Erscheinung treten und damit über den kommerziellen Erfolg eines Beitrags mit entscheiden. Alle diese Akteure können in einem bestimmten Maße mitbestimmen, welche Neuerung es verdient, als kreativer, das heißt hier als nützlicher oder sinnvoller Beitrag in die Domäne aufgenommen zu werden.

Csíkszentmihályi liefert mit dem DIFI-Modell ein grobes konzeptuelles Werkzeug, das auf die Überhöhung des alleine schöpfenden Genius und die in der Forschung bisweilen übergangene Sozialität von Kreativitätszuschreibungen aufmerksam macht. Der grundsätzlichen Überlegung ist zuzustimmen: Kreativität ist einerseits sozial, weil sich die Hervorbringungen des Neuen implizit oder explizit auf bestehendes Anderes beziehen; andererseits, weil der kreative Gehalt einer Neuerung sozial ausgehandelt wird. Auf den ersten Blick erscheint das Modell sehr handlich und flexibel für eine mögliche Analyse. Bei näherer Betrachtung könnte jedoch genau diese Handlichkeit zu einem analytischen Problem werden: Mit dem starken Fokus auf *gatekeepers* werden die Komplexität einer entwickelten Domäne, ihre mannigfaltigen internen Querbeziehungen und die verschiedenen Rollen ihrer Mitglieder vernachlässigt, wie sie bspw. Pierre Bourdieu (vgl. 2001) oder Tia DeNora (vgl. 1995) detailliert aufgeschlüsselt haben.

Aus dem DIFI-Modell resultiert also eine Sichtweise auf Kreativität, die – genauso wie das sehr auf Institutionen bezogene *Museumsverständnis der Kunst* von Groys – als stark *kontributionalistisch* charakterisiert werden kann. Beide Perspektiven vermögen vorwiegend das in den Blick zu nehmen, was sich tatsächlich erfolgreich etablieren konnte und daher *ex post* als kreativ bewertet werden kann. Eine Neuerung wird quasi als kreativ ‚geadelt', wenn sie es in den Kanon geschafft hat. Aus dieser Warte des Bestehenden erscheint Kreativität zwangsläufig als gezielte Abgrenzung vom Etablierten und Erledigten und orientiert sich an den Maßstäben des adressierten Kanons. Die Definitionshoheit und die Anwendung der Regeln verbleiben vor allem in der Hand der *gatekeepers*, die damit zugleich ihre Machtstrukturen reproduzieren und im Grunde alles, was nicht musealisiert wird, als nicht-kreativ marginalisieren. Neue kulturelle Domänen können entstehen, wobei dieser Fall jedoch als selten und unwahrscheinlich beschrieben wird. Csíkszentmihályi geht vielmehr davon aus, dass „Kreativität nur in bestehenden Domänen und Feldern zum Ausdruck kommen kann" (2010, S. 49). Aus Gründen der Konservativität verändern sich etablierte Domänen also meist nur inkrementell, sie differieren aber hinsichtlich ihrer ‚Neugierde', ihrer Aufgeschlossenheit und ihres Bedürfnisses gegenüber Stimulationen durch Neuheit. Die kreative Herstellung des Kunstwerks forciert daher vor allem eine Kreativität der geschickten Platzierung, die individuelle Ideen und kulturelle Logik zu vereinen vermag.

Bei Groys und Csíkszentmihályi wurde der wichtige Hinweis erbracht, dass etablierte Domänen spezifische Präferenzen gegenüber Neuheiten aufweisen. Auf der Ebene des individuellen Handelns offenbart sich dies in einer doppelten Filterfunktion, die durch Experten und Individuen realisiert wird: Beide selektieren nach internalisierten kulturellen Kriterien zwischen relevanten und irrelevanten Beiträgen. Sicherlich ist die Variante der kontributionalistischen Kreativität vor allem in denjenigen gesellschaftlichen Bereichen anzutreffen, die als etablierte, kanonisierte Domänen mit (implizit wie explizit) ausformulierten Regelsystemen erscheinen. Hier herrscht normalerweise reges Interesse daran, durch den Kanon bestätigt zu werden. Dementsprechend viele ‚Bewerbungen' sind im Umlauf, von denen die meisten eine hohe strukturelle Ähnlichkeit aufweisen und sich trotz der großen Konkurrenz oft nur durch wenige oder geringfügige Akzente als individuell unterscheiden lassen (vgl. Hutter 2011). Mit Lutz Hieber (vgl. 2012, S. 266) kann das Modell von Csíkszentmihályi erweitert werden, um Kreativität zwischen Normalität und Radikalität zu differenzieren. In Rückgriff auf Thomas Kuhns Begriff des Paradigmas (vgl. 1976) meint Hieber mit ‚normal' eine Kreativität, die auf dem Pfad einer normalen Entwicklung verläuft und sich an den Regeln des herrschenden Paradigmas orientiert. Diese Kreativität zielt nicht auf die radikale

Ausreizung oder Überwindung eines existierenden Paradigmas, sondern auf die produktive Ausfüllung und eigene Platzierung innerhalb desselben. Es geht darum, innerhalb des sozial vorgegebenen Rahmens der Domäne die richtigen Puzzleteile zu finden und sie miteinander zu verbinden. Kontributoren suchen den richtigen Platz für die Puzzleteile innerhalb ihres Werks, so wie sie für sich selbst den richtigen Platz innerhalb der Domäne suchen.

2.2 Kreativität als Exploration

Neben dem kontributionalistischen Verständnis von Kreativität lassen sich Positionen anführen, die die explorative und experimentelle Seite des Handelns als Kreativitätsressource stärker betonen. Ich beziehe mich hier vor allem auf die Arbeiten von Hans Joas und Heinrich Popitz. In der Tradition des US-amerikanischen Pragmatismus schlägt Joas vor, Kreativität als immanenten Bestandteil des Handelns zu begreifen und damit vor allem jenen problematischen Situationen Beachtung zu schenken, in denen es notwendig wird, das eigene Handeln zu überprüfen und in kreativer Weise zu rekonstruieren. Joas meint damit vor allem jene Momente, wenn sich eine Handlung aufgrund eines unvorhergesehenen Problems nicht so verwirklichen lässt wie im Handlungsentwurf angelegt. Die unvermeidliche Situation der *Klemme*, in der man dann steckt, zwingt zur Reflexion. Gelingt eine Lösung des Problems, so ist etwas Neues in die Welt gelangt, das vorher nicht da war (vgl. Joas 1996).

Um die Relevanz dieses gedanklichen Schritts besser einordnen und Joas für ein integriertes Verständnis von Kreativität heranziehen zu können, bietet es sich an, die philosophischen Grundlagen zu skizzieren. Joas bezieht sich vielfach auf John Deweys pragmatistische Philosophie und insbesondere auf den dort verhandelten Begriff der Erfahrung (*experience*) (vgl. Dewey 1934). Abgeschlossene Handlungen bringen Dewey zufolge eine Erfahrung mit besonderer Qualität hervor. Diese Qualität lässt sich als Ganzheitlichkeit umschreiben (vgl. Joas 1996, S. 205). Vermutlich wird damit auf die ursprüngliche Bedeutung des Wortes *Perfektion* angespielt: Nicht eine idealisierte, makellose oder unübertreffbare Leistung, sondern die Vollendung, das Zu-Ende-Bringen einer Handlung ist gemeint. Abgeschlossenheit und Abrundung erst lassen eine Handlung perfekt werden. Für Dewey ist es gleichgültig, wie alltäglich oder profan eine Handlung ist; entscheidend ist vielmehr der Gegensatz zwischen jener abgerundeten, erfüllenden Erfahrung und einer fragmentierten, nicht zufriedenstellenden:

„Oftentimes [...] the experience had is inchoate. Things are experienced but not in such a way that they are composed into *an* experience. There is distraction and dispersion; what we observe and what we think, what we desire and what we get, are at odds with each other. We put our hands to the plow and turn back; we start and then we stop, not because the experience has reached the end for the sake of which it was initiated but because of extraneous interruptions or of inner lethargy. In contrast with such experience, we have *an* experience when the material experienced runs its cours to fulfilment. Then and then only is it integrated within and demarcated in the general stream of experience from other experience. A piece of work is finished in a way that is satisfactory; a problem receives its solution; a game is played through; a situation, whether that of eating a meal, playing a game of chess, carrying on a conversation, writing a book, or taking part in a political campaign, is so rounded out that its close is a consummation and not a cessation. Such an experience is a whole and carries with its own individualizing quality and self-sufficiency. It is *an* experience."

(Dewey 1934, S. 35, Herv. i. Org.)

Die besondere Qualität der Ganzheitlichkeit einer Handlung steht auch bei Joas im Vordergrund. So ist der Bereich künstlerischen Schaffens besonders dafür geeignet, „der Wirklichkeit neue Seiten abzugewinnen, neue Erfahrungsmöglichkeiten zu erkunden, die dann zu einer neuen Bedeutungsganzheit werden" (Joas 1996, S. 208; vgl. Dewey 1934, S. 47). Eine Situation der Klemme, egal ob es sich um eine künstliche oder eine anderweitige handelt, wird bewältigt, indem man es schafft, den unterbrochenen Handlungszusammenhang auf eine neue, bisher ungekannte und daher auch nicht routinierte Weise zu rekonstruieren. Kreativität wird damit zu einem notwendigen menschlichen Vermögen, das dazu dient, Alltagssituationen neue Seiten abzutrotzen und die Kluft im Handeln zu überbrücken (vgl. Joas 1996, S. 15). Dieses Vermögen zur Abringung neuer Seiten von der Wirklichkeit und zur Rekonstruktion des unterbrochenen Zusammenhangs wird zum zentralen Element der *Kreativität des Handelns*:

„Gelingt es, durch veränderte Wahrnehmung die Handlung umzuorientieren und damit wieder fortzufahren, dann ist etwas Neues in die Welt gekommen; eine neue Handlungsweise, die sich stabilisieren und selbst wieder zur unreflektierten Routine werden kann. Alles menschliche Handeln wird so im Blick der Pragmatisten in der Spannung zwischen unreflektierten Handlungsgewohnheiten und kreativen Leistungen gesehen. Das heißt zugleich aber auch, dass Kreativität hier als Leistung innerhalb von Situationen, die eine Lösung fordern, gesehen wird, und nicht als ungezwungene Hervorbringung von Neuem ohne konstitutiven Hintergrund in unreflektierten Gewohnheiten."

(Joas 1996, S. 190)

Die Situationen, in denen der Wirklichkeit neue Seiten abgerungen werden, lassen sich mit dem Soziologen Heinrich Popitz erweitern. Über den Fokus auf problematische Situationen hinaus lässt sich die explorative Seite der Kreativität präziser bestimmen. Popitz unterscheidet in seinem anthropologisch gefärbten Zugang zwei Vermögen zur Allozentrik: Mit *Vorstellungskraft* lässt sich Abwesendes vergegenwärtigen, während *Phantasie* in Verborgenes eindringen lässt und Realitäten imaginieren kann. Innerhalb des Bereichs der Phantasie sieht Popitz drei Wege der Urheberschaft: *Erkunden, Gestalten* und *Sinnstiften* (2000, S. 98). Seine Überlegungen stützt er dabei unter anderem auf Beobachtungen kleiner Kinder. Mit erkundender Phantasie ist das neugierige Finden von Neuem gemeint, wenn wir stöbern, aufspüren, probieren, entdecken oder konsumieren. Diese Suche stellt sich dann als *Untersuchung,* als Suche *nach* etwas Neuem, nach einer Differenz zur bekannten Realität dar. Gestaltende Phantasie hingegen lässt den Menschen zur Vergegenständlichung seiner Intentionen materielle Objekte formen. In der Gestaltung eines Objekts werden innerliche Vorstellungen in eine objektive Welt übertragen und damit veräußerlicht. Die sinnstiftende Phantasie schließlich markiert neue Bedeutungen, versorgt mit Begründungen, neuen Zeichen oder Perspektiven auf altbekannte Objekte und Handlungen. Für Popitz sind die Grenzen zwischen den drei phantasievollen Kräften nicht trennscharf zu ziehen, sondern offen füreinander (2000, S. 93ff.). Er verbindet das Vermögen zur Allozentrik aber ähnlich wie Joas und Dewey mit der menschlichen Begabung zu einem reflexiven, problemlösenden Leben:

> „Es ist vor allem diese Begabung, die den Menschen über das Vorgefundene hinausträgt. Weil er fähig ist, das Anderssein, die Alterität, ‚the otherness' des Außer-ihm-Seienden zu ergründen, weil er diese dezentrierende Wende vollziehen kann, ist er in der Lage, nicht im Gegebenen unterzugehen und die Welt im Licht des Anders-Möglichen zu sehen. Die Kategorie des Andersseins macht ihn kreativ."
> (Popitz 2000, S. 100)

Sowohl in der *Kreativität des Handelns* nach Joas als auch auf den *Wegen der Kreativität* nach Popitz wird Kreativität als eine immanente Dimension menschlichen Handelns konzipiert, die gleichermaßen schöpferisch wie alltäglich erscheint. Die Autoren verankern Kreativität damit auf einer viel tieferen Ebene als die oben angeführten kontributionalistischen Theorien und setzen dementsprechend kein ‚Publikum' als sozialen Adressaten voraus: Während bei Joas das kreative Handeln einer individuellen Situation der Klemme und der daraus induzierten „Gewohnheitserschütterung" (Salavarría 2007, S. 104) geschuldet ist, entsteht bei Popitz das Interesse zur Allozentrik eher aus einem spielerischen und offenen, kaum zielgerichteten Handeln, das verschlossene Objekte öffnet und Unverbundenes verbindet. Bei Joas ist die Schwelle zur Kreativität sogar so niedrig gelegt, dass daraus sein Anspruch resultiert, „für alles menschliche Handeln eine kreative Dimension zu behaupten" (Joas 1996, S. 15). Dieser handlungstheoretische Anspruch muss sicherlich hinsichtlich seiner Allgemeingültigkeit kritisch differenziert und ‚bescheidener' angesetzt werden (vgl. Münch 2002, S. 343).

Ohne sich direkt auf Joas zu beziehen, öffnet Popitz dessen situativen Kreativitätsbegriff mit den drei phantasievollen Techniken zur Allozentrik in eine vielversprechende Richtung, indem er mit den Techniken des Suchens, Gestaltens und Sinnstiftens weitere Techniken zur Erfahrung von Neuheit bestimmt. Diese Seite der Kreativität kann damit über den Fokus auf die Rekonstruktion eines Handlungszusammenhanges hinaus als *Exploration* spezifiziert werden. Durch die Betonung der Offenheit lassen sich die Aspekte der Experimentalität (vgl. Hennion 1989), der Improvisation (vgl. Kurt 2012; Figureoa-Dreher 2014) oder des kreativen Flows (vgl. Csíkszentmihályi 1990) besser in Anschluss bringen. Daneben könnten auch Situationen des Suchens und Entdeckens ergänzt werden, in denen Serendipität, also zufällige Entdeckungen (vgl. Merton 1980) und Zweckentfremdungen (vgl. Gould und Vrba 1982) im Vordergrund stehen.

2.3 Symbolische Kreativität

Die dritte theoretische Stoßrichtung, um Kreativität aus soziologischer Perspektive zu erklären, kann als dritte Seite neben der kontributionalistischen und der explorativen Konzeption gedeutet werden. Es handelt sich um die Idee einer *symbolischen Kreativität*, wie sie von Paul Willis (vgl. 1991, 1981) für die Cultural Studies entworfen wurde. Wie Joas und Popitz richtet auch Willis sein Augenmerk auf profane Situationen und Praktiken des Alltags. Willis argumentiert dabei aber stärker für den Zusammenhang von Symbolizität und Kreativität, der aus der Sozialität einer Gruppe heraus entsteht und neue, sozial geteilte Bedeutungen und Praktiken auftauchen lässt. Damit wiederum ist die Hürde für kreative Akte nicht so hoch angesetzt wie im Museumsverständnis von Groys und Csíkszentmihályi, in dem nur das als kreativ validiert wird, was sich erfolgreich in den Kanon des Etablierten einreiht.

Die Cultural Studies können innerhalb einer intellektuellen, ab den 1960er Jahren in Kunst und Wissenschaft einsetzenden Bewegung verortet werden, die auf die Polysemantik von Objekten und ihr Re-Arrangement fokussiert. So postuliert auch Willis' Kollege Raymond Williams, einer der Begründer der Cultural Studies, ähnlich wie Joas und Popitz eine immanente Dimension der menschlichen

Kreativität. In seinem erstmals 1961 erschienenen Buch *The Long Revolution* argumentiert Williams allerdings weniger handlungstheoretisch, sondern unterfüttert seine historisch-philosophische Perspektive mit neurobiologischen, quasi-konstruktivistischen Erkenntnissen, die die individuelle Wahrnehmung der Realität betreffen. Im ersten Kapitel des Buches unternimmt Williams den Versuch, die alltägliche Leistung des Interpretierens von Wirklichkeit als immanente menschliche Kreativität zu beschreiben, um damit gegen *the creative mind* als exklusive Eigenschaft autonom agierender Künstlersubjekte zu argumentieren:

> „This vital descriptive effort – which is not merely a subsequent effort to describe something known, but literally a way of seeing new things and new relationships – has often been observed, by artists, yet it is not the activity of artists alone. The same effort is made, not only by scientists or thinkers, but also, and necessarily, by everyone. […] The vital imaginative life, and the deep effort to describe new experience, are found in many others besides artists, and the communication of new descriptions and new meanings is carried out in many ways – in art, thought, science, and in the ordinary social process."
> (Williams 1965, S. 40)

In dieser intellektuellen Wendestimmung[2] wurde auch in den Cultural Studies das Re-Arrangement von Semantiken als zentrales Element jugendlicher Medienrezeption verstanden und genauer untersucht. Paul Willis wendet sich auf Grundlage ethnografischer Untersuchungen, die er vor allem mit britischen Jugendlichen der Arbeiterklasse durchführte, gegen starre begriffliche Dichotomien wie Produktion vs. Konsumtion und Hoch- vs. Niedrigkultur. Das Postulat solcher Dichotomien findet sich in scharf ausformulierter Form in der Kritischen Theo-

---

2   Die wissenschaftliche Entdeckung veränderter Wahrnehmung als Kreativitätsreservoir betrifft auch andere intellektuelle Bereiche: Andreas Reckwitz sieht in der „Aktivierung des Rezipienten" ein zentrales Element der avantgardistischen und postmodernen Kunst der 1960er Jahre, die dazu dient, „dass der Rezipient nicht passiv bleibt, sondern selbst ‚kreative Arbeit' leistet. Es handelt sich um eine Arbeit an der Entschlüsselung der Werke und um ein Experimentieren damit, was die Konfrontation mit den Werken sinnlich und emotional in einem selbst auslöst" (Reckwitz 2012, S. 108, Herv. i. Org.). In der Literaturwissenschaft hatte es ab Ende der 1960er Jahre heftige Angriffe auf das Verhältnis zwischen Text und Autor und damit auch auf das zwischen Produktion und Konsumtion gegeben, als Michel Foucault (1969) nach dem Status des Autors in der Literatur fragte und Roland Barthes (1968) gleich dessen Tod verkündete. Einige Jahre später sorgte Julia Kristeva (1972) mit ihrem Konzept der *Intertextualität* für einen weiteren Vorstoß in diese Richtung, indem sie die semantische Produktion eines Textes nicht dem Autor alleine zuschrieb, sondern diese als eine verteilte Arbeitsleistung innerhalb einer Dreieckskonstellation von Autor, Leser und anderen Texten beschrieb.

rie nach Max Horkheimer und Theodor W. Adorno, in der die Möglichkeit eines kreativen Umgangs mit Gütern der Kulturindustrie negiert wird. Der Konsum von marktförmiger Massenware ist dort stets passiv und dient lediglich als Mittel persönlicher Zerstreuung und zur Aufrechterhaltung der Herrschaftsstrukturen. Die *einheitliche Kultur* manifestiere sich in einem Massengeschmack, der sich in der permanenten Wiederholung des Gleichen ausdrücke: „Ewig grinsen die gleichen Babys aus den Magazinen, ewig stampft die Jazzmaschine" (Horkheimer und Adorno 1987, S. 175) Populäre, „leichte" Musik lasse nach Adorno aufgrund ihrer serialisierten Form und Allgegenwärtigkeit sogar die Rezeptionsfähigkeit abstumpfen (Adorno 2003, S. 19).

Entgegen dieser kulturpessimistischen und an Hochkultur orientierten Sichtweise plädiert Willis dafür, die profane Kreativität junger Menschen ernst zu nehmen, die sich in deren Umgang mit kulturindustriellen Gütern zeigt. Junge Menschen suchen, gestalten und markieren neue Seiten an existierenden Objekten, indem sie diese in bestimmte Rituale einbetten, entgegen deren mitgelieferten Bedienungsanleitungen zweckentfremden oder auf andere Weise mit neuen, sinnhaften Bezügen versehen. Dadurch verwandelt sich die eigentlich abgeschlossene Massenware zu einer aktiv schöpfbaren Ressource für symbolisch vermittelte Formen des Ausdrucks und der Kritik, wie Willis am Beispiel des Kosmetik- und Drogeriesortiments erklärt:

> „Diese Kulturen gestalten das profane Material aus, die einfachen funktionalen Gebrauchsartikel, Drogen, Chemikalien und kulturellen Gebrauchsgüter, die die neue ‚Bewusstseinsindustrie' des größtmöglichen Umsatzes wegen produziert. Und doch entwickeln diese Gruppen aus dem im Rahmen eines vorgeprägten Marktes erhältlichen Schund lebensfähige Kulturen und formulieren durch ihre Bearbeitung von vorgefundenen Gebrauchsgütern tatsächlich eine lebendige, gelebte und konkretisierte Kritik an der Gesellschaft, die diese verdrehten, beleidigenden und oft sinnlosen Dinge produziert."
>
> (Willis 1981, S. 20)

Durch verschiedene Strategien der Aneignung, Kontextualisierung und Umwertung werden dem Bekannten also neue Aspekte abgerungen, deren Wert in der *peer group* sozial ausgehandelt wird. Es handelt sich damit um eine Form von Kreativität, die vielleicht als *komplementär* charakterisiert werden kann, weil sie auf zwar existierenden, aber als unabgeschlossen erfahrenen Objekten, Praktiken und Semantiken aufsetzt und diese in bestimmte Richtungen erweitert. Zwei Beispiele sollen diesen „kreativen Konsum von Massenkulturwaren" (Warneken 2006, S. 184) verdeutlichen. Willis zeigt in einer Gegenüberstellung von Rockern und Hippies, dass beide Gruppen spezifische Formen des Konsums von populärer Musik entwickelt haben, die sich in verschiedene Rituale und Praktiken kleidet.

So bevorzugen die Rocker 45er-Singles aus dem Rock'n'Roll der ‚goldenen' 1950er Jahre, die in Jukeboxen abgespielt werden und damit in eine beliebige Reihenfolge gebracht werden können. LPs sind bei ihnen verpönt, weil sie sich beim Anhören auf die vorgegebene Reihenfolge einlassen müssen und sie dies als Kontrollverlust erleben. Vielmehr interessiert sich der Einzelne in der Rockergruppe für das selbst gesteuerte Auswählen der Singles, für das Choreographieren neuer Tanzelemente, für das angeregte Diskutieren über den monetären Wert bestimmter Singles und für weitere bedeutungsvolle Praktiken im Umgang mit dieser Musik (vgl. Willis 1981, S. 77ff.). Daneben berichtet Willis von einem Mitglied der Rockergruppe, das sich zur Demonstration seiner Maskulinität regelmäßig nach dem Auflegen einer Single auf sein Motorrad schwingt und damit um den Block rast, um unter den Anfeuerungsrufen seiner Freunde vor dem Ende des Lieds wieder in der Kneipe anzukommen (Willis 1981, S. 60). Bei den Hippies steht dagegen das konzentrierte, ruhige und bewusste Hören von LPs im Zentrum, welches sich als kontemplatives Durchdringen von musikalischem Repertoire, Text, Aussage und ‚rotem Faden' eines Longplayers äußert. Es geht nicht um das impulsive und rasante Erleben von Musik, das in der Rockergruppe durch Praktiken des Tanzens, Auswählens oder Motorradfahrens stimuliert wird, sondern vielmehr um eine intensive, vielleicht auch unter Drogeneinfluss erzeugte und synästhetische Hörerfahrung und ein nuanciertes Musikverständnis, das in Diskussionen kommunikativ ausgelotet wird. Das sogenannte Konzeptalbum, das über mehrere Stücke hinweg einem thematischen Programm oder der Entwicklung einer musikalischen Idee folgt, ist das von den Hippies favorisierte Format (vgl. Willis 1981, S. 139ff.).

Selbstverständlich wird ein Großteil der Musik, die in den Beispielen besprochen wurde, unter kulturindustriellen Bedingungen, in serialisierten Formaten und zum Zweck der Profitmaximierung hergestellt. Sicherlich ist auch die ‚Bedienung' dieser Musik an eine Anleitung gebunden, deren Reichweite die genannten Praktiken mitunter abdeckt. Entscheidend ist aber die Beobachtung Willis', dass komplementäre Praktiken des Musikhörens in der Gruppe sozial ausgehandelt und an bestimmte Rituale gekoppelt werden, deren Wert symbolisch kodifiziert ist. Aus dieser Blickrichtung erscheint es nachrangig, dass vergleichbare Jugendgruppen ähnliche Praktiken entwickeln, denn der Status der Neuheit adressiert nicht eine gesamtgesellschaftliche Ebene im Sinne einer Innovation, sondern die Prozessualität und das transformative Potenzial einer zu erfahrenden Polysemantik:

> „Es ist dies die Produktion von *neuen* (wie geringfügig auch immer differierenden) Bedeutungen, die innerlich mit dem Gefühl, der Energie, der Erregung und der psychischen Bewegung verknüpft sind. Es ist dies die Basis, um auf die dynamischen menschlichen Fähigkeiten nicht nur als Möglichkeiten, sondern als Realitäten zu

vertrauen [...] Die symbolische Kreativität kann individuell und/oder kollektiv sein. Sie transformiert, was ihr zur Verfügung steht, und trägt zur Produktion bestimmter Formen von menschlicher Identität und Fähigkeit mit bei. Das menschliche Leben – das Menschliche leben – bedeutet kreativ zu sein in dem Sinne, dass wir die Welt für uns zurechtmachen, so wie wir unseren eigenen Ort und unsere Identität herstellen und finden."

(1991, S. 24, Herv. i. Org.)

Das transformative ‚Spiel', das Re-Codieren oder sogar die produktive Umkehr von Semantiken kulturindustrieller Güter fand Willis (1991) in diversen Bereichen wie Mode, Fernsehen, Sport oder Musik als „Jugend-Stile" vor. Als Ende der 1980er Jahre Plattenspieler, Kassettenrekorder, Musikanlagen, Computer, Mischpulte etc. für junge Menschen einigermaßen erschwinglich geworden waren, beobachtete Willis verschiedene *Do-it-yourself-Verfahren* des Musikmachens. So beschreibt er auch die „Einführung von ‚Samplern', die es möglich machen, bestimmte Sounds aus verschiedenen Quellen – Schallplatten, Radio, Fernsehen – zusammenzustellen und sie dann über einen darauf zugeschnittenen Tanzrhythmus zu legen, den eine Rhythmusmaschine liefert" (Willis 1991, S. 100). Willis benennt hier – neben Simon Frith (vgl. 1987, S. 66) und Andrew Goodwin (1989) – als einer der ersten Forscher überhaupt das Sampling als eine produktive Methode der Musikherstellung, die aus dem Re-Arrangement von Ausschnitten vorhandener Klänge entsteht und innerhalb eines intertextuellen Netzes vorhandener Musik verwoben ist.

Die „grundsätzliche Wendung im Aktivitätsbegriff" der Cultural Studies (Göttlich 2006, S. 42) betont die Interdependenz zwischen Akten des Konsumierens und Produzierens, ohne die Relevanz kulturindustrieller Strukturen zu negieren. Entgegen der Annahme eines stumpfen Konsums können auch kulturindustriell erzeugten Alltagsgegenständen neue, bedeutungsvolle Seiten abgerungen werden, wenn diese in neue, symbolisch kodifizierte und sozial geteilte Handlungen eingebettet werden. Symbolizität und Sozialität erweisen sich in diesem Verständnis als miteinander verschränkte Seiten der Kreativität, in deren Schnittbereich die spielerische und assoziative Freisetzung von neuen Bedeutungen steht. Oftmals sind diese neuen Bedeutungen humorvoll, verblüffend, originell oder in einer anderen Weise überraschend, auch wenn sie nicht als adressierte Bewerbungen auf einen hochkulturellen Kanon entstehen, sondern gerade als Angriff auf hegemoniale Strukturen.

3 Auf dem Weg zu einem mehrseitigen Konzept der Kreativität

Es scheint mir für die Forschung produktiv zu sein, die in den Theorien deutlich werdende Vielschichtigkeit der Kreativität ernst zu nehmen. Je nach Untersuchungsgegenstand könnten die verschiedenen Seiten der Kreativität als Kontribution, Exploration und Symbol zur Entfaltung geführt und als *Konfigurationen von Kreativität* ins Verhältnis gesetzt werden. Eine integrierte Theorie der Kreativität müsste einen begrifflichen Rahmen aufspannen können, innerhalb dessen die Gewichtung der einzelnen Seiten entsprechend aufgeschlüsselt wird. So könnte bspw. danach gefragt werden, ob sich eine Kreation an einen sozialen Adressaten richtet, aus der bewussten Befolgung oder Brechung von Regeln erfolgt, aus einer charakteristischen Situation hervorging oder als komplementär charakterisiert werden kann.

Der Vergleich lässt einen weiteren Schluss zu. Wenn man das Argument akzeptiert, dass Neuheit als ein streng relatives Phänomen nicht voraussetzungslos zu denken ist, dann lassen sich in den drei Seiten die einzelnen Voraussetzungen und ihre Konsequenzen für die Herstellung des Neuen präzisieren. Die Gemeinsamkeit der verschiedenen Ansätze besteht in der Technik, Unverbundenes miteinander zu verbinden: Kontributionalistisch gedacht geht es darum, ein eigenes Werk mit einem existierenden Kanon erfolgreich in Verbindung zu bringen. Aus explorativer Perspektive entsteht das Neue durch die Rekonstruktion eines unterbrochenen Handlungszusammenhangs, also durch das Verbinden von etwas vormals Getrenntem. Dies meint die neue Verbindung von ungewohnter Problemstellung und kreativen Lösungsentwürfen. Schließlich kann im Sinne einer symbolischen Kreativität dafür argumentiert werden, dass existierende Objekte mit neuen, sozial geteilten Praktiken und Semantiken verbunden werden.

Gerade wenn Kreativität kontributionalistisch konzipiert wird, verschieben sich die Maßstäbe der Bewertung natürlich fortlaufend. Die Produktion des Neuen findet vor einem sozialen Hintergrund der oftmals professionellen Bewertung statt und kann als ein interaktiver, dynamischer Prozess zwischen Fremd- und Vertrautheit, zwischen Alltäglichem und Außeralltäglichem gefasst werden. Kreativität wird dann zu einer Herausforderung der originellen Anpassung und ist mit Schließungsprozessen verbunden. Der Begriff der kulturellen *Domäne* verweist in diesem Zusammenhang auf die Rolle institutionalisierter Definitionshoheit als das ‚Hausrecht' des Inhabers, der über den Zugang wacht. Man kann dort neugierig, aufgeschlossen und offen sein für Abweichung, Irritation und Stimulation; man kann aber auch eher traditionell, konservativ oder exegetisch reagieren, wenn etwas Neues auftritt. Auch Jugendkulturen oder andere lose soziale Zusammenhänge bauen auf einem gemeinsam geteilten Bestand an Wissen, Praktiken und Regeln auf, der kanonische Züge tragen und Erwartungen regulieren kann. Wenn Kreativität mit Überraschung, Verblüffung oder Irritation assoziiert wird, ist eine Erwartungshaltung bereits impliziert. Kreativität wird damit zu einem reflexiven Phänomen, indem Erwartungen, denen es zu begegnen gilt, selbst erwartet werden. Diese Erwartungen können erfüllt, übertroffen oder unterlaufen werden. Im Sinne Popitz' und Joas' kann Kreativität auch ohne Publikum beschrieben werden, wenn neue Seiten an Existierendem erforscht, geformt und mit Sinn beschrieben werden. Hier wird in erster Linie eine innere Erwartung adressiert, die das Subjekt an das Existierende richtet. Diese innere Erwartung geht ihrerseits von der Offenheit oder Geschlossenheit von etwas Existierendem aus, sodass sich auch hier eine Nicht-Erfüllung von Erwartung einstellen kann.

4 Urheberrecht und Kreativität in der Musikproduktion

Wie in den unterschiedlichen Ansätzen gezeigt wurde, ist Kreativität unbedingt als derivatives Phänomen zu betrachten. Das bedeutet, dass Kreationen – egal ob es sich um neue Handlungsweisen, Objekte oder Bedeutungen handelt – stets auf Vorhandenem aufsetzen. Bereits umgangssprachliche Formulierungen wie *Geistesblitz*, *Inspiration* oder der berühmte *Kuss der Muse* implizieren Faktoren, die von außen auf den individuellen Schöpfungsprozess einwirken (Platzgumer und Neidhart 2012, S. 21). Dieser Gedanke ist trotzdem noch etwas grundsätzlicher zu verstehen, denn niemals lässt sich aus dem Nichts etwas schöpfen. Stets ist schon etwas vorhanden, auf das Bezug genommen wird, das weiterentwickelt wird oder von dem eine Abgrenzung stattfindet. Es ist nicht zu übersehen, dass in der Musikproduktion Routinen, Formate, Genres und andere soziale Konventionen dafür sorgen, dass Stücke einerseits anschlussfähig werden, andererseits in der Produktion nicht immer bei ‚Null' begonnen werden muss. So wird bei der Produktion eines Musikstücks bspw. auf dasjenige Wissen zurückgegriffen, das darüber Auskunft gibt, welche Form die Musik am Ende haben soll. Wenn es auf den einschlägigen Radiosendern gespielt werden soll, hat das Stück idealerweise eine Länge zwischen drei und vier Minuten, folgt etablierten Formprinzipien des Popular Songs und ist in seinem Sound so abgemischt, dass es sich auf den üblichen Ohrstöpseln des MP3-Players genauso gut anhört wie auf der heimischen Anlage oder im Autoradio (vgl. Appen und Frei-Hauenschild 2012).

Faktoren wie diese, die die Produktion eines Musikstücks von außen bedingen, können unterschieden werden von der innermusikalischen Qualität, die am Ende des Herstellungsprozesses erfahrbar wird. In der populären Musik kommen als musikalische Gestaltungsmittel vielfältige Praktiken der Versionierung zum Einsatz. So geht es bei Sampling, Remixing, DJing, Mashups, Edits, Interpolation, Covering, Medleys und weiteren ganz explizit darum, sich auf existierende Musik und Klänge zu stützen, diese nach eigenen Vorstellungen und auf unterschiedliche Weisen zu bearbeiten, um sie anschließend in neuen Versionen zu veröffentlichen. Als Versionen können diese Stücke bezeichnet werden, weil sie mehr oder weniger erkennbare Spuren derjenigen musikalischen Elemente enthalten, auf die sie sich beziehen. Je nach Genre oder Künstler kommen in einem einzelnen Stück auch mehrere dieser Praktiken zum Einsatz; sie schließen sich nicht gegenseitig aus. Versionierungspraktiken können wiederum danach unterschieden werden, ob sie musikalische Materialien direkt als Klangobjekte übernehmen (Sampling, Remixing, DJing) oder ob sie ein komplettes Stück oder eine Passage daraus mit neuer Instrumentierung einspielen (Covering, Interpolation, teilweise auch Medleys). Daneben sind natürlich auch Praktiken zu nennen, die sich lose an einen bestimmten Stil oder eine musikalische Ära anlehnen, ohne dass daraus immer eine eindeutige Referenz an ein bestimmtes Stück abzulesen wäre.

In der digitalen Produktion populärer Musik spielt das Sampling eine besonders herausragende Rolle, es gilt mittlerweile als „Standardtechnologie der Musikproduktion" (Kawohl und Kretschmer 2006, S. 204). Verschiedene Genres wie HipHop, House, Techno, Drum'n'Bass, Dubstep und verwandte sind aus der technischen Innovation der digitalen Sampler hervorgegangen, mit denen es ab den 1980er Jahren möglich wurde, kurze Passagen existierender Klänge aus ihren ursprünglichen Zusammenhängen zu lösen, als digitale Kopien abzuspeichern und anschließend in neuen Variationen und Kombinationen abzuspielen (vgl. Mikos 2003, S. 74). Das Ausschneiden und Wiedereinfügen von Samples avancierte zu einem künstlerischen Prinzip in der Musik (vgl. Diederichsen 2006, S. 396) und sorgte für die praktisch-technische Grundlage der musikalischen Remix-Kultur. Daneben wurde im Sinne einer Innovation (vgl. Rammert 2010) durch das Sampling eine Reihe von Veränderungen angestoßen wie die Aufwertung des fremdreferenziellen Klangs hin zu einer relevanten musikalischen Kategorie, die Umwidmung des Loops zu einer Grundstruktur populärer Musikgenres oder das *Sample-Clearing* als Praxis zur Vermeidung von Urheberrechtsprozessen (vgl. Fischer 2013). Denn ab den 1990er Jahren häuften sich die Rechtsstreitigkeiten vor Gericht, als gesampelte Musiker und Labels begannen, die Urheberrechte ihrer Musik zu beanspruchen, Nachlizenzierungen einzuklagen oder sogar für die Vernichtung von Tonträgern zu sorgen, die nicht-lizenzierte Samples enthielten (vgl. Rose 1994, S. 90; Sewell 2014). Das vor- oder nachträgliche Sample-Clearing wurde so zu einem Element der zunehmend auf der Verwaltung von Urheberrechten basierenden Musikwirtschaft (vgl. Frith 1987) und zu einem relevanten finanziellen Faktor, den Produzenten und Labels in der Bilanz eines Labels zu berücksichtigen haben (vgl. McLeod und DiCola 2011; Demers 2006).

4.1 Der Status von Sampling und Covering im deutschen Urheberrecht

Die urheberrechtliche Behandlung von Sampling und Covering fällt in Deutschland äußerst unterschiedlich aus: Sampling wird im Sinne einer Bearbeitung bestehender Werke, Covering im Sinne einer Aufführung dieser gefasst. Dies hat weitreichende rechtliche Konsequenzen für das Verhältnis von Anreiz und Hemmnis in der schöpferischen Produktion (vgl. Woodmansee 2006, S. 294). Denn das deutsche Urheberrechtsgesetz (UrhG) beruht auf einem tendenziell singulär gedachten Schöpferverständnis (vgl. Salagean 2008, S. 177; Peifer 2008, S. 90) und spricht dem *Werk* als dem materialisierten Ergebnis schöpferischer Tätigkeit eine herausragende Rolle zu. Dieses darf ohne Einwilligung des Urhebers gegen Zahlung einer Lizenzgebühr zwar aufgeführt, nicht aber bearbeitet werden (vgl. Kawohl und Kretschmer 2006, S. 203). Urheberrechtlich schutzfähig im Sinne des § 2 Abs. 2 UrhG sind dabei nur solche Erzeugnisse, die als persönliche Schöpfung eines Menschen mit geistigem Gehalt, wahrnehmbarer Form und einem ausreichenden Maß an Individualität ausgestattet sind (vgl. Dreier und Nolte 2006, S. 47). Die urheberrechtlichen Hürden für das Sampling werden bei Frédéric Döhl (in diesem Band) unter den Prinzipien des „Verblassen-Gebots", des „starren Melodienschutzes" und des „Replay-Gebots" ausführlich diskutiert.

Die derivative Veränderung dieser Werke wird vor allem in §§ 23 und 24 UrhG geregelt. In § 23 Abs. 1 UrhG heißt es: „Bearbeitungen oder andere Umgestaltungen des Werkes dürfen nur mit Einwilligung des Urhebers des bearbeiteten oder umgestalteten Werkes veröffentlicht oder verwertet werden." Ohne Einwilligung des Urhebers hingegen ist eine Bearbeitung nur dann rechtlich zulässig, wenn eine eigene Schöpfungshöhe erreicht wird. Diese Hürde ist in § 24 Abs. 1 UrhG festgelegt und firmiert unter dem Stichwort „Freie Benutzung": „Ein selbständiges Werk, das in freier Benutzung des Werkes eines anderen geschaffen worden ist, darf ohne Zustimmung des Urhebers des benutzten Werkes veröffentlicht und verwertet werden." Das bedeutet, dass das von einem bestehenden Werk abgeleitete Stück selbst Werkcharakter erreichen muss, um genehmigungsfrei und schutzfähig zu werden. Das Urheberrecht lässt hier einen deutlichen Imperativ zur Kreativität erkennen, die vor allem kontributionalistisch gedacht ist. Nur *spurlose*, also eigenständige künstlerische Produkte werden als Werke anerkannt und können dem gesellschaftlichen Kanon hinzugefügt werden. Die Züge des verwendeten Originals müssen – auch wenn nur ein kurzer Ausschnitt entnommen wurde – in dem abgeleiteten Werk so weit hinter dem neu entstandenen Werk zurücktreten, dass sie „verblassen" (Bullinger 2014, S. 379). In § 24 Abs. 2 wird diese Restriktion für den Bereich der Musik sogar noch verschärft, wenn es dort heißt: „Absatz 1 gilt nicht für die Benutzung eines Werkes der Musik, durch welche eine Melodie erkennbar dem Werk entnommen und einem neuen Werk zugrunde gelegt wird." Wie sich unschwer erkennen lässt, führt diese Ausnahme zu weitreichenden Konsequenzen für die Musikproduktion: „Der sogenannte starre Melodienschutz macht freie Benutzung von Musikwerken praktisch unmöglich" (Bullinger 2014, S. 382).

Neben den Restriktionen, die sich aus den Prinzipien des Verblassens und des starren Melodienschutzes ergeben, muss mit den verwandten Schutzrechten des Leistungsschutzrechts noch eine weitere Ebene bei der Benutzung von Samples berücksichtigt werden. Im Bereich der Musik ist das Leistungsschutzrecht nicht an die Erfüllung einer persönlichen geistigen Schöpfung geknüpft. Es deckt vielmehr die vor allem wirtschaftlichen Leistungen von Musikverlagen und Tonträgerherstellern ab, die mit den Werken in Verbindung stehen. In § 85 Abs. 1 UrhG wird dem Hersteller eines Tonträgers das ausschließliche Recht zugesprochen, „einen Tonträger zu vervielfältigen, zu verbreiten und öffentlich zugänglich zu machen." Durch diese Regelung ist der Tonträger als solcher in vollem Umfang urheberrechtlich geschützt und die Entnahme jeglichen Ausschnitts aus diesem kann als Urheberrechtsverletzung geahndet werden.

Ein Beispiel: 1997 bediente sich der Musikproduzent Moses Pelham für den Song *Nur mir* eines etwa zwei Sekunden langen Ausschnitts von Kraftwerks *Metall auf Metall*. Kraftwerk klagte gegen Pelhams Sampling und erhielt 2012 vom Bundesgerichtshof Recht zugesprochen (BGH-Urteil *Metall auf Metall II*). Die direkte Übernahme des metallisch-industriell klingenden Doppelschlags hatte das Leistungsschutzrecht Kraftwerks verletzt. Seine Begründung fundierte der Bundesgerichtshof dabei zudem mit dem „Replay-Gebot" und der „Freien Benutzung":

> „Eine entsprechende Anwendung des § 24 Abs. 1 UrhG ist […] bei der Benutzung fremder Tonaufnahmen ausgeschlossen, wenn es einem durchschnittlich ausgestatteten und befähigten Musikproduzenten zum Zeitpunkt der Benutzung der fremden Tonaufnahme möglich ist, eine eigene Tonaufnahme herzustellen, die dem Original bei einer Verwendung im selben musikalischen Zusammenhang aus Sicht des angesprochenen Verkehrs gleichwertig ist."
> (Bundesgerichtshof 2012, S. 16)

Im Mai 2016 hob das Bundesverfassungsgericht diese Entscheidung allerdings wieder auf. Damit gab es der Verfassungsbeschwerde, die Pelham zusammen mit anderen Klägern eingereicht hatte, statt und stärkte die Kunstfreiheit gegenüber einer allzu restriktiven Auslegung von Leistungsschutzrechten (2017). Im Juni 2017 wird der Bundesgerichtshof sein überarbeitetes Urteil veröffentlichen. Bis dahin befindet sich Sampling in einer unklaren Situation, da wegen des fehlenden überarbeiteten Urteils des Bundesgerichtshofs keine Rechtssicherheit vorliegt.[3]

Für das Covering ganzer Stücke gilt in Deutschland eine andere rechtliche Situation, die im Gegensatz zum Sampling auch als sehr eindeutig und rechtssicher gilt. Solange die kompositorischen Festlegungen eines Werks hinsichtlich Melodie, Rhythmus, Gesang, Text und Aufbau in der Neueinspielung nicht verändert werden, liegt keine Bearbeitung vor. Eine solche originalgetreue Coverversion kann genehmigungsfrei bei der Gesellschaft für musikalische Aufführungs- und mechanische Vervielfältigungsrechte (GEMA) unter dem Titel des Originalwerks registriert und zugunsten der Originalurheber beziehungsweise -verlage abgerechnet werden. Eine Coverversion wird also in diesem Sinne als öffentliche Aufführung eines bestehenden Werks unter der Bedingung erlaubt, dass den Urhebern eine Vergütung zukommt. Die GEMA-Registrierung sorgt in diesem Fall für Rechtssicherheit und eine Vergütungsstruktur (vgl. Pendzich 2004, S. 155). So veröffentlichte der Schlagersänger Heino 2013 das Album *Mit freundlichen Grüßen (Das verbotene Album)*, das auf Platz 1 der deutschen Albumcharts kletterte und ausschließlich von ihm nachgesungene Coverversionen von Künstlern wie Die Ärzte, Absolute Beginner oder Marius Müller-Westernhagen enthielt. Text, Melodie und Rhythmus wurden vollständig und originalgetreu übernommen, dabei lediglich neu instrumentiert (vgl. Borcholte 2013). Die beiden Beispiele von Moses Pelham und Heino verdeutlichen die unterschiedliche rechtliche Situation und ihre Konsequenzen für die Veröffentlichung und Verwertung von Musik. Vor dem Hintergrund der unterschiedlichen urheberrechtlichen Lagerungen von Sampling und Covering erscheint das originalgetreue Nachspielen ganzer Titel damit unproblematischer als die Entnahme eines – egal wie kurzen – Ausschnitts. Heinos Coveralbum umgeht auf geschickte Weise das urheberrechtliche Problem und macht es sich gleichzeitig zunutze: Der Titel *Das verbotene Album* markiert die Konfliktlinie, die in diesem Feld entsteht und verwendet sie als Marketing-Gag. Denn Heinos Album war natürlich keineswegs verboten, es spielte lediglich mit dem Anschein des Halbseidenen, um Aufmerksamkeit zu erzielen.

---

[3] Dieser Artikel berücksichtigt die deutsche Rechtsprechung zum Sampling bis April 2017.

4.2 Urheberrecht und Kreativität in der Remix-Kultur

Das dem Urheberrecht zugrunde gelegte Kreativitätsverständnis ist explizit auf die Herstellung von Neuerungen gemünzt, die sich durch eine hohe eigene Individualität auszeichnen. Die für die Anerkennung von Musikwerken festgelegten Kriterien nehmen den Schutz der Abgeschlossenheit eines Werkes als Fokus. Dass gerade in der musikalischen Remix-Kultur das erkennbare Zusammenführen von Samples, Melodiegängen, Rhythmen, musikalischen Phrasen und anderen Elementen zu einem ästhetisierten Nebeneinander von Alt und Neu führt, lässt daher vielfältige rechtliche, ökonomische und künstlerische Probleme entstehen.

Die Abgeschlossenheit des Werkes wird in der Remix-Kultur offensiv herausgefordert, wenn existierende Werke nicht als abgeschlossen und unangreifbar, sondern als offen und polysemantisch betrachtet werden. Es gilt, ihnen unbekannte Seiten abzuringen, die wiederum in neue Werke überführt werden können. In Anlehnung an Boris Groys (1992) kann das Zusammenbringen von Alt und Neu innerhalb eines Kunstwerks mit der Denkfigur der inneren Spannung beschrieben werden. Für Groys sind Kunstwerke immer in sich gespalten, da sie verschiedene Wertschichten enthalten, die auf profane Elemente genauso verweisen wie auf kulturell tradierte. Diese Wertschichten können „nicht vollständig miteinander verschmelzen". Die Wirkung eines Kunstwerks entsteht daher „nicht aus einem äußeren, wertfreien Prinzip, sondern aus der Spannung zwischen verschiedenen Wertebenen in sich selbst: Je größer diese Spannung, desto größer ist auch die Wirkung. Daher haben gerade jene Werke, in denen sich der höchstmögliche kulturelle Anspruch mit den profansten, unbedeutendsten, wertlosesten Dingen verbindet, eine besonders starke Ausstrahlung" (Groys 1992, S. 70).

Zwar kreist Groys mit seinem Begriff der Spannung mehr das Verhältnis von Profanität und Hochkultur ein, welches er in jedem Kunstwerk verankert sieht. Etwas allgemeiner gedacht kann die Denkfigur der inneren Spannung aber auch als generelles Prinzip der Remix-Kultur gedeutet werden: Denn die Praktiken von Sampling und Remix in Musikkulturen und digitalen Gemeinschaften lassen das Alte im Neuen erkennbar bleiben. Es geht nicht darum, das Alte zu überwinden oder zu negieren, um etwas spurloses Neues zu schaffen. Das Alte wird vielmehr aktualisiert, in einen neuen Rahmen eingefügt, als Referenz angeführt oder auf neue Weise miteinander verbunden, sodass sich etwas Neues ereignet, das aber gleichermaßen die Spuren des Alten konserviert und erkennbar lässt. Altes und Neues gehen eine Verbindung miteinander ein, ohne sich gegenseitig auszuschließen. Sie behalten die Spannung, die durch ihre Vereinigung entsteht, als künstlerischen Aspekt bei. Dieses spannende Nebeneinander von Alt und Neu macht den Kern der Remix-Kultur aus (vgl. Djordjevic und Dobusch 2014).

Die Praktiken des wechselseitigen Zugriffs auf fremdes musikalisches Material stellen sicher, dass innerhalb der Remix-Kultur fortwährend neue Deutungen, Semantiken, Referenzen und ästhetisierte Herstellungsweisen hervorgebracht, bewertet und verändert werden. Die innerhalb einer Remix-Kultur verhandelte Neuheit adressiert allerdings eine ganz andere Schöpfungshöhe als diejenige aus dem Urheberrecht. Es geht gerade nicht um ein Verblassen und Zurücktreten der verwendeten Materialien, sondern um die je nach Genre unterschiedlich artikulierte Neu-Kontextualisierung und „transformative Appropriation" (Demers 2006, S. 27) von Samples. Beispielsweise werden in verschiedenen Spielarten des Hip-Hop die benutzten Samples bewusst *als* Samples ausgestellt, um damit die Historizität und Authentizität der Produktion hervorzuheben (vgl. Pelleter und Lepa 2007) oder vergessene Musiken wiederzubeleben (vgl. Reynolds 2012, S. 292). Das britische Genre Drum'n'Bass beruht in seinem rhythmischen Grundkonstrukt auf einigen wenigen Breakbeat-Samples aus Funk und Soul, die mit den Technologien der digitalen Musikproduktion in den 1990er Jahren tausendfach variiert und aktualisiert wurden (vgl. Kösch 1999). Und im Bereich des Mashup-Genres dreht sich alles um den Gedanken, bisher unverbundene Popmusik miteinander zu verbinden. Das *Grey Album* von Dangermouse bspw. führt die A-cappella-Spuren des *Black Album* des Rappers Jay-Z mit Samples aus dem *White Album* der Beatles zusammen (vgl. Döhl 2014).

Im Gegensatz zur Vielfalt der sozialwissenschaftlichen Ansätze erscheint das urheberrechtliche Kreativitätskonzept einseitig, verengt und unterkomplex, da es sich einem Originalitätsgedanken verpflichtet fühlt, das Werke als singuläre, unabhängige Einheiten konzipiert und aufsattelnde, derivative Nutzungen durch die verschiedenen Hürden praktisch ausschließt. Die einzelnen Schattierungen von Kreativität, die zum Beispiel Praktiken des Suchens, Entdeckens, Zusammenführens, Aktualisierens und Umwidmens berühren, werden im Grunde nicht abgebildet. Sie werden vielmehr zugunsten eines gravierenden Neuheitsimperativs marginalisiert, der als Verlängerung einer wirtschaftlich produktiven Fortschrittsidee gedeutet werden kann. Neben der Schöpfungshöhe wiegen die leistungsschutzrechtlichen Implikationen, das *Replay-Gebot* und der *starre Melodienschutz* so schwer, dass Sampling ohne Genehmigung in den meisten Fällen illegal ist, obwohl es seit Jahrzehnten in vielen Musikkulturen einen legitimen Status innerhalb der Musikproduktion hat. Für professionell agierende, mit Sampling arbeitende Musikproduzenten bleibt daher ein gründliches „Copyright-Management" (Morey 2012) von Urheber- *und* Leistungsschutzrechten notwendig. Manche Labels beschäftigen Anwälte, die Empfehlungen dazu abgeben, welche Samples in welcher Form verwendet werden können oder nicht. So erklärte der US-amerikanische HipHop-Produzent RJD2 in einem Interview die Clearing-Strategie seines Labels:

"Das Label hat eine Anwältin angeheuert, um das rechtliche Risiko abzuschätzen. Wenn ich eine Platte mache, schildere ich ihr genau, was alles darauf ist, wo es herkommt, wer performt und wer es geschrieben hat. Das ist ein sehr auslaugender Prozess, an dessen Ende sie sagt: ‚Ok, das Risiko ist so und so hoch.' Danach liegt es dann an uns zu entscheiden, ob wir das Risiko eingehen oder nicht."
(RJD2; zitiert nach Simon 2005, S. 57)

Der Zusammenhang von musikalischer Versionierungspraxis und rechtlichen Implikationen war bereits Thema einiger Studien aus dem englischsprachigen Raum. So untersuchte der Jurist Michael Schuster am Beispiel des Musikproduzenten Girl Talk den ökonomischen Einfluss samplingbasierter Stücke auf die gesampelten Originale. Girl Talk hatte für sein sehr erfolgreiches Mashup-Album *All Day* aus dem Jahre 2010 zahlreiche bekannte Popsongs gesampelt, miteinander kombiniert und die Originalspuren dabei deutlich erkennbar gelassen. Das Album erschien auf seinem eigenen Label *Illegal Art*. Schuster lieferte in seiner statistischen Untersuchung den Nachweis, dass sich die gesampelten Originale im Jahr nach Girl Talks Veröffentlichung nicht etwa schlechter, sondern signifikant besser verkauften (vgl. Schuster 2013, S. 38). Die hohen Hürden des Sample-Clearings und ihre Implikationen für die Produktion, Veröffentlichung und Verwertung von derivativer Musik wurden auch von den Juristen Kembrew McLeod und Peter DiCola beschrieben. Sample-Clearing ist dabei grundsätzlich als Verhandlungsprozess zwischen den beteiligten Parteien zu verstehen, denn die Lizenzgebühren können beliebig hoch angesetzt oder auch abgelehnt werden. McLeod und DiCola konnten in ihrer quantitativen Analyse zeigen, dass berühmte samplingbasierte Alben von den Beastie Boys und Public Enemy aus den frühen 1990er Jahren heute wegen des immensen Zeit- und Geldaufwands für das Sample-Clearing nicht mehr veröffentlicht werden könnten: „Neither album would be commercially practical to release" (McLeod und DiCola 2011, S. 210). Zwar liefern beide Studien erste Indizien für die rechtlich-ökonomische Komplexität des Themas. Allerdings können sie aufgrund ihres quantitativen Untersuchungssettings keine fundierte Aussage über die Realität der musikalischen Produktions- und Verwertungsstrategien im Zusammenhang mit dem Urheberrecht treffen.

Einem qualitativen Zugang folgend wurde unter der Leitung des Musikwissenschaftlers Keith Negus mit *CREATe* ein mehrjähriges Forschungsprojekt aufgebaut, das zum Zusammenhang von Copyright und neuen Geschäftsmodellen forscht und dabei Vertreter von Rechts-, Wirtschafts-, Sozial-, Musik- und Medienwissenschaften zusammenbringt. Vor dem Hintergrund, dass Musikproduzenten im Entstehungs- und Verwertungsprozess von Musik zwar eine entscheidende Rolle spielen, in der Forschung aber unterrepräsentiert sind (vgl. Negus et al. 2014; Negus und Pickering 2004, S. 60), wurden in einer Teilstudie narrative Interviews mit britischen Musikproduzenten durchgeführt. Die Ergebnisse belegen, dass Musikproduzenten pragmatische und trotzdem sehr differenzierte ethische Einstellungen bezüglich der Aneignung musikalischen Fremdmaterials und im Umgang mit rechtlichen Problemen entwickelt haben (vgl. Street und Phillips 2014). Ebenfalls auf Basis qualitativer Interviews mit britischen Produzenten elektronischer Tanzmusik kommt Justin Morey zu dem Resultat, dass diese sich einem komplexen und strapaziösen „Copyright-Management" unterwerfen, um ihre Musikstücke vermarkten zu können (Morey 2012).

Entgegen dieser verformenden und verhindernden Effekte zeigte Joseph Schloss im Rahmen seiner ethnografischen Untersuchung mit Interviews und teilnehmender Beobachtung, dass die tatsächlichen Stategien der Musikproduktion in Spielarten des US-amerikanischen HipHop mitunter nur bedingt vom Copyright beeinträchtigt werden. Auch wenn die betreffenden Stücke kaum öffentlich publiziert, geschweige denn ökonomisch verwertet werden könnten, so signalisiere das bewusste Ignorieren rechtlicher und ökonomischer Implikationen auf symbolischer Ebene künstlerische Konsequenz und weise den Musikproduzenten als authentisch aus:

> „Nevertheless, sample clearance – in principle – has little effect on how people produce records. Many producers, for example, make beats that they know in advance will be impossible to clear. ‚I'll make something, and loop a bunch of stuff from one record, and put it on my tape. And shut the sampler off and erase it. [...] I have a song [...] where I looped a four-bar loop, which is something I don't do that often. But I just did it 'cause it sounded cool. [...] I like the beat, I just didn't wanna save it, 'cause it was a four-bar loop' (King Otto 1998). While such songs are not released, they are valued precisely as an indicator that a producer's work is unfettered by legal or monetary restrictions. The fact that producers make music that they cannot sell shows their lack of concern for the marketplace."
> (Schloss 2004, S. 180, Herv. i. Org.)

Schloss bringt damit die genrehafte und subkulturelle ‚Ethik' der Musikproduktion in ein präzises Verhältnis zum ökonomischen und rechtlichen Verwertungssystem und erklärt diesen Zusammenhang aus dem Selbstverständnis der HipHop-Kultur heraus. Auch wenn das Copyright nur ein Nebenschauplatz seiner Studie ist, tritt er dank des ganzheitlichen ethnografischen Ansatzes einem Verzerrungseffekt entgegen, der durch bloße Interviews induziert werden kann. Denn wie auch Philip Stade erläutern konnte, wird das sensible Thema von urheberrechtlicher Verwicklung und der Einschränkung von Kreativität bisweilen als ideologische

Plattform oder sogar als Marketingkonzept genutzt, um sich in Diskurs und Markt zu positionieren (vgl. Stade 2014a, b).

In einer historischen Analyse registrierte Amanda Sewell, deren Studie eine zeitliche Periode von etwa einem Jahrzehnt abdeckt, ein Nachlassen von identifizierbaren Samples im US-amerikanischen HipHop der 1990er sowie vereinzelte Strategien zur Umgehung rechtlicher Probleme. Diese Strategien berühren einerseits ästhetische Veränderungen der Musik selbst durch Verfremdungstechniken, die Benutzung von *Sound-a-likes* oder das strategische Weglassen bestimmter ‚heikler' Samples (Sewell 2014). Bei McLeod und DiCola wiederum werden organisationale Veränderungen in Bezug auf Vermarktung und Distribution von samplingbasierten Musikstücken vermutet, wie durch die Verwendung von Pseudonymen, unlizenzierten Pressungen (*White Labels*) oder anderen Strategien zur Limitierung des eigenen Erfolgs, die als „flying below the radar" (2011, S. 196) klassifiziert werden können. Im Internet finden sich auch Indizien für ein strategisches Wissensmanagement zur Vermeidung rechtlicher Probleme. So bietet die Website dontsample.me eine Liste ‚heikler' Samples an, von denen man annimmt oder weiß, dass die Rechteinhaber dazu neigen, rechtlich gegen das Sampling ihrer Stücke vorzugehen.

Den einzelnen Rechtsräumen von USA, Großbritannien und Deutschland liegen unterschiedliche Rechtsverständnisse zugrunde, sodass diese in entscheidenden Punkten divergieren, bspw. in Bezug auf *Fair Use* (Kreutzer 2014) oder auf das Autorverständnis (vgl. Ginsburg 2003). Daher können Übertragungen und Rückschlüsse für den deutschen Rechtsraum nicht ohne Weiteres vorgenommen werden. Die genannten Studien zeigen aber, dass im englischsprachigen Ausland eine differenzierte wissenschaftliche Auseinandersetzung mit der urheberrechtlichen Regulierung von Musikproduktion und -verwertung stattfindet, die in der deutschen Forschung bis dato nahezu ausgeblieben ist. So plädierte Oliver Kautny in einem Schwerpunktband zum Thema *Sampling im HipHop* der populärmusikwissenschaftlichen Zeitschrift *Samples* für eine „analytische Grundlagenforschung im Bereich des Samplings", äußerte aber gleichermaßen wegen rechtlicher Verwicklungen die „Befürchtung, Wissenschaftler könnten durch ihre Analysen die HipHop-Produzenten und ihre möglicherweise illegal genutzten Quellen gegenüber den Copyright-Anwälten der Majorkonzerne ‚verraten'" (Kautny 2010, S. 6f.). In der Folge werden in dem Schwerpunktband zwar einige Produktionsstudien von Musikproduzenten selbst vorgelegt, das Thema Urheberrecht wird aber bewusst vollständig ausgeblendet. Auch in öffentlichen Interviews mit professionellen Musikproduzenten werden die tatsächliche Produktionspraxis und das damit verbundene (Spezial-)Wissen meist nur oberflächlich angedeutet, mit Allgemeinplätzen umschrieben oder gänzlich verborgen. Leonhard Dobusch vergleicht diese Informationskluft aufgrund seiner Erfahrung von zahlreichen Interview-Ablehnungen sogar mit einer tabuisierenden „Don't ask, don't tell"-Logik (2014, S. 17). Mit den Prinzipien einer „forensischen Popmusikanalyse" skizziert Helmut Rösing schließlich eine weitere Herangehensweise, um „ein urheberrechtlich geschütztes Original und ein später entstandenes Stück, in dem angeblich urheberrechtlich geschütztes Material Verwendung gefunden hat" (2012, S. 259) in einen Vergleich miteinander zu bringen. Dieser Vergleich auf musikalischer Mikroebene findet notwendigerweise *ex post*, also an den finalen Musikproduktionen statt. Der Ansatz kann daher kaum die flüssigen Herstellungspraktiken der Popmusik, sondern hauptsächlich die geronnenen Klangstrukturen einfangen und analysieren.

5 Von der Umgehung der Kreativität zur *Kreativität der Umgehung*?

Die Zusammenschau der unterschiedlichen Studien bestätigt Simon Reynolds' Eindruck, dass die intellektuellen Debatten um das Sampling zumeist um dessen Legitimation kreisen (vgl. Reynolds 2012, S. 287). Dies wird in vielen Fällen damit begründet, dass die Praxis des Samplings nach wie vor eher mit Vorwürfen des Diebstahls geistigen Eigentums oder mit handwerklicher Faulheit assoziiert wird als mit Kreativität. Sampling, so das typische Argument in diesem Zusammenhang, verweise nicht auf die Kreativität eines Produzenten, sondern eben genau auf deren Umgehung: Es wird nichts Neues hergestellt, sondern lediglich Erfolgreiches imitiert.

Im Überblick der einzelnen Studien scheint jedoch ein weiterer Aspekt auf, den ich als *Kreativität der Umgehung* bezeichnen möchte. Die Annahme einer solchen Umgehungskreativität speist sich aus der Vermutung, dass es in Situationen hoher urheberrechtlicher Restriktivität und Unsicherheit notwendig wird, neue Wege in der Produktion und Veröffentlichung von samplingbasierter Popmusik einzuschlagen, also „ways to use interesting material without detection" zu finden, wie Tricia Rose (1994, S. 93) es formuliert. Aus dieser grundsätzlichen Vermutung ließe sich die interessante Frage ableiten, ob sich Strategien der Umgehung in signifikanter Weise etablieren oder sich gar auf die Klangästhetik der Stücke niederschlagen können. Die kreativen Praktiken des Samplings, die sich aus der Rekontextualisierung, produktionstechnischen Kniffen wie dem Transponieren von Tönen, der Schichtung von Samples oder ihrem Rearrangement zeigen, wären damit flankiert von einer komplementären Kreativität der Umgehung urheberrechtlicher Schwierigkeiten. Diese würde eine regelrechte Dialektik im Verhältnis von Urheberrecht und Kreativität ins Spiel bringen. Denn so wäre nicht nur eine Kreativität der starken Abweichung in der Werkherstellung präsent, wie sie etwa das Urheberrecht verlangt, sondern eine tendenziell dagegen gerichtete Strategie versteckter Bezugnahme als Schattenpraktik etabliert. Weitere Topoi der Umgehung könnten etwa sein: die proxygestützte technische Umgehung des sogenannten *geoblocking* auf Plattformen wie YouTube und ähnlichen; die Umgehung der algorithmischen Identifizierung von geschütztem *content* auf Plattformen wie SoundCloud durch produktionstechnische Kniffe wie Tonhöhentransponation oder kurze künstliche Pausen innerhalb der Stücke; das Verstecken, Verfremden und Entstellen von Samples aus urheberrechtlichen Gründen; die Umgehung von Schwierigkeiten im Veröffentlichungsprozess durch Benutzung von Pseudonymen oder unlizenzierten Pressungen; das Ausweichen auf bestimmte Quellen wie gemeinfreies Material, *pre-cleared* Samples oder auf besonders obskure oder unbekannte Urheber.

Bisherige Arbeiten zum Verhältnis von Urheberrecht und Kreativität möchten vor allem darauf aufmerksam machen, wie das Urheberrecht Kreativität erschwert oder verhindert. Dabei wird jedoch meist von einem allgemeinen, sehr unspezifischen Kreativitätsverständnis ausgegangen (vgl. Vaidhyanathan 2011; Towse 2006; Peifer 2008; Demers 2006), das mithilfe des hier vorgestellten konfigurationalen Ansatzes differenziert und damit erhellt werden könnte. So kann gezeigt werden, an welchen Stellen des Produktionsprozesses es zu urheberrechtlichen Verwicklungen und ökonomischen Problemen kommt – und mit welchen Strategien diesen Schwierigkeiten wiederum kreativ begegnet wird, um die künstlerische Produktivität aufrechtzuerhalten. Die Black-Box-Musikproduktion kann mit einem mehrseitigen Verständnis von Kreativität dabei wie folgt angewendet werden:

In explorativen Situationen der Musikproduktion werden neue Samples entdeckerisch gehört, ausprobiert, auf mögliche Anschlüsse erforscht und innerhalb neuer musikalischer Zusammenhänge rekonstruiert. Dieser Prozess kann als kreativer Konsum von existierenden Klangkontinuen beschrieben werden, der auf den *Kairos*, also den richtigen Augenblick eines Liedes wartet, um ein Sample noch im Moment seines Erklingens innerhalb eines neuen musikalischen Zusammenhangs zu imaginieren und seine Potenzialität *als* Sample auszuloten. Dieser offene, spielerische Prozess kann gleichfalls mit der kontributionalistischen Seite der Kreativität in Verbindung stehen, wenn die entstehenden Stücke vor dem Hintergrund eines adressierten Genres in bestimmter Weise abgeprüft werden. Die damit verbundene Kreativität orientiert sich an den herrschenden Regeln der Domäne und reizt sie mit der gewünschten Dosis Neuheit aus. Durch verschiedene Techniken der Musikproduktion können Samples gleichermaßen in ihrem semantischen Charakter verändert werden, bspw. wenn sie als kontinuierliche Schleifen (Loops) abgespielt, entscheidend in ihren klanglichen Charakteristika verändert oder bewusst aus einem hegemonialen Zusammenhang gerissen und damit symbolisch rekodiert werden. Innerhalb der verschiedenen Stationen der Musikproduktion könnte dann danach gefragt werden, wie sich die Anforderungen des Urheberrechts bemerkbar machen und eventuelle Routinen stören, verändern oder marginalisieren.

Um die angesprochenen Topoi der Umgehung erforschen und die aufgeworfenen Fragen fundiert beantworten zu können, bedarf es weiterer Forschung, die die tatsächliche Praxis der Musikproduktion mit adäquaten Mitteln untersucht. Erst durch Ergebnisse, die die Kultur und Prozesse der digitalen Musikproduktion von innen heraus erklären können, wäre die These von der Umgehungskreativität zu spezifizieren. Für diesen Zweck bietet es sich bspw. an, ethnografische und musikwissenschaftliche Methoden zu verbinden, die kulturell-genrehafte und innermusikalische Faktoren im Verhältnis zueinander abbilden können. Gleichermaßen würde eine integrierte Theorie der Kreativität von solch empirischer Forschung profitieren, indem sie an einem konkreten Fall die verschiedenen Seiten von Kreativität aufschlüsselt und überprüft.

Literatur

Adorno, T. (2003). *Philosophie der neuen Musik*. Frankfurt a.m.: Suhrkamp.
Appen, R. v. & Frei-Hauenschild, M. (2012). AABA, Refrain, Chorus, Bridge, PreChorus – Songformen und ihre historische Entwicklung. In: D. Helms & T. Phleps (Hrsg.), *Black Box Pop. Analysen populärer Musik* (S. 57–124). Bielefeld: transcript.
Barthes, R. (2000 [1968]). Der Tod des Autors. In: F. Jannidis et al. (Hrsg.), *Texte zur Theorie der Autorschaft* (S. 185–193). Stuttgart: Reclam.
Borcholte, A. (2013). Heinos Hit-Album. Der Unversöhnliche. http://www.spiegel.de/kultur/musik/spalten-statt-umarmen-warum-heinos-hit-album-gar-nicht-cool-ist-a-881630.html. Zugegriffen: 16. Februar 2014.
Bourdieu, P. (2001). *Die Regeln der Kunst. Struktur und Genese des literarischen Felds*. Frankfurt a.M.: Suhrkamp.
Bullinger, A. (2014). § 24 Freie Benutzung. In: A. Bullinger & W. Wandtke (Hrsg.), *Praxiskommentar zum Urheberrecht*. 4., neu bearbeitete Aufl. (S. 375–382). München: C. H. Beck.
Bundesgerichtshof (2012): Metall auf Metall II. Urteil I ZR 182/11 vom 13.12.2012. http://juris.bundesgerichtshof.de/cgi-bin/rechtsprechung/document.py?Gericht=bgh&Art=pm&sid=f3d522780ae6802dd56a2d57befdb51a&nr=64004&linked=urt&Blank=1&file=dokument.pdf. Zugegriffen: 2. Januar 2013.
Bundesverfassungsgericht (2016): Urteil des Ersten Senats vom 31. Mai 2016 – 1 BvR 1585/13 – Rn. (1–125), http://www.bundesverfassungsgericht.de/SharedDocs/Entscheidungen/DE/2016/05/rs20160531_1bvr158513.html. Zugegriffen: 3. April 2017.
Csíkszentmihályi, M. (1990*). Flow. The psychology of optimal experience*. New York: Harper & Row.
Csíkszentmihályi, M. (1999). Implications of a systems perspective for the study of creativity. In: R. Sternberg (Hrsg.), *Handbook of creativity* (S. 313–335). Cambridge: University Press.
Deines, S. (2012). Wieviel Herkunft braucht die Zukunft? Zur Struktur reformistischer und revolutionärer kultureller Transformationen. In: S. Deines, D. Feige & M. Seel (Hrsg.), *Formen kulturellen Wandels* (S. 103–124). Bielefeld: transcript.
Demers, J. (2006). *Steal this music. How intellectual property law affects musical creativity*. Athen, London: University of Georgia Press.
DeNora, T. (1995). *Beethoven and the construction of genius. Musical politics in Vienna, 1792–1803*. Berkeley: University of California Press.
Dewey, J. (1934). *Art as Experience*. New York: Capricorn.
Diederichsen, D. (2006). Sampling und Montage. Modelle anderer Autorschaften in der Kulturindustrie und ihre notwendige Nähe zum Diebstahl. In: A. Reulecke (Hrsg.), *Fälschungen. Zu Autorschaft und Beweis in Wissenschaften und Künsten* (S. 390–405). Frankfurt a.M.: Suhrkamp.
Djordjevic, V. & Dobusch, L. (Hrsg.). (2014). *Generation Remix. Zwischen Popkultur und Kunst*. Berlin: iRights.Media.
Dobusch, L. (2014). Don't ask, don't tell: (K)ein Kommentar zum Thema Remix. In: V. Djordjevic & L. Dobusch (Hrsg.), *Generation Remix. Zwischen Popkultur und Kunst* (S. 5–21). Berlin: iRights.Media.

Dobusch, L. & Quack, S. (2010). Urheberrecht zwischen Kreativität und Verwertung. Transnationale Mobilisierung und private Regulierung. *Max-Planck-Institut für Gesellschaftsforschung Discussion Paper 10* (6). http://www.mpifg.de/pu/mpifg_dp/dp10-6.pdf. Zugegriffen: 13. Mai 2017

Döhl, F. (2014). Remaster, Remix, Remake the Beatles. Zur Relevanz der Differenz von Eigen und Fremd in ästhetischen Urteilen über referenzielle Musik. In: F. Döhl & R. Wöhrer (Hrsg.), *Zitieren, approprieren, sampeln. Referenzielle Verfahren in den Gegenwartskünsten* (S. 201–232). Bielefeld: transcript.

Don't Sample Me! (2014). http://dontsample.me. Zugegriffen: 30. August 2014.

Dreier, T. & Nolte, G. (2006). Einführung in das Urheberrecht. In: J. Hofmann (Hrsg.), *Wissen und Eigentum. Geschichte, Recht und Ökonomie stoffloser Güter* (S. 41–63). Bonn: bpb.

Figureoa-Dreher, S. (2014). „You're not going to play what you practiced ... Something else is going to happen". In: T. Zembylas (Hrsg.), *Artistic Practices. Social Interactions and cultural dynamics* (S. 78–90). London, New York: Routledge.

Fischer, G. (2013). Jäger und Sampler. Kreativität und Innovation am Beispiel des Samplings. Diplomarbeit am Fachbereich Soziologie der TU Berlin. http://jaegerundsampler.wordpress.com/2013/06/21/kreativitaet-und-innovation-des-samplings-diplomarbeit. Zugegriffen: 4. März 2017.

Fischer, G. (2014). Von Jägern und Samplern. Eine kurze Geschichte des Remix'. In: V. Djordjevic & G. Fischer (Hrsg.). *Generation Remix. Zwischen Popkultur und Kunst* (S. 69–78). Berlin: iRights.Media.

Frith, S. (1987). Copyright and the music business. *Popular Music, Vol. 7*, 57–75.

Foucault, M. (2000 [1969]). Was ist ein Autor? In: F. Jannidis et al. (Hrsg.), *Texte zur Theorie der Autorschaft* (S. 198–233). Stuttgart: Reclam.

Ginsburg, J. (2003). The concept of authorship in comparative copyright law. *Columbia Law School, Pub. Law Research Paper Nr. 51.*

Göttlich, U. (2006). *Die Kreativität des Handelns in der Medienaneignung. Zur handlungstheoretischen Kritik der Wirkungs- und Rezeptionsforschung.* Konstanz: UVK.

Goodwin, A. (1989). Sample and Hold. Pop Music in the Digital Age of Reproduction. In: S. Frith & A. Goodwin (Hrsg.), *On Record. Rock, Pop, and the Written Word* (S. 258–274). New York: Pantheon.

Gould, S. & Vrba, E. (1982). Exaptation – A missing term in the science of form. *Paleobiology, 8* (1), 4–15.

Groys, B. (1992). *Über das Neue. Versuch einer Kulturökonomie.* München, Wien: Carl Hanser.

Groys, B. (1997). *Logik der Sammlung. Am Ende des musealen Zeitalters.* München: Carl Hanser.

Hennion, A. (1989). An Intermediary between Production and Consumption: The Producer of Popular Music. *Science, Technology, & Human Values 14* (4), 400–424.

Hieber, L. (2012). Künstlerische und naturwissenschaftliche Kreativität. In: U. Göttlich & R. Kurt (Hrsg.), *Kreativität und Improvisation. Soziologische Positionen* (S. 263–93). Wiesbaden: VS.

Horkheimer, M. & Adorno, T. W. (1987): Kulturindustrie. Aufklärung als Massenbetrug. In: Horkheimer, M.: *Gesammelte Schriften. Bd. 5: „Dialektik der Aufklärung" und Schriften 1940–1950* (S. 144–196). Frankfurt a.M.: S. Fischer.

Hutter, M. (2011). Infinite Surprises: On the Stabilization of Value in the Creative Industries. In: J. Beckert & P. Aspers (Hrsg.), *The Worth of Goods. Valuation and Pricing in the Economy* (S. 201–220). Oxford: University Press.
Joas, H. (1996). *Die Kreativität des Handelns*. Frankfurt a.M.: Suhrkamp.
Kautny, O. (2010). Talkin' all that Jazz – Ein Plädoyer für die Analyse des Sampling im Hip-Hop. In: O. Kautny & A. Krims (Hrsg.), *Samples. Online-Publikationen der Gesellschaft für Popularmusikforschung*. Jg. 9. Schwerpunktthema Sampling im HipHop (S. 1–11). http://www.aspm-samples.de/Samples9/Kautny.pdf. Zugegriffen: 1. November 2014.
Kawohl, F. & Kretschmer, M. (2006). Von Tondichtern und DJs – Urheberrecht zwischen Melodieneigentum und Musikpraxis. In: J. Hofmann (Hrsg.), *Wissen und Eigentum. Geschichte, Recht und Ökonomie stoffloser Güter* (S. 189–220). Bonn: bpb.
Kristeva, J. (1972): Bachtin, das Wort, der Dialog und der Roman. In: J. Ihwe (Hrsg.), *Literaturwissenschaft und Linguistik. Ergebnisse und Perspektiven*. Bd. 3: Zur linguistischen Basis der Literaturwissenschaft II (S. 345–375). Frankfurt a.M.: Athenäum.
Kreutzer, T. (2014). Remix-Culture und Urheberrecht. In: V. Djordjevic & L. Dobusch (Hrsg.), *Generation Remix. Zwischen Popkultur und Kunst* (S. 43–68). Berlin: iRights. Media.
Kuhn, T. (1976). *Die Struktur wissenschaftlicher Revolutionen*. Zweite revidierte und um das Postskriptum von 1969 ergänzte Aufl. Frankfurt a.M.: Suhrkamp.
Kurt, R. (2012). Improvisation als Grundbegriff, Gegenstand und Methode der Soziologie. In: U. Göttlich & R. Kurt (Hrsg.), *Kreativität und Improvisation. Soziologische Positionen* (S. 165–186). Wiesbaden: Springer.
Kösch, S. (1999). Jungle. In: P. Anz & P. Walder (Hrsg.), *Techno* (S. 148–159). Reinbek: Rowohlt.
McLeod, K. & DiCola, P. (2011). *Creative License. The law and culture of digital sampling*. Durham, London: Duke University Press.
Merton, R. (1980): *Auf den Schultern von Riesen. Ein Leitfaden durch das Labyrinth der Gelehrsamkeit*. Aus dem Amerikanischen von Reinhard Kaiser. Frankfurt a.M.: Syndikat.
Miettinen, R. (2006). The Sources of Novelty: A Cultural and Systemic View of Distributed Creativity. *Creativity and Innovation Management 15* (2), 173–181.
Mikos, L. (2003). „Interpolation und Sampling": Kulturelles Gedächtnis und Intertextualität im HipHop. In: J. Androutsopoulos (Hrsg.), *HipHop: Globale Kultur – Lokale Praktiken* (S. 64–84). Bielefeld: transcript.
Morey, J. (2012). Copyright Management and its Effect on the Sampling Practices of UK Dance Music Producers. *Journal for the International Association for the Study of Popular Music 3* (2), 48–62.
Münch, R. (2004). Die Kreativität des Handelns. Hans Joas. In: R. Münch (Hrsg.), *Soziologische Theorie*. *Bd. 2. Handlungstheorie* (S. 329–346). Frankfurt a.M.: Campus.
Negus, K. & Pickering, M. (2004). *Creativity, Communication and Cultural Value*. London: SAGE.
Negus, K. et al. (2014). Digitisation and the Politics of Copying in Popular Music Culture. http://www.create.ac.uk/research-programme/theme-4/wp4c3-digitisation-and-the-politics-of-copying-in-popular-music-culture. Zugegriffen: 30. Juli 2014.
Peifer, K. (2008). Der Schutz des kreativen Menschen im Recht. Zwischen Vermögens- und Entfaltungsschutz. In: H. Schmidinger & C. Sedmak (Hrsg.), *Innovation – Kunst –*

Technik. Der Mensch – ein kreatives Wesen? (S. 87–99). Darmstadt: Wissenschaftliche Buchgesellschaft.
Pelleter, M. & Lepa, S. (2007). „Sampling" als kulturelle Praxis des HipHop. In: K. Bock et al. (Hrsg.), *HipHop meets Academia. Globale Spuren eines lokalen Kulturphänomens* (S. 199–214). Bielefeld: transcript.
Pendzich, M. (2004). *Von der Coverversion zum Hitrecycling. Historische, ökonomische und rechtliche Aspekte eines zentralen Phänomens.* Berlin: Lit.
Platzgumer, H. & Neidhart, D. (2012). *Musik = Müll.* Innsbruck: Limbus.
Popitz, H. (2000). *Wege der Kreativität.* 2., erweiterte Aufl. Tübingen: Mohr Siebeck.
Rammert, W. (2010). Die Innovationen der Gesellschaft. In: J. Howaldt & H. Jacobsen (Hrsg.), *Soziale Innovation. Auf dem Weg zu einem postindustriellen Innovationsparadigma* (S. 21–52). Wiesbaden: Springer.
Reckwitz, A. (2012). *Die Erfindung der Kreativität. Zum Prozess gesellschaftlicher Ästhetisierung.* Berlin: Suhrkamp.
Reynolds, S. (2012). *Retromania. Warum Pop nicht von seiner Vergangenheit lassen kann.* Mainz: Ventil.
Rösing, H. (2012). Forensische Popmusik-Analyse. In: D. Helms & T. Phleps (Hrsg.), *Black Box Pop. Analysen populärer Musik* (S. 257–277). Bielefeld: transcript.
Rose, T. (1994). *Black Noise. Rap music and black culture in contemporary America.* Hannover, London: Wesleyan University Press.
Salagean, E. (2008). *Sampling im deutschen, schweizerischen und US-amerikanischen Urheberrecht.* Baden-Baden: Nomos.
Salaverría, H. (2007). *Spielräume des Selbst. Pragmatismus und kreatives Handeln.* Berlin: Akademie.
Schloss, J. (2004). *Making beats. The art of sample-based hip-hop.* Middletown, Connecticut: Wesleyan University Press.
Schuster, M. (2013). Fair Use, Girl Talk, and Digital Sampling. An Empirical Study of Music Sampling's Effect on the Market for Copyrighted Works. *Oklahoma Law Review.* http://papers.ssrn.com/sol3/papers.cfm?abstract_id=2340235. Zugegriffen: 10. März 2014.
Sewell, A. (2014). How Copyright Affected the Musical Style and Critical Reception of Sample-Based Hip-Hop. *Journal of Popular Music Studies 26* (2–3), 295–320.
Simon, J. (2005). HipHop Urheberrecht. Die Rechtsprechung beeinflusst die Kunst. Hip-Hop würde anders aussehen, wenn Sampling frei wäre. Vier prominente Fälle. *De:Bug 89*, 56–57.
Stade, P. (2014a). „Copyrights are for losers" – How musicians present themselves with regard to copyright. Arbeitspapier für die 5. Vienna Music Business Research Days, Oktober 2014.
Stade, P. (2014b). „This video is not available in Germany": Online discourses on the German Collecting Society GEMA and Youtube. http://firstmonday.org/ojs/index.php/fm/article/view/5548/4127. Zugegriffen: 11. Oktober 2014.
Street, J. & Phillips, T. (2014). Intellectual Property Values: What Do Musicians Talk About When They Talk About Copyright? *CREATe Working Paper 2014/8.* http://www.create.ac.uk/publications/intellectual-property-values-what-do-musicians-talk-about-when-they-talk-about-copyright. Zugegriffen: 30. Juli 2014.
Towse, R. (2006). Copyright and creativity: An application of cultural economics. *Review of Economic Research on Copyright Issues 3* (2), 83–91.

Vaidhyanathan, S. (2011). *Copyrights and copywrongs. The rise of intellectual property and how it threatens creativity.* New York, London: New York University Press.
Warneken, B. (2006). *Die Ethnographie popularer Kulturen. Eine Einführung.* Wien: Böhlau.
Williams, R. (1965). *The Long Revolution.* London: Penguin.
Willis, P. (1981). *„Profane Culture". Rocker, Hippies. Subversive Stile der Jugendkultur.* Frankfurt a.M.: Syndikat.
Willis, P. (1991). *Jugend-Stile. Zur Ästhetik der gemeinsamen Kultur.* Hamburg, Berlin: Argument.
Woodmansee, M. (1984). The genius and the copyright: Economic and legal conditions of the emergence of the ‚author'. *Eighteenth-Century Studies 17* (4), 425–448.
Woodmansee, M. (2006). Das Urheberrecht als Anreiz/Hemmnis für die schöpferische Produktion. In: A. Reulecke (Hrsg.), *Fälschungen. Zu Autorschaft und Beweis in Wissenschaften und Künsten* (S. 291–306). Frankfurt a.M.: Suhrkamp.

Fesseln Produktionsverhältnisse Produktivkräfte?

Eine strukturierende Inhaltsanalyse des Verhältnisses von Postulaten und Umsetzungen zur Praxis der Bundesförderung von Zeitgenössischer Musik

Hendrik Neubauer

Zusammenfassung

Die Zeitgenössische Musik wird in Deutschland überwiegend öffentlich gefördert. Davon profitieren verschiedene Institutionen und Projekte. In diesem Zusammenhang wird die Annahme des Soziologen Theodor W. Adorno, dass Produktionsverhältnisse (wirtschaftliche Produktionsbedingungen, ideologische Produktionsbedingungen, musikalische Mentalität und Geschmack der Hörerinnen und Hörer) Produktivkräfte (musikalische Produktion, künstlerische und mechanische Reproduktion) fesseln würden (vgl. Adorno 1968, S. 258f.), aufgegriffen. Deshalb ist die Frage von Interesse, welche gesellschaftlichen Forderungen bezogen auf Produktivkräfte und Produktionsverhältnisse in den letzten Jahren von Institutionen und Projekten umgesetzt wurden. Dazu möchte die vorliegende Untersuchung Beobachtungen zum Verhältnis von Postulaten und Umsetzungen hinsichtlich der Praxis der Bundesförderung von Zeitgenössischer Musik systematisieren. Dabei wird die Methode der strukturierenden Inhaltsanalyse (vgl. Mayring 2002, S. 118ff.) angewendet. Das Material setzt sich aus Daten von sekundärstatistischen Erhebungen und qualitativen Diskursen zusammen. Im Ergebnis kann festgestellt werden, dass lediglich Teile von Produktionsverhältnissen Produktivkräfte der Zeitgenössischen Musik fesseln. Der Umfang der Zuwendungen führt zwar zu einer bestimmten Grundausstattung (insbesondere im Bereich der Erhaltung der Rundfunkklangkörper), und künstlerische Grundeinstellungen haben einen Einfluss auf die Ausrichtung der Produktion und Reproduktion, doch der Geschmack der Musikhörerinnen und -hörer bleibt im Zuge der Produktion und Reproduktion weitgehend unberücksichtigt. Die künstlerischen Grundeinstellungen begünstigen an dieser Stelle die Angebotsorientiertheit in Form von *meritorischer* Zeitgenössischer Musik. Die Ergebnisse bilden eine Grundlage für spätere Diskussionen zu möglichen Praxisveränderungen, welche bspw. Gegenstand einer Evaluation sein können.

Schlüsselbegriffe

Musik, Produktivkräfte, Produktionsverhältnisse, Inhaltsanalyse, Ideologie, Produktion, Geschmack, Angebot, Meritorik, Evaluation

1 Einleitung

Der Begriff *Zeitgenössische Musik* ist ob der vielfältigen Ausdrucksformen bis heute unscharf. Er wird oft mit experimenteller ernster Musik umschrieben, die – nach allgemeiner Auffassung – im 19. Jahrhundert entstanden ist (vgl. Reinecke 1969, S. 48). Als Alternative zum Begriff der Zeitgenössischen Musik werden in Deutschland weitere Bezeichnungen angeboten (siehe z.B. Begriffskatalog in Fricke 2012, S. 1). Am Geläufigsten sind hier sicherlich die Begriffe *Neue Musik* und *Moderne ernste Musik* oder *Moderne E-Musik*. *Zeitgenössische Musik* wird häufig international (vgl. Blumröder 1981, S. 141) und im europäischen Förderkontext verwendet.

Bei der Aufführung Zeitgenössischer Musik werden oft andere Kunstbereiche mit einbezogen, sodass durch diese Verbindung neue Formen erzeugt werden können. Auf diese Art entstehen u.a. Klangkunstinstallationen oder begehbare Hörräume. Zudem reicht das vielfältige Spektrum der Zeitgenössischen Musik von Improvisationsmusik (zwischen Populärer Musik und ernster Avantgarde) bis zum performativen Musiktheater als Alternative zur Oper (vgl. Fricke 2012, S. 1). So sind auch immer wieder zeitgenössische Musikformen zu beobachten, die mit visueller Kunst kombiniert werden.

Die Gesellschaft für Neue Musik vertritt als Dachverband die Kreativen und die an der Zeitgenössischen Musik Interessierten. Die Kreativen sind in verschiedenen Musikgruppen aktiv. Die Gesamtheit der Gruppen besteht in Deutschland aus zahlreichen Orchestern und über 200 Ensembles (vgl. Fricke 2008, S. 4). In den Jahren 2005 und 2006 realisierten die Ensembles im Schnitt 1,7 Uraufführungen täglich (vgl. Gläfcke 2006, S. 29). In der künstlerischen Hochschulausbildung lassen sich dagegen nur wenige Studiengänge mit dem Schwerpunkt Zeitgenössische Musik finden (Beispiele sind der Masterstudiengang Zeitgenössische Musik der Internationalen Ensemble Modern Akademie und Hochschule für Musik und Darstellende Kunst in Frankfurt a.M. sowie der Masterstudiengang Sound Studies der Universität der Künste Berlin) (vgl. Fricke 2008, S. 6). Meistens werden Inhalte zur Zeitgenössischen Musik als Teil einer umfassenden musikalischen Ausbildung angeboten.

Zu ihrer Erhaltung sind die oben beschriebenen Strukturen mit der jeweiligen materiellen Ausstattung vorrangig auf eine kontinuierliche staatliche Förderung angewiesen. Die Förderung beinhaltet verschiedene Ausprägungen, und ihre Gewährung orientiert sich an bestimmten Kriterien. Der Ausgangspunkt der Bundesförderung von Zeitgenössischer Musik in Deutschland kann als Funktionssystem in Anlehnung an die allgemeine Systemtheorie von Günter Ropohl (vgl. 2012, S. 62–68), in Abb. 1 als Sendersystem bezeichnet, aufgefasst werden. Die Umgebung des Systems ist die Gesellschaft. Dazu gehören Publikanetzwerke der Zeitgenössischen Musik, die hier als Szene (vgl. Schulze 1992, S. 747) bezeichnet werden. Das System wird überwiegend durch Steuern der Bevölkerung (materieller Input) finanziert. Damit können die Handlungen des Systems in Form einer öffentlichen Förderverwaltungsarbeit (Zustand) aufrechterhalten werden. Gesetze und Verordnungen, die das System betreffen, beeinflussen den Zustand in ideeller Weise (ideeller Input). Durch Förderungen wird in Institutionen und Projekte investiert. An dieser Stelle entstehen Handlungen in Form von Produktionsprozessen (Zustand). Das Sendersystem stellt zum einen eine Grundlage für wirtschaftliche Produktionsbedingungen, hier als Produktivitätssubstrat (materieller Transfer) bezeichnet, für Empfängersysteme (Institutionen, Projekte) zur Verfügung. Zum anderen kann die grundlegende Investition einen gesellschaftlich-kulturellen Wert schaffen, wenn sie von den Empfängern verwendet und effektiv genutzt wird (ideeller Output).

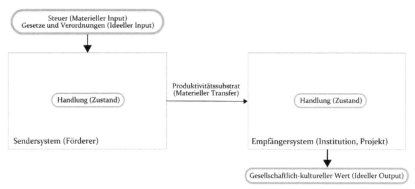

Abbildung 1 Unmittelbare Bereitstellung des Produktivitätssubstrats und mittelbare Generierung des gesellschaftlich-kulturellen Wertes
© Hendrik Neubauer

Das Ergebnis bzw. den Output erreicht das Sendersystem damit nicht unmittelbar, sondern mittelbar über Empfängersysteme. Unter Berücksichtigung der volkswirtschaftlichen Definition von Produktivität als das Verhältnis von Output und Input (vgl. Horvath et al. 2014) bezieht sich der Input vor allen Dingen auf die materiellen Zuwendungen, die für die Sicherung der strukturalen Relationen der Empfängersysteme (z.B. Arbeitsgrundlagen und -prozesse) existenziell sind. Den angestrebten Ertrag, also den ideellen Output im Blick, gibt es von verschiedenen Seiten Anregungen, wie der Zustand des Sendersystems und der Zustand des Empfängersystems an relevante Interessen angepasst werden können.

2 Fragestellung und Methode

Laut dem Soziologen Theodor W. Adorno sollte sich Musiksoziologie mit dem Verhältnis von Produktivkräften (musikalische Produktion, künstlerische und mechanische Reproduktion) und Produktionsverhältnissen (wirtschaftliche Produktionsbedingungen, ideologische Produktionsbedingungen, musikalische Mentalität und Geschmack der Hörerinnen und Hörer) befassen (vgl. Adorno 1968, S. 258). Seine These lautet: Produktionsverhältnisse fesseln Produktivkräfte (vgl. ebd., S. 259). Adorno fragt in diesem Zusammenhang: Was kommt zustande, was wird konsumiert, was kommt *nicht* zustande und was wird vernichtet (vgl. ebd., S. 260, Herv. i. Org.)? Seine These und Fragen sollen nun aufgegriffen werden und auf die Zeitgenössische Musik in Deutschland übertragen werden.

Deshalb ist die Frage von Interesse, welche gesellschaftlichen Forderungen bezogen auf Produktivkräfte und Produktionsverhältnisse in den letzten Jahren von Institutionen und Projekten umgesetzt wurden. Dazu möchte die Untersuchung Beobachtungen zum Verhältnis von Postulaten und Umsetzungen hinsichtlich der Praxis der Bundesförderung von Zeitgenössischer Musik systematisieren. Im Rahmen von Ansätzen eines handlungsforschenden Untersuchungsplans (vgl. Mayring 2002, S. 50–54) sollen die Ergebnisse eine Grundlage für spätere Diskussionen über mögliche Praxisveränderungen bilden, welche bspw. Gegenstand einer Evaluation sein können (vgl. z. B. Klein 2013; Stockmann 2013 zu Evaluationen in der Kultur und Kulturpolitik). Insbesondere wird das für Handlungsforschung typische Pendeln zwischen Informationssammlung, Diskurs und praktischen Handlungen (vgl. ebd., S. 51) angestrebt.

Dabei soll die Methode der strukturierenden Inhaltsanalyse (vgl. ebd., S. 118ff.) angewendet werden. Ziel ist die Herausfilterung einer bestimmten Struktur aus dem Datenmaterial (vgl. ebd., S. 118), auf die vorliegende Untersuchung bezogen die Erstellung einer einschätzenden Übersicht ausgewählter Postulate und der dazugehörigen Umsetzungen hinsichtlich der Praxis der Bundesförderung von Zeitgenössischer Musik. Das Material setzt sich aus Ergebnissen von sekundärstatistischen Erhebungen und qualitativen Diskursen zusammen.

Zunächst wird das Praxisproblem näher definiert (vgl. ebd., S. 51), indem der Rahmen der Bundesförderung der Zeitgenössischen Musik beschrieben wird (Abschnitt 3). Anschließend werden Ankerbeispiele (vgl. ebd., S. 118) zu den Kategorien Postulate (Abschnitt 4) und Umsetzungen (Abschnitt 5) angeführt. Am Schluss werden die Kategorien gegenübergestellt und eine Einschätzung unter Berücksichtigung von Adornos These formuliert (Abschnitt 6).

3 Rahmen der Bundesförderung von Zeitgenössischer Musik

Deutschland versteht sich mit seiner vielfältigen Kulturlandschaft als Kulturstaat (vgl. Bundesministerium der Justiz 1990). Der Einsatz kulturpolitischer Programme dient der Vermittlung von Kultur und kultureller Bildung (vgl. Deutsche UNESCO-Kommission 2009, S. 27ff.). Auf der kulturpolitisch-globalen Ebene einigten sich die beteiligten Staaten auf der UNESCO-Weltkonferenz in Mexiko 1982 auf eine internationalisierte Kulturdefinition. In der offiziellen Erklärung heißt es:

„Die Kultur kann in ihrem weitesten Sinne als die Gesamtheit der einzigartigen geistigen, materiellen, intellektuellen und emotionalen Aspekte angesehen werden, die eine Gesellschaft oder eine soziale Gruppe kennzeichnen. Dies schließt nicht nur Kunst und Literatur ein, sondern auch Lebensformen, die Grundrechte des Menschen, Wertsysteme, Traditionen und Glaubensrichtungen."
(Deutsche UNESCO-Kommission 1983, S. 121)

2005 wurde zu diesem Kulturbegriff die Konvention der Kulturellen Vielfalt definiert. Dabei bezieht sich die Vielfalt „[...] auf die mannigfaltige Weise, in der die Kulturen von Gruppen und Gesellschaften zum Ausdruck kommen. Diese Ausdrucksformen werden innerhalb von Gruppen und Gesellschaften sowie zwischen ihnen weitergegeben. Die Kulturelle Vielfalt zeigt sich nicht nur in der unterschiedlichen Weise, in der das Kulturerbe der Menschheit durch eine Vielzahl kultureller Ausdrucksformen zum Ausdruck gebracht, bereichert und weitergegeben wird, sondern auch in den vielfältigen Arten des künstlerischen Schaffens, der Herstellung, der Verbreitung, des Vertriebs und des Genusses von kulturellen Ausdrucksformen, unabhängig davon, welche Mittel und Technologien verwendet werden" (Generalkonferenz der Organisation der Vereinten Nationen für Bildung, Wissenschaft und Kultur 2005). Die Kulturelle Vielfalt wird u.a. von Künstlerinnen und Künstlern sowie von privaten, kirchlichen und staatlichen Institutionen geprägt.

3.1 Motive für die Kulturförderung

Nach Auffassung des Deutschen Bundestages sollten der Kultur Freiräume in der demokratischen Gesellschaft eingeräumt werden, um insbesondere „utopische und kritische Gehalte" sowie „das Unverfügbare, das weder ökonomisch noch politisch Nutzbare" zu entfalten (Deutscher Bundestag 2008, S. 43). Nach Gründung der BRD im Jahre 1949 wurde im fünften Artikel des Grundgesetzes (GG) festgelegt, dass die Grundlage der öffentlich geförderten Kultur im Rahmen der Kulturpolitik gebildet werden soll. In Absatz drei heißt es: „Kunst und Wissenschaft, Forschung und Lehre sind frei" (Bundesministerium der Justiz 1949, Art. 5 Abs. 3). So bildet die Kunstfreiheit das Hauptmotiv für eine öffentliche Kulturförderung in Deutschland. Durch die Förderung haben Kulturbetriebe und -schaffende die Möglichkeit, Kultur und Kunst zu produzieren, ohne auf wirtschaftliche Rentabilität Rücksicht nehmen zu müssen. Die Sozial- und Wirtschaftswissenschaftlerin Dagmar Abfalter beschreibt diese Fördernotwendigkeit beispielhaft anhand der Situation eines Theaterbetriebes:

> „Ein kostendeckend arbeitendes Theater müsste in seinem Programm auf Unbekanntes und Experimentelles verzichten, um die erforderliche Vollauslastung seiner Kapazitäten zu gewährleisten. Um ein vielfältiges und nicht ausschließlich am Publikum orientiertes Repertoire anbieten zu können, sind die Vielzahl der Theaterbetriebe auf öffentliche Förderung angewiesen, die ihnen zur Erhaltung der Kunstfreiheit im Spannungsfeld zwischen künstlerischen und ökonomischen Zielen häufig gewährt wird."
>
> (Abfalter 2010, S. 48)

Das Fördermotiv hinsichtlich der ‚Verbesserung' des öffentlichen Geschmacks, welches ebenfalls von staatlicher Seite zur Begründung öffentlicher Kulturförderung angeführt wird (vgl. ebd., S. 50), kann als problematisch angesehen werden. Hierbei erweckt der Staat den Anschein, dass er ein nach seiner Auffassung vorhandenes ‚Defizit' im Kulturkonsum seiner Bürgerinnen und Bürger entdeckt hätte, welches mit einer gezielten Förderung ausgeglichen werden müsse. Die wahre Kulturpräferenz der Bürgerinnen und Bürger wird nicht erfragt und steht im Extremfall im Gegensatz zum staatlich ‚aufgezwungenen' Angebot. Als weitere Beweggründe für die öffentliche Förderung von Kultur haben sich verschiedene Motive herausgebildet, die der Hochkulturförderung, Demokratisierung, Soziokultur und Ökonomie dienen sollen (vgl. Schulze 1992, S. 499f.). Diese kulturpolitischen Konzepte werden regelmäßig kritisiert. Hochkulturpolitik wird häufig „[...] als Inszenierung elitärer bildungsbürgerlicher Rituale angegriffen, Demokratisierungs- und Soziokulturpolitik gerade umgekehrt als Niveauverlust und Abmarsch in die Provinz kritisiert. Gegen den ökonomischen Ansatz wendet sich die Kritik der Vermengung von Politik und Wirtschaftsinteressen" (ebd., S. 501).

3.2 Kulturförderung des Bundes

Wie auf den übrigen Kulturstaatsebenen bezieht sich die Kulturpolitik des Bundes in Deutschland auf die Förderung von Kulturinstitutionen und Mitbestimmung bei der institutionsinternen Personal- und Organisationsentwicklung, Projektmanagement, Verabschiedung von Kulturhaushalten der jeweiligen Kulturträger sowie Gesetzgebung im Kulturbereich. Von 1990 bis 2008 stieg der Bundesanteil an der gesamten öffentlichen Kulturförderung in Deutschland von zwei auf 15 % (vgl. Wagner 2008, S. 7). Speziell in die neuen Bundesländer wurde investiert, um den Erhalt und Aufbau der dortigen Kulturinstitutionen zu unterstützen.

Wie viel auf Bundesebene im Rahmen der öffentlichen Förderung für die Musikpflege und ihre angeschlossenen Bereiche ausgegeben wird, lässt sich nur eingeschränkt beziffern. Zwar versucht z. B. der Kulturfinanzbericht (Hetmeier et al. 2012), über diesen Sachverhalt Auskunft zu geben, er vernachlässigt aber die ‚versteckten' Musikanteile in den auf den ersten Blick musikfern erscheinenden Institutionen (vgl. z. B. Stiftung Preußischer Kulturbesitz).

3.3 Öffentliche und meritorische Güter

Eine besondere Rolle bei dem staatlichen Kulturförderbeitrag spielt vor allem die Bereitstellung von öffentlichen Kulturgütern (vgl. Musgrave 1966). Was ist allgemein unter öffentlichen Gütern zu verstehen? Der Wirtschaftswissenschaftler Paul Anthony Samuelson formuliert zwei Merkmale, die für öffentliche Güter erfüllt sein müssen: Nicht-Rivalität (der Verbrauch führt zu keinem Nutzen anderer) und Nicht-Ausschließbarkeit (der Gemeinschaft allgemein zugänglich) (vgl. Samuelson 1954). Allerdings werden diese zwei Kriterien bei kulturellen Gütern nicht immer gemeinsam erfüllt. Es wird bereits ein Ausschluss hergestellt, wenn z. B. die Zuschauerkapazität in einem Konzertsaal begrenzt ist. Zudem werden meist bei Konzerten Eintrittsgelder verlangt. Somit besitzen diese Art Kulturgüter Eigenschaften eines privaten Gutes (vgl. Abfalter 2010, S. 49). Von einer reinen Nicht-Ausschließbarkeit kann also im Bereich der darstellenden Künste nur die Rede sein, wenn eine Darbietung im öffentlichen Raum stattfindet, die nicht durch die Entrichtungspflicht eines Eintrittsgeldes begrenzt wird. Dieser Sachverhalt ist allerdings selten. Es stellt sich demnach die Frage, ob man hier von einem ‚reinen' öffentlichen Kulturgut sprechen kann.

Den öffentlichen Gütern stehen die meritorischen Güter gegenüber. Nach der Definition der Wirtschaftswissenschaftler Wolfgang Eggert und Steffen Minter sind meritorische Güter „[...] grundsätzlich private Güter, deren Bereitstellung durch den Staat damit gerechtfertigt wird, dass aufgrund verzerrter Präferenzen der Bürger/Konsumenten deren am Markt geäußerte Nachfragewünsche zu einer nach Art und Umfang – gemessen am gesellschaftlich wünschenswerten Versorgungsgrad (Merit Wants) – suboptimalen Allokation dieser Güter führen" (Eggert und Minter 2017). Theoretisch besitzen sie eine geringe Nachfrage, aus Sicht des Staates kommt ihnen dennoch eine hohe Bedeutung zu (vgl. Grossekettler 2003, S. 591). Zudem übersteigen hierbei die Kosten des bereitzustellenden Gutes die Zahlungsbereitschaft der Marktteilnehmerinnen und Marktteilnehmer (vgl. Burda News Group MediaLine 2013). Besonders die ‚markttauglichen' Kulturangebote werden vom Staat subventioniert, um u.a. im Rahmen des Bildungsauftrages und der Entfaltung der Kulturellen Vielfalt tätig zu werden. Das Staatsverhalten in Bezug auf meritorische Güter wird aus ökonomischer Perspektive als massiver Markteingriff verstanden (vgl. Conrad 2008, S. 85; Haselbach et al. 2012, S. 147).

Darüber hinaus gibt es Bedenken, ob der Staat überhaupt in einem größeren Umfang Kulturförderung betreiben sollte, weil hauptsächlich Hochkultur und nur wenig Massen- bzw. Populärkultur Berücksichtigung findet: Der Staat würde den Bürgerinnen und Bürgern vorschreiben, welche Kultur ‚wertvoll' sei und sie somit in ihren Entscheidungen einschränken (vgl. Ebker 2000; Conrad 2008). Auch die Zeitgenössische Musik hat das Image eines meritorischen Gutes, weil sie innovative Produktionen und Aufführungen entwickelt oder entwickeln möchte, die oft einseitig der Hochkultur zugerechnet werden. In Bezug auf den Konflikt zwischen Staats- und Bürgerinteresse ist es spannend zu erfahren, welche Kriterien für die Förderung der Zeitgenössischen Musik angelegt werden.

3.4 Förderkriterien

Neben dem Bundesministerium für Bildung und Forschung (BMBF) sowie dem Auswärtigen Amt (AA) werden auf der Bundesebene öffentliche Musikförderungen überwiegend durch den Beauftragten der Bundesregierung für Kultur und Medien (BKM) vorgenommen. Diese erfolgen durch Zuwendungen. Wie später bei den Mischfinanzierungsformen zu sehen sein wird, sind die staatlichen Zuwendungen abhängig von der jeweiligen Eigenbewirtschaftungskraft. So werden Einrichtungen, die sich zu einem Großteil selber tragen können, weniger bezuschusst als solche, die grundsätzlich bedürftiger sind.

Generell orientiert sich die über die Gewährung von Zuwendungen entscheidende Behörde an Förderkriterien. Kriterien gelten als Instrumente, die die Fördertransparenz erhöhen sollen. Bei einigen zu fördernden Kunstprojekten wird zusätzlich eine Fachjury eingesetzt bzw. hinzugezogen, die dann die jeweilige künstlerische Qualität beurteilen soll. Im Rahmen des angestrebten Förderselektionsprozesses verständigten sich der Bund und die Länder in einem Eckpunktepapier (Deutscher Kulturrat 2003) auf Kriterien, die den Kulturbehörden als Entscheidungshilfe dienen. Grundsätzlich werden in diesem Zusammenhang *formale* und *inhaltliche Kriterien* unterschieden.

Formale Kriterien fungieren im Förderungsprozess als erste Filter und beziehen sich auf Förderungsvoraussetzungen und -grundsätze (vgl. Sievers et al. 2004, S. 104). Dazu gehören u.a. die Fristeinhaltung und Vollständigkeit des Förderantrags, Nachvollziehbarkeit der Kosten- und Leistungsrechnung sowie Ausschließbarkeit einer Wiederholungsförderung (vgl. ebd.). Zu dem formalen Kriterientyp kann sicherlich auch das sogenannte Subsidiaritätsprinzip (vgl. Das Bundesverfassungsgericht 1974) gezählt werden. Demnach kann grundsätzlich eine Zuwendung nur dann gezahlt werden, wenn alle anderen Geldquellen verbraucht sind sowie das betreffende Kulturprojekt ohne öffentliche Mittel nicht realisiert werden kann (vgl. ebd.). Das Subsidiaritätsprinzip kann sich somit nachvollziehbar auf das meritorische Gut der Zeitgenössischen Musik beziehen, wenn die Bedingung des Prinzips erfüllt ist.

Inhaltliche Kriterien haben Rationalitätsfunktion. In der Bundesmusikförderung sind dabei folgende anzulegende Maßstäbe zu berücksichtigen: gesamtstaatliche Bedeutung und erhebliches Bundesinteresse.

1. Grundlage der Kompetenzverteilung von Bund und Ländern zur Förderung von Kultur bzw. Musik ist der Entwurf zur Verwaltungsvereinbarung über die Finanzierung öffentlicher Aufgaben von Bund und Ländern (vgl. Das Bundesverfassungsgericht 1971). In diesem Abkommen wurden u.a. die Aufgaben des Bundes im Kultursektor niedergeschrieben: „Die Bundesregierung und die Regierungen der Länder stimmen überein, dass der Bund Aufgaben in folgenden Bereichen finanzieren kann: 1. Wahrnehmung der Befugnisse und Verpflichtungen, die im bundesstaatlichen Gesamtverband ihrem Wesen nach dem Bund eigentümlich sind (gesamtstaatliche Repräsentation) [...]" (ebd.). In einer Protokollnotiz wurde noch hinzugefügt: „Unter den Voraussetzungen der Nr. 1 kann sich die gesamtstaatliche Repräsentation auch beziehen auf [...] künstlerisch [...] besonders bedeutsame Einrichtungen und Veranstaltungen, in denen Rang und Würde des Gesamtstaats oder der deutschen Nation zum Ausdruck kommen" (ebd.). Aus dieser Vereinbarung ergibt sich das Kriterium der gesamtstaatlichen Bedeutung. Wie zu erkennen ist, lässt dieser unbestimmte Rechtsbegriff einen großen Spielraum bei den jeweiligen Förderentscheidungsprozessen zu.
2. Ein erhebliches Bundesinteresse muss innerhalb der Ansetzung von Zuwendungen nach den §§ 23, 44 der Bundeshaushaltsordnung erfüllt sein: „Ausgaben und Verpflichtungsermächtigungen für Leistungen an Stellen außerhalb der Bundesverwaltung zur Erfüllung bestimmter Zwecke (Zuwendungen) dürfen nur veranschlagt werden, wenn der Bund an der Erfüllung durch solche Stellen ein erhebliches Interesse hat, das ohne die Zuwendungen nicht oder nicht im notwendigen Umfang befriedigt werden kann" (Bundesministerium der Justiz 1969, § 23). „(1) Zuwendungen dürfen nur unter den Voraussetzungen des § 23 gewährt werden. Dabei ist zu bestimmen, wie die zweckentsprechende Verwendung der Zuwendungen nachzuweisen ist" (ebd., § 44). Der ehemalige Beauftragte der Bundesregierung für Kultur und Medien, Julian Nida-Rümelin, formulierte zwei repräsentative Beispiele für dieses Interesse: „Ein derartiges Bundesinteresse ist [...] dann anzunehmen, wenn das Vorhaben der Überbrückung kultureller Grenzen und dem Dialog der Kulturen dient. [...] Aber auch

an richtungsweisenden Vorhaben der kulturellen Innovation und zeitgenössischen künstlerischen Entwicklungen besteht ein erhebliches Bundesinteresse" (Nida-Rümelin 2002, S. 90). Somit wird einem Musikprojekt dann Repräsentationscharakter zugesprochen, wenn es eines der kulturpolitischen Zwecke bzw. Ziele erfüllen kann. Wie bei der gesamtstaatlichen Bedeutung lässt das sehr offen formulierte Kriterium des erheblichen Bundesinteresses im Prozess der Förderentscheidung ebenfalls viel Ermessensspielraum.

3.5 Förderformen

Bei der Gewährung einer Zuwendung, die unter Berücksichtigung der aufgeführten Kriterien erfolgt ist, wird über die Form der Förderung entschieden. In der öffentlichen Musikförderung wird zwischen der *direkten* und *indirekten Förderung* unterschieden.

Bei der *direkten Förderung* handelt es sich um sämtliche Zuwendungen an Kultureinrichtungen und -angebote (vgl. Dischinger-Hoch 2002, S. 240). Viele musikbezogene Institutionen und Projekte, die vom BKM bzw. von Bundesstiftungen oder -verbänden gefördert werden, suchen zusätzliche Unterstützung von weiteren Förderern. Es entstehen Mischfinanzierungen, die in unterschiedlichen Konstellationen auftreten können. Zu den Bundesmitteln vonseiten der öffentlichen Hand können auch Zuwendungen der Europäischen Union (EU) sowie der Länder und Gemeinden hinzutreten. Die Bund-/Länder-Kofinanzierung lässt sich aus dem Grundgesetz ableiten: „Der Bund und die Länder tragen gesondert die Ausgaben, die sich aus der Wahrnehmung ihrer Aufgaben ergeben, soweit dieses Grundgesetz nichts anderes bestimmt" (Bundesministerium der Justiz 1949, Art. 104a Abs. 1). Öffentliche Zuwendungen werden in der Regel für Zwecke der *Teilfinanzierung* eines Kulturvorhabens gezahlt. So werden oft private Gelder innerhalb von Mischfinanzierungen unerlässlich. Bei diesen privaten Drittmitteln werden im Rahmen des Musikmanagements projekt- und institutionsorientierte Förderungen unterschieden (vgl. Heinrichs 2008, S. 2).

Durch die *indirekte Musikförderung* werden Rahmenbedingungen geschaffen, die es den Künstlerinnen und Künstlern ermöglichen, sich im Rahmen ihrer musikbezogenen Tätigkeiten rechtlich sowie sozial abzusichern. So werden Musikwerke durch das Urheberrechtsgesetz (UrhG) geschützt. Die Künstlersozialkasse (KSK) erlaubt es den Musikschaffenden, sich im gesetzlichen Sozialversicherungssystem kranken-, pflege- und rentenzuversichern. Zudem erhalten gemeinnützige Kulturträger durch die indirekte Musikförderung eine Befreiung von der Gewerbe- oder Körperschaftsteuer, und Spenden werden vergünstigt besteuert (vgl. Presse- und Informationsamt der Bundesregierung 2009).

4 Postulate zur Bundesförderung von Zeitgenössischer Musik

Zur weiteren Ausgestaltung und Novellierung der öffentlichen Förderung Zeitgenössischer Musik auf Bundesebene werden von verschiedenen Institutionen und Gremien interessengeleitete Ziele bzw. Handlungsempfehlungen formuliert. Letztendlich kann die vorliegende Studie nur stichprobenartig das Verhältnis von Postulaten und Umsetzungen der Bundesförderung von Zeitgenössischer Musik überprüfen und diskutieren. Deshalb stellen die im Folgenden beschriebenen Postulate lediglich einen Ausschnitt der teilweise umfangreichen Ziel- und Empfehlungskataloge dar, und sie erheben keinen Anspruch auf Vollständigkeit. Die Auswahl der Ziele und Handlungsempfehlungen wurde nach dem Kriterium der offensichtlichen Relevanz für die Bundesförderung Zeitgenössischer Musik getroffen. Die Postulate (P) werden fortlaufend nummeriert. Dabei ist zu beachten, dass es auch Ziel- und Empfehlungsdoppelungen gibt, die hier nicht gesondert aufgeführt werden.

4.1 Ziele der Bundesregierung: (P1) Verbreitung und (P2) Popularisierung

Zunächst werden die Ziele der Bundesregierung (BReg) aufgeschlüsselt dargestellt. Die BReg erwähnt ausdrücklich die Förderung der Zeitgenössischen Musik, dergestalt, dass sie deren Entwicklung und Rezeption befördern möchte (vgl. Die Bundesregierung 2011, S. 2). Schwerpunkt bilde hierbei die Förderung „[...] beispielgebende[r] Veranstaltungen und Projekte zur Verbreitung und Popularisierung zeitgenössischer Musik [...]" (ebd.).

(P1) Es wird vermutet, dass sich das Ziel der Verbreitung der Zeitgenössischen Musik auf die *flächenmäßige* Verbreitung bezieht. Damit wird die Bestrebung verbunden, zunächst einmal klangtopografisch einen größeren Teil der Bevölkerung als zuvor zu erreichen. (P2) Das Postulat bezüglich der Popularisierung geht einen Schritt weiter und verfolgt eine Strategie, bei der die Zeitgenössische Musik zum Massenprodukt avancieren soll.

4.2 Handlungsempfehlungen kulturpolitischer Institutionen und Gremien: (P3) Publikumsvielfalt, (P4) Abschluss mittelfristiger Zuwendungsverträge und (P5) Erhaltung der Rundfunkklangkörper

Auf globaler Ebene ist spätestens seit den Freihandelsabkommen *General Agreement on Tariffs and Trade* (GATT 1994) und *General Agreement on Trade in Services* (GATS 1995), die eine Liberalisierung des Welthandels vorsehen, auch die Diskussion um die Problematik von (meritorischer) Kultur als Handelsgut (vgl. z. B. Kilb 1993; Piper 1993; Krajewsky 2005, S. 47) entfacht worden. Aktuell steht das geplante Abkommen *Transatlantic Trade and Investment Partnership* (TTIP) zwischen den Vereinigten Staaten von Amerika (USA) und der Europäischen Union (EU) zur Debatte, bei dem, wie z. b. vom EU-Parlament und Deutschen Kulturrat (DKR) gefordert, die Kultur- und Mediengüter ausgenommen werden sollten (vgl. Hayer 2013; Deutscher Kulturrat 2013, S. 1). Der DKR weist in diesem Zusammenhang ausdrücklich auf das ratifizierte UNESCO-Übereinkommen über den Schutz und die Förderung der Vielfalt kultureller Ausdrucksformen hin, welches geltendes Recht darstelle (vgl. Deutscher Kulturrat 2013, S. 1).

Die Deutsche UNESCO-Kommission hat im Jahre 2009 Handlungsempfehlungen zur Umsetzung dieses Übereinkommens in Deutschland herausgegeben (Deutsche UNESCO-Kommission 2009). Hier wird u.a. aufgrund des Verdachts der Unterrepräsentation junger Bevölkerungsgruppen bei der Teilhabe an Kultur die Prüfung einer Quote für eine Kinder- und Jugendkultur vorgeschlagen (vgl. ebd., S. 5). (P3) In diesem Kontext wird das Ziel der Publikumsvielfalt hervorgehoben (vgl. ebd.).

Um die deutsche Kultursituation zu untersuchen, wurde vom Deutschen Bundestag im Jahre 2003 die Enquete-Kommission Kultur in Deutschland (EKK), welche 22 Mitglieder umfasst (4x CDU/CSU, 4x SPD, 1x FDP, 1x Die Linke, 1x Bündnis90/Die Grünen, 11x Sachverständige aus dem Kulturbereich und Künstler) (vgl. Schmid 2009), eingerichtet, die bis 2007 bestand. In ihrem gleichnamigen Schlussbericht (Deutscher Bundestag 2008) verfasste die EKK eine Bestandsaufnahme des kulturellen Lebens in Deutschland. Das Berichtsergebnis besteht aus 459 Handlungsempfehlungen und Reformvorschlägen, die an die Gesetzgeber, Kulturbehörden und -schaffenden gerichtet sind (vgl. Schmid 2009). Übergeordnet schlägt die EKK vor, das GG um den Artikel 20b mit dem Inhalt „Der Staat schützt und fördert die Kultur" zu erweitern (vgl. Deutscher Bundestag 2008, S. 68). Damit soll im Rahmen der Staatszielbestimmung auch die Kultur mit aufgenommen werden (vgl. ebd.). Zudem legt die EKK allen Kulturverwaltungsebenen (also auch dem Bund) nahe, verstärkt das *neue Steuerungsmodell* (NSM) anzuwenden, bei dem es sich um ein Reformkonzept für öffentliche Verwaltungen handelt, welches zum Ziel hat, Behörden in Dienstleistungsunternehmen umzuwandeln, um „Freiräume in der Kulturarbeit [zu] schaffen" sowie „Kultureinrichtungen [...] möglichst eigenverantwortlich agieren [zu lassen]" (ebd., S. 105). Konkrete Handlungsempfehlungen zum Bereich Musikförderung auf der Bundesebene gibt die EKK auf der Grundlage verschiedener Gutachten und Umfragen, die von Sachverständigen durchgeführt wurden. (P4) Hier empfiehlt sie bspw. den Abschluss von mehrjährigen (ca. fünfjährigen) Zuwendungsverträgen mit Opernhäusern und Orchestern, damit diese die Chance auf eine mittelfristige Planungssicherheit bekämen (vgl. ebd., S. 116). Gleichzeitig müssten die bisher geltenden „Haushaltsgrundsätze der Jährlichkeit, Spezialität und Nonaffektation" aufgehoben werden (ebd.). (P5) Des Weiteren wird den öffentlich-rechtlichen Rundfunkanstalten nahegelegt, im Zuge der Einhaltung ihres Kulturauftrages die eigenen Klangkörper, also Rundfunkorchester, zu erhalten (vgl. ebd., S. 157).

4.3 Handlungsempfehlungen der Wissenschaft: (P6) Neue Vermittlungs- und Konzertformate sowie (P7) Nachfrageorientierung

Wissenschaftliche Beiträge zum speziellen Bereich der öffentlichen Förderung Zeitgenössischer Musik sind insgesamt rar. Nur aus wenigen Veröffentlichungen sind relevante Handlungsempfehlungen abzulesen. Im Folgenden wurde eine Auswahl von Beiträgen aus der Kulturwissenschaft sowie Wirtschaftswissenschaft zusammengestellt.

(P6) Die Deutsche Orchestervereinigung (DOV) und das Zentrum für Kulturforschung (ZfKf) empfehlen, mit neuen Vermittlungs- und Konzertformaten zu experimentieren (vgl. Deutsche Orchestervereinigung und Zentrum für Kulturforschung 2011, S. 14). Zudem sollten mehr Unterhaltungselemente in den Konzertveranstaltungen etabliert werden (vgl. ebd.). Diese Anmerkungen betreffen u.a. die inhaltlich-konzeptionelle Gestaltung von Zeitgenössischer Musik, und deren Verwirklichung wird stark von den zu fördernden Künstlerinnen und Künstlern, Gruppen und Projekten abhängig sein.

(P7) Die Wirtschaftswissenschaftlerin Christina Schulz empfiehlt neben zahlreichen wirtschaftsliberalen Maßnahmen (vgl. Schulz 2007, S. 282–295, 296ff.) u.a. eine Nachfrageorientierung der Kulturförderpolitik (vgl. ebd., S. 271). Später bekräftigten der Soziologe Dieter Haselbach und Mitarbeiter die Empfehlung zur Nachfrageorientiertheit (vgl. Haselbach et al. 2012, S. 139). Auch der Kulturwissenschaftler Thomas Renz steht dafür, den wahrgenommenen Ansprüchen zu entsprechen, insbesondere denen von Gelegenheitsbesuchern, um ein Einstiegsangebot zu schaffen (vgl. Renz 2016, S. 285).

5 Umsetzungen zur Bundesförderung von Zeitgenössischer Musik

Den Postulaten stehen die Umsetzungen (U) gegenüber, welche in diesem Themenkontext einen Einblick in die Förderpraxis bieten. Für die Gewinnung eines ersten Eindrucks der Umsetzungen sei zunächst in einer allgemeinen Anmerkung festgehalten, dass die Erhaltung von Hochkultur in Deutschland fast ausschließlich durch eine *staatliche* Förderung finanziert wird (vgl. Schulze 1992, S. 525f.). Anfang der 1990er Jahre wurden die staatlichen Förderer wegen gekürzter Kulturbudgets dazu gezwungen, schärfere Selektionskriterien bei den Förderungen anzuwenden. In der Konsequenz wurden z. B. Theater geschlossen oder verschiedene Kulturprojekte nicht mehr verlängert. Später wurden die Kulturausgaben wieder erhöht: Zwischen 1995 und 2009 war insgesamt (Bund, Länder, Gemeinden) eine Steigerung der öffentlich finanzierten Kultur um 22,2 % zu verzeichnen (vgl. Hetmeier et al. 2012, S. 28). Letztendlich wurden 2009 rund 9,1 Mrd. Euro für kulturelle Angelegenheiten ausgegeben (vgl. ebd., S. 26).

In den Ausgaben für kulturelle Angelegenheiten inbegriffen ist die Finanzierung von Musikinstitutionen, -netzwerken, -projekten und Orchestern. Dafür stellen Bund, Länder und Gemeinden zusammengenommen jährlich 2,4 Mrd. Euro zur Verfügung (vgl. Söndermann 2010, S. 1). Private Geldgeber (Spenden, Stiftungen, Mitgliedsbeiträge, Sponsoring etc.) leisten eine Förderung in Höhe von ca. 0,4 Mrd. Euro (vgl. ebd.). Somit leisten die öffentlichen Haushalte 85,7 % der gesamten Musikförderung in Deutschland.

Der Bund alleine subventionierte im Jahr 2010 musikalische Angelegenheiten mit ca. 44.197.000 Euro (vgl. Die Bundesregierung 2011, S. 3). Auf die Zeitgenössische Musik entfielen 7.206.252 Euro (vgl. ebd., S. 4ff., 40)[1] (siehe Aufschlüsselung in Tab. 1), das entspricht einem Anteil von mindestens 16,3 % an den gesamten Bundesmitteln für Musik.

---

1   Ohne die nicht bezifferten relevanten Anteile aus Förderungen der Laienmusik, des Spitzennachwuchses, der Dachverbände, Rundfunkorchester und -chöre, des Auswärtigen Amtes, des Bundesministeriums für Familie, Senioren, Frauen und Jugend sowie des Bundesministeriums für Bildung und Forschung (vgl. Die Bundesregierung 2011, S. 4ff.).

Tabelle 1 Bundesausgaben für Angelegenheiten der Zeitgenössischen Musik 2010

Zuordnung	Angelegenheit	Fördervolumen
Förderung der (professionellen) Neuen Musik	Internationale Ferienkurse für neue Musik	25.000 €
	Institut für Neue Musik und Musikerziehung, Darmstadt	36.000 €
	Summe Projekte < 25.000 €	6.000 €
Repräsentation des Gesamtstaates in der Hauptstadt	Maerzmusik (Kulturveranstaltungen des Bundes in Berlin (KBB)/Berliner Festspiele)	609.698 €
Stiftungsförderung der Neuen Musik (Kulturstiftung des Bundes)	Allgemeine Projektförderung	1.222.000 €
	Ensemble Modern	445.000 €
	Donaueschinger Musiktage	210.000 €
	Netzwerk Neue Musik	4.147.554 €
Förderung der gemeinnützigen Projektgesellschaft Deutscher Musikrat GmbH	Projekte ‚Zeitgenössische Musik'	505.000 €
Gesamtsumme		7.206.252 €

5.1 (U1) Verbreitungsversuch

Ein Problem der Zeitgenössischen Musik ist bisher, dass sie im Gegensatz zu anderen Gegenwartskunstformen in Deutschland unter „Kontaktschwierigkeiten" (Vogt 1972, S. 7) leidet. Ein Ausgangspunkt dafür ist sicherlich der Umstand, dass Zeitgenössische Musik wenig in der Öffentlichkeit präsent ist. Eine Ausnahme bilden beispielsweise Festivals oder ähnliche Veranstaltungen, die jeweils aktuelle Kompositionen einem öffentlichen Publikum präsentieren. Ein medienwirksames Event, welches in Anlehnung an das Ziel der Verbreitung von Zeitgenössischer Musik durchgeführt wurde, hat das Programm *Netzwerk Neue Musik* der Kulturstiftung des Bundes mit der Veranstaltung *sounding D* hervorgebracht. Die Musik der mehrwöchigen Darbietung erreichte öffentliche Räume, Kunsträume und Bahnhöfe von 16 Städten (vgl. Die Bundesregierung 2011, S. 44). Die Kosten der Veranstaltung beliefen sich auf 1.462.224 Euro (vgl. ebd.). Mit der medialen und öffentlichen Resonanz des Projekts zeigte sich die BReg zufrieden (vgl. ebd., S. 44f.). Nach ihrer Ansicht ist es gelungen, „eine breite Öffentlichkeit anzusprechen" (ebd., S. 45).

Doch bei anderen bundesbedeutsamen Veranstaltungen mit internationaler Wirkung ist ein unerfreulicheres Szenario zu beobachten. Beispielsweise: Als eines der bekanntesten Festivals für Zeitgenössische Musik erreichten die Donaueschinger Musiktage 2008 gerade einmal rund 10.000 Besucherinnen und Besucher an drei Tagen (vgl. KIZ – Kulturinformationszentrum der nmz 2008), das sind durchschnittlich 3.333 Besucherinnen und Besucher am Tag. Seit Jahren ist die Besucherzahl stagnierend (vgl. Mitteldeutsche Zeitung 2007; SWR Presse 2012). Andere Gegenwartskünste hingegen werden von der Bevölkerung stärker wahrgenommen. Die documenta in Kassel z.B. erhält seit Jahren einen großen und stetig steigenden Besucherzuspruch (vgl. documenta Archiv 2012): Zur documenta 13 kamen im Jahr 2012 860.000 Besucherinnen und Besucher an 100 Tagen, das ergibt eine tägliche Besucherzahl von 8.600 (siehe Abb. 2).

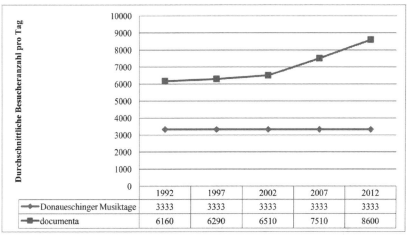

Abbildung 2 Vergleich der durchschnittlichen Besucherzahlen pro Tag der Donaueschinger Musiktage und der documenta seit der Deutschen Einheit, Jahre 1992, 1997, 2002, 2007, 2012 (Daten aus Mitteldeutsche Zeitung 2007; SWR Presse 2012; documenta Archiv 2012) © Hendrik Neubauer

5.2 (U2) Keine Anzeichen für eine Popularisierung

Kunst braucht die Öffentlichkeit, also ein Publikum, welches auch aus Nichtfachleuten und Amateuren besteht, wie der Komponist Hans Vogt bemerkt (vgl. Vogt 1972, S. 9). Doch über das Stammpublikum der Zeitgenössischen Musik hinaus sind nur sehr wenige für die Zeitgenössische Musik zu begeistern. Einige Komponistinnen und Komponisten scheuen sich sogar vor einer großen Beliebtheit ihrer Nischenkunst und befürchten, zu sehr auf ihr Publikum eingehen zu müssen. Der Komponist Johannes Fritsch z.B. meint dazu:

"Ich glaube in der Tat, daß eine allzu große Popularität der Neuen Musik, so sie sich als Kunst versteht, eher schädlich ist. Und zwar, weil dann automatisch [...] sich die Rezeption auf die Produktion auswirken würde. [...] Neue Musik als Kunst aber müsste weiter durch ihren sich den Bedürfnissen des Publikums verweigernden Anspruch eher unverdaulich bleiben, den Erwartungshaltungen der Hörer nicht entgegen kommen, sondern durch verschiedenste eingebaute Widersprüche das rezipierende Bewußtsein öffnen, zu neuen Erlebnissen und Erkenntnissen zu gelangen."
(Fritsch 2001)[2]

Einen anderen Weg geht dagegen der Komponist Bernd Hänschke. Er versucht, durch Einbindung verschiedener klassischer Anteile ein neues Publikum zu gewinnen (vgl. Neubauer 2009). Diese Art des Entgegenkommens ist aufgrund des Innovationsstrebens der Zeitgenössischen Musik umstritten. Denn es steht unter einigen Künstlerinnen und Künstlern die Befürchtung im Raum, dass durch solche Kompositionsverfahren die Zeitgenössische Musik massentauglich und damit den kommerziellen Regeln der Musikindustrie[3] unterworfen würde. Dazu konträr steht die BReg mit ihrem ausdrücklich formulierten Ziel der Popularisierung der Zeitgenössischen Musik (siehe P2).

Denn die Publikumsmenge, die der Zeitgenössischen Musik zugewandt ist, stellte und stellt gegenwärtig lediglich eine Minorität dar. So besucht die Mehrheit der Bevölkerung keine Veranstaltungen der Hochkultur (vgl. Mandel 2008, S. 1). Ein breites Publikum für die Zeitgenössische Musik zu gewinnen, war und ist ein schwieriges Unterfangen. Aufgrund dessen appellieren Kulturpolitikerinnen und Kulturpolitiker an die Bevölkerung, mehr Offenheit und Neugierde für neue Kunsterfahrungen aufzubringen, wie es z.B. die ehemalige Kultursenatorin Hamburgs sowie Beauftragte der Bundesregierung für Kultur und Medien, Christina Weiss, indirekt tut:

„Viele [...] sperren sich [...] gegen die Herausforderung durch die Kunst. Viele haben Angst davor, etwas nicht zu verstehen – eine deutsche Angst, eine Angst in einem Lande, in dem die Menschen das Spielen im kreativen Sinn verlernt haben und Neugierde nichts zählt. Wann begreifen wir, dass es bei der Kunst auf Neugierde, Offenheit, Lust an neuer Erfahrung ankommt und nicht auf Leistung und eindeutiges Verstehen."
(Weiss 2002, S. 170)

---

2   Trotzdem räumt er ein: „Daß ich dennoch mich freuen würde, mehr Menschen mit meiner Musik zu erreichen, ist eine andere Frage" (Fritsch 2001).

3   An dieser Stelle sei ergänzt, dass Unternehmen der Musikwirtschaft (Musikverlage, Konzertdirektionen, Tonträgerhersteller) im Zuge der Entscheidungsfindung im Zusammenhang mit der Berücksichtigung von Neuer Musik nicht nur ökonomische, sondern auch außerökonomische (vor allen Dingen ästhetische) Aspekte heranziehen (vgl. Sikorski 1997).

Dabei sieht Weiss optimistisch in die Zukunft, setzt auf die zunehmende Gewöhnung eines neugierigen Publikums und sagt sogar einen gewissen Erfolg der Zeitgenössischen Musik voraus:

> „Was [...] die Beethoven-Werke, die zu ihrer Uraufführung Erschrecken vor ungewohntem Klang erzeugt haben, was die Impressionisten, die zu ihrer Zeit einen Skandal ausgelöst haben, schaffen, das werden die großen Werke der Gegenwart auch erreichen. Nach der offenen Neugier auf Neues kommt die Einübung ins Ungewohnte, die Bilder, Klänge, Texte geläufig und wiedererkennbar macht und damit auch mehr und mehr genießbar."
>
> (Ebd., S. 171)[4]

Der Musikwissenschaftler Michael Custodis hat dagegen keine großen Hoffnungen in Bezug auf weitere Verbreitungsmöglichkeiten der Zeitgenössischen Musik und setzt die Situation mit einer „soziale[n] Isolation" gleich (Custodis 2004, S. 237).

Zusammenfassend lässt sich sagen, dass ohne einen Paradigmenwechsel bezüglich publikumskonformer Aufführungen seitens einflussreicher Komponistinnen und Komponisten sowie Interpretinnen und Interpreten, ohne spezifisch-kulturelle Bildungs- und Informationsmöglichkeiten seitens (öffentlich) geförderter Institutionen sowie ohne Offenheit und Neugier der Bevölkerung für die Zeitgenössische Musik die angestrebte Popularisierung ein Wunschtraum bleiben wird.

5.3 (U3) Elite als Publikum

Das Publikum der Zeitgenössischen Musik ist, bezogen auf die Milieuspezifik, schwer zu bestimmen. Selbst in Gerhard Schulzes Erlebnisgesellschaft (vgl. Schulze 1992), die in der interdisziplinären Kulturforschung viel Aufmerksamkeit erfährt, findet die Zeitgenössische Musik – oder eine vergleichbare Form – nur am Rande Berücksichtigung. Demnach wird Zeitgenössische Musik (dort: „[M]oderne E-Musik") überwiegend von älteren (über 40-jährigen) und gebildeten Personen (mit mindestens dem Bildungsgrad des Fachabiturs) präferiert („Niveaumilieu") (ebd., S. 279, 291). Der Musikwissenschaftler Heiner Gembris kommt in einer späteren Studie zum gleichen Ergebnis (vgl. Gembris 1995, S. 129, 131). Zum

---

4   Jenseits eines Publikums mit den Eigenschaften *Neugierde* und *Offenheit* besteht die Möglichkeit, dass sich bei Konzerten der Zeitgenössischen Musik Personen einfinden, welche aus Gründen der Distinktion anwesend sind. Dabei findet eine Rezeption nicht aus Vergnügen, sondern deshalb statt, „[...] weil man auf sich hält" (Schulze 1992, S. 145).

einen ist dieser Personenkreis Teil der „Hochkulturszene" (Schulze 1992, S. 291). Zum anderen bewegt sich das Publikum der Zeitgenössischen Musik in der Nähe einer anderen Szene, von Schulze als „Neue Kulturszene" (ebd., S. 479–483) bezeichnet. Ein Merkmal der Nähe zur Neuen Kulturszene ist das Anspruchsstreben des Publikums (vgl. ebd., S. 480). Die Zeitgenössische Musik hebt sich durch ihren Innovationsdrang von der Hochkultur ab und gewinnt damit (auch) ein Publikum aus der Neuen Kulturszene. Für Schulze ist hierbei der Faktor der „ästhetische[n] Aktualität" entscheidend: „[N]eue Gruppen, neue Stile, neue Inhalte. Variation spielt eine viel wichtigere Rolle als im Bereich der Hochkultur" (ebd., S. 481).

Ein junges Publikum lässt sich dagegen kaum für die Zeitgenössische Musik begeistern. Tendenziell ist moderne E-Musik, vor allem bei jugendlichen Rock- und Popfans, sogar unbeliebt (vgl. Gembris 1995, S. 132). Generell konnte auch festgestellt werden, dass fast nur Gymnasiastinnen und Gymnasiasten innerhalb des jungen Publikums Veranstaltungen der Hochkultur besuchen (vgl. Mandel 2008, S. 2). Diese Beobachtung steht im Einklang mit den oben skizzierten Tendenzen, lediglich ein gebildetes Publikum für Zeitgenössische Musik begeistern zu können.

Öffentliche Nachwuchsprogramme versuchen, ein breites junges Publikum für Zeitgenössische Musik zu gewinnen. Dabei ist allerdings anzumerken, dass die entsprechenden Projekte des Bundes, namentlich Deutscher Musikwettbewerb, Dirigentenforum, Bundeswettbewerb *Jugend musiziert*, Deutscher Jugendorchesterpreis und Bundesjugendorchester, keine exklusiven zeitgenössischen Inhalte vermitteln, sondern solche als jeweiligen Teil des Gesamtprogramms inklusive klassischer Formen anbieten (vgl. Die Bundesregierung 2011, S. 31f.). Also fehlen bisher eine auf Zeitgenössische Musik konzentrierte Nachwuchsförderung und damit die Grundlage der Bestrebungserfüllung einer Publikumsvielfalt.

5.4 (U4) Abschluss eines belegbaren mittelfristigen Zuwendungsvertrags

Bei einem Projekt der Bundesförderung Zeitgenössischer Musik lässt sich der Abschluss eines mittelfristigen Zuwendungstransfers belegen. Das Netzwerk Neue Musik wurde von 2008 bis 2011 vom Bund gefördert (vgl. ebd., S. 43). Damit unterschritt das Projekt allerdings die empfohlene Förderzeit von etwa fünf Jahren.

5.5 (U5) Erhaltung der Rundfunkklangkörper

Der Bund erhält die Rundfunk Orchester und Chöre Berlin GmbH (ROC), bei der Interpreten der Klassischen und Zeitgenössischen Musik wirken, mit einer Förderung in Höhe von 11.871.000 Euro (vgl. ebd., S. 6, 10). Hervorzuheben ist, dass mit dieser Subvention mehr als ein Viertel (26,9 %) des gesamten Bundesmusikbudgets aufgewendet wird. Die Nachdrücklichkeit, mit der die Rundfunkklangkörper erhalten werden, unterstreicht die gesamtstaatliche Bedeutung und das erhebliche Bundesinteresse. Demgegenüber besteht ein bescheidener Rückhalt der Bevölkerung für die Förderung: Lediglich 23 % sind dafür, die Orchester zu erhalten (vgl. Deutsche Orchestervereinigung und Zentrum für Kulturforschung 2011, S. 35).

5.6 (U6) Teilweise neue Vermittlungs- und Konzertformate

Mit dem bereits oben erwähnten Projekt *sounding D* sind neue Vermittlungs- und Konzertformate entstanden. Unter anderem wurde das Hören Zeitgenössischer Musik an alltäglichen Orten ermöglicht (vgl. Die Bundesregierung 2011, S. 45). Vereinzelte Beispiele für die Umsetzung des dazugehörigen Postulats finden sich in weiteren öffentlich geförderten Projekten oder Festivals der Zeitgenössischen Musik, z.B. die Vermittlung durch Pop-Elemente ohne eine Atonalität alter Prägung bei den Donaueschinger Musiktagen 2016 (vgl. Nyffeler 2016, S. 12). Ob diese neuen bereitgestellten Formate auch immer einen signifikanten Zusammenhang mit der realen Publikumsnachfrage bilden, ist eine andere Frage und kann an dieser Stelle nicht beantwortet werden, weil noch keine Studien dazu vorliegen.

5.7 (U7) Teilweise Nachfrageorientierung

Im Rahmen der Problematik von Angebot und Nachfrage von Zeitgenössischer Musik lässt sich zunächst konstatieren, dass das Kulturangebot der öffentlichen Kulturinstitutionen mit dem der privaten Institutionen konkurriert. Es lässt sich in der vergleichenden Nachfrage ablesen, für welche Kultur von welchem Anbieter sich die Bürgerinnen und Bürger entscheiden. Bei der Betrachtung von öffentlichem Musikangebot und Nachfrage kommt das folgende Phänomen zum Vorschein: Während die öffentliche Hand mit rund 86 % an der gesamten Musikförderung beteiligt ist (s.o.), nutzen nur regelmäßig 8 % der Bevölkerung (vgl. Mandel 2008, S. 1) die öffentlich finanzierten Angebote. (Der Anteil von 8 % bezieht sich auf alle Kulturangebote und wird für den Teilbereich des Musikangebots übernommen (geschätzter Mittelwert)). 92 % der Bevölkerung sind demnach lediglich Gelegenheitsnutzerinnen und -nutzer oder Nicht-Nutzerinnen und Nicht-Nutzer öffentlicher Angebote sowie Nutzerinnen und Nutzer privat finanzierter Musik.

Seit geraumer Zeit beherrscht also eine Angebotsorientiertheit die öffentliche Musikförderung. Haselbach und seine Mitarbeiter sprechen in diesem Zusammenhang sogar von der „Unmündigkeit" des Bürgers (Haselbach et al. 2012, S. 24). Haselbach et al. vermuten hierbei vonseiten der öffentlichen Förderer eine Geringschätzung des Publikumsgeschmacks: „Eine tatsächliche Orientierung am Nutzer von Kultureinrichtungen wird im öffentlichen Kulturbetrieb aus tiefstem Herzen […] abgelehnt. Behauptet wird ein Gegensatz zwischen künstlerischer Qualität und Publikumsgeschmack: Veranstaltungen, die ihr Publikum finden, können eigentlich gar nicht gut sein!" (ebd., S. 137f.).

Das asymmetrische Angebots-/Nachfrageverhalten betrifft im Besonderen die Zeitgenössische Musik. Die Bundesregierung bekundet lediglich an einer Stelle eine Nachfrageorientierung, und zwar im Bereich der auswärtigen Kulturpolitik: „Im Bereich der Auswärtigen Kultur- und Bildungspolitik werden die Projekte im engen Dialog mit den Partnern im Ausland entwickelt, dabei gibt es keinerlei Vorbehalte gegenüber einzelnen Sparten sowie gegenüber E- und U-Musik. Es wird das realisiert, was in besonderer Weise nachgefragt wird" (Die Bundesregierung 2011, S. 10). Weitere Belege sind schwer aufzuspüren und ziehen letztendlich eine aufwendige inhaltliche Analyse der geförderten Aufführungswerke nach sich.

6 Schlussbetrachtung

Die Ausführungen zur Praxis der Bundesförderung von Zeitgenössischer Musik haben deutlich gemacht, dass die wirtschaftlichen Produktionsbedingungen in Institutionen und Projekten hauptsächlich von staatlichen Zuwendungen abhängig sind. Der Umfang der Zuwendungen ermöglicht eine begrenzte Grundausstattung (z.B. Personal, Instrumente, Reisemittel) und eine damit verbundene begrenzte Produktionsquantität (z.B. Musikgruppengröße, Instrumentenvielfalt und -anzahl, Reiseferne und -häufigkeit). Ideologische Produktionsbedingungen sind insbesondere in Form von verschiedenen Grundeinstellungen der Künstlerinnen und Künstler bezüglich der (Nicht-)Popularisierung von Zeitgenössischer Musik vorhanden. Sie bestimmen die grundsätzliche Ausrichtung der Produktion und Reproduktion (z.B. Angebots- oder Nachfrageorientiertheit). Die unterschiedlichen musikalischen Mentalitäten finden sich in den zahlreichen Formen der Zeitgenössischen Musik wieder. Die Hörerinnen und Hörer von Zeitgenössischer Musik sind einerseits Teil der Hochkultur-Szene und gehören mit ihrer hohen Bildung zum Niveaumilieu. Andererseits pflegen sie eine Nähe zur Neuen Kulturszene, weil sie gleichzeitig nach einer Rezeption von (Re-)Produktionen mit aktuellen Bezügen und innovativen Ideen streben.

Im Zuge der Systematisierung werden sieben Umsetzungen zu den dazugehörigen Postulaten hinsichtlich der Praxis der Bundesförderung von Zeitgenössischer Musik ins Verhältnis gesetzt (siehe Tab. 2). Alle Postulate haben den Wert +1, denn jedes Postulat steht für eine vorhandene Forderung, die sich aus dem jeweiligen Ankerbeispiel ergibt. Die Umsetzungen können die Werte –1, 0 und +1 annehmen. Der Wert –1 steht für eine Forderung, der bisher nicht nachgekommen wurde, 0 für eine (bisher) teilweise erfüllte Forderung und +1 für eine erfüllte Forderung. Die Werte der Umsetzungen werden durch die dazugehörigen Werte der Postulate geteilt. Das Ergebnis ist der Verhältniswert mit den möglichen Ausprägungen –1 (negativ), 0 (nicht eindeutig) und +1 (positiv). Es hat sich herausgestellt, dass ein positives Verhältnis, zwei negative und vier nicht eindeutige Verhältnisse zu verzeichnen sind. Das positive Verhältnis entsteht im Bereich der Erhaltung der Rundfunkklangkörper. An dieser Stelle wird eine gewisse Grundausstattung und Produktionsquantität sichergestellt. Negativ sind die Verhältnisse dagegen bezüglich der Popularisierung sowie der Publikumsvielfalt. *Damit bleibt es im Rahmen der Praxis der Bundesförderung von Zeitgenössischer Musik tendenziell zunächst bei der Angebotsorientiertheit.* Aufgrund von nicht oder nur teilweise belegbaren Umsetzungen zu den dazugehörigen Postulaten sind die Verhältnisse bezüglich der Dimensionen zur Verbreitung, zum Abschluss mittelfristiger Zuwendungsverträge, zu neuen Vermittlungs- und Konzertformaten sowie zur Nachfrageorientierung nicht eindeutig.

Tabelle 2 Verhältnis von Postulaten und Umsetzungen hinsichtlich der Praxis der Bundesförderung von Zeitgenössischer Musik

Postulat	Verhältnis	Umsetzung
Verbreitung (+1)	Nicht eindeutig (0)	Verbreitungsversuch (0)
Popularisierung (+1)	Negativ (–1)	Keine Anzeichen für eine Popularisierung (–1)
Publikumsvielfalt (+1)	Negativ (–1)	Elite als Publikum (–1)
Abschluss mittelfristiger Zuwendungsverträge (+1)	Nicht eindeutig (0)	Abschluss eines belegbaren mittelfristigen Zuwendungsvertrages (0)
Erhaltung der Rundfunkklangkörper (+1)	Positiv (+1)	Erhaltung der Rundfunkklangkörper (+1)
Neue Vermittlungs- und Konzertformate (+1)	Nicht eindeutig (0)	Teilweise neue Vermittlungs- und Konzertformate (0)
Nachfrageorientierung (+1)	Nicht eindeutig (0)	Teilweise Nachfrageorientierung (0)

Legende Alle Postulate haben den Wert +1, denn jedes Postulat steht für eine vorhandene Forderung, die sich aus dem jeweiligen Ankerbeispiel ergibt. Die Umsetzungen können die Werte –1, 0 und +1 annehmen. Der Wert –1 steht für eine (bisher) nicht erfüllte Forderung, 0 für eine (bisher) teilweise erfüllte Forderung und +1 für eine erfüllte Forderung. Die Werte der Umsetzungen werden durch die dazugehörigen Werte der Postulate geteilt. Das Ergebnis ist der Verhältniswert mit den möglichen Ausprägungen –1 (negativ), 0 (nicht eindeutig) und +1 (positiv).

Um am Schluss auf Adornos These (siehe Abschnitt 2) zurückzukommen, kann festgestellt werden, dass lediglich Teile von Produktionsverhältnissen Produktivkräfte der Zeitgenössischen Musik fesseln. Der Umfang der Zuwendungen führt zwar zu einer bestimmten Grundausstattung und Produktionsquantität, und künstlerische Grundeinstellungen haben einen Einfluss auf die Ausrichtung der Produktion und Reproduktion, doch der Geschmack der Musikhörerinnen und -hörer bleibt im Zuge der Produktion und Reproduktion weitgehend unberücksichtigt. Die künstlerischen Grundeinstellungen begünstigen an dieser Stelle die Angebotsorientiertheit in Form von *meritorischer* Zeitgenössischer Musik.

Literatur

Abfalter, D. (2010). *Das Unmessbare messen? Die Konstruktion von Erfolg im Musiktheater.* Wiesbaden, Innsbruck: VS.
Adorno, T. W. (1968). *Einleitung in die Musiksoziologie. Zwölf theoretische Vorlesungen.* Neuausgabe 1968, 2. Aufl. 1977. Frankfurt a.M.: Suhrkamp (suhrkamp taschenbuch wissenschaft, 142).
Blumröder, C. v. (1981). *Der Begriff ‚neue Musik' im 20. Jahrhundert.* München, Freiburg: Katzbichler (Freiburger Schriften zur Musikwissenschaft, 12).
Bundesministerium der Justiz (1949). Grundgesetz für die Bundesrepublik Deutschland. GG, vom 11.07.2012. http://www.gesetze-im-internet.de/gg/. Zugegriffen: 23. Juni 2013.
Bundesministerium der Justiz (1969). Bundeshaushaltsordnung. BHO, vom 09.12.2010. http://www.gesetze-im-internet.de/bundesrecht/bho/gesamt.pdf. Zugegriffen: 26. Juni 2013.
Bundesministerium der Justiz (1990). Vertrag zwischen der Bundesrepublik Deutschland und der Deutschen Demokratischen Republik über die Herstellung der Einheit Deutschlands (Einigungsvertrag). Hrsg. v. Bundesministerium der Justiz. juris GmbH. http://www.gesetze-im-internet.de/einigvtr/BJNR208890990.html. Zugegriffen: 23. Juni 2013.
Burda News Group MediaLine (2013). merit goods. FOCUS Magazin Verlag GmbH (Enzyklopädisches Wörterbuch). http://www.medialine.de/deutsch/wissen/enzyklopaedisches-woerterbuch.php?ext_pfad=bkb&snr=24932&u_snr=28767. Zugegriffen: 19. Juni 2013.
Conrad, N. (2008). *Öffentliche Kulturförderung und Welthandelsrecht.* Köln, Göttingen: Heymanns (Göttinger Studien zum Völker- und Europarecht, 10).
Custodis, M. (2004). *Die soziale Isolation der neuen Musik. Zum Kölner Musikleben nach 1945.* Stuttgart: Steiner (Beihefte zum Archiv für Musikwissenschaft, 54).
Das Bundesverfassungsgericht (1971). Verwaltungsvereinbarung über die Finanzierung öffentlicher Aufgaben von Bund und Ländern. http://www.juris.de. Zugegriffen: 24. August 2009.
Das Bundesverfassungsgericht (1974). Schallplattenurteil. BVerfGE 36, 321. http://www.juris.de. Zugegriffen: 24. August 2009.
Deutsche Orchestervereinigung, Zentrum für Kulturforschung (2011). Präsentation des 9. KulturBarometers, am 20. September 2011, 11.00 Uhr im Deutschen Anwaltsinstitut, Berlin. Hrsg. v. Deutsche Orchestervereinigung und Zentrum für Kulturforschung. http://www.miz.org/artikel/2011_KulturBarometer.pdf. Zugegriffen: 23. Juni 2013.
Deutsche UNESCO-Kommission (1983). *Weltkonferenz über Kulturpolitik.* Schlußbericht der von der Unesco vom 26. Juli bis 6. August 1982 in Mexico-Stadt veranstalteten internationalen Konferenz. München: Saur (UNESCO-Konferenzberichte, 5).
Deutsche UNESCO-Kommission (2009). *Kulturelle Vielfalt gestalten.* Handlungsempfehlungen aus der Zivilgesellschaft zur Umsetzung des UNESCO-Übereinkommens zur Vielfalt kultureller Ausdrucksformen (2005) in und durch Deutschland, Weißbuch. Bonn: Deutsche UNESCO-Kommission.
Deutscher Bundestag (2008). *Kultur in Deutschland.* Schlussbericht der Enquete-Kommission. Bonn: bpb (Schriftenreihe der Bundeszentrale für Politische Bildung, 694).
Deutscher Kulturrat (2003). Eckpunkte für die Systematisierung der Kulturförderung von Bund und Ländern und für die Zusammenführung der Kulturstiftung des Bundes und der Kulturstiftung der Länder zu einer gemeinsamen Kulturstiftung. Hrsg. v. Deutscher Kulturrat. Berlin. http://www.kulturrat.de/dokumente/Dokumente/eckpunktepapier.htm. Zugegriffen: 26. Juni 2013.

Deutscher Kulturrat (2013). Kulturelle Ausnahme ist bei geplantem Freihandelsabkommen zwischen EU und USA unverzichtbar. Hrsg. v. Deutscher Kulturrat. http://www.kulturrat.de/pdf/2520.pdf. Zugegriffen: 23. Juni 2013.

Die Bundesregierung (2011). Antwort der Bundesregierung auf die Große Anfrage der Abgeordneten Siegmund Ehrmann, Martin Dörmann, Petra Ernstberger, weiterer Abgeordneter und der Fraktion der SPD – Drucksache 17/4901 –. Musikförderung durch den Bund. Hrsg. v. Deutscher Bundestag. Berlin (Drucksache 17/7222). http://dipbt.bundestag.de/dip21/btd/17/072/1707222.pdf. Zugegriffen: 27. Juni 2013.

Dischinger-Hoch, N. (2002). *Finanzierungsformen der Kunst. Eine Untersuchung der Kunstfinanzierung von Auftraggeberschaft bis Sponsoring*. Münster, Zürich: Lit (Uni Press Hochschulschriften, Bd. 133).

documenta Archiv (2012). documenta. Hrsg. v. Stadt Kassel. Kassel. http://documentaarchiv.stadt-kassel.de/miniwebs/documentaarchiv/02252/index.html. Zugegriffen: 8. Juni 2013.

Ebker, N. (2000). *Politische Ökonomie der Kulturförderung. Entwicklungen zwischen Staat, Markt und 3. Sektor*. Bonn: ARCult-Media.

Eggert, W. & Minter, S. (2017). Meritorische Güter. Wiesbaden: Springer Gabler (Gabler Wirtschaftslexikon). http://wirtschaftslexikon.gabler.de/Definition/meritorische-gueter.html. Zugegriffen: 9. März 2017.

Fricke, S. (2008). Zeitgenössische Musik. Hrsg. v. Deutsches Musikinformationszentrum. Deutscher Musikrat. Bonn. http://www.miz.org. Zugegriffen: 3. September 2009.

Fricke, S. (2012). Zeitgenössische Musik. Strukturen und Entwicklungen. Hrsg. v. Deutsches Musikinformationszentrum. Deutscher Musikrat. Bonn. http://www.miz.org/static_de/themenportale/einfuehrungstexte_pdf/05_NeueMusik/fricke_strukturen.pdf. Zugegriffen: 26. Juni 2013.

Fritsch, J. (2001). Bekanntheit der neuen Musik. Telefax an Michael Custodis. Zitiert nach M. Custodis (2004). *Die soziale Isolation der neuen Musik. Zum Kölner Musikleben nach 1945* (S. 24). Stuttgart, Berlin: Steiner (Beihefte zum Archiv für Musikwissenschaft, 54).

Gembris, H. (1995). Musikpräferenzen, Generationswandel und Medienalltag. In: G. Maas (Hrsg.), *Musiklernen und neue (Unterrichts-)Technologien* (S. 124–145). Essen: Die Blaue Eule (Musikpädagogische Forschung, 16).

Generalkonferenz der Organisation der Vereinten Nationen für Bildung, Wissenschaft und Kultur (2005). Übereinkommen über den Schutz und die Förderung der Vielfalt kultureller Ausdrucksformen. Deutsche UNESCO-Kommission. http://www.unesco.de/konvention_kulturelle_vielfalt.html. Zugegriffen: 23. Juni 2013.

Gläfcke, P. (2006). 1,7 Uraufführungen pro Tag. *Musikforum* 2, 29–30.

Grossekettler, H. (2003). Öffentliche Finanzen. In: D. Bender (Hrsg.), *Vahlens Kompendium der Wirtschaftstheorie und Wirtschaftspolitik*, Bd. 1. 8., überarb. Aufl. (S. 483–627). München: Vahlen.

Haselbach, D., Klein, A., Knüsel, P. & Opitz, S. (2012). *Der Kulturinfarkt. Von allem zu viel und überall das Gleiche. Eine Polemik über Kulturpolitik, Kulturstaat, Kultursubvention*. 2. Aufl. München: Knaus.

Hayer, B. (2013). Kultur als Ware? Frankfurter Allgemeine Zeitung GmbH. Frankfurt a.M. http://www.faz.net/aktuell/feuilleton/freihandelsabkommen-mit-amerika-kultur-als-ware-12203251.html. Zugegriffen: 11. Juni 2013.

Heinrichs, W. (2008). Alternative Finanzierungsformen und Fördermöglichkeiten im Musikbereich. Hrsg. v. Deutscher Musikrat. Deutsches Musikinformationszentrum. Bonn.

http://www.miz.org/static_de/themenportale/einfuehrungstexte_pdf/02_Musikfoerderung/heinrichs.pdf. Zugegriffen: 26. Juni 2013.
Hetmeier, H.-W., Schüller, F. & Vogel, S. (2012). Kulturfinanzbericht 2012. Wiesbaden: Statistisches Bundesamt. https://www.destatis.de/DE/Publikationen/Thematisch/Bildung-ForschungKultur/Kultur/Kulturfinanzbericht1023002129004.pdf?__blob=publicationFile. Zugegriffen: 23. Juni 2013.
Horvath, M., Steven, M., Voigt, K.-I. & Wohltmann, H.-W. (2014). Produktivität. Wiesbaden: Springer Gabler (Gabler Wirtschaftslexikon). http://wirtschaftslexikon.gabler.de/Definition/produktivitaet.html. Zugegriffen: 20. Oktober 2014.
Kilb, A. (1993). Gatt oder Leben. *DIE ZEIT*, 1993 (41). http://pdf.zeit.de/1993/41/gatt-oder-leben.pdf. Zugegriffen: 11. Juni 2013.
KIZ – Kulturinformationszentrum der nmz (2008). 10 000 Besucher bei Donaueschinger Musiktagen. Hrsg. v. neue musikzeitung. Regensburg. http://www.nmz.de/kiz/nachrichten/10-000-besucher-bei-donaueschinger-musiktagen. Zugegriffen: 3. September 2009.
Klein, A. (2013). Rolle und Bedeutung von Evaluation in der Kultur und Kulturpolitik in Deutschland. In: V. Hennefeld & R. Stockmann (Hrsg.), *Evaluation in Kultur und Kulturpolitik. Eine Bestandsaufnahme* (S. 9–33). Münster: Waxmann (Sozialwissenschaftliche Evaluationsforschung, 11).
Krajewsky, M. (2005). Auswirkungen des GATS auf Instrumente der Kulturpolitik und Kulturförderung in Deutschland. Rechtsgutachten erstellt im Auftrag der Deutschen UNESCO-Kommission. Universität Potsdam. Potsdam. http://www.unesco.de/fileadmin/medien/Dokumente/Kultur/kkv/kkv_gutachten.pdf. Zugegriffen: 23. Juni 2013.
Mandel, B. (2008). „Kultur ist das, wo ich (nicht) bin". Audience Development Strategien von Kulturmarketing bis zur kulturellen Bildung. Evangelische Akademie Tutzing. Tutzing. http://web.ev-akademie-tutzing.de/cms/get_it.php?ID=960. Zugegriffen: 24. Juni 2013.
Mayring, P. (2002). *Einführung in die qualitative Sozialforschung. Eine Anleitung zu qualitativem Denken*. 5. Aufl. Weinheim, Basel: Beltz (Beltz Studium).
Mitteldeutsche Zeitung (2007). Donaueschinger Musiktage nur bis 2010 sicher. Halle an der Saale. http://www.mz-web.de/kultur---medien/finanznot-donaueschinger-musiktage-nur-bis-2010-sicher,20642198,18627902.html. Zugegriffen: 8. Juni 2013.
Musgrave, R. A. (1966). *Finanztheorie*. 2. Aufl. 1969. Tübingen: Mohr.
Nida-Rümelin, J. (2002). Die kulturelle Dimension des Nationalstaates. Zur kulturpolitischen Rolle des Bundes. In: H. Hoffmann & W. Schneider (Hrsg.), *Kulturpolitik in der Berliner Republik* (S. 79–99). Köln: DuMont.
Nyffeler, M. (2016). Der Pop ist auf dem Vormarsch, und der Computer lärmt nicht mehr. Bei den Donaueschinger Musiktagen fühlen sich die Anhänger der alten Avantgarde in die Enge getrieben. Der Festivalleiter Björn Gottstein muss Toleranz einfordern. *Frankfurter Allgemeine Zeitung* v. 19.10.2016, S. 12.
Piper, N. (1993). Mit Gatt leben. *DIE ZEIT*, 1993 (42). http://pdf.zeit.de/1993/42/mit-gatt-leben.pdf. Zugegriffen: 11. Juni 2013.
Presse- und Informationsamt der Bundesregierung (2009). Beauftragter für Kultur und Medien. Berlin. http://www.bundesregierung.de. Zugegriffen: 3. Mai 2009.
Reinecke, H. P. (1969). *Das musikalisch Neue und die Neue Musik*. Mainz: Schott.
Renz, T. (2016). *Nicht-Besucherforschung. Die Förderung kultureller Teilhabe durch Audience Development*. Bielefeld: transcript (Kultur- und Museumsmanagement).

Ropohl, G. (2012). *Allgemeine Systemtheorie. Einführung in transdisziplinäres Denken.* Berlin: edition sigma.

Samuelson, P. A. (1954). The pure theory of public expenditure. *The review of economics and statistics* 36 (4), 387–389. http://www.econ.ucsb.edu/~tedb/Courses/UCSBpf/readings/sampub.pdf. Zugegriffen: 18. Juni 2013.

Schmid, S. (2009). Jenseits der Tagespolitik – die Enquete-Kommissionen: Teil 11. Deutscher Bundestag. http://www.bundestag.de/dokumente/textarchiv/serien/23690862_enquete_serie/26242585_enquete_11/index.html. Zugegriffen: 28. Juni 2013.

Schulz, C. (2007). *Neugestaltung der öffentlichen Kulturförderung in Deutschland.* Marburg, Bremen: Tectum.

Schulze, G. (1996). *Die Erlebnisgesellschaft. Kultursoziologie der Gegenwart.* 6. Aufl. Frankfurt a.M.: Campus.

Sievers, N., Wagner, B. & Wiesand, A. (2004). Objektive und transparente Förderkriterien staatlicher Kulturfinanzierung – Vergleiche mit dem Ausland. Gutachten für die Enquete-Kommission des Deutschen Bundestages „Kultur in Deutschland". Bonn. http://webarchiv.bundestag.de/archive/2008/0506/parlament/gremien/kommissionen/enqkultur/Schlussbericht/Gutachten/Gutachten_15__WP/Gutachen_Kulturfinanzierung.pdf. Zugegriffen: 26. Juni 2013.

Sikorski, A. (1997). *Musikwirtschaft und neue Musik. Das unternehmerische Entscheidungsverhalten zwischen Ästhetik und Ökonomie.* Frankfurt a.M.: Lang (Europäische Hochschulschriften Reihe 5, Volks- und Betriebswirtschaft, 2163).

Söndermann, M. (2010). Öffentliche und private Musikfinanzierung. Hrsg. v. Deutscher Musikrat. Deutsches Musikinformationszentrum. Bonn. http://www.miz.org/static_de/themenportale/einfuehrungstexte_pdf/02_Musikfoerderung/soendermann.pdf. Zugegriffen: 24. Juni 2013.

Stockmann, R. (2013). Zur Methodik von Evaluationen in der Kultur und Kulturpolitik. In: V. Hennefeld & R. Stockmann (Hrsg.), *Evaluation in Kultur und Kulturpolitik. Eine Bestandsaufnahme* (S. 53–86). Münster: Waxmann (Sozialwissenschaftliche Evaluationsforschung, 11).

SWR Presse (2012). Festspiele von internationalem Rang. Stuttgart. http://www.swr.de/swr2/festivals/donaueschingen/programme/2012/-/id=9888204/nid=9888204/did=10482582/zcnjjg/. Zugegriffen: 8. Juni 2013.

Vogt, H. (1972). *Neue Musik seit 1945.* Stuttgart: Reclam.

Wagner, B. (2008). „Verfassungsfolklore" und „österreichisches Marineministerium". Zehn Jahre Beauftragter der Bundesregierung für Kultur und Medien. In: *Kulturpolitische Mitteilungen. Zeitschrift für Kulturpolitik der Kulturpolitischen Gesellschaft* (III: Aktivierender Kulturstaat und Kulturwirtschaft), 6–7.

Weiss, C. (2002). Etwas knackt auf im Gehirn und färbt nach innen. Kulturpolitik als Kunst der Vermittlung. In: H. Hoffmann & W. Schneider (Hrsg.), *Kulturpolitik in der Berliner Republik* (S. 163–171). Köln: DuMont.

Interview

Neubauer, H. (2009). *Erfahrungen mit dem Empfang der Förderungen des Deutschen Musikrates und des Auswärtigen Amtes.* Interview mit Bernd Hänschke. Mitschrift. Bonn.

Ästhetische Selbstständigkeit als urheberrechtliche Selbstständigkeit

Zur verlorenen Freiheit der *freien Benutzung* nach § 24 Abs. 1 UrhG

Frédéric Döhl

Zusammenfassung

Der Beitrag beschäftigt sich mit der urheberrechtlichen Institution der sogenannten freien Benutzung. Bereits im Gesetz betreffend das Urheberrecht an Werken der Literatur und Tonkunst (kurz: LUG), welches zwischen dem 1. Januar 1902 und dem 31. Dezember 1965 in Deutschland galt, fand sich eine derartige Regelung. In dem seit dem 1. Januar 1966 geltenden Gesetz über Urheberrecht und verwandte Schutzrechte (kurz UrhG) ist sie in § 24 Abs. 1 normiert. Es ist eine Ausnahmeregelung. Sie erklärt die Benutzung geschützter Werke Dritter für frei, insofern die Aneignung zu einem „selbständigen Werk" führt. Im Vorgängergesetz hatte es in § 13 Abs. 1 noch „eigenthümliche Schöpfung" geheißen. Gemeint ist letztlich dasselbe: ästhetische Eigenständigkeit. Alle schaffen auf Basis des bereits Existierenden. Schon künstlerisches Arbeiten in Genres, Gattungen, Stilen etc. kann gar nicht anders funktionieren. Zugleich soll es Künstlern nicht erspart bleiben, eigene Leistung zu erbringen und sie sollen keinesfalls ohne eigenes Zutun von der Kreativität Dritter quasi schmarotzend profitieren. Die freie Benutzung ist also die gesetzliche Regelung, deren Zweck es ist, eine Balance zu schaffen zwischen der Idee geistigen Eigentums und der Realität kultureller Produktion. Nun wird anhand fremdreferenziellen Komponierens von Musik, das auf Sound Sampling basiert, exemplarisch deutlich, dass der faktische Anwendungsbereich des § 24 Abs. 1 UrhG durch vorgelagerte Hürden soweit reduziert worden ist, dass er kaum noch greifen kann. Der Beitrag skizziert Gründe und Folgen für musikalische Produktivität. Hierin möchte er auf diese Diagnose aufmerksam machen und dafür werben, die ursprüngliche Intention bei der Inkorporation dieser Norm wieder ernst zu nehmen: nämlich im Wege der Einzelfallentscheidung nach der ästhetischen Selbstständigkeit des vermeintlich abhängigen Werks zu fragen und dafür starre, in ihrer Unbeweglichkeit kunstferne Hürden wieder aufzugeben – um ästhetisch produktive Aneignung gegenüber bloß parasitärer zu privilegieren.

Schlüsselbegriffe

Urheberrecht, freie Benutzung, ästhetische Selbstständigkeit, Aneignung, Kunstfreiheit

Komponieren ist als kulturelle Praxis in historische und soziale Kontexte eingebunden.[1] Eine im strengen Sinne nicht fremdreferenzielle, also von vorhandener Musik vollständig unabhängige Musik kann es schon deswegen nicht geben. Immer baut neue Musik auf bereits vorhandener Musik auf, wie Carl Dahlhaus resümiert hat: „Die Formel, daß Musik über Musik gemacht werde, drückt nicht eine Ausnahme, sondern die Regel aus" (Dahlhaus 2002, S. 76). Das Zusammenspiel originärer und präexistenter Elemente ist zentral für musikalische Produktivität. Sich ins Verhältnis zu bereits existierender Musik zu setzen, ist ihr grundlegender Motor, gleich ob man sich von anderer Musik abzugrenzen versucht, sich durch diese inspirieren lässt oder die konkrete kompositorische Auseinandersetzung mit älterer Musik sucht.

Der Begriff fremdreferenzielles Komponieren – wahlweise im Fachjargon auch Musik über Musik oder *musical borrowing* genannt (vgl. Burkholder 1994, 2001, 2013; vgl. Schneider 2004) – bezieht sich dabei auf die zuletzt genannte Strategie. Der Begriff steht damit für eine konkrete Weise, Musik zu verfassen. Was zunächst abstrakt klingt, ist musikalischer Alltag und überall zu finden. Gemeint ist hier im Folgenden jene Art des Komponierens, in der es um Akte bewusster

---

[1] Der vorliegende Aufsatz extrahiert und konzentriert einige Überlegungen, die ich ausführlich in meiner Habilitationsschrift (Doehl 2016) *Mashup in der Musik. Fremdreferenzielles Komponieren, Sound Sampling und Urheberrecht* hergeleitet und diskutiert habe.

und gewollter Aneignung konkreter fremder Werkkontexte geht, d. h. Musik, die „eine ausdrückliche, greifbare Beziehung zu einer bereits vorhandenen Musik" (Schneider 2004, S. 6) aufweist. Es geht beim fremdreferenziellen Komponieren also um Zitate, Paraphrasen, Variationen usw. – all jene kompositorischen Techniken, bei denen ein Komponist mit Absicht auf die Musik eines anderen zugreift, um diese aus welchen Gründen, mit welcher Deutlichkeit und in welchem Ausmaß auch immer in eine eigene Arbeit zu integrieren.

Fremdreferenziell arbeitende Komponisten reklamieren für sich, trotz – oder oftmals besser: gerade wegen – der Abhängigkeit von etwas, das als Musik bereits vorliegt, Neues, Originales zu gestalten. Und dies eben in spezifischer Weise, da einem die Fremdreferenzialität erlaubt, mit konkreten Bedeutungszusammenhängen bereits vorhandener Werke zu arbeiten. Man denke exemplarisch an Karlheinz Stockhausens *Hymnen*, ein Werk, in dem etwa 40 Nationalhymnen zuzüglich der *Internationalen* und des *Horst-Wessel-Liedes* mit ihrem politischen, historischen und gesellschaftlichen Symbolwert verarbeitet sind. Fremdreferenziell arbeitende Komponisten nehmen dabei für sich in Anspruch, Entitäten zu schaffen, die gegenüber ihren Vorlagen ästhetische Selbstständigkeit erlangen. Wie man sich dies vorzustellen hat, dafür stehen wiederum Stockhausens *Hymnen* beispielhaft. Dort werden die Vorlagen in mannigfaltiger Weise dekonstruiert und rekontextualisiert. Zugleich lieferte Stockhausen auch eine dezidierte Begründung für einen denkbaren, häufig anvisierten ästhetischen Mehrwert eines solchen, mit fremdreferenziellen Mitteln arbeitenden Vorgehens:

> „Nationalhymnen sind die bekannteste Musik, die man sich vorstellen kann. […] Integriert man bekannte Musik in eine Komposition unbekannter, neuer Musik, so kann man besonders gut hören, *wie* sie integriert wurde: untransformiert, mehr oder weniger transformiert, transponiert, moduliert usw. Je selbständiger das WAS, um so aufmerksamer wird man für das WIE."
> (Zitiert nach von der Weid 2001, S. 306)

Dieses Selbstverständnis, bisweilen gar offene Reklamieren ästhetischer Selbstständigkeit trotz fremdreferenziellen Komponierens und der damit einhergehenden Abhängigkeit von – oder vorsichtiger formuliert: Bezüglichkeit zu – Werken Dritter stößt auf eine auffallend breite gesellschaftliche Akzeptanz. Nie zuvor waren die Menschen bereit, so viel Geld auszugeben, um gerade solche Musiker und ihre Arbeiten zu erleben (vgl. Oberholzer-Gee und Strumpf 2010, S. 46f.). Nie zuvor war solchen Musikern in vergleichbarer Weise ein sozialer Aufstieg zu Reichtum und Anerkennung möglich (vgl. Blanning 2008). Man muss nur an jene Genres des Mainstreams wie HipHop denken, für deren Geschichte und Selbstverständnis Fremdreferenzialität essenziell ist (vgl. Schloss 2004). Es wäre abwegig anzunehmen, dass es zu einer solchen Entwicklung kommen kann, wenn Produzenten wie Rezipienten gleichermaßen der Auffassung wären, ästhetische Selbstständigkeit sei auf dem Weg der Fremdreferenzialität nicht zu erreichen, alles also nur Wiederholung des Immergleichen und letztlich gebrauchte Ware minderer Qualität aus zweiter Hand (vgl. für ein ebensolches Plädoyer etwa Reynolds 2011).

Ein derartiges künstlerisches Selbstverständnis und Tätigkeitsprofil strebt aus ästhetischer Sicht, d. h. hinsichtlich des Willens zum fremdreferenziellen Schaffen, geradezu zwingend danach, künstlerische Arbeiten Dritter möglichst frei benutzen zu können. Denn diese bilden die Basis, den Pool der Ausdrucksmittel für fremdreferenzielles Komponieren. Frei heißt ästhetisch frei, frei von Nutzungsverboten. Aber es meint z. b. keineswegs unbeteiligt an etwaigen Erlösen einer Nutzung. Vielmehr geht es um eine Freiheit von pauschalen Restriktionen, denen gleichgültig ist, wie und vor allem mit welchem künstlerischen Wert eine Aneignung im Einzelfall erfolgt. Eine Ordnung, die dies ignoriert, mag auf anderer Ebene gerechtfertigt sein. Ästhetisch muss sie jedoch unverständlich bleiben. Denn sie missachtet eine ästhetische Kardinalfrage, die Produzenten wie Rezipienten gleichermaßen leitet, nämlich jene nach der Qualität künstlerischer Entitäten. Dabei ist die Qualitätsfrage, so schwer sie auch im Einzelfall, geschweige denn pauschal zu beantworten ist, zentral für künstlerisches Schaffen, Streben und Erleben.

Eine solche Ordnung stellt das Urheberrecht dar. Für das fremdreferenzielle Komponieren bildet das Urheberrecht gegenwärtig zwar nicht das einzige, aber doch das mit Abstand einflussreichste Regulierungs- und Normierungssystem. Hier wird bestimmt, was künstlerisch erlaubt ist und was nicht, was moralisch legitim erscheint und was nicht. Das kann so weit gehen, dass Arbeiten, die gegen diese Regeln verstoßen, aus dem Verkehr gezogen und physisch vernichtet werden, wenn der Rechteinhaber der verwendeten Vorlagen dies wünscht, wie es jüngst dem deutschen HipHop-Musiker Bushido mit seinem Album *Von der Skyline zum Bordstein zurück* (2006) ergangen ist (vgl. Kleinemencke 2013, S. 426). Keine ästhetische Dogmatik und kein kulturpolitisches Programm, keine genreübergreifende Konvention und keine Kompositionslehre, keine soziale Norm und kein künstlerisches Vorbild von vergleichbarer Autorität und ebensolchem Allgemeingültigkeitsanspruch existiert in der gegenwärtigen, weithin diversifizierten westlichen Musik, das auch nur annähernd vergleichbare Geltungskraft für sich beansprucht und reklamieren kann, in seinen normativen Forderungen für all diese Musik gleichermaßen verbindlich zu sein, wie es das Urheberrecht vermag. Werden solche Versuche überhaupt noch unternommen, wie jüngst z. B. von Gunnar

Hindrichs (2014) in seinem Buch *Die Autonomie des Klangs. Eine Philosophie der Musik*, wird auf Analyse und Nachfrage hin deutlich, dass man letztlich nur eine ganz bestimmte musikalische Praxis im Blick hat. Die eigenen Aussagen beanspruchen nur für diese Praxis Autorität. Autorität fordert das Urheberrecht jedoch für alle Musik ein. Fremdreferenzialität im Kontext von Avantgarde oder Jazz wird keineswegs ausgespart oder auch nur an anderen Normen gemessen als Schlager oder Musik für Werbung. Aufgrund § 24 Abs. 2 UrhG darf niemand ungefragt eine geschützte Melodie von fremder Hand verwenden, gleich, was damit angefangen wird, in welcher Art musikalischen Zusammenhangs auch immer. Null Toleranz. Der Collage-Künstler und Sampling-Pionier John Oswald, wohl am bekanntesten für seine Klassiker postmodernen Komponierens mit dem Titel *Plunderphonics* (EP 1988, LP 1989), hat bereits 1988 im Kontext jener Arbeiten pointiert auf eben diesen Sachverhalt hingewiesen und ihn zum Bestandteil der Agenda seines kompositorischen Schaffens gemacht: „If creativity is a field, copyright is the fence" (Oswald 1988, S. 12).

Man muss bedenken: Das Urheberrecht zwingt den Musikern die im Recht materialisierten ästhetischen Vorstellungen auf, gleichgültig ob die Rechtsordnung den jeweils eigenen ästhetischen Intentionen der Künstler entspricht oder nicht. Die Künstler haben kein Wahlrecht, wie sie es haben, wenn sie sich z. B. freiwillig künstlerischen Normen unterwerfen, etwa jenen des Sonetts, wie die Juristin Rebecca Tushnet angemerkt hat:

> „Accepting the constraints entailed in writing a sonnet is not really the same thing as accepting the constraints entailed in not ever using any sample without clearing them with the rightsholder."
> (Tushnet 2011, S. 6; vgl. auch Tushnet 2004)

Man kann natürlich stets darauf hoffen, bei einer ohne Einverständnis des Vorlagengebers erstellten fremdreferenziellen Komposition ohne rechtliche Einwände davonzukommen. Glücklicherweise, mag man sagen, ist es sogar die Regel, dass der Vorlagengeber keine juristischen Schritte ergreift, selbst wenn er Kenntnis von der Aneignung erhält, obwohl es ihm zustünde, dies zu tun. Das kardinale Problem für einen fremdreferenziell arbeitenden Künstler ist bloß: Er kann sich mangels Wahlrecht nicht darauf berufen, dass sein künstlerisches Agieren doch üblicherweise geduldet würde. Sobald in einem einzigen Fall der Inhaber nur eines betroffenen Rechts anderer Auffassung ist, sieht sich der fremdreferenzielle Komponist der ganzen Macht des Gesetzes gegenüber. Das mag man für sich schon unfair finden. Erst recht mag man diesen Einwand erheben, wenn – wie ich es in eigener anwaltlicher Tätigkeit erlebt habe – ein Künstler abgemahnt wird, der sich ein Werk eines Dritten für Appropriation Art[2] angeeignet hat und das Gros des Schaffens eben dieses Vorlagengebers selbst von Aneignungstechniken Gebrauch macht, wie sie für die Appropriation Art üblich sind. Einen rechtswirksamen Einwand freilich stellt dieser Befund nicht dar, allenfalls einen ästhetischen und möglicherweise einen moralischen. Im Gerichtssaal nützt einem dies freilich wenig. Aus dem Spiel wird Ernst. Schon aus diesem Grund mahnt Joachim von Ungern-Sternberg zu Recht an, dass es sich eine gesellschaftliche Ordnung zu einfach macht, wenn sie darauf vertraut, dass von den Rechten, die geschaffen wurden, nicht in asozialer oder inflationärer Weise gebraucht gemacht wird – abgesehen davon, dass solche Erwägungen eben im Einzelfall ohnehin unerheblich sind:

> „In einem Rechtsstaat darf zudem nicht darauf vertraut werden, dass eine vollständige Ausschöpfung einer Rechtsposition letztlich doch an einer mangelnden Beweisbarkeit von Rechtsverletzungen oder am mangelnden Verfolgungsinteresse des Rechtsinhabers scheitern werde."
> (von Ungern-Sternberg 2010, S. 387)

So, wie das Urheberrecht nahezu alle Belange des öffentlichen Musikschaffens tangiert, trifft es das fremdreferenzielle Komponieren mit seiner Autorität und seinem Allgemeingültigkeitsanspruch zwangsläufig mit besonderer Intensität. Denn unausweichlich stehen die Idee eines Komponierens auf Basis einer transformierenden Aneignung von Werken und Darbietungen Dritter und die Idee eines geistigen Eigentums eben dieser Dritten an ihren Werken und Darbietungen in Konflikt miteinander. Die erste Idee strebt nach maximaler Freiheit des Zugriffs, die zweite Idee umgekehrt danach, die Gestattung eines Zugriffs so weit als möglich in die freie Entscheidung der betroffenen Dritten zu stellen, also der Schöpfer jener Vorlagen, die zum Gegenstand des Akts fremdreferenziellen Komponierens werden. Das Urheberrecht erweist sich als die wohl stabilste Bastion eines überkommenen Denkens, das kompositorische Aneignungsstrategien systematisch deklassiert, wie Olufunmilayo B. Arewa angemahnt hat:

> „Musical borrowing is a pervasive aspect of musical creation in all genres and all periods. Copyright doctrine does not adequately reflect the reality of such borrowing. Instead, copyright doctrine incorporates notions of Romantic authorship that assume independent and autonomous authorship and even genius in the creation of original

---

2 „Term that refers to a tendency in contemporary art in which artists adopt imagery, ideas or materials from pre-existing works of art or culture. The act of appropriation is usually an acknowledged component within the works, and it is typically deployed to call attention either to the source material or to the act of borrowing itself" (Williams 2016).

musical works. This individualistic and autonomous vision of musical authorship, which is central to copyright law, has deemphasized the importance and continuity of musical borrowing practices generally."

(Arewa 2006, S. 547)

Für nicht wenige Rechtsordnungen kann man nun bestätigt finden, was Jonathan Zittrain im Blick auf die USA festgestellt hat, dass nämlich die Verfasstheit und das Selbstverständnis des Urheberrechts kategorisch verhindern, dass kulturell bedeutsame fremdreferenzielle Schöpfungen nicht nur zu ästhetisch legitimen, sondern zugleich auch zu legalen kulturellen Zeugnissen werden:

„As a matter of pure legal doctrine, the Grey Tuesday protest is breaking the law, end of story. But copyright law was written with a particular form of industry in mind. The flourishing of information technology gives amateurs and homerecording artists powerful tools to build and share interesting, transformative, and socially valuable art drawn from pieces of popular cultures. There's no place to plug such an important cultural sea change into the current legal regime."

(Zittrain 2006, S. 298)[3]

Studiert man den deutschen Gesetzestext, stellt man fest, dass diese Analyse zumindest hierzulande keineswegs in der Weise kategorial gilt, wie Zittrain sie für die USA ausführt. Das hiesige urheberrechtliche System scheint vielmehr dezidiert einen Anknüpfungspunkt zu enthalten, der die Rechtsordnung gerade für die Frage künstlerischer Qualität von Akten fremdreferenziellen Komponierens zu öffnen scheint. Dies geschieht unter dem Lemma der *freien Benutzung*. Der Begriff Selbstständigkeit ist dabei der ausschlaggebende Qualitätsmaßstab. Das in Deutschland seit 1966 geltende UrhG setzt ihn in seinem § 24 Abs. 1 als Maßstab dafür ein, dass man einen Akt fremdreferenziellen Komponierens als Fall freier Benutzung auffassen soll:

„Ein selbständiges Werk, das in freier Benutzung des Werkes eines anderen geschaffen worden ist, darf ohne Zustimmung des Urhebers des benutzten Werkes veröffentlicht und verwertet werden."

§ 24 Abs. 1 UrhG ist *die* Schlüsselnorm für fremdreferenzielles Komponieren im deutschen Urheberrecht. Lässt sich eine fremdreferenzielle Komposition nicht

---

3 Der Begriff *Grey Tuesday* bezieht sich auf eine konzertierte Aktion öffentlichen Ungehorsams im Zusammenhang des urheberrechtlichen Streits um das sogenannte *Grey Album* von Brian Burton alias DJ Danger Mouse Anfang 2004 (vgl. Döhl 2015).

unter die Voraussetzungen dieser Norm subsumieren, unterliegt sie faktisch nicht mehr der in Art. 5 Abs. 3 Grundgesetz als Grundrecht abgesicherten Freiheit der Kunst. Das Werk aus zweiter Hand wird auf Gedeih und Verderb abhängig von der Genehmigung desjenigen, dem die einschlägigen Rechte am Referenzwerk zustehen. Dessen Grundrecht auf Eigentum (vgl. Art. 14 des Grundgesetzes) überwiegt (vgl. Papier 2010, S. 117f., Rn 197f.). Er kann dann die Rechte zur Nutzung grundsätzlich nach Belieben versagen oder jeden Preis verlangen. Schrankenbestimmungen, etwa zugunsten einiger streng limitierter sozialer, pädagogischer und wissenschaftlicher Nutzungsformen (vgl. z.B. §§ 51–52b UrhG), oder Zwangslizenzierungsansprüche zu angemessenen wirtschaftlichen Bedingungen, z.B. für die Herstellung von Tonaufnahmen von Coverversionen/Neuinterpretationen bereits als Tonaufnahme veröffentlichter Werke (vgl. §§ 42a UrhG; § 11 UrhWahrnG), sind als Korrektive nur für ganz bestimmte Konstellationen vorgesehen. Dem fremdreferenziell arbeitenden Komponisten helfen sie regelmäßig nicht weiter. In einer Situation, in der der Rechteinhaber frei darüber entscheiden kann, ob er Dritten den künstlerischen Zugriff auf Werke und Darbietungen gestattet, selbst wenn ihm daraus keinerlei ökonomischer und ästhetischer Nachteil erwächst und der Dritte für diese Nutzung sogar bezahlen und den Vorlagengeber ausweisen würde, existiert kein Gleichgewicht der Kräfte am Markt.

Man kann dies natürlich zu einem Zustand normal funktionierender Marktbedingungen erklären. Doch es ließe sich eben auch genau anders herum argumentieren, wie es Mira T. Sundara Rajan in ihrem monumentalen Buch über *Moral Rights* tut, wo es unter Anspielung auf die maßgebliche amerikanische Gerichtsentscheidung zum Sound Sampling der vergangenen Jahre heißt:

> „*Bridgeport* has led to a situation where any sampling is effectively deemed to require a license, a position that clearly favors established musicians who can afford to pay for the use of samples. In this sense, sampling may become an art of the establishment – a rich man's art that can no longer afford its status as an act of creative rebellion."
>
> (Sundara Rajan 2011, S. 330)

Eben diese Situation wird von anderen Stimmen im urheberrechtlichen Schrifttum deshalb gerade als Ausweis von Marktversagen herausgestellt, z.B. von Kenneth M. Achenbach:

> „Sample-based artists with insufficient capital resources to secure licenses, or who wish to use samples from artists who refuse to license any of their works, are limited in their artistic choices. This limitation is not based on the form of the work itself, but rather on the failure of the market system to facilitate production of sample-based

works. Works capable of making meaningful contributions to culture are lost, unless, like Mr. Burton's album, they are released as an ‚illegal' work. The very release of such illegal work is evidence of the failure of the mechanisms of the current system."
(Achenbach 2004, S. 222)

Warum die Norm des § 24 Abs. 1 UrhG für die freie Kunstausübung derart wichtig ist, wird angesichts des hier adressierten Kräfteungleichgewichts unmittelbar einsichtig. Ein einseitiges Austarieren von Verhandlungsmacht führt zum Gegenteil von Freiheit, nämlich zu weitestgehender Abhängigkeit. Das ist zunächst einmal keine wertende Aussage, sondern eine beschreibende: Sie bezeichnet schlicht die urheberrechtrechtliche Grundkonstellation, die für das fremdreferenzielle Komponieren heutzutage in Deutschland gilt. Je weiter künstlerische Spielarten und ästhetische Akzeptanz fremdreferenziellen Komponierens gedeihen, desto enger scheint umgekehrt der urheberrechtliche Anwendungsbereich der freien Benutzung gezogen zu werden, wie John Tehranian konstatierte:

„As such, the rights of the individual as a transformer of copyrighted works have shrunk markedly over the past century and a half."
(Tehranian 2011, S. 188)

Nun könnte man annehmen, dass die Ausnahme der freien Benutzung des § 24 Abs. 1 UrhG in den 1960er Jahren gerade in Reaktion auf diese Entwicklung beibehalten wurde (sie findet sich bereits in § 13 Abs. 1 des Gesetzes betreffend das Urheberrecht an Werken der Literatur und Tonkunst, das am 1. Januar 1902 in Kraft trat), um einen extrem heterogenen Bereich kultureller Vielfalt, wie wir ihn z.B. in der maßgeblichen Bibliografie zum *musical borrowing* (vgl. Burkholder 2013) widergespiegelt sehen, vor den Mechanismen, die das Urheberrecht dem Markt auferlegt, und den Machtverhältnissen, die dadurch gestützt werden, zu bewahren. Und man könnte sich auf den Standpunkt stellen, dass das Kriterium der Selbstständigkeit – das 1902 noch Eigentümlichkeit hieß und hierin noch unmissverständlicher als ästhetische Kategorie ausgewiesen war – sogar ein großer Wurf war, da man hierin die künstlerisch angemessenste Kategorie zum Maßstab gemacht hat (vgl. ausführlich Döhl 2016, S. 314–344). Natürlich gibt es viele fremdreferenzielle Arbeiten, die zuvorderst auf dem Trittbrett des Renommees ihrer Vorlagen fahren und hierüber Aufmerksamkeit zu gewinnen versuchen. Das zeigt die jahrhundertealte Geschichte des *musical borrowing* zur Genüge. Von Betrug und Schmarotzertum bis zum eigenständigen Meisterwerk ist alles denkbar und vorgekommen. Ästhetisch hängt die Beurteilung fremdreferenziellen Komponierens stets vom Einzelfall ab. Doch gerade dieser Fokus auf den Einzelfall, den § 24 Abs. 1 UrhG noch auszugeben scheint, bestimmt heute nicht mehr die urheberrechtlichen Rahmenbedingungen. Die freie Benutzung hat ihren Anwendungsbereich, ja ihre Freiheit verloren, mit dem ihr einst zugedachten kulturellen Auftrag dahingehend zu wirken, besonderen fremdreferenziellen Leistungen einen Passierschein zu verleihen und von allen Restriktionen des Urheberrechts freizusprechen. Darauf, dass von dieser an sich gesetzlich verbrieften Möglichkeit nicht mehr viel übrig geblieben ist, soll im Folgenden am Beispiel des fremdreferenziellen Komponierens qua Sound Sampling exemplarisch hingewiesen werden.[4]

Mehrere Setzungen oder Vorentscheidungen des deutschen Urheberrechts stützen heutzutage letztlich drei starre Hürden und prägen dadurch das Verhältnis der juristischen Ordnung zum fremdreferenziellen Komponieren von Musik qua Sound Sampling in grundsätzlicher Manier. Zu diesen Setzungen gehören:

a) Das *Privileg des selbstständigen Werkteilschutzes*, d.h. die nur sehr eingeschränkte Bedeutung der Rolle des angeeigneten Materials für den alten wie den neuen Werkzusammenhang in der Evaluation von Plagiatsfällen. Es geht also um die Grundfrage, ob und wenn, inwiefern der Werkzusammenhang überhaupt eine Rolle bei dieser Evaluierung spielen sollte. Sofern Werkteile selbst als schutzfähig angesehen werden, kontaminiert eine unfreie Benutzung schon dieses Werkteils, z.B. eines Melodieteils, die ganze fremdreferenzielle Komposition, die insgesamt zum Plagiat wird, insofern der beanstandete Werkteil nicht entfernt wird.

b) Das *Privileg der ‚kleinen Münze'*, d.h. die selbstständige Schutzfähigkeit von Werken und vor allem Werkteilen schon an der untersten Grenze musikalischer Individualität, ein Privileg, das die Gefahr für Fälle unbewusster und gar ungewollter Fremdreferenzialität massiv vergrößert, als Plagiat bewertet zu werden.

c) Das *Hörerlebnisprivileg*, d.h. die Grunddisposition, dass das Verhältnis von Vorlage und fremdreferenzieller Komposition nur über solche Merkmale zu evaluieren ist, die dem Hören unmittelbar zugänglich sind, eine große Herausforderung z.B. für fremdreferenziell operierende Konzeptkunst (vgl. Döhl 2016).

Diese Vorentscheidungen stützen und formen die drei besagten starren Hürden. Es sind dies der absolute Melodienschutz, das Verblassen-Gebot, das Replay-Gebot (2008–2016) und das Tonträgerherstellerprivileg. Diese regulieren im besonderen

---

4 In meiner Habilitationsschrift (Döhl 2016) wird dieser Befund ausführlich anhand des Mashup-Genres, einer Praxis fremdreferenziellen Komponierens, die ganz auf Sound Sampling fremder Musik gründet, hergeleitet und kritisch diskutiert.

Maße die Frage freier Benutzung, indem sie dem freien fremdreferenziellen Komponieren qua Sound Sampling theoretisch wie praktisch engste Grenzen setzen. Sie tun dies, indem sie letztlich keinen Raum mehr für die Betrachtung des Einzelfalls lassen, nach der § 24 Abs. 1 UrhG verlangt:

1. Das *Melodieprivileg*, juristisch auch „starrer Melodienschutz" genannt, d. h. die Sonderstellung, welche der Melodie insbesondere im Vergleich z. B. zur heutigen Bedeutung von Sound für das fremdreferenzielle Komponieren zugewiesen ist. In § 24 Abs. 2 UrhG heißt es unmissverständlich:
   „(2) Absatz 1 gilt nicht für die Benutzung eines Werks der Musik, durch welche eine Melodie erkennbar dem Werk entnommen und einem neuen Werk zugrunde gelegt wird."
   Absatz 1 hält die eingangs im Wortlaut zitierte grundsätzliche Möglichkeit einer freien Benutzung fest. Hierauf stellt Absatz 2 als Einschränkung ab. Eine freie Benutzung von Melodien ist in Deutschland also kategorisch ausgeschlossen. Eine solche Norm existiert unter allen musikalischen Elementen nur für die Melodie und unter allen künstlerischen Ausdrucksformen nur für die Musik: „Insgesamt ist festzustellen, dass das Schutzniveau der Melodie höher ist als das jedes anderen künstlerischen Elements" (Canaris 2012, S. 97). Es existiert nichts Vergleichbares für die Geste im Tanz, den Vers im Theater oder das Bild im Film.
2. Das *Verblassen-Gebot*, d. h. die Grunddisposition, dass eine freie Benutzung nur infrage kommt, wenn das Übernommene in der Erfahrung der fremdreferenziellen Komposition so weit in den Hintergrund tritt, dass es nur noch als Anregung durchschimmert. Hiervon gibt es nur eine Ausnahme, die aber für das Gros fremdreferenziellen Komponierens qua Sound Sampling nicht greift: Das *Parodieprivileg*, d. h. die ausnahmsweise Zulässigkeit der Abweichung von den Grunddispositionen des Hörerlebnisprivilegs und des Verblassen-Gebots nur für kritische (antithematische) Aneignungsformen wie Parodien, was einer ästhetischen Privilegierung im Verhältnis zu nichtkritisch motivierten Aneignungsformen wie etwa der Hommage oder dem Mashup gleichkommt. Genügt eine fremdreferenzielle Arbeit wie eine Parodie diesem Maßstab, wird sie als freie Benutzung eingestuft. Sie ist damit frei. Das heißt insbesondere, dass es für ihre Nutzung keinerlei Genehmigungen der Rechteinhaber an der Vorlage bedarf.
3. Das *Replay-Gebot*, man könnte es auch *Tonaufnahmeprivileg* nennen, da es hier um den urheberrechtlichen Sonderstatus von Tonaufnahmen als Quelle für fremdreferenzielles Komponieren geht. Das Replay-Gebot, welches der Bundesgerichtshof in seiner jüngsten *Metall-auf-Metall*-Rechtsprechung

entwickelt hat, gestattet genehmigungsfreies Sound Sampling unter den Bedingungen der freien Benutzung gemäß § 24 Abs. 1 UrhG nur dann, wenn es einem durchschnittlich ausgestatteten und befähigten Musikproduzenten zum Zeitpunkt der Benutzung der fremden Tonaufnahme unmöglich wäre, ein klangliches Äquivalent herzustellen (vgl. BGH 2012, S. 614). Ist ihm dies möglich, scheidet ein genehmigungsfreies Sound Sampling kategorisch aus. Allenfalls theoretisch ist ein Fall denkbar, in dem tatsächlich von der Unmöglichkeit eines Replays ausgegangen werden kann.
4. Das *Tonträgerherstellerprivileg*, d.h. die Grunddisposition, dass beim Samplingakt zugleich drei verschiedene Rechte berührt, aber nicht zwingend gleich behandelt werden. Berührt werden: Das Urheberrecht der Komponisten – und gegebenenfalls der Textdichter. Das Leistungsschutzrecht der ausübenden Musiker, die man auf der Tonaufnahme spielen hört. Und das Recht des Tonträgerherstellers an der Tonaufnahme, das sich seinem wirtschaftlichen und organisatorischen Investment in die Produktion verdankt. Hinsichtlich des Tonträgerherstellers werden „organisatorische, technische und unternehmerische Leistungen" (Wandtke 2009, S. 14f.) geschützt. Die Rechte des Tonträgerherstellers sind also ausschließlich als Investitionsschutz gedacht, sie stammen aus dem Wettbewerbsrecht (vgl. Schulze 2013, S. 1222f.). Hinsichtlich der Tonträgerherstellerrechte war vor dem hiesigen Rechtsstreit der vorherrschende Meinungsstand, dass jedwede Nutzung eines fremden Tonträgers für fremdreferenzielles Komponieren einen Eingriff in den Investitionsschutz darstellen würde (vgl. ebd.). Für die anderen beiden Rechte gibt es eine Untergrenze, Schöpfungshöhe genannt. Sie soll musikalisches Handwerkszeug für alle freihalten. Das Tonträgerherstellerrecht ist bislang dahingehend privilegiert, dass es keine vergleichbare Untergrenze gibt.

Das Zusammenspiel solcher Hürden verhindert faktisch kategorisch, dass es für fremdreferenzielle Kompositionen, die auf Sound Sampling basieren, dazu kommt, dass auf freie Benutzung im Rechtssinne befunden werden kann. Dass das Replay-Gebot, das seit 2008 galt, jüngst am 31. Mai 2016 vom Bundesverfassungsgericht – völlig zu Recht (vgl. Döhl 2016, S. 240ff.) – für unanwendbar erklärt wurde und im selben Atemzug angeregt wurde, das Tonträgerherstellerprivileg auf Fälle jenseits des Microsamplings zu beschränken (vgl. BVerfG 2016), hat an dieser Situation nichts Grundlegendes geändert. Durch das Zusammenspiel solcher Hürden wird letztlich die Frage ästhetischer Selbstständigkeit gar nicht mehr gestellt, geschweige denn beantwortet. So wird Musik aus zweiter Hand pauschal zu einer Musik zweiter Klasse degradiert.

Trittbrettfahren, Schmarotzen, Ausbeuten und dergleichen sind die Begriffe, die fortwährend Gebrauch finden, um jene vermeintliche Missbrauchsgefahr zu beschwören, die für freies fremdreferenzielles Komponieren jenseits der Aneignung kleinster musikalischer Partikel und jenseits der maximalen Unhörbarmachung des Aneignungsaktes durch die Art der transformierenden Weiterverarbeitung keinen Raum lässt. Trittbrettfahren, Schmarotzen, Ausbeuten und dergleichen sind dabei aber Begriffe, die zuvorderst moralisch gemeint sind, nicht ökonomisch oder ästhetisch, wie ich an anderer Stelle am Beispiel des Mashups gezeigt habe (vgl. Döhl 2016, S. 254–314). Der fremdreferenzielle Komponist soll sich durch Aneignungen nicht „ein eigenes persönliches Schaffen ersparen" (Krusemarck 2013, S. 322) können. Schon die Kritik in den frühen 1960er Jahren an den Entwürfen zum UrhG, die zunächst vorsahen, den starren Melodienschutz entfallen zu lassen, folgten diesem Tenor. Eine weite Fassung einer Norm zur freien Benutzung ohne starren Melodienschutz hätte z. B. „nach Ansicht des Deutschen Musikverlegerverbandes zur Folge, daß gerade unbegabte Urheber durch freie Benutzung bekannter Melodien oder ähnlicher charakteristischer Merkmale getarnte Plagiate als selbständiges neues Werk mit dem vollen Schutz herausgeben werden, der dem Originalurheber zustehe" (Maracke 2003, S. 318). Letzten Endes geht es also um ein Faulheits- und ein Unfähigkeitsargument. Aber steckt dies nicht schon hinreichend im Kriterium der Selbstständigkeit, welches in § 24 Abs. 1 UrhG niedergelegt ist? Die skizzierten starren Hürden wirken entgegen den Intentionen des Gesetzgebers, wie sie in der Existenz und dem Wortlaut von § 24 Abs. 1 UrhG zum Ausdruck kommen. Es wird Zeit, der Norm wieder den ihr zugedachten Spielraum zu geben, damit sie die ihr einst zugedachte kulturelle Wirkung auch entfalten kann. In ihrer derzeitigen Verfasstheit bleibt sie jedenfalls für fremdreferenzielles Komponieren qua Sound Sampling in der Musik wenig mehr als ein Feigenblatt. Mit dieser Rechtslage wäre es deutschen Gerichten unmöglich, fremdreferenzielle Schöpfungen von herausragender kultureller Wirkung wie das erwähnte *Grey Album* (vgl. Fairchild 2014; Döhl 2016) vor Illegalität und letztlich sogar physischer Zerstörung zu bewahren, wenn nur ein an den dort verarbeiteten Vorlagen beteiligter Rechteinhaber dies wünscht. Das scheint mir zu wenig, angesichts des Maßstabs, den § 24 Abs. 1 UrhG für den Interessenausgleich im Urheberrecht formuliert – und wider seinen Wortlaut zu sein. Es geht nicht zuvorderst um Fragen ökonomischer Beteiligung oder wirtschaftlichen Nachteilsausgleichs. Dort sind Lösungen möglich. Das Urheberrechtssystem bietet schon heute Korrektive an, wie z. B. die Sonderbehandlung der Coverversionen zeigt (vgl. Döhl 2016, S. 242, 270). Es geht vielmehr um ein Existenzrecht für fremdreferenzielle Kompositionen, die das Niveau ästhetischen Trittbrettfahrens hinter sich lassen und dies jenseits des ästhetisch rigiden Konzepts des Verblassens.

Hiesige Ausführungen sind daher als ein Plädoyer dafür zu verstehen, dadurch eine Balance zurückzugewinnen, dass man diejenigen Maßstäbe wieder ernst nimmt, die das urheberrechtliche System selbst ausgibt, wie sie vor allem mit § 24 Abs. 1 UrhG sogar gesetzlich verbrieft sind. Und dass es heißt, Vertrauen in diejenigen zu haben, die als Richter die Entscheidung fällen. Es geht in § 24 Abs. 1 UrhG letztlich um künstlerische Qualität, jenes Selbstständigkeit hervorrufende Gelingen von Fremdreferenzialität. Ästhetische Individualität als Gradmesser ist jedoch bereits prägender Teil des urheberrechtlichen Evaluationssystems: „Das Verständnis von Individualität ist entscheidend" (Kreutzer 2008, S. 286). Wenn wir aber Richtern zutrauen, etwa in Plagiatsstreitigkeiten den Individualitätsgrad von Kunst zu taxieren, warum sollten sie nicht bestimmen können, wie sich der Grad der Transformationsqualität im Einzelfall darstellt?[5] Wenn Richter für fähig gehalten werden, künstlerische Individualität zu bestimmen, so habe ich keine grundsätzlichen Bedenken, sie sich auch ohne starre Hürden damit auseinandersetzen zu lassen, ob man eine fremdreferenzielle Komposition als selbstständige künstlerische Aussage ansehen kann oder nicht (vgl. Döhl 2014). Nur dies zu tun würde fremdreferenzielles Komponieren in rechtlicher Hinsicht auf den Status einer legitimen musikalischen Ausdrucksweise zurückbringen, der ihm derzeit jedenfalls urheberrechtlich durch starre Hürden verwehrt ist. Damit wäre viel an Produktivitätsspielraum für weite Teile heutiger Musik gewonnen (vgl. Döhl und Riethmüller 2017).[6]

---

5   Es sind nie unmittelbar Fachgutachter, die Urteile bestimmen, wie in einem weithin verbreiteten Irrtum angenommen wird. Stets ist es eine Entscheidung des Richters selbst, die in Vorfragen gutachterlich vorbereitet wird, aber schließlich auf eigener Anschauung gründen muss, deren Basis wiederum eigenes vergleichendes Anhören zu sein hat (vgl. Döhl 2013, 2014).

6   Nachgelagerte ökonomische Korrektive, wie sie in anderen Adaptionsbereichen wie Coverversionen praktiziert werden, sind damit im Übrigen in keiner Weise ausgeschlossen, im Gegenteil.

Literatur

Achenbach, K. M. (2004). Grey Area: How Recent Developments in Digital Music Production Have Necessitated the Reexamination of Compulsory Licensing for Sample-Based Works. *North Carolina Journal of Law & Technology 6* (1), 187–222.
Arewa, O. B. (2006). From J. C. Bach to Hip Hop: Musical Borrowing, Copyright and Cultural Context. *North Carolina Law Review 84* (2), 547–645.
BGH, Urteil vom 13.12.2012, I ZR 182/11 – *Metall auf Metall II, GRUR 115/6 (2013)*, 614–617.
BVerfG, Urteil vom 31.05.2016, 1 BvR 1585/2013, *NJW 69/31 (2016)*, 2247–2254.
Burkholder, J. P. (1994). The Uses of Existing Music: Musical Borrowing as a Field. *Notes 50*, 851–870.
Burkholder, J. P. (1995). *All Made of Tunes. Charles Ives and the Uses of Musical Borrowing*. New Haven: CT.
Burkholder, J. P. (2001). Borrowing. In: S. Sadie (Hrsg.), *New Grove Dictionary of Music and Musicians*. 2nd Edition, Bd. 4 (S. 5–41). Oxford: Oxford University Press.
Burkholder, J. P. (Hrsg.). (2016). *Musical Borrowing. An Annotated Bibliography*. http://chmtl.ucs.indiana.edu/borrowing/. Zugegriffen: 6. Juni 2017.
Canaris, A. (2012). *Melodie, Klangfarbe und Rhythmus im Urheberrecht. Der Schutz musikalischer Werke und Darbietungen*. Baden-Baden: Nomos (Schriften zum geistigen Eigentum und zum Wettbewerbsrecht, 47).
Dahlhaus, C. (2002). Was ist Musikgeschichte? In: S. Ehrmann-Herfort, L. Finscher & G. Schubert (Hrsg.), *Europäische Musikgeschichte* (S. 59–79). Kassel, Stuttgart: Bärenreiter/Metzler.
Döhl, F. (2013). Urteilen über Musikwerke. Ästhetische Erfahrung und Urheberrecht im Plagiatsprozess. In: F. Döhl, D. M. Feige, T. Hilgers & F. McGovern (Hrsg.), *Konturen des Kunstwerks. Zur Frage von Relevanz und Kontingenz* (S. 229–248). Paderborn: Fink.
Döhl, F. (2014). Gesamteindruck: Zu einem Schlüsselbegriff des Plagiatsrechts. *Jahrbuch der Deutschen Gesellschaft für Musikpsychologie 24*, 19–40.
Döhl, F. (2015). Ästhetische und juristische Grauzone. Zum Mashup in der Musik am Beispiel des *Grey Album*. In: F. Mundhenke, F. R. Arenas & T. Wilke (Hrsg.), *Mashups. Neue Praktiken und Ästhetiken in populären Medienkulturen* (S. 131–149). Wiesbaden: Springer VS.
Döhl, F. (2016). *Mashup in der Musik. Fremdreferenzielles Komponieren, Sound Sampling und Urheberrecht*. Bielefeld: transcript (Musik und Klangkultur).
Döhl, F. & Riethmüller, A. (2017). *Musik aus zweiter Hand. Beiträge zur kompositorischen Autorschaft*. Laaber: Laaber.
Fairchild, C. (2014). *Danger Mouse's The Grey Album*. New York: Bloomsbury Academic.
Hindrichs, G. (2014). *Die Autonomie des Klangs. Eine Philosophie der Musik*. Berlin: Suhrkamp (suhrkamp taschenbuch wissenschaft, 2087).
Kleinemenke, M. (2013). Verletzung von Urheberrechten durch Sampling, *GRUR-Prax 5* (19), 426.
Kreutzer, T. (2008). *Das Modell des deutschen Urheberrechts und Regelungsalternativen – Konzeptionelle Überlegungen zu Werkbegriff, Zuordnung, Umfang und Dauer des Urheberrechts als Reaktion auf den urheberrechtlichen Funktionswandel*. Baden-Baden: Nomos (Hamburger Schriften zum Medien-, Urheber- und Telekommunikationsrecht, 1).

Krusemarck, P. (2013). *Die abhängige Schöpfung im Recht des geistigen Eigentums. Das abhängige Patent und die Werkbearbeitung im Vergleich*. Tübingen: Mohr Siebeck.

Maracke, C. (2003). *Die Entstehung des Urheberrechtsgesetzes von 1965*. Berlin: Duncker & Humblot.

Oswald, J. (1988). Neither a Borrower nor a Sampler Prosecute. *Keyboard 14*, 12–13.

Papier, H.-J. (2010). Art. 14 GG. In: R. Herzog, M. Herdegen, H. H. Klein & R. Scholz (Hrsg.), *Maunz/Dürig. Grundgesetz-Kommentar*, Stand: 59. Ergänzungslieferung (S. 1–364). München: C. H. Beck.

Reynolds, S. (2011). *Retromania. Pop Culture's Addiction to Its Own Past*. New York: Farrar, Straus and Giroux.

Schloss, J. G. (2004). *Making Beats. The Art of Sample-Based Hip-Hop*. Middletown/CT: Wesleyan University Press.

Schneider, K. (2004). *Lexikon „Musik über Musik"*. Kassel: Bärenreiter.

Schulze, G. (2013). § 85 UrhG. In: T. Dreier & G. Schulze (Hrsg.), *Urheberrechtsgesetz. Urheberwahrnehmungsgesetz. Kunsturhebergesetz. Kommentar* (S. 1215–1236). München: C. H. Beck.

Sundara Rajan, M. T. (2011). *Moral Rights. Principles, Practice and New Technology*. Oxford: Oxford University Press.

Tehranian, J. (2011). *Infringement Nation. Copyright 2.0 and You*. Oxford: Oxford University Press.

Ungern-Sternberg, J. v. (2010). Die Rechtsprechung des Bundesgerichtshofs zum Urheberrecht und zu den verwandten Schutzrechten in den Jahren 2008 und 2009 (Teil II), *GRUR 112* (5), 386–395.

Wandtke, A.-A. (2009). Einleitung. In: A.-A. Wandtke & W. Bullinger (Hrsg.), *Praxiskommentar zum Urheberrecht* (S. 1–48). München: C. H. Beck.

Weid, J.-N. v. d. (2001). *Die Musik des 20. Jahrhunderts. Von Claude Debussy bis Wolfgang Rihm*. Frankfurt a.M.: Insel.

Williams, T. (2010). Appropriation Art. In: J. Turner (Hrsg.), *Grove Art Online*. Oxford: Oxford University Press.

Zittrain, J. (2006). A History of Online Gatekeeping. *Harvard Journal of Law and Technology 19* (2), 253–298.

Druck:
Canon Deutschland Business Services GmbH
im Auftrag der KNV-Gruppe
Ferdinand-Jühlke-Str. 7
99095 Erfurt